珍藏本
纪念版

汉译世界学术名著丛书

普通认识论

〔德〕M.石里克 著

李步楼 译

2017年·北京

Moritz Schlick
GENERAL THEORY OF KNOWLEDGE
Open Court Publishing Company
根据奥本肯特出版公司 1985 年版译出

汉译世界学术名著丛书
（120 年纪念版·珍藏本）
出 版 说 明

2017 年 2 月 11 日，商务印书馆迎来 120 岁的生日。120 年前，商务印书馆前贤怀揣文化救国的理想，抱持“昌明教育，开启民智”的使命，立足本土，放眼寰宇，以出版为津梁，沟通中西，为中国、为世界提供最富智慧的思想文化成果。无论世事白云苍狗，潮流左右激荡，甚至战火硝烟弥漫，始终践行学术报国之志，无改初心。

逐译世界各国学术名著，即其一端。早在 20 世纪初年便出版《原富》《天演论》等影响至今的代表性著作，1950 年代后更致力于外国哲学和社会科学经典的译介，及至 1980 年代，辑为“汉译世界学术名著丛书”，汇涓为流，蔚为大观。丛书自 1981 年开始出版，历时三十余年，迄今已推出七百种，是我国现代出版史上规模最大、最为重要的学术翻译工程。

丛书所选之书，立场观点不囿于一派，学科领域不限于一门，皆为文明开启以来，各时代、各国家、各民族的思想与文化精粹，代表着人类已经到达过的精神境界。丛书系统译介世界学术经典，引领时代思想，为本土原创学术的发展提供丰富的文化滋养，为推动中国现代学术和现代化进程做出了突出的贡献。

为纪念商务印书馆成立120周年，我们整体推出“汉译世界学术名著丛书”120年纪念版的珍藏本，寄望既利于文化积累，又便于研读查考，同时向长期支持丛书出版的译者、编者和读者致以敬意。

两甲子后的今天，商务印书馆又站在了一个新的历史时间节点上。我们不仅要铭记先辈的身影和足迹，更须让我们的步伐充满新的时代精神。这是商务人代代相传的事业，更是与国家和民族的命运始终紧密相连的事业。我们责无旁贷，必须做好我们这代人的传承与创造，让我们的努力和成果不仅凝聚成民族文化的记忆，还能成为后来人可以接续的事业。唯此，才能不负前贤，无愧来者。

商务印书馆编辑部

2017年10月

第一版序[①]

在一套自然科学的丛书中竟包括——实际上是开始于——一本哲学著作，这可能会使人们感到奇怪。当然，如今人们普遍地一致认为，哲学和自然科学是完全相容的，但是若要承认认识论具有如此突出的地位，那就不仅意味着这两个领域是相容的，而且意味着它们之间存在着一种自然的联系。因此，只有它们之间这种相互依存和相互渗透的密切联系确实真正存在，才能证明把这本书包含在自然科学丛书中是合理的。

在没有预示要说的东西之前，作者想首先解释一下自己关于认识论和各门科学之间相互关系的观点，从而在开始时就说清楚本书所遵循的方法。

在我看来——我在其他场合已经表达过这种看法而且也不厌其烦地重述这个观点——哲学不是在各门单个学科之外或之上的一门独立的科学。毋宁说，哲学的要素存在于一切科学之中；哲学是它们的真正灵魂，而且只有借助于哲学它们才成为科学。任何特殊领域中的知识必须预设一套非常普遍的原则，并与这些原则相适应，否则它就不成其为知识。这些原则扩展并渗透到全部知识系统中从而使知识系统具有稳固性，哲学无非就是这些原则组

① 英文译本删去了第一版序的最后一段。——中译者注

成的体系。因此，哲学寓于一切科学之中；而且，我相信，只有在各门科学这个故土中探求哲学才是通向哲学的唯一道路。

虽然哲学深深地寓于各门科学之中，但哲学并不是在每一门科学中都同样现成地表现出来的。相反，在那些已经达到最高水平普遍性的学科中，必然最容易发现第一原则。显然，对于现实世界具有最普遍有效性的那些命题，乃是自然科学的，特别是精密科学的命题。哲学家们只有在对这些自然科学的挖掘中，才能揭示出他们所追求的珍宝。历史学涉及的是一个单独星球上的单独物种的命运，而语言学则涉及支配着那个物种的非常特殊的活动的法则。与之不同的是，通过自然科学方法所发现的法则的有效性并不局限于任何一个个别的实在领域；原则上它可以推广到整个宇宙，不管在时间和空间上多么遥远的宇宙。因此，普通认识论一定要把自然科学知识作为它的出发点。

然而，这并不是说，自然知识是某种特别的知识。无论在什么地方知识都是**同一**的；最普遍的原则总是相同的，甚至在人文学科中也是如此。唯一不同之处在于，在人文学科中，这些原则虽然也如同在自然科学中那样是有效的，但似乎是应用于更为特殊得多和更为复杂得多的问题，因而察知它们也要更加困难得多。例如，试想一下，在物理过程中寻找因果作用要比在历史事件中寻找因果作用容易得多。

哲学思想和个别科学的思想特征之间的关系差不多也是如此。显然，哲学家应当倾注充分精力于自然知识。相反，自然科学家却发现他所面临的最重要的问题强烈地推动他去关注认识论；因为这些问题在他的科学中具有高度的普遍性，他在处理这些问题时，不断地要接触到纯粹哲学的领域。他的确必须跨进这个领域;否则,他便不能充分地理解他自己活动的意义。真正伟大的科学家同时也总是一个哲学家。认识论和自然科学的目标之间这种紧密的相互联系也容许并且需要一种紧密的外部联系。如果在研究院和大学中使这种联系更清楚地显示出来,那就好了,可是,在这些地方仍然有一种将哲学、历史学科同数学和(其他)科学学科对立起来的习惯。在这个时候,本书以这种方式出版,可使哲学和科学的相互关系找到一种适当的表达。

由于上述原因,我很乐于接受出版者关于将此书放到"自然科学"丛书系列中的建议。

我常常追求一种尽可能最简单的表达方式,这是一种逐渐形成从而使所讨论的东西毋须专门的哲学知识就可以理解的表达方式。在少许几处,包含对一些特殊的哲学理论进行详细的批评,从而使作者能够向他的同行们将自己的立场更完整地表述出来,但是,这些段落的叙述很容易识别,那些只关心一般论述的读者可以将其省略而并无损失。

本书以下内容冠以《普通认识论》的书名,因为所探讨的问题完全是有关最终原则的。如果哲学的好奇心没有将我们带到这些最一般的原则上来,而是仿佛停留于最终结果之前的水平,那么,我们就会发现——如果我们的出发点是自然科学——我们还处在自然知识论或科学哲学的范围之中。同样,从历史科学通向普通认识论的道路要经过历史的知识论或历史哲学,从数学通向普通认识论的道路要经过数学哲学,等等。在以下的论述中,我们不能停留在这些特殊的认识论的水平上,尽管对我们的成果的具体论证在某些方面可能显得不够完全。但是,即使只出于实际理由,也完全不可能进入到这些领域进行大量的具体研究。因此,作为一个整体最终地完成我们的论证必须有待于对这些特殊问题的处置。我希望,以后来完成此事。

第二版序

本书出版后已销售一空，脱销已有两年半以上的时间了。作者感到应向读者说明新版延迟至今方得问世之原因，而在此期间人们一直对此书有热切的要求，所以我更觉得有作此说明的必要。

首先，外在的环境促使作者忙于另外的完全不同性质的任务。但是我认识到第一版中存在某些缺陷，由此而产生的一些因素又使我回到对本书着手进行修改并使之有所进展。如果要完全克服第一版中的这些缺点就要求对有关认识逻辑的研究有很大发展并进行扩充，而这将意味着对全书进行重新建构。然而这样全盘的改变，我不能考虑；因为，如果对这本书作这样的改造，那将面目全非，失去原有的性质。那样一来，它将不再能够适合于满足那种要求，使它得以在哲学文献中赢得特殊地位。为了使这本书继续占有这种地位，就必须保持这种总体的设计；为了使它比过去更好地起到它应起的作用，就必须在许多细节方面进行修改。

这样一来，本书第二版的修改只能限于对第一版作一些订正并略有增删。至于在逻辑上使本书中所发挥的认识论观念臻于完善，这一重要任务只能留待以后对逻辑原理作全面的阐述了。

我相信，正确的观念最好以其自身固有的真理性而发挥作用，无需长篇大论地发动对错误的战斗，因此，我把所有不重要的离题的论战性的叙述都删去了。只是在批评相反观点构成我自己的正面思考的自然的出发点的那些地方，我才把自己的观点的发挥同这种批评联系起来。因此，对康德及其学派的基本思想的批评性评论在新版中仍需保留。事实上，关于“对内在论观点的批评”的重要的一章甚至有必要加以扩充，因为尽管这一章特别地受到广泛赞许性的关注，但我觉得对这一章仍需作某种并非无关宏旨的补充和改进。

我花费了很大精力来改写论述心理学问题的那一章。对这一论题的讨论我一贯给予特别重视，但现在看来，其中大部分还没有得到人们的正确的理解。我在讲课和谈话中获得的经验使我相信能够通过新的表述得以成功地避免以前论述的不足。

至于其他篇章，我想提到的是第 11 节中新加的材料，这些材料对基本的系统化的观点作了很大的简化和压缩。在本书最后一节的阐述也是比第一版的论述更加简短的一个概要。当我着手写第一版时，我就已经清楚地知道，对该节中关于归纳知识所产生的种种问题，若要作出令人满意的处理，实际上就需要写整整的一本书。由于对这个问题不可能在现有的篇幅中作出比较透彻的处理，因此，我索性将这一章加以缩短。

尽管在许多地方有所删节和压缩，但这本书的总的篇幅仍有所增加，但增加不大。

为适应多方面的要求，书后加了主题索引。我的哲学系学生希尔伯特·费格尔在编制这个索引和人名索引方面，以及在改校样方面所做的工作给我提供了极有价值的帮助，谨向他表示最热烈的感谢。

作　者

维也纳，1925 年，3 月

目　　录

英译者绪言……………………………………………………… 1
注释和参考文献 ………………………………………………… 12

第一部分　知识的性质 ………………………………………… 15
1. 认识论的意义…………………………………………………… 15
2. 日常生活中的认知……………………………………………… 18
3. 科学中的认知…………………………………………………… 24
4. 通过意象的认知………………………………………………… 32
5. 通过概念的认知………………………………………………… 37
6. 定义的界限……………………………………………………… 45
7. 蕴涵定义………………………………………………………… 50
8. 判断的性质……………………………………………………… 59
9. 判断和认知……………………………………………………… 69
10. 何为真理？ …………………………………………………… 82
11. 定义、约定和经验判断……………………………………… 94
12. 知识不是什么………………………………………………… 106
13. 关于知识的价值……………………………………………… 122
第二部分　思维问题……………………………………………… 132
14. 知识的相互联系……………………………………………… 132

15. 严格推理的分析性质…………………………………………138
16. 对分析的怀疑论思考…………………………………………147
17. 意识的统一性………………………………………………155
18. 心理的与逻辑的关系…………………………………………169
19. 关于自明性…………………………………………………184
20. 所谓内在知觉………………………………………………188
21. 证实………………………………………………………201
第三部分　实在问题……………………………………………212
A. 对实在的设定………………………………………………212
22. 对这个问题的表述……………………………………………212
23. 对实在问题的素朴观点和哲学观点……………………………217
24. 实在的时间性………………………………………………232
25. 自在之物和内在论观念………………………………………240
26. 对内在论观点的批评…………………………………………250
a. 未被感知的对象………………………………………………250
1. 作为实在的未被感知的事物……………………………………251
2. 作为非实在的未被感知的事物…………………………………265
b. 多个体感知的对象……………………………………………276
B. 对实在的知识………………………………………………286
27. 本质和“现象”………………………………………………286
28. 时间的主观性………………………………………………299
29. 空间的主观性………………………………………………307
30. 感觉质的主观性……………………………………………322
31. 量的知识和质的知识…………………………………………331
32. 物理的和心理的……………………………………………350

33. 再论心一物问题 …… 364
34. 对平行论的责难 …… 379
35. 一元论、二元论和多元论 …… 393
C. 实在知识的有效性 …… 403
36. 思维与存在 …… 404
37. 认知与存在 …… 412
38. 有纯直观吗? …… 421
39. 有纯思维形式吗? …… 432
40. 关于范畴 …… 441
41. 关于归纳知识 …… 462

人名索引 …… 482
主题索引 …… 486

英译者绪言

希尔伯特·费格尔　阿尔伯特·E.布隆贝格

对莫里兹·石里克的主要著作《普通认识论》(*Allgemeine Erkenntnislehre*)的英语翻译已延迟很长时间了。该书第一版出版于1918年;第二版(修订版)早在半个世纪之前于1925年出版。我们在这里以《普通认识论》这个书名译成英语的正是该书的第二版。

I

众所周知,莫里兹·石里克(1882—1936年)是“逻辑实证主义的维也纳学派”的奠基人和指导英才。事实上,他是这个著名学派的“中心”。尽管如此,他作为一个极为谦逊、不出风头和慈祥和蔼的人,一般地总是乐于在维也纳学派的讨论中扮演一种建设性批评的“主持人”和“调解人”的角色而不是作为一个领导者。只是在很少的场合——例如,在回应奥托·纽拉特关于激进唯物主义的某些具有挑战性的观点或者在回应费列克斯·考夫曼关于现象学的某些试探性观念时——石里克的批评才稍许带有某种尖锐性和攻击性的痕迹。

也许人们并不普遍地知道石里克获得过物理学博士学位。他在著名的物理学家马克斯·普朗克的指导下于1904年在柏林完成了关于光在非均相介质中的反射的博士论文。同样没有引起人们注意的是，石里克在倾注全部注意力于认识论和科学哲学问题之前，在1908年就发表了一本叫做《生活的智慧》(*Lebensweisheit*,该书从未翻译成其他文字)的值得重视的小书，这是一本在幸福论方面的某种浪漫主义的研究成果。对于这本书，《自然哲学年鉴》的主编微耳海姆·奥斯特瓦尔德在他主编的杂志中大为赞许。奥斯特瓦尔德仅仅根据他读了石里克的这本书就说这本书的作者是一位“聪明的老博士”(当时充其量不过二十四五岁)。1909年，石里克写了一篇题为《从进化史看美学的基本问题》的论文。然而，早在1910年，他就开始发表了关于认识论和科学哲学中的基本问题的许多论文了。

直到1927年以及此后的一个短暂时期，石里克才转向研究“幸福生活”问题。在那一年，他发表了一篇颇有吸引力的文章《生活的意义》。还有一些未发表的关于青春哲学的续篇，其中有一部分是未完成的。他的《伦理学问题》出版于1930年(1939年由大卫·瑞尼译成英文，普林提斯出版社出版)。

石里克的人生哲学大部分独立于但不是完全独立于认识论问题，它基本上是对创造性热情精神的赞颂。他所说的“青春”，不是意指一种年龄组，而是指热情奉献于一个人的活动的生活。工作(如弗里德里希·席勒所云)就其固有的作为令人愉悦的事情而言，它本身就成了一种“游戏”。我们不是为了追求可疑的目的而借助于更加可疑的手段，而是应当看到，当我们从耽于享乐目的上移开，手段本身也成了目的。

石里克由于出生在富裕的家庭，因而他的青年时代从来不知道贫穷或严峻的困苦。他的生活，总的来说，是幸福而充实的生活。但是,他的那些从二三十年代的压抑和失业的境遇中成长起来的学生们,往往觉得他的乐观主义的和带有玫瑰色彩的世界观不大容易理解。这一点也许就是导致1936年7月受到一个精神错乱的学生致命伤害的原因。当时石里克正站在维也纳大学的楼梯上,这个学生走近他并向他开枪射击。这一悲剧是对石里克的许多朋友和崇敬者们的沉重的打击,也是对哲学界和整个学术界的沉重打击。

石里克早年就同情和平主义的社会主义理想。但是,随着德国的纳粹主义的兴起,迫使他从保守主义和个人主义的方向上修正自己的政治观点。(在石里克去世的前一年,即1935年,我最后一次拜访他;当时我的印象是,他被德国发生的事件深深震撼,他不再像以前那样坚持相信通过人类的仁爱使人类得到拯救了。——H.费格尔)

Ⅱ

石里克首先具有哲学和物理学方面突出的背景,其次在一定程度上具有生物学和心理学方面的背景。继马赫、奥斯特瓦尔德、亨利·彭加勒和贝特兰·罗素之后,他成为20世纪实践了在现代科学哲学(逻辑学、方法学)意义上重新解释自然哲学学科的博学的、具有独创性和独立见解的一流思想家。他是最早理解并且阐述了爱因斯坦的狭义相对论和广义相对论的两位职业哲学家之一(另一位是C.D.布劳德)。他的论文《相对论原理的哲学意义》发表于1915年,他的一本小书《当代物理学中的空间和时间》出版于1920年。爱因斯坦本人在给他的朋友、物理学家马克斯·波尔的一封信(1919年12月9日)中评论说,“石里克才华出众;我们必须尽力使他获得教授席位。""因为低估了他的才智,他迫切地需要它。"爱因斯坦继续说,"然而,由于他不属于哲学上公认的康德主义的教派,这件事可能会遇到困难。"(《波尔——爱因斯坦通信集》,瓦克出版公司,1971年,第18页)石里克敬重爱因斯坦,他的许多早期哲学论著反映了爱因斯坦思想对他的巨大影响。

由于石里克的科学的取向,所以他的《普通认识论》作为著名的科学系列丛书《自然科学论著与教本》中的首本推出,是非常适合的。正如石里克在该书第一章异常清楚地表明的,他认为,认识论,无论是常识的还是科学的认识论,都是整个认识活动不可缺少的部分。在他看来,科学哲学集中注意于科学的概念的和逻辑的方面。因此,这对观察的、测量的、实验的和理论的方面是一种不可分割的补充。在这里,如同在许多其他问题上那样,石里克的观点非常接近于罗素后期的那些观点。同时,尽管石里克非常出色地教过现代逻辑课程,但他无论是在认识论中还是在科学哲学中,都很少对符号逻辑有所运用。

Ⅲ

我们应当记住,《普通认识论》(1918年,1925年)写作和出版的时间都在维也纳学派活动时期(1926—1936年)之前,因而,是在石里克首先受到鲁道夫·卡尔纳普、紧接着受到路德维希·维特根斯坦的巨大影响之前,这无论从历史的方面还是从传记的方面来说,都是极为重要的。尽管维特根斯坦从来没有参加过维也纳小组的活动,但石里克和维特根斯坦有过多次私人性会晤,经常是同弗里德里希·魏斯曼、希尔伯特·费格尔,有一阵子还有卡尔纳普，一起去会见维特根斯坦。毫无疑问，维特根斯坦的人格和思想给石里克留下了深刻的印象。事实上，1924 年至 1925 年间，在维也纳学派中，曾对《逻辑哲学论》进行了阅读并进行仔细的释义性的分析，在 1925 年至 1926 年间，又再一次进行这种阅读和分析。

也许有些哲学史家从后来的有利地位加以回顾，认为石里克放弃了他在《普通认识论》中如此有力地论证了的"实在论"是很可惜的。他们无疑会把石里克这种放弃实在论的立场归咎于卡尔纳普和维特根斯坦(他们二人在性格上直接相反而在哲学观点上也有逐渐增大的分歧)的"实证主义"的影响。但是我们也必须特别注意到，石里克很自谦，他把某些有重大意义的见解归功于维特根斯坦，而这些见解甚至在石里克知道维特根斯坦这个人的存在之前好久就已经形成了。事实上，在石里克的认识论中已经预示了《逻辑哲学论》中的某些最关键性的信条。

例证之一就是关于真正的知识要求同仅仅具有或经历直接经验之间的区分(在石里克那里，就是认识同体验之间的区分；在维特根斯坦那里，就是可说的同"仅仅显示出来的"之间的区分)。另一个例证是，关于概念和命题的符号的和"结构的"性质；关于真理意义的精致的符合论观点，这一观点隐含在《逻辑哲学论》中，而在阿尔弗雷德·塔斯基后来的语义分析中被充分地加以阐明并以极大的逻辑精确性加以详尽的论述；由维特根斯坦借助于命题逻辑中使用的真值表而加以阐明的关于有效的演绎推理的分析的和重言式的性质；颇具休谟主义色彩和反康德主义的经验论，这种经验论同维特根斯坦关于偶然性的真与必然的真相对立的观点一致；在数学真理问题上赞同弗莱格和罗素的观点，与此相联系的是对心理主义的拒斥(这是石里克唯一与胡塞尔相一致的观点)。

罗素是否在《普通认识论》的出版之前就将维特根斯坦的某些观点传达到石里克那里，这个问题我们只好留给20世纪的哲学史家们去决定了。然而，就我们现在所能证明的是，石里克直到他完成自己的著作《普通认识论》的第一版之后，都不可能得知罗素的《逻辑原子主义哲学》(载《一元论者》，1918年)。

也许，从历史的观点看，同样值得注意的事实是，在身心问题上石里克预示了罗素的解决方法(如果那算是一种解决方法的话!)。石里克早在1916年发表在《科学哲学季刊》第40卷上的一篇论文中就概要地论述了他的观点。在那时，罗素在威廉·詹姆士和马赫的影响之下，仍然持所谓"中立一元论"的立场。这种立场是一种与马赫的《感觉的分析》中的现象主义和詹姆士的"彻底经验主义"(见詹姆士的《彻底经验主义论集》R. B. 皮瑞编，1912年出版)非常相近的认识论观点。石里克反对这些"内在论的哲学"(见本书第25、26节)，他提供了许多引人注目的论点，这些论点部分地类似于那些由具有重大影响的心理学家和批判实在论者奥斯瓦尔德·库柏以及被严重忽视了的新康德主义者阿洛斯·瑞尔所提出的论点。

在卡尔纳普和维特根斯坦(即石里克和维也纳学派大多数其他成员所理解的维特根斯坦)的影响下，石里克后来终于把实在论与现象主义的对立问题看作是一种形而上学的伪问题。特别使维克多·克拉夫特、卡尔·波普、埃德加·泽塞尔和希尔伯特·费格尔颇感失望的是，石里克放弃了他的实在论而支持一种语言学上的"中立"立场(这种观点包含在卡尔纳普的《物理学的哲学基础》中，在石里克的学生贝拉·尤霍斯的论著中也有所反映。)

Ⅳ

在《普通认识论》一书中的石里克的早期认识论包含着对知觉的因果理论以及对物理世界的知识的“抽象的”－符号的－结构性质的极好的阐述，也包含着对心理－物理的问题的杰出的解决。他以机智敏锐的讨论为（心理学的）空间和时间的主观性问题、直接经验的现象性质以及对“自在之物”纯粹结构的（间接的）可知性问题开辟了道路。

石里克对身心问题的解决的核心部分（见本书第31－35节），是如今称之为“身心同一论”或者更确切地说“心理－神经”同一理论的一种形式。这种理论同逻辑行为主义和激进的唯物主义或“无心灵的物理主义”根本不同，同样，也与泛心理主义根本不同。这一理论至少早十一年预示了罗素的后期观点，即罗素最初在《物的分析》（1927年）中，后来又在《人类的知识》（1948年）中令人敬佩地作了重新陈述并在《记忆的描绘》（1956年，在“心和物”那一章）中生动加以总结的观点。

罗素和石里克在表述上，也在论证和逻辑构造方式上有所不同。但他们达到了相同的结果，而且，我们相信，他们是完全各自独立地达到了相同的结果。看来，两人也都并不了解当时的与之部分类似的美国批判实在论者C. A. 斯特朗（1903年及其以后）的著作，以及杜润特·德拉克（1925年）的著作，也不了解后期R. W. 塞拉斯的许多唯物主义的和近乎唯物主义的论著。

C. S. 派普在他最近出版的《概念和性质》（1966年）中提出了类似的心理神经同一理论，他的理论，部分地受到费格尔《“心理的”和“物理的”》（1958年发表，1967年以书的形式重印并加了“十年后的后记”)的影响，这种理论同澳大利亚的 U. T. 普赖斯、J. J. 斯马特以及 D. M. 阿姆斯特朗等人的更加唯物主义的同一理论有某种亲缘关系。但是，这一理论最好叫做“泛质主义”(如派普在谈话中提到的)。特别有意思的是，尽管派普持反实证主义的观点，但他表述的对身心问题的一种解决，在许多根本方面与石里克的早期立场相类似。

我们之所以强调这些相互关系，不仅因为这些关系至今还没有得到人们的广泛的注意，而且还因为我们相信，本书第 31—35 节所表达的思想(它们与罗素的后期观点基本上是一致的)构成了石里克对——我们无需犹豫地说——形而上学所作出的也许最具独创性的贡献。看来，石里克在身心关系问题上的思想很可能是受到瑞尔以及理查德·阿芬那留斯的那些颇有争议但却显示出高度才智的论著的影响。大概正是瑞尔使石里克注意到康德的《纯粹理性批判》中的一段话，在这段话中，这位通常总是长篇大论地发表议论的康德对“声名昭著”的身心关系问题却只写了半页文字，而且语言晦涩，在这里，康德提示了一种解决身心关系问题的见解，这种见解预示了后来的瑞尔、石里克和罗素的哲学一元论。

这种美妙的解决方法，宽泛地说，可以追溯到斯宾诺莎和莱布尼兹的形而上学理论。当然，它包含着对心理生理学、神经学等领域中的许多问题的大胆而冒险的猜测，而且它明显地要依赖于对“心理的”和“物理的”这些概念恰当的逻辑分析。因此，它一定会存在着诸多争议——也许是无限期的争议。但是，这种解决方法在逻辑上的精巧和科学上的逼真性以及在相关问题(例如自由意志问题)上取得的进展，都会刺激读者沿着这一方向作出进一步探索。他们将会受到鼓励从而避免非决定论—突现论的解决或者相互作用论—二元论的解决，同时拒绝任何宣称这一古老问题不可解决（“无知即是不可知”）的诱惑。

在石里克对“心理的”说明中，有一个严重的漏洞。他按照传统的看法，把心理的等同于有意识的直接觉知或体验。尽管维也纳的时代精神（Zeitgeist）环绕着他，但石里克完全忽视了弗洛伊德的精神分析学的无意识理论。无疑，他可能把心理分析概念只是看作（勉强定义为）后期阶段的神经生理学所引入的那些概念的替代品。（的确，弗洛伊德本人也倾向于这一观点，但他也肯定了心理分析的概念和假设的巨大的启示性价值。）

V

简短地说，石里克的《普通认识论》中还有另外几个重要之点应当注意。其一是他对蕴涵定义的说明，对此他是从大卫·希尔伯特关于几何学以及其他纯数学和应用数学的学科的公理化方面的研究中获得启示的。（石里克没有提到引入蕴涵定义这个词和观念的J. D. 吉尔根纳。）

另一特点是石里克在本质上继承了休谟和康德，相信分析命题与综合命题的区分。这种区分后来受到美国杰出的逻辑学家W. V. 奎因的猛烈攻击。但是，石里克本人把这一区分看作是完全充分确立了的，并且借助于这一区分，对康德主义和新康德主义关于先天综合的理论进行了摧毁性的批评。

石里克感到对全面地解决归纳问题并无太大的信心。事实上，这就是他之所以在第二版中对这一问题的论述要比第一版中更加简短更加谨慎的原因所在。也许他肯定会以最大兴趣继续汉斯·莱欣巴赫、卡尔纳普、波普及其他人后来在这一问题上的工作。他也会是最先赞成归纳问题还没有达到稳固解决的人之一。

他对意识的统一性问题的处理(见第17节)也留下了令他不安之处(如在20年代他的一些谈话中所指出的——H.费格尔)。也许,他感到,如果不是在别的什么问题上面而是在这一基本问题上,他的处理方式有太多康德主义的味道。但是,如今我们真的有什么更好的答案吗?

石里克对逻辑的和心理的之间的关系问题的讨论以萌芽的形式预示了后来哲学上关心的关于"思维机器"的能力和作用问题。

在更广阔的水平上,石里克对科学知识的性质的一般分析,为后来由莱欣巴赫、波普、卡尔·亨培尔、沃夫冈·斯太格缪勒及其他许多人以不同方式从事的对一些重要的科学概念诸如假设—推理方法和概率理论等的详尽的逻辑重构铺平了道路。

Ⅵ

1932年在伦敦发表的《形式和内容》(见《论文集》,基罗尔德,维也纳,1938年)的讲演中,石里克本人清楚地知道他危险地接近了"不可说的形而上学"。只有逻辑形式或结构是可以在主体际谈话中交流的;体验到的质(qualia)仍然是不可表达的。在这一时期,石里克反映了卡尔纳普和维特根斯坦的实证主义影响,他坚持事实性意义的可证实性标准。他偏偏以一个骂名昭著的口号来表述这一标准,这一口号便是"句子的意义就是它的证实方法"——这口号代表了从休谟经过马赫到维特根斯坦的实证主义者们的恐惧症。在1918—1925年,石里克毫不犹疑地重构了通过类比对他人的心和心理内容的推论。但在后来的阶段,他终于认为这种推理所得的(不是直接可证实的)结论是"坏的形而上学"。在我们看来，他从 1918—1925 年的观点可能是比较恰当的，当然对这些观点需要做某种修改。

不管怎样，石里克将作为认识论和科学哲学的一位开拓者和领路人而被载入史册。他是最乐于随时准备着对年青一代的哲学探求给予新的推动的思想家。虽然他的许多学生和后继者在对认识论问题的逻辑分析方面达到了更高程度的精确性和适当性，但石里克对于哲学问题中的本质的东西具有超凡的意识。从他的"奥林匹斯山峰"的观点来看，如今在认识论方面出版的许多东西很可能显得是无益的辩白。他的头脑是真正的创造性的头脑，他的工作仍然是新的经验主义和自然主义发展的一个里程碑。

注释和参考文献

在石里克去世后出版的他的著作中，应当提到他的一本小书《自然和文化》(J.卢切尔编)，亨巴尔特出版社，维也纳－斯图加特，1952年出版，该书中包含许多激发人们思考的观念。对于关心石里克之作为一个名人和哲学家的读者们来说，有一本小书《格言警句》，1962年由B.H.石里克个人出版，维也纳。还有《维也纳学派文集》(由D.雷达尔出版，荷兰，多德来希特)，该书包括石里克一些的早期和后期、发表过的和未发表过的文章以及一些传记材料。

在《认识》1939年第六卷第393－419页发表的H.费格尔的回忆文章中，回忆了石里克作为一位名人和哲学家。关于石里克的前维特根斯坦和后维特根斯坦时期的哲学观点写得很好的文章是F.魏斯曼为石里克文集所写的前言(基罗德公司，维也纳，1938年)。

关于维也纳学派的历史情况，在V.克拉夫特的《维也纳学派》(该书由A.派帕译成英文，哲学文库，纽约，1953年)作了很好的叙述，该书第二版稍做修改，篇幅有所增加(斯普林格，维也纳，1968年)。

还有:J.约根森的《逻辑经验主义的发展》，载于《统一科学百科全书》，芝加哥大学出版社出版，1951年。

H. 费格尔的《维也纳学派在美国》，载于 D. 弗莱明和 B. 拜林合编的《知识移民，欧洲和美国(1930—1960 年)》，哈佛大学出版社，坎布里奇，马萨诸塞，1969 年。

H. 费格尔的《逻辑实证主义的起源及其精神》，载于 S. F. 巴克尔和皮特·阿齐斯泰因合编的《逻辑实证主义的遗产》，约翰·霍普金斯出版社，1969 年。

《逻辑实证主义》，这是一部很有价值的文集，其中包括石里克的一些译成英文的文章，该书由 A. J. 艾耶尔所编并写了一篇生动的和内容丰富的导言，自由出版社出版，纽约，1959 年。

最后，在沃尔夫冈·斯太格缪勒的《当代哲学的主流》第四版中，有很长的一章是关于维也纳学派的(该书由 A. 布隆姆贝格译成英文，书名为《当代德国、英国和美国的哲学主流》，D. 雷达尔，1969 年)。

第一部分　知识的性质 1

1. 认识论的意义

过去曾经有过一个时期，哲学家们感到惊讶：人能够运动他的肢体，尽管他并不知道这些运动取决于什么样的神经和肌肉的过程。这些哲学家们竟然得出结论说，人完全不可能由自己来运动其肢体，他们相信，人们一旦要进行这种运动，便一定有一种更高超的力量在帮助他，为他产生这种运动。

当我们思考被称之为认知的这种奇妙活动时，产生上述这种结论的危险就更大得多了。认识过程是怎样发生的？我们的心灵怎么能够掌握自然，怎么能够理解和预见世界上最遥远的地方发生的事情？乍看起来，这一过程从任何一点看都似乎神秘莫测，就如同我们只要心里一想，就会用手捡起一块石头并把它扔出去这种过程一样的神秘莫测。正是由于这个缘故，怀疑论者总是一而再、再而三地争辩说，因为我们并不理解认知如何可能，所以我们实际上并不具有任何知识，以为我们能够掌握真理，那是一种幻想，实际上我们并不知道任何东西。

但是，正像人们不管学者们是否能够向他们解释肢体的运动和活动“怎样”产生，“从何而来”，他们仍旧继续运动、继续活动一样，科学也照样进行它的工作而用不着去担心哲学家们对于知识何以可能，对知识作何解释有什么看法。毫无疑问，我们的确拥有

科学，而科学乃是知识的躯干。无论何人，怎么能够否认科学的存
2 在呢？怀疑论者顶多只能拒绝把科学发现**称之为**知识。但他由此并没有废除它们；他只是说，科学发现在他看来显得不符合他相信必须加到知识之上的要求。的确，科学的发现可能并不符合哲学家起初所珍爱的希望。但这并不能阻止科学家勇往直前地在自己特殊的科学领域中进行工作。对科学家来说，这些发现仍然是知识——他从事的科学所要达到的目标。他确定目标，并且达到这些目标；他向自己提出问题，并且去解决这些问题。对这些问题的解决便构成了知识；它们是真实的现象，哲学家们确实无疑地见到这些现象，就像他们确实无疑地见到人的肢体的运动一样。

我们运动自己的肢体并不需要知道使这些运动得以发生的生理过程，同样，为了获得科学中的知识，也并不需要去研究认识过程。换句话说，正如行为的产生并不要求了解生理学，同样，科学知识的存在原则上并不依赖于认识论。生理学显示出来的对神经和肌肉过程的兴趣，纯粹是理论的兴趣。同样，认识论所显示出来的对科学发展过程的兴趣，也是理论的兴趣。对生理学的掌握并不能创造出实现肢体运动的能力；它只是使我们能够解释这些运动从而使我们得以理解它们何以可能。同样，认识论也决不能产生决定什么算是科学知识、什么不算科学知识的律令；相反，认识论的任务只是对科学知识加以澄清和说明。

当然，这样说并不否认在某些情况下认识论的研究成果可能会有利于某些个别科学的工作，正如关于神经和肌肉的生理学知识在某些情况下——例如，当肢体运动的能力受到某种病变的损害，需要恢复这种能力时——对于某个人运动肢体的能力会有某种实际的作用。获得科学知识的过程也并不总是以正常方式展开

的过程。科学上的病理现象即我们称之为悖谬或悖理的现象会时时出现，而要消除这些现象，就要有认识论的帮助。但这并不是认识论的首要任务。认识论是独立于个别科学学科的直接问题，以至于可以与这些问题相分离的。

由于我们将认识过程同神经作用的生理过程相比，这就可能
会引起一种根本的误解，为了避免这种误解，在这里，说句警惕性 3
的话是必要的。由于导致误解的因素在我们的探究过程中会一再地起作用并可能产生错误的观念，所以我们一开始就必须避免这种误解。特别是我们可能会设想，正如生理学力求分析神经过程那样，认识论同样也要研究科学思想得以发生的心理过程。如果这样看，那么这种类比就是完全错误的。因为这样一种研究纯粹是心理学的任务。对于认识论研究者来说，进行这种研究可能在一定程度上是重要的，但它决不能构成认识论研究的真正目标——除非心理学知识本身成为他的一个问题。认识论研究者的目标远远超出心理学而且同心理学是完全持不同的方向。他所研究的是一般有效的知识成为可能的普遍根据——这种研究显然与对这个或那个个体的知识得以不断发展的心理过程的专门研究根本不同。这种根本的区别只有通过我们的研究过程才能充分清楚地呈现出来。现在，我们旨在提出一种初步的警告来防止可能产生的错误，并把认识论作为某种在原则上独立的东西同包括心理学在内的各门科学的研究区别开来。

我们无需给各门学科提供认识论基础也能进行这些学科的研究，但是除非我们提供了认识论基础，否则就决不会深刻地**理解**这些科学，这样一种理解正是哲学特有的需要，而认识论就是哲学。

通向哲学的道路很多很多。的确，正如赫尔姆霍兹着重指出

的那样，**任何**科学问题都会把我们引向哲学，只要我们把问题追索得足够深远。当一个人在某个特殊科学中获得了知识（从而知道这个或那个现象的原因）时，当探索的头脑又进一步追问原因的原因（也就是追求可以从中推引出他所获得的知识的更一般的真理）时，他很快就达到他的特殊科学的手段已不能使他再继续前进的地步。他必须到某种更加一般、更加概括的学科中寻求启示。因为科学形成了仿佛是由层层叠叠的套在一起的各种容器构成的体
4 系，其中最一般的科学包含着比较特殊的科学并为之提供基础。例如，化学只涉及有限范围的自然现象；而物理学则包括**所有**这些现象。因此，当化学家着手去确立最一般的法则时，如关乎元素周期表、原子价等的种种法则时，他必须求助于物理学。而解释向前推进的过程最终进入的最一般的领域，就是哲学领域、认识论领域。因为最一般科学的终结的基本概念，如心理学中的意识概念，数学中的公理和数的概念，物理学中的空间和时间的概念，最后只容许作哲学的或认识论的澄清。

但这些概念不仅可以进行哲学的和认识论的澄清，而且要求这种澄清，至少对于任何一个不想轻率地停止这种哲学追求的人来说是这样，因为科学归根到底也是从这种追求中产生的。

2. 日常生活中的认知

任何一门学科在能够开始其工作之前，必须对它所要研究的主题形成一个确定的概念。作任何探究之前必须对它所要研究的领域进行某种界定。因为我们必须首先弄清楚将要研究的是什么，希望回答的是什么问题。因此，我们向自己提出的第一个问题就是：什么是真正的知识？

看来，很明显，必须把这个问题作为出发点。因此，尤其令人感到奇怪的是，把这个问题放在适当位置并恰当地加以注意的人竟是那么的稀少。事实上，很少有著作家对这个问题给予清楚的、肯定的、有效的回答。原因当然是，对于大多数人来说，“知识”这个词的意义似乎非常明显因而不需作更具体、更仔细的阐释。对他们来说，简直从来就没有发生过对这个词作严格、确切的定义这样的问题。诚然，如今的确有许多非常熟悉的概念使用起来无需作出特别的定义。当我说“我知道某事”时，我所说的话似乎就像我说“我看到某种东西”或“我听到某种东西”那样具有平平常常的意义。在许多情况下，这是对的。当一个医生说他知道一种疾病的原因是某种细菌，或者当一个化学家说他知道一种气体是氦时，5 人人都知道他们说的是什么意思。在这里谁也不会感到需要作进一步的解释。

但是，可能会有这样的情况：许多人都以为自己十分清楚地了解这个词的意义，但是他们所了解的却是完全错误的，在这种情况下，对“知识”这个词作出更确切的定义和阐释就成为绝对必要的了。事实上，我们马上就会看到，大多数思想家所心照不宣地设定的认识概念并不是一个在哲学上可靠的向导。我们每个人所了解的与“看”和“听”这些词相联系的意义对于日常生活的目的来说是非常确切的；但对于视、听、知觉的研究来说就必须使这种意义更为精确。同样，认识论首先必须明确地规定“知识”这个词到底标示什么特殊的过程。

也许人们认为，要对知识作出圆满的、令人满意的定义只有在研究的后期阶段甚至在研究的终结时才是可靠的，获得这样的定义事实上正是认识论的主要任务。但是，如果我们接受了这种观点，那么我们研究领域的界限以及正确的进入点都会变得模糊不清。

“对主题的定义应当产生于一门科学的开头还是在它的结尾呢?”令人感到有点好笑的是，在许多哲学著作特别是导言中(例如，参见康德的《纯粹理性批判》，凯尔巴赫版，第 560 页)经常地把这个问题当作一个深奥的问题提出来加以讨论。对这个问题的回答当然是，每一门学科都必须不是公开便是隐含地建立在对其领域的界定上。最终达到的见解能够使该学科的主题由于展开多方面的关系而使之鲜明地显示出来，从而在新的意义上提供对主题的“定义”。但这决不排除在开始时需要对主题作某种概念上的规定。例如，在光学上关于光是一定波长的电磁波的发现最终可以算做光的定义；但显然在开始研究光学时，光的概念必定是而且实际上也是以完全不同的方式来定义的，也就是把它定义为我们的眼睛通过某些感觉使我们觉知的东西。同样地，在一个完成了的哲学体系中，不论对知识可能怎么看，但必须有可能独立于这
6 个体系提出一个适当的定义。任何概念，无论是在日常生活中还是在科学中要得到清楚明白的应用，也必定如此。这对知识概念来说也是适用的，无须多费笔墨。因为，如我们在上面一节中所指出的，毫无疑问，我们在科学中的确拥有知识，也有知识的增长。这就意味着，科学具有自己的可靠标准来决定何时算是掌握了真正的知识，什么是真正的知识。因此，科学必定已经隐涵地包含着知识的充分的定义，我们要做的全部工作就是从这种研究中把它推引出来，从不可否认的知识的增进中把这种定义解读出来。然后，以这一定义作为坚固的出发点，我们便可以开始进行我们的探讨。

极为重要的是，我们必须弄清这样一个出发点，从而能够在研究的过程中与之保持密切的接触，无论何时，都能够确定我们所在的方位，我们应当向何处去。只有这样，我们才能避免一系列经常使哲学思考造成混乱的假问题，只有反思认识本身的性质，才能消除这些假问题。我们曾盲目地期求知识，但并不恰切地知道我们所需要的是什么。我们曾提出过这样的问题："我能知道无限吗？"或者"人能够知道结果是怎样从原因中产生的吗？"我们还作过这样一些陈述，如："力的本质是不可知的"或"物理事件只有被归结为压力和物质运动的动能才能被看作是已知的。"人们之所以会说出这样一些问题和陈述正是由于轻率地使用了"知道"这个词。属于同样范畴的还有在哲学史上显得十分重大以至于难于对付的问题："我们能够不依赖于其表现于人的理解而知道事物本身吗？"在这些事例中，一旦我们弄清了"知道"这个词到底能够意味着什么，这些问题也就不成为问题了，因为事情立即变得十分明显，或者问题提得不对，或者是需要有恰切的、也许是未曾预料到的回答。

在我们试图通过考察科学的思想来确定"知识"这个词在那种语境中必须意指的东西之前，首先考察一下这个词的日常用法是很有好处的。因为正像大多数专门的术语的确起源于日常生活一样(除了在希腊人和罗马人的日常生活中有它们的根源以外)，"知识"这个词也是来自日常生活。

试想一下我们自然而然地使用"知道"这个词的一个简单的例子。比如当我走回家时，我觉得在远处有一个棕色的东西在移动着。根据它的运动，它的大小和其他特征，我*知道*它是一个动物。 7
随着距离的缩短，终于达到一时刻使我肯定地*知道*这动物是一条狗。它离我更靠近了，我立即*知道*它不是我以前从未见过的生疏的狗，而是我所熟悉的狗，是我自己的叫做塔拉斯或者可以随便叫什么名字的狗。

在这个叙述中，“知道”这个词出现了三次。第一次知道的只是那东西是一个动物，或者，比如说不是某种无生命的东西。那么，这个陈述表示什么呢？显然，这个陈述表明，那移动的东西不是我全然不认识、从未在我的经验范围内出现过的东西，而是属于我经常感知到的那一类东西，而且我从孩提时就学会用一个名称来表示它，叫它“动物”。在那个棕色的东西中，我再次认识(Wiedererkannt)到一个对象被称之为动物必须具有的那些特征(特别是自己运动的特征)。这样，我就可以说(下面这种说法在心理学上容易受到责难，我们暂且使用这种说法但在后面将有所改进)：“在感知那个棕色的东西时，我再次发现与‘动物’这个名称相一致的心理意象或观念。”这个东西就成了某种熟悉的东西，而且我可以用恰当的名称来称呼它。

接着，当我走近那个东西，我说“现在我知道这动物是一条狗”时，我又意指什么呢？显然我所意指的是(这里还是暂且使用这种表述，在后面将把它改得更为恰切)：这个东西的表现不仅同我所具有的一般的动物观念相适合，而且还适合于我所具有的用“狗”这个词所标示的非常确定的一类动物。我说我认出了这个动物意思是指我能再次用“狗”这个恰当的名称来标示它；我之所以把这个名称叫做恰当的名称，正是因为这一名称一般地用于该动物实际所属的那个类。在这里也有对某种熟悉的东西的再发现。

当我达到这一认识活动的第三阶段时，情况并没有什么不同。在这里，知道这条狗是我的狗还是表示我再次认出这条狗(我再认知它)。那就是说，我确定我所看到的在我面前的这个动物同我习惯于每天都见到在身边的那条狗是同一的。之所以能够这样确定还是由于这样一个事实，即我对于我的狗是什么样子具有大体恰切的意象，而这种意象同我看到向我走近的动物传递给我的意象是相同的。它的形状、颜色、大小，或许还有吠叫的声音都与我记 8
忆中我的狗的图像相吻合。此前，我所能够用来正确标示这一对象的名称只有“动物”、“狗”这些类的名称。但是现在我用只属于世界上唯一一个个体的名称来称呼它，说这是“我的狗塔拉斯”，这样，这个动物就唯一地作为一个个体标示出来了。

在这三个阶段的认识活动中，共同的就是这样一个事实：一个东西被再认识，在新的东西中再发现某种旧的东西，而且能够用一个熟悉的名称来标示它。在找到了属于已知对象而不属于其他对象的名称时，这个认知过程便结束了。在日常生活中，知道一个东西无非就是意味着给它一个恰当的名称。

这一切是如此地简单而又明显，因而若为此而争吵不休便显得几乎是愚蠢之举。但哲学恰恰是经常从普通的、平平常常的东西的细致考察中引出有益的结果。我们在最简单的情况下所发现的东西常常在最复杂的问题中又重新发生，但它是在非常复杂的伪装之下，以至于我们如果不是最初在日常的经验中非常清楚地看到它，那么我们就决不可能发现它。

此外，从心理学的观点来看，即使像知道或再认识一条狗这样的平平常常的过程也决不是一个简单、明显的事实。我们怎样才能断言某个意象是已经熟知了的意象呢，这的确是一个奥秘。我们怎么知道以前在意识中曾经出现过的是相同的知觉意象呢？事实上，以前出现的意象并不是恰好相同的意象，至多不过是类似的意象罢了。心理学家对于怎样看待识别过程有很多争论，但问题仍然悬而未决。不过，这个心理学问题并不是我们所要解决的问题，我们可以把它放在一边。同时，这确实是一个关于心理学和认识论方法之间区别的明显的例子，对于这种区别我们在上一节已经说过了。认识论研究者并不研究那些支配认识过程并使之得到理解的心理学法则。对他来说重要的只是在某种情况下的确发生了认识这个事实。而不管心理学最终如何解决有关识别得以发生的心理过程这一问题，上述事实都依然存在。

9 3. 科学中的认知

“知道”这个词在科学研究中似乎比在日常生活中具有更深刻、更重要的意义。这个词在科学研究中似乎是用一种不同凡响的着重语气宣布出来的。但是我们马上就看到，在科学中，并没有给“知道”这个词加上新的、特别的意义，科学中的“认知”和日常生活中的“认知”本质上是相同的。唯一的差别就是，在科学和哲学中，认识过程的崇高的目标和主题使它显得更为庄重。

为了加大与上面使用的例子的对比程度，让我们从最严密的、最精确的科学——物理学中选取例证。在物理学史中充满了为专家们一致认可的表明知识取得了显著进步的事例。对任何一个这样的事例进行一番考察都应当对有关知识本质问题有所回答。因为我们能够由此看出其中暗含地假设的知识定义。

例如，物理学已成功地解释、理解、知道(这些词都表示同样的东西)光这种现象的本质。物理学家把光解释成什么呢？早在17世纪，惠更斯就提出了光的波动理论，按照这个理论，光就是一种以波的形式进行的状态的传播。后来，依据弗里斯奈和托马斯·杨的实验，无可置疑地证明了光传递的属性和法则与一定条件下波传输的属性和法则相同。二者都可以用同样的数学公式来表示。简言之，人们**再认识到**光的现象所展现的关系与波的传输中普遍发生的那些关系是相同的，因此，这些关系是已经熟悉的关系。(这恰恰就是和我如何知道这动物是一条狗的那种情况是一样的。我在它那里再认出我所熟悉的作为狗的性状的那些特征。)

然而，在那个时代，人们已知的波只是那些由介质的机械运动所构成的波——水波、空气波，以及弹性物体的其他振动。因此，就光来说，人们以为不言而喻的是光所涉及的是机械的振动，是介质的质点围绕着一个平衡位置运动所产生的波。后来，特别是由 10
于 H. 赫兹的工作人们知道了电磁波，并且以严格的数学形式提出了电磁波的法则。到这时，人们注意到，支配着电磁波的法则可以在光学现象的法则中再被发现，而且比机械振动的法则更完全地适合这些光学现象。那就是说，光的行为中某些为力学理论说明不了的特殊性现在可以被再认出并由此而得到理解；仅举一个例子来说，已经发现电磁波的传输速度与光的传输速度相同，而没有发现任何一种弹性介质中的波具有这样的速度。根据这种再认识活动，现在可以说：光是一种电磁现象。光就有了称呼它的恰当的名称。

在这里有两个阶段上所获得的一些知识：首先，光被解释为一种振动现象，一种波的传输，然后，通过第二个发现活动，这些振动和波被确定为本质上是电波。这种情况与关于狗的例子十分相似。最初，我只能用“动物”这个比较一般的名称来称呼它；但在再认出它的更多属性以后，我就把它称为一条狗。

然而，我们还应当注意在日常生活的实例和科学的实例之间有重要的区别。在取自日常生活的实例中，我直接确立了两种经验，即知觉和心理意象之间的一致或相同。而在取自科学的实例中，通过认识活动联系起来的两项则把“法则”作为其共同的要素，法则是不可能被感知到而只能通过间接的方式得到的东西。至于法则之间的“相同”是不是反过来又只能通过两种知觉或其他经验之间的“相同”来证实，这个问题我们不在这里探讨。这是一个属于科学方法论的一般理论问题，为了直接定义知识的概念，并不要求解决这个问题。无论如何，主要之点就是在认识中两个成分被确认为“同一个东西”。因此这里所涉及的是可以成为同一的相同。在上面的例子里，如果共同的要素是“**法则**”，那么我们所发现的相同就是**同一**；因为法则是一种概念性的创造，我们知道，就概念来说，相同和同一是重合的。这里所涉及的区别，我们暂且不去作进一步讨论，我们要做的事情只是要确定，当我们谈到科学中的
11 “知识”时，我们还是指对相同的东西的再发现。

如果我们考虑任何其他科学中的任何其他例子，那么我们仍然会得到同样的结论。无论在哪里，知识过程的核心都是再发现。例如，当我们断言亚里士多德在雅典城邦写了手稿（这是对一个关于**历史**知识的实例的确定），我们所断定的就是把写这些手稿的作者同这位由于别的理由而为世人所知的哲学家等同起来。这样，我们便在前者中**再**认出后者。当我们在语言学中得以知道不同语言中的两个词的亲缘性时，这就意味着我们已经确认了这两个词由之起源的词根的**相同性**。这个道理也适用于我们想象到的任何实例。但我们并不需要进一步作这种分析。这些分析总是产生同样的结果——科学中的认知如同日常生活中的认知一样，都表示在一种事物中再发现另一种事物。

从这样一个简单的原则中我们就已经可以引出一些关于科学

知识的目的和方法的重要结论。

首先，我们谈到，认知只要求把以前互相分离的两个现象中的一个归结为另一个。因此，我们并不需要（像人们常常认为的那样）对解释项比被解释项有更好的了解。那种认为只有在不熟悉的东西中再发现熟悉的东西才获得了知识的看法是不对的。这一点可以很容易由科学研究的许多实例加以证明。例如，当现代物理学力求把力学法则归结为电磁学时，正如人们长期追求与此相反的过程，即对电寻求力学的解释似乎被证明是成功的那样，这种归结也同样是一种解释，是一种知识的进步。尽管我们了解力学法则的时间要比了解电磁学法则长久得多，而且力学法则比电磁学法则更为人类心灵所熟悉，但现代物理学的这种归结仍然是成立的。同样，发现地球上的一种新的语言可以为我们理解最熟悉的语言的许多特征提供联系的纽带和解释的根据。

我们还经常碰到这样一种说法，认为认知就是“把我们所不曾体验过的东西归结为我们体验过的东西”。但这是大错特错的。要被解释的东西必定总是我们所体验过的。为什么我们要去解释未曾经验过的东西呢？这里存在着体验（kennen）和认知（erken- 12
nen）或理解的混淆，我们在后面将会看到，这种混淆可能会对哲学带来最严重的后果（见后面，第 12 节）。但是，即使我们改正这个错误，用‘未知的东西’来代替‘不曾体验过的东西’，这种说法仍然不会变成正确的。因为未知的东西所归结的解释性因素并不一定就是我们以前所体验过的东西；它可能是某种新的东西，是为一项特殊的知识而明确设定的东西。每当我们为了解释一组事实而构造一个新的概念或新的假设时，都发生这种情况。当然这些概念或假设然后必须依靠其他根据来加以确证，我们才能认为这种解

释是成功的。但是在这里，首先是恰当地设想出来的假设使得某些事实成为可理解的，由此所获得的知识就是把我们所体验过的某种东西归结为我们以前未曾体验过的东西，这恰恰与上述说法相反。再则，使知识成为可能的解释性因素本身不一定是已知的东西；它可以是我们不可能归结为其他因素的某种终结性的东西。因此，要使上面这种说法成为正确的，就必须将它概括为这样一个不太特殊的原则，即知识就是把一种东西归结为另一种东西。

许多哲学家都感到并且承认，这样的归结的确充分地抓住了知识的本质。但是这些哲学家没有一个把这一见解付诸实践并从中引出全部结论。所有重大的原则问题最终都要使我们回到认识过程的本质上来。我们必须用同样的武器来对付所有的哲学问题以及所有问题的哲学方面。我们经常必须回答的有两个问题：第一，我们能把所要知道的东西归结为什么样的因素？第二，我们必须采取什么样的途径来实现这种归结？

各种个别科学在解决其特殊问题的过程中都自然而然地提出这些问题，而且也容易研究解决这些问题的方法。在某些情况下，这种归结的途径是事先就制定出来的。因而这种归结的任务就是要确定解释性的因素，这常常需要相当的勇气来毫不畏缩地沿着这条道路去思考所面临的问题。例如物理学就是这样达到现代量
13 子假设和相对论的。

在其他情况下，解释性因素已经掌握，所要解决的任务就是寻求解释的**途径**。这是通常的情况。例如，人们试图通过牛顿的万有引力法则来解释行星的运动；用热力学法则来说明气象现象，或者通过物理学或化学法则来说明生物现象，或者从先前发生的事件来推论某些历史事件的原因。诚然，对于必须求助于哪些因素

作为解释性原则，我们常常会犯错误，因而容易被某些捉摸不定的东西引向迷途。我们在前面提到的曾经一度颇为流行的认为一切物理现象都一定可以解释为力学过程的观点就是这样的一个例子。

然而，还有一些情况，那就是我们既没有解释的途径又没有解释的原则，既无路径又无目标。这时，最好的办法就是把这个问题先放一放(因为在这种情况下，甚至不能把这个问题看作是一个表述得正确的问题)，直到后来我们通过其他途径获得解决问题的线索时，我们才会重新回到这个问题上来。

即使在探究的这种早期阶段，我们就已经能够对于一切知识的最终目标形成某种观念。

我们只需注意，最初在另一事物中再次发现某种事物，然后又从那个事物中再发现另外的某种事物，如此继续，这样就使我们的理解一个阶段一个阶段地向前推进。那么，这整个过程推进多远，它的结果是什么？对此，至少有许多东西是清楚的：如果以上述的方式进行下去，由同一个原则所解释的现象的数目会越来越多，因而，用来解释整个现象所需要的原则的数目会越来越少。因为要不断地把一个事物归结为另外某种事物，所以尚未被归结的事物的集合(即需要被解释但尚未被解释的事物的集合)就会不断地减少。所以，所使用的解释性原则的数目多少就可以用来作为衡量所达到的知识水平的一个尺度，最高的水平就是以最少的、本身不需要作进一步解释的解释性原则所达到的水平。因此，认知的最终任务就是使这个最低限度的数目尽可能地小。

我们到底能把这种减少最终解释性原则数目的进程推进得多远，对这个问题马上就想说出某种更加确定的东西来还为时

14 过早。但是，有一点是肯定的：那些企图从一个**唯一的**原则中推论出全部存在、全部世界的丰富性的哲学家们的努力除了受到一种宽容的微笑以外，什么也得不到。另一方面，我们对科学在减少原则的数目而且在最近期间真正以强大的攻势来减少这些原则方面所已经取得的成果，不能不表示最高的敬佩。最好可以从物理学来观察和衡量这种进步，在物理学上，在短短的数十年间，用来解释其他一切现象的基本法则的数目显著减少。力学、光学、热和电曾一度分属不同的领域，各有其自身的法则。现在，物理学家们认识到，根本上只有力学和电动力学是物理学科的两个互相分开的部分，而其他所有的东西都已经归结为这两个部分。甚至在许多方面也表明，不能排除这两个部分相互归结和统一的可能性。

此外，我们现在可以看到，要在解释上达到终极的知识，构成真正困难的是什么：一方面，我们要使用最少的解释性原则，但同时又要借助于这些原则来规定世界上每一个单个的现象。换言之，仅仅依靠最一般的名称来单独地标示个别的东西，但要被单独地加以标示——这乍看起来似乎是一个自相矛盾的要求。

在前面谈到的关于狗的例子中，我们的确达到了单独的标示。但这是由于使用了一个个体名称（“我的狗塔拉斯”），正是由于这一原因，这种标示并不构成科学的知识。相反，通过一个适当的一般性名称来标示一个个体是很容易的，但这样做并不能以充分的一义性来规定那个个体。而且，这也不构成科学知识而只有科学知识的外表，因为要发现或构造可以在世界上的所有现象中被重新发现的一般概念并不困难。例如，泰勒士认为他在一切事物中认出了相同的实体——水。但这并不表明获得了真正的知识，因为这一观念对于他完全地、毫无歧义地比如说确定一块大理石和一块木头之间的个体性差异是毫无用处的。同样，比如说当现代形而上学提出存在的一切都是**精神**这个论题时，情况与此也没有什么本质上的区别。尽管这种现代的形而上学的表述有更加广泛的论证和更为精巧的论辩，但它与泰勒士的表述基本上并无二致 15
（见以下第 35 节）。

没有受过教育的人不大可能意识到“见识”（erudition）和“知识”（kowledge）之间的这种区别。他们一旦给每一事物或现象赋予**这个或那个**名称便心安理得了。园丁由于能够说出他的园中的所有植物的拉丁名称便自以为聪明得不得了！我们不是经常听到人们对自己头脑中储存着许许多多的名称、用语和数字而骄傲吗？他们竟把这些东西当作知识。[①]

下面我们就会看到，事实上只有唯一的一种方法能够产生最严格的、真正有效意义上的科学，因而能够满足这里所讨论的**两个**条件的科学知识，这两个条件就是：一是要完全地规定个体；二是要通过归结为最一般的东西来实现这种规定。这就是数理科学的方法。但是在达到那一点之前还要走很长的一段路程。我们现在的目的只是顺便指出我们已经到达的位置所展现出来的景色。在我们着手扩充这些景色之前，我们想首先创造出一种能更清楚地分辨这些景色所显示的东西的方法。

为此，我们要回到对认识过程的分析上来，以便把我们表达得尚不完全的结果进一步加以完善，使之更加精确。

---

① 见洛采在其《小宇宙》一书（第 5 版，第 2 卷，第 249 页）中的评述。也可参见魏辛格尔的《好似哲学》（第 2 版，第 318 页）。

4. 通过意象的认知

认知就是再认识(Wiedererkennen)或再发现(Wiederfinden)。再发现就是把**被认知的**东西同**被认为所是的**东西相等同。我们如果要加深对认识本性的理解,就必须弄清这种等同活动。

等同以比较为前提。在获取知识的过程中,我们把什么东西与什么东西相比较呢?

对于日常生活中的认识过程来说,这个问题很容易回答:一般说来,在这里是进行意象或观念之间的比较。在前面举的例子中
16 我们还会想起,我之所以知道被感知到的动物是一条狗是因为我对这个动物的知觉意象以某种方式同我一般具有的狗的记忆意象相一致。因此,这种知觉意象同我在听到诸如"尖嘴丝毛狗"、"斗狗"、"纽芬兰狗"之类的词时在心中出现的诸多意象中的一个相一致。在心理学上,这里所发生的也许就是,知觉产生时,联想唤起了比较的记忆意象,这些意象重合起来,可能会出现一种特殊的"熟知性质"(familarity-quality)。这些都是心理学问题,我们不去讨论它。但是,在这些问题背后,隐藏着一个认识论问题,对这个问题的思考将会使我们沿着我们的道路迅速取得很大进展。

读者很容易想到的一个基本问题是,这些意象是怎样同它们所表现的实在相联系的,我们暂且把这个问题放在一边。我们甚至把意识之外任何与意象相脱离的实在是否存在的问题也暂且悬置起来。现在我们必须考虑的问题是完全不依赖于这些问题的,但无论如何必须首先解决的问题。

这问题就是,当我们对意象进行认识所要求的比较时,我们便会陷入严重的困难。如果我们要找出并且证实这些意象之间的相

同性，看来这些意象必须是明确规定的并且有清楚确定的结构。因为，它们如果是模糊不清的，我们怎么能够如实地确定两个意象是相同的呢？我们怎么能够肯定没有忽略了微小的甚至是重要的差异呢？但正如我们大家从经验中知道的那样，记忆意象事实上是一种极为模糊、变动不居、容易像云雾那样消散的结构。当我试图想象某个熟悉的对象，比如说街那边的一幢房子时，我可能以为我可以极为精确地把它想象出来。但是，一旦我对自己问起各种特殊的东西（几扇窗户、屋顶的形状等等）时，我便发现，对于我的记忆意象的细节，我不可能肯定地提供任何确切的信息。在我们的心目中以为，无论什么图画都不会比我与之朝夕相处的亲密的家人的面孔显得更为清晰的了；但更仔细的考察便表明，即使是这样的一些意象也没有多大清晰性和明确性。一个人如果从不同的方面去看，他的姿态，他的神情，他的衣着，就会显出完全不同的图像来。记忆意象只是从这许许多多不同的视点中选取了很少的细 17
节，而且这些细节也是不清晰的。如果作为一种试验去问问某个人，让他描述一下他最亲密的亲戚和朋友的眼睛的颜色、鼻子的形状、头发的分法，那么我们就会很容易使自己相信上面的说法。事实上，仍旧固定在我们对某一对象的记忆中的并不是随便什么方面或细节，而是属于作为整体的对象的、被心理学家称之为“格式塔性质”的某些特征。

可见，我们的意象是非常模糊不清的。因而，人们可能设想，建立在对这种结构的比较和对其相同性的证实上的认识过程充其量也只是非常不确定的和成问题的。在这些意象中，视觉意象（在我们的例子中所涉及的唯一的一种意象）要远比任何其他意象更清楚一些。

然而，经验表明，在我们的日常生活中，再认识和认知活动的确具有足以满足日常需要的精确性和确实性。心理学上可以用来解释这一点的是这样一个事实，即一个对象的知觉意象在进入意识时，引起该对象的记忆意象，也许比没有外部刺激时具有更大的精确性，而且这两种意象会融合起来。但这个问题仍然是只有心理学意义。对于认识论研究者有意义的事实是，在日常生活中认知的确以这种方式发生而且它具有足以满足各种实践目的的确实性。事实上任何人都不会认为我有可能通过错误的或虚假的再认识，把一条陌生的狗当作我自己的狗，也不会有人认为我有可能经过足够仔细的端详也不能认出我的父亲来。（当然，我们假定，我的狗和我的父亲当时都没有发生如此大的变化如年龄上的变化，从而使知觉意象事实上与记忆意象完全不同。在后一种情况下，需要被认知的对象实际上已不再是相同的对象，而是成了另一个不同的对象了。）

当然，从理论上看——这是从哲学的立场上必须坚持的——总还是有这样的可能性：或者是我的记忆不可靠并且具有完全歪曲的记忆意象（若有精神疾患，实际上会发生这种情况），或者是被记忆的对象和被感知的对象彼此密切相像因而看起来是知识的东西实际上是一种错误。因为在原则上一条陌生的狗完全有可能长得"活像"我自己的狗，甚至经过极仔细的观察也区分不开来。

但这些只是理论上的可能性，在实际生活中并没有重要意义。
18 （这种**错误的喜剧**只能发生在莎士比亚的想象之中而不会发生在实际的世界中。）但是，如果认识过程涉及的不是如上面的例子所说的个别的意象，而是所谓"一般意象"，那么情况就完全不同了。"一般意象"这个表达式所指的是在我们的思想中同时代表整个一类对象的那些意象而不是只代表单独的个别对象的意象。举例来说，相应于“狗”这个词的意象就是一般意象。当我听到“狗”这个词，想到一般的狗时，在我心中出现的是哪一种视觉图像呢？可能会有各种各样的心理过程发生。通常发生的是，在我意识中出现的模糊图像采取某种属于特殊品种的狗的形式，也许是圣贝纳德狗吧。同时，接着产生的思想就是要考虑在内的不仅仅是这一种狗，而且还有所有其他种类的狗。在我的意识中可能通过模糊、短暂的出现微弱显示出来的其他品种如狮之类的狗的意象而感到这种接着产生的思想。不管怎样，有一点是肯定的：我决不可能形成只是一般的狗的直观意象。我们不可能想象一个既不是不等边的、又不是等腰的、也不是等边的、只有每个三角形都具有的属性而没有特殊属性的一般的三角形。只要想象一个三角形，那它就已经是一个特殊的三角形，因而在意象中，三角形的边和角都必须有某种大小的量值。

因此，只要我们不改变“意象”这个词的意义而继续把它理解为只是在感官知觉和记忆中直观地给予我们的那种结构，那么就没有什么一般意象。这是贝克莱最早以充分的明晰性向我们说明过的命题，从此以后，它就成了哲学的一笔永久的财富。

当我们在思想中使用诸如“人”、“金属”、“植物”这样的一般概念时，所发生的大部分情况是：在我们的心目中以上述方式出现所想物种的一个样本的微弱的个体意象，与此相联系的就是，还意识到这种个体意象只算作整个物种的一个**代表**。这种心理事实就是这样。

我们可以很容易看到，这种情况引起了认识论上的重大困难。因为所有意象都是模糊的，因而认同和再认识决不可能认为是完

19 全确实的，即使这些意象是个别意象。那么，用什么样的认识活动来确定一个个别意象属于一个特殊的类呢？我们知道，为了获得这种知识，我们必须把个体给予我们的知觉意象同作为一个整体的类的意象进行比较，然后发现这两者是相同的。但是我们不可能具有作为整个物种的意象。顶多只能用个别的记忆意象来代表这些物种。那么，我们怎样才能把这两者加以比较并发现它们是相同的呢？

在这里，经验再次表明，事实上这是可能的，而且具有一定程度的、对于实际生活情况几乎总是足够的确实性，尽管它有时会导致错误。一般说来，由于知觉意象同我已经见到过并且知道将其称之为狗的那些动物的观念或意象充分地一致，所以我便非常正确地认出一条狗是狗。但是也可能发生一些可疑的情况。有些狗非常像狼以致在某些情况下会把两者混淆起来。在另外一些情况下，对于一个缺乏经验的观察者来说，如果要他说出一个不动的动物是活的还是死的，或者让他说说两张书写的手迹是否出自同一个人之手，那么他就完全不可能确定地比较这些意象了。

这些情况表明，对单纯的意象或观念的认同或再认识一般说来能够满足日常生活的（以及很大的科学领域的）认识过程。但是这些情况也毫无矛盾地证明了，以这种方式不可能确立一种严格的精确的知识概念，即从科学的立场来看完全适用的知识概念。那种适合前科学思想和日常实际生活需要的知识，不可能在一种要求任何时候都有最大严格性和最高程度的确实性的科学中得到合理的使用。

那么，科学怎样才能获得那种符合它对严格性和确实性要求的知识呢？

由于意象是模糊的而不能确切认同，所以，科学寻求某种别的东西来代替意象，这些东西要能够清楚地加以确定，具有固定的边界，能够经常完全确定地加以认同，这种试图用来代替意象的东西就是**概念**。

5. 通过概念的认知 20

什么是概念？概念与直观意象的区别首先在于这样一个事实：概念是完全被规定了的而没有什么不确定的东西。可能有人要说（事实上许多逻辑学家已经这样说了），概念只是具有严格固定内容的意象。然而，正如我们在前所说的那样，在心理的实在中没有这种东西，因为所有意象都有一定程度的模糊性。当然人们也可能假定，具有固定内容的意象至少是**可能的**，但这种假定仍然只限于个体的意象。它根本不适用于一般观念或一般意象的情况。而我们要得到认知却需要这些一般观念或意象。因为，如我们刚刚在前面澄清了的，一般意象不可能作为真实的心理的东西而存在。

因此，概念不是意象，它不是任何一种实在的心理结构。事实上，概念不是实在的，而是想象的——我们所假设的以严格规定的内容来代替意象的东西，我们运用概念就好像它们是具有确切规定的属性的意象，对这些属性我们总是能够以绝对的确实性把它们再认出来。这些属性称之为概念的**特性或特征**（Merkmale），通过具体的规定提示出来。这些规定的总体构成概念的定义。在逻辑学上，概念特征的总和叫做概念的“内涵”（或“内容”），概念所指的对象的集合叫做概念的“外延”。

因此，我们正是通过定义力求达到在意象领域中决不会发现而对于科学知识来说必须具有的东西：绝对的恒定性和确定性。我们不再是与模糊的意象相比较来认识对象，而是研究该对象是否具有定义所确定的某些属性来认识对象。这样就可能认知这个对象也就是用正确的名称来标示它了。因为定义规定了适用于具有它所揭示的特征的所有对象的共同名称。或者用传统的逻辑学术语来说，每一个定义都是名词定义。

相应地，概念便起着所有那些对象的**记号或符号**的作用，这些对象的属性包括这个概念的各种规定的特征。

毫无疑问，"对象"和"属性"这些词要在尽可能最广的意义上来使用。对象就是我们能够想到、能够指称或用符号表示的任何
21 东西：不仅是"物"而且还是过程、关系、任意的虚构（因而也包括概念）等等。这同样也适用于"属性"。属性代表以任何方式表征并能有助于规定对象的任何东西，不管它是有形的还是关系，想象的东西或任何其他东西。

由于概念是非实在的，所以就必须在思想活动中由某种心理的实在来代表它；因为思维本身当然是一种实在的心理过程。在非言语的思想中，如我们已经指出的那样，经常起记号作用的是一些直观的观念或意象，在这些直观的观念或意象中，至少近于实现了概念的某些规定的特征。在言谈中，概念是用词或名称来标示的，而这些词或名称，为了交往和沟通的目的，又能够用书写的记号来加以确定和表示。然而在科学的语言中，要尽可能地使所有语词都表示概念。这就是当今某些逻辑学家之所以把事情颠倒过来要把概念定义为"词的意义"的原因所在。

如果在实际的思想中用直观的意象（尽管它具有模糊性）来代

表概念，只要我们承认这只是一个代表的问题并注意不要把意象的所有属性都看作概念的特征，那么，这也没有什么关系。通过直观的意象进行的思考可以叫做图像式的思考，在这个意义上说，我们所有的思考都或多或少地是图像式的。但这并不妨碍我们得到正确的结果，只要(1)我们记住直观的意象所起的作用只是作为一种替代；(2)我们仍然要经常想到它们所代替的到底是*什么*。然而，这并不总是那么容易的。事实上，用意象作为概念的替代也许是一般哲学思考中滋生错误的最严重的根源。思想的翱翔无须检验羽翼的负载能力，无须确定承载思想的意象是否能够正确地实现其概念性功能。而要实现这一点只有一再地回到定义上来。但是经常适用的定义总是没有的，哲学家们竟冒险用没有坚固的概念框架支撑的意象进行飞翔。其结果是导致错误和很快地失控。

我们注意到，当今的研究者们越来越多地强调——并寻求实验的确证——思想在本质上并非总是*纯粹*图像的或直观的这种观点。这种观点无疑是可取的。但是，我们不应当认为非直观的思 22
想就是以纯概念进行思想，用概念展示其*实在性*，如同在直观的思维中意象展示其实在性一样。恰切地说，非直观的思想就是某种实在的意识过程——最好称之为意识“活动”——对这种意识活动进行仔细的研究属于心理学研究的领域。这些意识“活动”具有模糊和易逝的性质，而概念则具有绝对确定的和清晰的意义。这些意识“活动”，如同图像性思维中的观念和意象那样，只能代表概念；它们本身不可能是概念。到底在实际的思考中是*什么样*的特殊的心理状态或过程代表概念，这些状态是不是直观的意象或别的什么东西，这是一个纯粹的心理学问题，我们不去讨论它。还

有，正如有人已经指出的那样[①]，代表概念的图像性意象，并不构成概念的“意义”。概念不是意象的代表；相反，它是由意象所表现。

概念不是实在的。它们既不是思维者意识中的实在结构，也不像中世纪的“唯实论”者所认为的那样，是它们所表示的实在对象中的某种实际的东西。严格地说，概念并不存在。真正存在的是**概念性机能**。这种取决于环境的机能，一方面可以由意象或各种各样的心理活动来执行，另一方面可以由名称和书写记号来执行。任何人如果把概念说成好像是意象，好像是意识中实际发生的事情，那么他也就因此而创造了魏辛格所说的那种意义上的虚构（《好似哲学》，第二版，第53、399页）。但是，如果我们不把这两者混淆起来，只是把概念性的机能看作实在的，而不把实在的存在归于概念，那么我们便不会作出任何有意识的错误假设。因而，一般地把概念看成虚构是错误的。

在思维者的意识中，对概念的思考是通过一种特殊的经验进行的，这种特殊的经验属于意识内容的一种，现代心理学基本上都把它称之为“意向性的”。“意向性”这个词不仅是用于指意识中的经验，而且也包含对这些意识经验以外的某种东西的指涉。例如，试想一下我现在对昨天听到的一首歌曲的记忆。在我意识中呈现的不仅是该歌声的心理意象；而且我还知晓这是我昨天所感知的
23 歌声的意象。这种知晓——这歌声**意谓或意指**这些观念或意象的对象，歌声指向这个对象，“意向”向着该对象这个事实——是与意象本身不同的东西。它是一种心理活动，一种心理机能。在斯图

① 胡塞尔，《逻辑研究》，Ⅱ，第61页。

姆夫看来，它不仅是某种不同于直观意象的东西；而且它甚至也不与直观意象相联系[①]。这种关于这些机能对理解心理生活具有基本重要意义的见解是现代心理学研究的一项重要成就。在这里，我们特别要感谢斯图姆夫，是他把对这些机能的确切研究看作心理学的首要任务。胡塞尔、库柏及其学派在对这些"活动"作出恰当评析上也有重大功劳。一个这样的"活动"或机能就是对概念的思考，是指向概念的活动。因此，正是这种概念性机能而不是概念本身是实在的。

但是，这些看法只是为了澄清心理学的条件所说的附带性的意见。在认识论上，概念性机能的意义恰恰就在于表示或标示。然而，在这里表示无非意指配列或对应，也就是说，一对一地对应或更多的是多对一的对应。说把那些对象归在某个概念之下也只是说我们把这些对象与这一概念相对应或相配列[②]。

在这一方面，我们注意到，人们从逻辑上和认识论上对评价"记号"、"表示"、"标示"这些词的歧义性所做的最近的努力。首先，必须把仅仅在"宣称"、"告示"这个意义所用的标示和在"表达"、"表现"、"意指"、"意谓"以及其他类似的动词的意义上所用的标示加以区别；而所有这些不同的意义都可能与意识的不同的"活动"或样式相对应[③]。然而，在所有这些意义中，共同的东西就是它们都涉及配列或对应。只有这种配列或对应才是认识论的本质所在。至于它们之间的区别，不论人们可能会有什么别的说法，其性质主要是心理学上的区别。只有对应的方面（它并不受这些区

① C. 斯图姆夫，《意象与心理机能》，载《柏林科学院论文》，1906 年。

② O. 库柏在他的《实在论》（第一卷，第 226 页）表示了对概念的相同的观点："对于客观的科学来说，概念乃是记号与所表示的对象之间的固定的对应"（布隆贝格翻译）。

③ E. 胡塞尔，同前，第 23—61 页。

24 别的影响)才对解决知识性质的问题具有重要的意义,这个事实证明了这些区别与认识论没有什么关系。如果以为解决认识论方面的问题首先需要把各种各样的意识样式和“活动”区别开来,那就大错特错了。如果真的是那样,那么我们就永远也不可能回答任何认识论问题了。因为意识的样式是无数的,又是不可穷尽的,严格地说,没有任何一个单独的经验与任何其他经验恰好相同。如今被人们广为赞扬并实行的“现象学分析”方法着手进行的正是这样一种区分。因而,它们把这种区分进行得愈是彻底,就愈是遥远地把我们带进一个无限的领域。这种方法并不产生真正的知识;它只是准备了寻求知识的方法,因为它并不把一事物归结为另一事物;相反,它追求对事物进行尽可能多的分解和区分。

但上面说的这些只是顺便说到的意见。下面我们还是回到对概念性质的讨论上来。

上面我们所持的观点——认为概念并不实际地存在,谈论概念只是使用一种简化,实际上,只有概念性**机能**——遭到广泛的反对。人们反驳说,整个科学,例如数学和纯粹的逻辑学,其主题完全由概念及其相互关系所构成。由此看来,我们如果否定概念的存在就不可能不导致如同劳伦兹·奥肯在说到“数学基于无(Nichts)并从无中产生”时极好地表达出来的那样一种荒谬性。正因为如此,所以我们一般宁可说:概念**确实**存在,它们也具有一种存在,正如感觉对象具有一种存在一样,但这只是一种**理想的**存在而不是实在的存在。人们承认三角形、5 这个数、三段论以及诸如此类的概念并没有实在的存在。但它们并不是纯粹的虚无,因为我们能够作出有关这些概念的各种有效的陈述。所以我们必须赋予它们一种存在,我们把这种存在称之为理想的存在以区别于实在的存在。

当然，这个问题纯粹是一个用语问题，就此来说，对这种表达形式并没有什么反对意见。但是，谈论这种理想的对象总是很容易导致含糊不清的和错误的观点，即这些语言表达所依据的柏拉图主义的形而上学观点。由于对这种错误几乎毫不注意，我们就 25
会把**独立于**实在世界的另一个世界即理想存在的世界，一个观念的领域，价值和真理的领域，有效的东西的领域——简言之，一个永久的概念世界同实在世界对置起来。这另一个世界似乎是固定的、自我维系的世界，在这个世界中，概念和真理永远受到推崇，甚至即使没有实在存在的领域，这个世界也依然会存在。因为，据说，即使没有实在的东西存在，2 乘 2 也会等于 4。于是，便产生了关于这两个领域之间的关系问题，关于实在世界和理想世界之间的联系问题，结果使哲学思想中充满了许许多多的假问题。人们便设想，以某种方式通过实在过程来领悟和把握理想世界：通过观念和意象来领悟和掌握概念，通过判断活动来领悟和掌握真理，如此等等。为了表示这种领悟活动，人们造出了一个特别的名词——“理念化”(ideation)。这样一来，本来要加以澄清的关系，实际上反而变得更不清楚了，特别是如果人们在走向概念的完全实体化和纯粹的柏拉图主义的形式理论上不想迈出最终的一步的话，情况也是如此(见本书后面，第Ⅱ部分，第 18 节)。

如果我们从一开始就搞清楚，所要讨论的理想的“存在”无论如何不能同实在的存在相比较或相对置，那么我们就得以避免所有这些纠缠不清的问题。理想的存在既不是与实在的存在相接近，也不可能进入与实在存在的真实关系之中。特别是如果赋予观念的领域以一种**独立于**实在世界的存在——似乎真理和概念能够以某种方式独立于进行判断和理解的人们，那是毫无意义的。

真理和概念的本质就在于它们是记号；因而，它们总是要预设某个想要用符号来表示或标示的人、某个建立配列和对应关系的人为前提的。概念性机能只是在进行指涉和联系的意识中起作用，因而，把一个独立于有意识的人的存在归于概念是毫无意义的。当然，那种认为概念是特殊的意识过程的一部分或一个方面的观点同样也是错误的；因为这种观点会把概念看作是一种心理的特征，而全部关键之点正是概念根本不是实在的。

中世纪的唯实论早已陈旧过时，然而人们仍然犯着许多错误，设想在概念和概念所包括的对象之间的关系不仅仅是指称和标示的关系，而且是更为密切、更为贴近的关系。说明这一点的一个例

26 子就是关于**抽象**的理论，认为概念可以说能够通过抽象掉个别属性从事物中**概括**出来。如果这种理论是正确的，那么反过来我们只要在概念上增加某些特征，就能把它重新变成实在事物。这当然也是无稽之谈。不管我们给概念加上多少具体的特征，概念顶多只能成为个别事物的概念；但它决不可能成为该事物本身。尽管如此，所谓个别化原理(principium individuationis)——即据说据以从一般的概念中可以产生出个别事物的原则——在中世纪的经院哲学中确实发挥了巨大的作用。这种奇怪的理论产生于“偶性”(Haecceitas)，即特性，与一般概念相结合就转变成个别的实在。

同样，把一些特性加到概念上也不可能从概念中产生**意象**或**观念**。因为观念也是某种实在的东西；它是心理实在的一种形式。正如实在的事物或观念不可能仅仅从概念中建立起来，同样概念也不可能通过舍弃某些属性而从事物或观念中**产生出来**。

一般说来，我们不可能从一个事物中“撇掉”一种属性而留下

其余的属性不变。例如，我不可能为了形成一个数学上的圆的概念首先想象出一个实在的圆，然后抽象掉所有属性诸如颜色等等。当然我能够想象一个具有任何特定颜色的圆，但不能想象一个不具有任何颜色的圆。我们并不是通过撇开事物或观念的某些属性而得到一个概念的，正如圆的例子所表明的那样，我们不可能仅仅去掉某些特征而不提供替代物。相反，我们获得概念的方法是通过把各种特征彼此区分开来并且给每一个特征赋予一个名称。但是，正如休谟指出的那样，[①]这种区分之所以可能，是由于这些个别特征能够彼此**独立地**发生变化。因此，就圆的实例来说，我之所以能够把形状和颜色作为独特的特征区分开来，是因为一方面我能够想象具有任何形状而颜色相同的物体，另一方面，我也能够想像具有任何颜色而形状相同的物体。

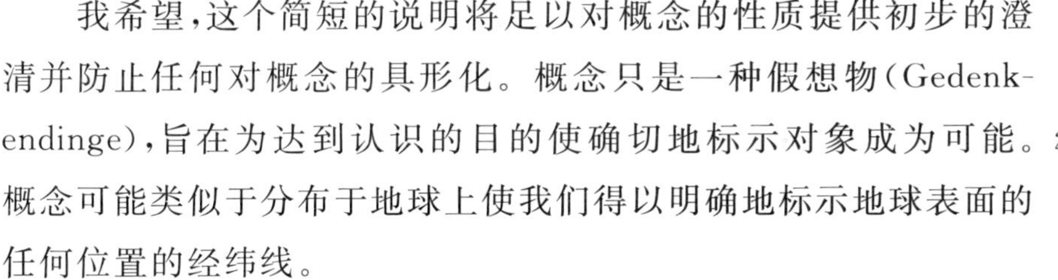

我希望，这个简短的说明将足以对概念的性质提供初步的澄清并防止任何对概念的具形化。概念只是一种假想物（Gedenk-endinge），旨在为达到认识的目的使确切地标示对象成为可能。27
概念可能类似于分布于地球上使我们得以明确地标示地球表面的任何位置的经纬线。

6. 定义的界限

通过采取上述步骤，我们是否就达到了认知中的绝对确定性和精确性这个所希望的目标呢？毫无疑问，我们已经取得了相当大的进展。通过使用定义了的概念，科学知识本身提升到远远超过日常生活中的认知水平。只要我们掌握了恰当定义了的概念，

① 休谟，《人性论》，第一卷，第Ⅰ部分，接近第Ⅶ节的结尾处。

我们就可能获得在实际上没有怀疑的那样一种形式的知识。

举个例子来说，有人递给我一块金属。如果我只限于从眼看和手摸这块金属所得的知觉，那么我就不知道它是不是一块纯银。我对银的记忆意象很不明确，不足以使我把它们同其他类似的金属（如锡或某种合金）的意象清楚地区分开来。但是，如果我运用银的科学**概念**，那么情况就完全不同了。于是，银被定义为比重为10.5、原子量为108并具有一定导电性能等等的物质。为了在任何所要求的精确程度之内确定给我的东西是不是银或者其他金属，我只要看一看这块物质是否具有这些属性。我通过称量比重、化学分析以及诸如此类的实验，通过观察来确定实验的结果，从而得知是否存在这些所要求的属性——除此而外，没有别的办法实现这个目的。

然而，感官的观察如识读仪器的刻度归根到底总要涉及对一种知觉意象的再认识，而知觉意象，如我们在前面已经澄清了的，在本质上总是不确定的。例如，仪器上指针的位置绝不可能精确地得到确定，每一次读数都包含某种程度的错误。

因此，我们面临着开始就遇到的同样的困难。所需要的仍然是对直观结构的再认识，是对感知意象同记忆意象进行比较。唯
28 一不同的是这里的意象不是所认知对象的意象，而是该对象属性的意象。由定义将实在对象的概念解析出来的种种独特的特征最终都必须具有直观的性质。一个给定对象中这些特征的存在只能通过直观来确定；因为所给定的东西无论是什么，最终都要通过直观给予我们。只有非直观的意识经验或“活动”不是通过直观给予我们的。但是，我们已经着重指出，这些意识经验或活动的模糊性和不确定性一点也不比直观少。

由此看来，希望通过概念的引入来克服的困难实际上并没有消除，而只是被推后了。但在这一过程中获得了某种对知识大有好处的东西。这种好处就在于，通过确当的定义现在有可能把困难转移到最有利的地方，在那里可以有一定程度的确实性（这种确实性对于个别科学的目的来说是足够的）来排除错误。例如，如果鱼的概念包括产卵和用鳃呼吸，那么我们就决不会犯将鲸当作鱼的错误。鲸产下活的幼鲸并用肺进行呼吸，对于这些特征的存在，精确的观察和研究不可能使我们受到欺骗。同样，把“银”这个概念所独具的特征——如前面所举的例子一一挑选出来，从而能够具有一切符合实践的和科学目的需要的足够的精确性来保证对这些特征的再认识，尽管再认识本身只有借助于感觉的意象才能实现。对于其他一切实例也同样如此。

然而，不管这种方法能够多么充分地满足实际生活和科学的需要，但它并不符合认识论的要求。从认识论的观点来看，不管困难可能被推后多远，但它在原则上仍然存在。对认识论来说，问题是这一困难是否可能从根本上消除。只有如此，似乎才可能有绝对确定的知识。因此，认识论把注意力集中在这个问题上。

看来，稍作思考便很容易对这个问题给出一种回答。定义一个概念就是确定它的特征。但这些特征如果要得到确切的确定，
就必须又被定义，也就是说，它们必须进一步被解析为一些特征，29
如此不断地继续下去。如果把这种定义系列不断继续下去，那么其结果造成的无限后退将使所有定义成为泡影。然而，事实上我们很快便会发现一些并不需要加以进一步定义的特征，标示这些最终特征的词的意义只能通过直观或直接经验来说明。我们不可能通过定义知道什么是“蓝”或什么是“愉快”，而只能通过对某种

蓝的东西进行直观或通过体验愉快。因此，我们似乎对我们的问题有一个明确而否定的回答：最终回到直接所与的东西，回到直观的经验是不可避免的。由于直接的所与在原则上总是以一定的模糊性为显著特点的，因而，似乎不可能获得**绝对**精确的概念。那么，我们是否必须承认，否定无可辩驳的确实知识存在的怀疑论观点是正确的呢？

在这里，必须把一种重要的观察加进来。当我们说直观性的结构是不确定的，我们并不是想要否定心理事件直至最后的细节都是完全确定的。作为实际的过程，它们在每一个方面都是确定的；事实上任何实在的东西都唯一地是其所是而不是别的什么东西。然而，我们所说的模糊性总是存在的。因为，尽管这些心理过程在每一环节上都是完全确定的，然而它们每时每刻都有所不同，它们是稍纵即逝并不断变化的；我们每一时刻的记忆甚至都不可能完全精确地再现前一时刻的心理过程。我们不可能区分开两种近乎相同的颜色，两种几乎相同高度的音调；也不能确定地说出两条接近平行的线是否形成一个角度。简言之，虽然确切地说直观作为实际的结构本身不能被描述为不确定的，然而，一旦我们试图作出有关它们的判断时，就会产生不确定性和不确实性。因为为了作出判断，我们就必须把这些直观作为某种与其变化无常的性质相对立的东西固定地保持在记忆中。下面，我们将把这一事实以简略的形式表达出来：一切直观或其他经验都缺乏充分的明确性和确切性。

直到最近，逻辑学一般说来并没有受到这种情况多大的侵扰。逻辑学宣称，定义过程必须终止于终极的概念，这不仅因为这种终极概念不可能定义而且它也不**需要定义**。热衷于对一切事物都追

30

求定义，这种做法被视为不必要的烦琐，这种做法会妨碍而不是促进科学的发展。最简单的概念的内容就表现在直观之中（例如敲音叉发出音符“a”的音高）。这种演示大体上体现了亚里士多德曾注意到的所谓实在定义的任务：揭示概念所标示的对象的“本质”。实指定义也叫做“具体的”或“心理的”定义与专门的逻辑定义相对待，当然它与逻辑定义根本不同。

这种认为可以免除对最简单概念的定义的断言，可能有着两种不同的意义。

第一，它可能意味着直观的确能够赋予某些概念以完全清楚、确定的内容。在这种情况下，我们关于所有直观都是模糊的（在前面所解释的意义上）看法就必定受到挑战，必须加以纠正。

第二种可能的意义在其充分的形式上只有很少的哲学家维护它。可以援引的一个例子就是诡辩学家高尔吉亚的理论；约翰·斯图亚特·穆勒的彻底经验论——如果以彻底的一贯性加以贯彻——结果也会导致同样的观点。按照这种哲学，对于任何知识，甚至对于所谓纯概念性的真理如数学命题都不可能要求有绝对的确实性，我们的知识，例如 3 乘以 4 等于 12，最终也只是通过实在的心理过程所获得的，这些心理过程都同样具有任何所与的东西的模糊性。在思考这一观点时所遇到的认识论问题将在后面进行讨论。到那时我们对这里的第二种可能的选择所必须采取的态度也就会清楚明了了。现在我们来讨论第一种可能的意义。

在这里成为问题的是，由于认识是通过迅速变化、模糊不清的经验来实现的，面对这个事实，我们如何来拯救知识的确实性和严格性。要做到这一点，看来我们只有假定经验**并非**在每一方面都 31
是不确定的，而是有某种完全恒定的东西，或者可以清楚确定的、在某种情况下变得非常明显的东西。但是，毫无疑问，所与的东西就其性质来说每时每刻都在变动之中。因此这种恒定的东西只能是支配着所与并赋予所与以形式的法则。

这样一来，就展现了一种可能性使我们可以走出赫拉克利特式的经验之流而站在坚实的土地上。诚然，一个基本的疑问总仍然存在：即使我们的直观的观念以某种方式由绝对严格的法则所支配(情况确是如此)，但仍然会产生一个问题，那就是，我们对这些法则知道的是什么呢？难道这种知识归根到底不也是由不断变化的经验所构成的吗？如果真是这样，那么全部问题不是又会一再地、永不休止地重新产生吗？

不过这还不能决定，这个基本的疑问会在多大程度上得到辩明，还不能确定，一旦我们回到概念的直观的意义上，我们是否真的就失去了对绝对严格性的保证。但是，不论这个决定可能是什么，认识论必须准备防止出现不利的结果。因此对于认识论来说，首要的是要研究是不是一切概念的内容最终只能到直观中去寻找，或者，是不是在某些情况下，谈论概念的意义而毋需将它归结为直观的观念也可能是合理的呢？那样一来，就可能不依赖于直观所表征的明确性的程度而使概念的这种确定性得到保证。这样，我们就再也不必因经验永远处于变动之中这个事实而感到灰心丧气了；具有严格精确性的思想仍然可以存在。

在下一节我们将会指出，在何种意义上这种精确性思想仍然可以保持。

7. 蕴涵定义

虽然逻辑从一开始就能够设想上面提到的问题，但决定性地解决这个问题的动力却来自另外的方面。它来自一种特殊科学的研究,在这个问题上同在大多数其他问题上一样,逻辑直到后来都不能适合这一特殊科学的需要。唯一能够不断地对我们的问题作出严格表述的科学是构造得在每一步上都保证绝对确实性的科 32
学。这种科学就是数学。其他科学,不仅由于不确当的定义而且也由于别的原因而不可能提出这样高的严格性要求,因此它们不可能以如此基本的方式来表述它们的问题。然而,我们将要报告的这些研究的意义并不局限于数学。相反,这些研究原则上对于一般科学概念如同对于数学的概念一样都是有效的。我们把数学的概念作为对问题的思考所依据的范式,这完全是一个方便的问题。

当数学家们发现最基本的几何学概念如点或直线实际上是不可定义的(也就是说,不可能把它们分解为更简单的概念)时候,起初,他们满足于一种观念,认为这些基本概念的意义在直观上已经非常清楚地给出,以至于从这些概念就能够完全确实地从外观上立即看出几何学公理的有效性。然而,现代数学并不满足于这种对直观的依赖。在谈到基本问题时,它不仅着手寻求新的几何学定理,而且还寻求**一切**几何学真理有效性的根据。由于数学家极力避免任何诉诸直观的做法,因而数学证明,从已知命题推出新的命题的证明,获得了严格性。一切结论都不能从直观中推出,而只能运用逻辑的手段从清楚表述的命题中推出。因此,诸如“从对该图形的思考中可以得出……”“从这图中可以看出……”之类的说法都被禁止。特别是,在几何学的证明中,不再**默许**任何仅仅通过观察图形便能确立其存在的属性。相反,这些属性的存在必须以纯粹的逻辑方法从假说和公理中推出,或者,如果结果表明这种推

论是不可能的，就必须在新的公理中特别地陈述出来。

在这个时候，如果将几何学公理这种为一切证明所依据而本身不可证明的最终原则的有效性仍然归于直观，那就显得不可容忍了。特别是由于受到有关平行性公设的观点发展的影响，数学家们开始怀疑直观的可靠性，他们力图从证明程序中消除的同样正是这种直观。如果基本的数学概念如“点”、“线”、“面”的意义只
33 能通过直观来显示，那么适用于这些基本概念的公理也只有从直观中达到。然而恰恰是这种证明的合法性成了问题。

为了避免这种不确定性，数学家们开辟了一条对认识论具有最重大意义的道路。大卫·希尔伯特在其他人所做的准备性工作[①]的基础上着手构造具有绝对确实性基础的几何学，这种确实性在任何方面都不会有诉诸直观的危险[②]。至于希尔伯特是否在每一个特殊之点上都是成功的，或者他的解决方法是否还需要进一步补充和完善，我们在这里不去讨论。我们所关注的只是原则，而不是原则的执行和详细说明。

这种原则本身是惊人地简单。这个任务就是引入一些通常是不可定义的基本概念，使处理这些基本概念的公理的有效性得到严格的保证。希尔伯特的解决办法就是规定仅仅由这些基本的或初始概念满足这些公理这个事实来**定义**这些概念。

这就是著名的公理定义或公设定义或蕴涵定义。

重要的是要十分清楚地了解这种定义的意义是什么，它提供的是什么，它与通常种类的定义的区别何在。一般地说，在科学中

---

① 特别应当提到的是 M. 帕西的《新几何学讲义》，1882 年。

② D. 希尔伯特，《几何学基础》，第 4 版，1913 年（由 E. J. 唐森英译的第一版于 1902 年出版）。

定义的目的就是把概念造成清楚确定的记号，从而使知识的工作能够以充分的信心向前推进。定义正是从这种工作所需要的所有这些特征中建造概念。科学的**智力**劳动——我们马上就来更加详尽地考察它的性质——就在于**推理**，也就是从已有的旧的判断中推出新的判断。推理只能从判断或陈述中进行。因此，当我们在思维的活动中利用概念时，我们除了使用某些判断适用于这一概念这个属性——如公理适用于几何学的初始概念这个属性——以外，并不使用这一概念的任何属性。由此可见，对于进行一系列推理的精密科学来说，概念事实上仅仅是关乎它的某些判断能够得以表达罢了。因此，这也就是概念应当如何定义的方法。 34

现代数学在选择以这种方式定义几何学的基本概念时，实际上并没有创造什么全新的和独特的东西。它只是指出了这些概念在数学的演绎中实际上所起的而且一向都在起的作用而已。那就是说，当我们从一些数学真理推出另一些数学真理时，这些基本概念的**直观的**意义并没有受到任何影响。由于所涉及的只是数学命题的有效性和它们之间的相互联系，就这点来说，比如我们把“平面”这个词是不是理解为每个人在听到这个词时所想到的熟悉的直观图形还是理解为任何别的图形，对这种数学的演绎都没有造成任何影响。在这里重要的只是这个词意味着使一套特殊的陈述（公理）得以成立的东西。对于在这些公理中出现的其他概念来说，也完全如此。它们也同样是由它们与别的概念处于某种关系之中这个事实来定义的。

因此，希尔伯特从一个命题系统开始，在这个命题系统中有许多词项（如“点”、“直线”、“平面”、“在……之间”、“在……之外”，等等）开始时并没有任何意义或内容。这些词只是借助于该公理系统而获得意义，只具有该公理系统所赋予它们的内容。它们所代表的东西全部实质就在于作为该系统所构成的关系的承担者。这并不表示任何特殊的问题，因为这些概念并不是实在的事物。即使不能把实在的直观的事物的存在仅仅看作是它与其他事物之间的某种关系，即使我们不得不认为关系的承担者是被赋予某种自身性质的存在——这也不适用于这些概念。

此外，经验表明，对于一个新手来说，他是很难掌握这种用公设组成的系统来定义概念而概念又没有任何实际“内容”的观念的。我们会本能地设想，概念必须具有一种能够表现出来的意义，甚至更难忽略关系的直观意义而把握概念之间存在的这种关系。例如，“在直线 a 上的一点 C 在点 A 和点 B 之间”这个句子，我们应把“在……之间”和“处在”这些词只是同它们表示一定对象 A、
35 B 和 C 之间的某种特定关系这个意义相联系——但是它们不需要标示的，恰恰是我们通常与这些词相联系的**那些**关系。任何不熟悉这种极为重要思想的人最好通过思考各种各样的例子来熟悉它。

自然，能够以纯粹形式提供这种例子的是数学。数学能够完全不依赖其直观意义而研究几何学概念之间的关系本身，这正是这门学科经常使用的事实。例如，试想有一组无限多的球面通过空间中的一个特定的点，想象一下这个点本身从空间中取消。那么看一看普通的欧几里得几何定理，只要有“平面”这个词出现的地方，就用它来表示一个球面，用“点”这个词表示一个点，用“直线”这个词表示一个球面上的大圆，还以同样方式对“平行”这个词加以重新解释，等等。我们很容易看到，我们由此得到一组对这一球面系统全都成立的命题。因此，在这个例子中，在这些球面、大

圆等等之间存在的关系与通常在空间中的平面、直线等等之间存在的关系恰好是相同的（在通常空间中没有一个被认为是取消的点）。但是在这两种情况下，我们的直观图像当然是完全不同的。这就为我们提供了在直观表象上不同于普通几何学的直线和平面但彼此之间具有相同关系并且服从相同公理的结构的范例。对于数学家来说，设想出**任意**多的其他结构来完成相同的事情，那是很容易的事。

让我们再举另外一个例子。黎曼的平面几何的定理同欧几里得球面几何的定理是完全相同的，只是我们要把黎曼平面几何的直线理解为欧氏几何的大圆，等等。同样，在投影几何中把“点”和“直线”这些词加以交换，那么它的这些定理仍然保持其真理性。然而，我们通常用这些词所标示的直观结构是多么的不同！

这些例子可以随意举出许多，理论物理学也提供了很多这样的例子。实质上不同的现象可能都服从相同的形式法则，这是一个人们熟知的事实。相同的方程可以表示不同的自然现象，这取决于我们赋予该方程中的量的物理意义。人们都很熟悉的一个非 36
常简单的实例，其中概念之间的相互关系与直观内容全然无关，这就是我们用来说明亚里士多德推理样式的公式。当我们从“所有M都是P”和“所有S都是M”这两个前提推出“所有S都是P”时，这种逻辑关系的成立完全不依赖于符号“S”、“M”和“P”可能意指什么。唯一有关的就是这两个前提中所规定的概念之间的相互关系。符号“S”可以标示“人”，同样也可以标示轮船上的螺旋桨或者标示对数。因此，可以很容易看出，引入任何**歧义性**的符号引起将纯粹的逻辑形式同内容分离，这种分离只要首尾一贯地进行，最终便导致用蕴涵定义来规定概念。

我们可以得出这样的结论，通过严格演绎的方法构造科学理论如在数学中发现的理论，与我们对初始概念的直观图像没有关系。这种理论构造所要考虑的只是在蕴涵定义中所规定的东西，也就是如公理中表达的初始概念之间的相互关系。从数学作为相互联系的命题组成的固定结构这个立场来看，我们与“平面”、“点”这样一些词相联系的直观的观念只能算作是图解性实例而已。所有这些实例，如我们在前面所看到的，都可以用完全不同的实例来代替。诚然，在我们上面引述的实例中，我们代替初始概念通常意义的也还是我们在普通几何学中所熟悉的那些空间图形。但在原则上没有什么东西妨碍我们使用非空间的对象。例如在解析几何中，“点”这个词严格说来只是意指三重数组。我们可以把空间坐标的直观意义赋予这些数，这个事实并不影响它们之间的相互关系，也不影响我们运用这些数所进行的运算。

因此，几何学作为一座由严格精确的真理构成的坚固的大厦，真正说来并不是一门空间科学。空间图形只是作为一种使几何学命题抽象地建立起来的关系得以显现出来的直观的实例。关于相反的问题——就几何学旨在成为一种空间科学来说，是否能够被看作由绝对严格的真理所构成的坚固联接的结构——则是一个数学的认识论的问题。在这里，我们不打算解决这个问题，因为我们
37 现在所关注的只是知识的一般问题。然而，从我们前面的论述就足以清楚地表明，我们对这个问题不可能像人们可能设想的那样作肯定赞同的回答。因为正是由于对直观空间形式的命题的绝对严格性感到疑虑不安，才导致不通过直观而通过公设系统来定义概念。

现在，我们应当更清楚地说明蕴涵定义的意义和效果以及它

们和普通定义如何区别开来。就普通定义来说，当最终的不可定义的概念以某种方式在直观中显示出来时（见第6节，具体定义），定义过程便终结了。这就涉及要指出某种实在的东西，某种具有个别存在的东西。于是，我们便指出一粒沙来解释点的概念，通过拉紧的绳子来解释直线，通过受过教育的人发现在自己的意识的实在中存在的某种情感来解释公正的概念。简言之，我们正是通过具体定义来建立概念与实在之间的联系。具体定义在直观的实在或被经验到的实在中显示出以后要用概念来标示的东西。另一方面，蕴涵定义则与实在没有任何关联或联系；蕴涵定义明确地并在原则上拒斥这种联系，它们停留在概念领域。借助蕴涵定义而产生的真理系统在任何方面都不是建立在实在基础之上的。相反，它们可以说是自由地飘浮，像太阳系那样在自身之内保证自身的稳固性。在这种理论中出现的任何概念都不标示任何实在的东西；而是说，一个概念的意义就在于与许多其他概念的特殊的配合，正是以这种方式使这些概念相互标示其意义。

因此，构造一种严格的演绎科学只有符号游戏的意义。例如，在数论这样的抽象理论中，我们为了从概念游戏中获得快乐而建立起这种理论大厦。但在几何学中，尤其是在经验科学中，之所以使概念之网集中到一起的动因首先在于我们对某些直观对象或实在对象的兴趣。在这里，人们的兴趣并不怎么放在抽象的相互联系上而更多地放在与概念性关系并行的实例上。一般地说，我们自己关心抽象的东西只是为了能把它应用于直观的东西。但 38
是——我们的讨论要一再地回到这一点上——我们一旦把概念性的关系转到直观的实例上来，就不再能够保证完全的严格性了。当实在对象给予我们时，我们怎么能以绝对的确实性知道它们彼

此之间的关系恰好就是我们能够用以定义概念的那些公设中所确立的那种关系呢？

康德相信，在几何学和自然科学中直接的自明性保证我们能够绝对确实地作出关于直观和实在的对象的某些判断。对他来说，唯一的问题是要解释这种判断是如何发生的，而不是去证明这些判断存在。但是，对这种信念我们是有怀疑的，因为我们发现自己是处在完全不同的情况之中。我们能够有理由说的只是康德主义的解释实际上可能适合于为存在着的绝对实在的知识提供可理解性；而对这种知识存在则不是我们能够断定的东西，至少不是在我们研究的这个阶段能够断定的。在这个阶段，我们甚至也不可能知道如何获得对这种知识存在的证明。

因此，更加重要的是，我们发现蕴涵定义是一种能够使我们完全确定概念从而在思维中获得严格精确性的工具。为了达到这一目的，必须把概念和直观、思想和实在彻底地分开。当我们真的要把这两个领域彼此联系起来时，它们似乎根本不是结合在一起的。联接它们之间的桥断裂了。

尽管代价可能十分高昂，但目前也必须付出。我们不可能一开始工作就对任何情况下保持实在知识的严格性和有效性具有先在的观念。我们的任务只是在于获得关于知识的知识。我们由于认识到把概念和实在两个领域完全分开是可能的，因而已经朝着我们的目标取得了相当大的进展。我们越是明确、坚定地实现这种分离，就愈清楚地掌握认识活动中这两个领域所形成的关系。

为了避免误解，这里要作一点补充性说明。我们要强调指出，并非每一套任意的公设都可以看作是一组概念的蕴涵定义。确定公理必须满足一定的条件，例如，它们不包含矛盾。如果一套公设

不是自洽的，那么任何概念都不会满足所有这些公设。因此，如果 39
目的是要依据一定的公理构造一个演绎理论，那么必须证明这些公理是自洽的。这常常是一个非常困难的任务。但这是这种理论的应有之义，就我们对蕴涵定义理论的讨论来说，可以认为这是已经解决了的问题。

我们还应注意，在这里，“蕴涵定义”这个表达式是在比现今数学上的习惯用法更广的意义上来使用的。在这里，我们用**显**定义意指通过其他概念的结合来表达一个概念，从而这一概念无论在哪里出现，都可用这种概念的结合来代替；如果这种结合不可能加以明确规定，我们则谈论**蕴涵**定义。由于自本书第一版出版以来蕴涵定义这一用语在哲学文献中获得了广泛的承认，而且也没有任何引起误解的危险，所以我保留这一节使用的这一用法。

8. 判断的性质

从上一节的论述中，我们知道，只有首先揭示**判断**的性质，才能对概念的性质获得充分了解。由于蕴涵定义对概念的规定是借助于某些公理（它们本身就是判断）适用于这些概念这个事实，因而这种定义依靠判断造成概念。所有其他类型的定义同样都是由判断组成。同时，概念出现在一切判断之中，所以判断似乎又是由概念构成并预设概念为前提。这样说来，概念和判断是互相关联的。它们相互包含，一个不能没有另一个而存在。

显然，只有概念存在才能形成判断。当人们用概念来标示对象，用词来标示概念时，他们只是为了能够思考或谈论这些对象，也就是为了作出关于这些对象的判断，才这样做的。

那么，什么是判断呢？

在这里我们不是讨论判断活动的心理特性，也不是讨论在意识实在中表现概念的那些心理过程的性质。而且，判断作为一种
40 心理活动，其性质并不能加以确当的描述。对于任何其他心理现象，我们只有在进行判断活动时经验到这种现象才能了解它。对这种判断活动的表征只能有比喻性的意义，例如有人把判断活动说成是观念的“结合”和“分离”，或者把它说成是把几个观念放在一起结合成一个观念（希格瓦特），或者是把一个观念析解成几个观念（冯特）。实际的事实是，我们能够把观念设想为“联结在一起的”或者是“分解开来”的，但正如莱布尼兹批评洛克时所指出的那样，用不着因此而作出判断。洛克把判断描述为“观念的结合与分离”。约翰·斯图亚特·穆勒非常明确地指出，仅仅是观念的联结决不能构成判断；还必须加上另外的某种东西，但这个“另外的某种东西”是什么，正是这个问题才是“一个最复杂的形而上学问题”①。许多哲学家相信，要在判断者的态度中去寻找判断的本质，这种态度或者是肯定和赞成，或者（就否定判断来说）是否定和拒绝的态度。但是，把判断过程所特有的与单纯的猜想不同的东西描述为两种基本的心理现象（人们越来越广泛地承认它们是十分不同的心理现象），这的确是很不够的。

但是，我们所探讨的不是去研究判断的心理本质。我们的任务是要研究判断的认识论意义，如果我们想一想我们对概念的本质所已经了解的东西，那么可以希望确定这种认识论的意义该不致有多大的困难。

我们知道，概念的本质就在于它是与我们在思想中所想到的

① J. S. 穆勒，《逻辑学》，第Ⅰ卷，第Ⅴ章第1节。

对象相配列的记号。因此，我们可以很自然地推想到，判断无非也是一种记号。但它是标示**什么东西**的记号呢？在上面一节，我们指出，公理（它们都是判断）规定了概念之间的**关系**。由于概念是对象的记号，因而可以推想，判断是表示对象之间关系的记号。现在，我们必须考察一下这一推想是否普遍地有效，它可能还需作哪些进一步的解释和限定。如果考虑一个实例，这些问题可能很好地得到解决。

让我们来看一个简单的实例，即“雪是冷的”这个判断。“雪”和“冷”这两个词（句子里的主语和谓语）标示两个概念，我们从直观中就可以很好地了解它们的意义。显然，这个判断的确标示雪 41
和冷之间的一种关系——我们大家都熟悉的作为事物－属性关系的这种联系。为了作进一步分析，我们假定这个判断是由一个小孩子作出的，他以前对雪的了解只限于视知觉。因此，他对雪的概念是由**白的、片状的、从天空飘落下来的**这样一些特征所构成的。当他第一次用手接触到雪时，他发觉这种白色、片状的东西也是一种冷的东西。通过他的手指所经验到的这种感觉对这孩子来说是熟悉的。他已学会用“冷”这个名称来标示它。现在，他用“雪是冷的”这个判断把“冷”这个名称加到雪上。因此，按照前面第5节中所说的，我们在这里就有了知识的一个例子：基于一种再认识活动，给“雪”这个对象赋予正确的名称“冷”。如果我们回到主词概念的内容——在这个实例中，这个主词概念的内容就是从天空飘落下来的、片状的、白色的东西——上来，那么，我们便看到，我们的判断标示着与这些特征联系在一起的情况就是冷这个特征。只要前者出现，后者也就出现。当然，这里还没有说到，这个判断是仅仅适用于他刚刚触摸到的雪，还是一般地这样说也是完全对的。

在这里，我们看到，判断标示一些特征的共存关系（特别是空间和时间上的共存关系，因为冷与雪是在同一时间、同一地点被发现的）。所以，我们必须对前面的说法做如下的修改：判断不仅标示对象之间的关系，而且标示这种关系的**存在**，就是说，它标示对象之间存在着这种关系这个事实。显然，这两种表述是不相同的。仅仅标示一种关系不需要一个判断；概念就足以标示了。当我们宣称概念是对象的记号时，我们明确地说过，“对象”这个词是在最广的意义上使用的，因而也包括关系。例如，“同时性”、“区别”都是关系概念。但是各种各样的对象事实上是同时的还是不同的，这只能通过判断来表达。约翰·斯图亚特·穆勒在下面这段话里特别注意到这种区别（在这段话里穆勒所说的感觉或观念之间的次序相当于我们在这里所说的对象之间的关系）：“……必须把感
42 觉或观念之间的次序仅仅在心中提示出来同指出这种次序是一种实际的事实这两者加以区别。”①

因此，判断是事实的记号。只要我们在下判断，由此而打算去做的事就是去标示一组事实。这个事实可以是实在的，也可能是概念性的；因为我们要理解的一套事实不仅仅是指实在对象之间的关系，而且还有这些概念之间关系的存在，雪是冷的是一个事实；2 乘以 2 等于 4 也是一个事实。

仅有概念不足以标示世界上所存在的东西，我们还需要有另外一种记号，这样说并无悖谬之处。如果概念标示对象，那么为了标示这些对象之间的关系的**存在**，我们就需要有新的不是概念的

① J. S. 穆勒在他的《人类心灵现象的分析》，第 2 版，第 I 卷，第 162 页的脚注，注 48。

记号。当然我可以用一个**单独的**概念把对象和对象之间所存在的关系都包括进去。于是我们便可以形成雪的寒冷性的概念或者2乘2与4相等性的概念。但是这些都同作出“雪是冷的”或“2乘以2等于4”这种判断是完全不同的事情。标示种种事实的只有判断而不是概念。

判断总是基于一套事实，基于判断中陈述的东西的一种事实性存在，现有的存在或者“实事”。正是这种正确的见解构成了弗兰茨·布伦坦诺的判断理论的基础(见他的《心理学》，第二册，第7章)。我在这里说构成基础，是因为在我看来，这种包含着布伦坦诺理论的合理内核的说法可能是错误的。布伦坦诺坚持认为，存在命题(比如“上帝存在”、“有飞船存在”这样的陈述)是判断的原生形式，其他一切形式都可归结为这种形式。“某人是有病的”这个命题意指“有一个病人存在”，或者“有一个病人”；“一切人皆有死”意谓“不死的人是不存在的”(见同上书，第283页)。照此说来，“光是一种振荡过程”这一命题实际上就必须读作“不存在不是电的振荡过程的光”。按照这种理论，所谓全称肯定的逻辑判断实际上就成了否定的存在命题了。这的确是一种把自然的事态颠倒 43 过来的人为的构造。从这一理论可以得出一个结论，那就是，判断并不需要总是标示关系的存在，单独的、简单的对象也完全可以构成判断的主题，从这个结论可以更清楚地显示出这种理论表述是不恰当的。照这种结论，判断的意义就仅仅是对这一对象的“承认”，无须说到任何关系。至于否定判断的情况也是一样，只是要用“拒绝”代替承认罢了。

但是，很显然，承认和拒绝充其量只能把判断描述为一种心理活动。它们并没有涉及判断的认识论意义和逻辑的意义，而这正

是我们探究判断的本质所要解决的问题。布伦坦诺理论在逻辑方面的错误——即认为每个判断基本上都是单项的(one-termed)——可能导致严重的哲学上的错误,特别是企图使“事物”与它们之间存在的关系相脱离的错误(关于这一点,我们在另外的地方还要谈到)。如果我们直接地证实甚至那些公认为存在性命题的判断也不可能看成是单项的或脱离了种种关系的,那么我们就最有力地揭示了这种错误。例如,人们可能会认为,“世界存在”(the world is)这个判断是单项的,与明显是两项的判断如“世界是巨大的”相对照,由于在前一个命题中只有“世界”一个概念出现,而第二个命题中则包含两个概念:“世界”和“巨大的”。然而,这就把“是”(“is”)的两种完全不同的意义混淆起来了。在第二个命题中,“是”这个词是作为系词起作用的,而在第一个命题中,“是”则具有“存在着的”和“是实在的”这种意义。因此,在第一个命题中出现的,除了世界这个概念以外,还有存在或实在的概念;事实上,每一个存在命题都有断定主词概念所标示的对象是**实在的**对象这种含义(比如说与单纯的概念相区别)。所以,这些判断标示概念与实在之间的一种**特定的关系**。在这里需要提出来的是实在本身是不是应当仅仅理解为关系的系统[①](这个逻辑以外的)问题。对这个问题,我们将在后面的另一种完全不同的语境中来讨论。

“存在”这个词在纯粹概念性事实的判断中同实在的判断中具
44 有不同的含义。当一个判断断定概念存在,这只是意谓着这一概

① 希格瓦特正是从这个方面来处理存在陈述的,见《逻辑学》,第3版,1904年,第93页以下;还有J.柯恩的《认识的前提和目的》,第78页以后。

念中不包含矛盾。数学家一旦表明数学对象被定义得没有矛盾，那么他就证明了该数学对象的存在。数学概念所具有的无非就是这种“存在”(being)。这也同样适用于纯粹的概念，而且这也是我们在上一节论述的观点导致的结论。那就是说，“纯粹的”概念就是那些通过蕴涵定义来规定的概念，它们所要满足的唯一条件就是要没有矛盾。但是矛盾当然只是判断之间的一种关系；矛盾就在于对同一个对象提出两种相反的断言这个事实。因此，就概念来说，十分清楚的是，“存在”意谓着关系的存在，也就是进行定义的判断之间的关系的存在。(在数学中，如今人们有时企图把自洽性同存在区别开来，但这对我们现在论述的问题没有什么影响，因为这并没有触及决定性之点——把问题追溯到几个词项之间的关系。)

因此，我们虽然承认布伦坦诺理论的出发点是正确的，但我们还是认为，作为关系存在的记号，判断并不是只有一项，这种看法是确实无疑的。

还有一点意见要说一下。有些人指出所谓“无人称命题”(impersonalia)如“天在下雪”(It is snowing)或“天在下雨”(It is raining)这样的命题，以此来支持那种认为判断是单项的主张，他们的这种看法犯了一个错误，就是把语言关系和逻辑关系混淆起来了。因为，尽管这些命题只有简单的形式，但是显然这些简短的语句总是标示具有几个要素的事态(例如，“天在下雪”意谓着“雪片在落下”)。当然，从语言上来说，用一个单独的词以缩略语的形式来标示甚至是最复杂的关系，这总是可能的。

所以，每一个判断都是事实的记号，而事实总是至少由两个对象以及它们之间存在的关系所构成。如果有许多对象，那么就可能把整个事态分解为许多两个对象之间存在的简单关系。然而，这个问题我们暂且放下。在日常生活或科学中我们称之为一组事实的、无论如何总是可以从中分出诸多方面的复合的东西。

45 我们要能够说出与一个判断相对应的是一组什么样的事实，那么这个判断必须包含表示这套事实中互相区别的要素以及这些要素之间关系的特定的记号。因此，在一个判断中，至少出现两个概念作为两个关系项的代表，此外还必须有第三个记号来标示关系本身。当然，这并不是说，判断的这三个部分总是由句子中的主语、谓语、系词这三个部分来表示的。这种对应关系并不一定如此简单；事实上，情况一般说来总是比较复杂的。就现在的情况来说，我们无须讨论在一个判断中标示一组事实的各个方面的特殊的方法。主要的东西就是一个判断作为整体与作为整体的一个事实相对应。在这里，我们也不需要极力去确定判断中什么样的差异与这些关系中的差异相一致，是否一切种类的关系或许都可以归结为单独一种关系。对这些问题的回答要求对判断的形式属性进行考察，就此来说，认识论可以把这些问题留给纯逻辑去解决。而就这种回答必须以对关系进行研究和分类为前提来说，直到我们在后面开始考察对象本身之前，还不能着手进行这种研究和分类。现在我们必须做的不是去作关于对象的判断，而只是去作关于判断的判断。此外，我们这里关于判断性质所说的东西，在后面还要大大地加以扩充。

判断和概念处于一种独特的相互关系之中。概念通过判断联系在一起，因为每一个判断都标示两个概念的结合。但是，同样正确的是，判断通过概念彼此联系起来，同一个概念在许多判断中出现从而在这些判断中建立一种关系。如果一个概念要具有某种意思或意义，那么它就必须出现在几个不同的判断之中。假定一个概念只出现在唯一的一个判断中，那么表达这一判断的陈述必定是这一概念的定义；否则，这一概念必须由其他判断来定义，而且还要假定，别的判断中没有出现这一概念。但是，如果定义一个在思想中不起任何其他作用的概念，那是十分荒谬的。创造出这样一种概念是毫无意义的，事实上，谁也不会这样做。如果一个对象我们不能对它作任何断定，那么我们也就完全没有表示这个对象。46

因此，一个概念仿佛是构成了一系列判断的交汇点，也就是说，这一概念在所有这些判断中出现。这个概念是使所有这些判断联系起来的纽带。我们的科学的系统形成一个网络，概念则代表网上的纽结，判断是把这些概念联系起来的线。在实际的思维中，概念的意义完全在于构成判断关系的中心。概念只是作为判断的结合点并且在判断之中才得以在活生生的思想中展现出生命来。

一个概念的定义可以说就是那些使该概念与其最接近的概念相联系的判断。概念可以看作是对这些联系的一种简短表达，A. 里尔对这种情况作了如下的描述："一般说来，概念和定义的区别只是潜在的东西和实际的东西之间的区别。"①但是，正是由于这个原因，我们与里尔不同，把定义算作真正的判断。在一个完全自足的、演绎地联系起来的科学系统中只是在实践的和心理的意义上而不是在纯逻辑的和认识论的意义上才能把真正的判断同定义加以区别。关于这一点我们可以从人们最公认的数学所提供的严格的判断系统清楚地看出来。在那里，我们可以依据一定的假设

① 《逻辑学引论》，第 2 版，1911 年，第 13 页以后。

选择任意的定理作为定义对待，并从中推出通常作为概念的定义的那些判断作为结论。在这种纯粹概念性系统中，定义和判断的区别只是相对的。在定义概念时我最好使用这个概念的何种属性那只是取决于方便的考虑。曾经有一个时期，数学家们把那些看起来显得特别自明的命题看作公理；而在今天，如果能够使我们在构造上达到简单性和在系统上达到简洁性，我们在原则上都毫不犹豫地部分地从一些不那么自明的命题中推出这些“公理”，并把这些看作公理（从而把它们看作对初始概念的定义）[①]。

47 当我们把这些看法用到事实性科学上时，必须注意到，这些科学决不是严格意义上的自足的。相反，由于我们在研究实在对象时总是在不断地了解许多新的属性，所以这些对象的概念总是不断获得日益丰富的内容。这样一来，概念变化了，而标示概念的词却仍然是同一个词。词代表具有丰富属性和关系的实在对象，而概念代表的只是由定义规定给它的内容。由于这个原因，在事实性科学的思考中，定义和真正的判断是严格分开的，但同一个句子，可能会依据具体的研究情况或者被当作一个定义来使用，或者作为知识的一个实例。因此，就语言的表述来说——只有在这些语言表述中判断才能最终固定下来——事实性科学中的判断种类上的区别也是相对的。一个对象的概念最初总是通过原来借以发现该对象的那些属性和关系来定义的。随着科学的发展，同一对象的概念后来往往会以完全不同的方式来定义，因而断定最初发现的那些属性存在的判断现在似乎成了推出的判断。例如，试想一下“电”这个词和概念。在最早阶段，它是用一块被摩擦的琥珀

① 例如见孔狄亚特，《数学的哲学原理》德译本，1908 年，第 7 页以后。

对一个微小物体所产生的影响来定义的。而在今天，在理论物理学的最高层次上，属于这个词的概念最方便的是通过基本的电动力学方程所表达的关系来定义的，而最初发现的这些现象则成了从这个方程的推出的一些特殊的结果。

每一判断都把一个概念放在与另一概念的关系之中并且标示这种关系存在的事实。如果这概念是已经熟知的并且是已经定义了的，那么，它就是一个普通的判断。如果情况不是这样，那么这概念就应当被认为是由判断所创造出来的。这样，后一种判断就成了定义，它从概念的特征中构造概念。因此，承认定义也具有判断的地位似乎是非常恰当的；在理论上，定义并不占有特别的地位。这样，我们就把构成科学的判断和概念之间相互联系的巨大结构统一成我们必须作出的图画。正是这种相互联系才是知识的 48
本质。这种相互联系的可能性是建立在概念由判断结合在一起这个事实之上。只有在判断中才有知识。

9. 判断和认知

我们由此转入对认识过程的分析。由于我们对于认知所要求的工具——概念和判断的研究有了长足的进展，这就使我们能够更深入地看清认知本身的性质。

认知一个对象就是在该对象中再发现或再找到另一个对象。当我们说“在该对象中”时，本来是表示一种空间关系的“在……中”这个词语在这里只有比喻的意义。为了正确地理解这个意义，我们必须更仔细地考察两种概念之间的关系，其中一种是表示被认知对象的概念，另一种是表示被认为所是的对象的概念。

说“我把 A 认作 B”或者同样地说“我知道 A 是 B”，就是说概念 A 和概念 B 标示同一个对象。因此，当我说“我知道光是一种振荡过程”时，我便断定了同一种现象可以用光这个概念来标示，同样也可以用一种振荡过程的概念来标示。这样，我们便需要确定，在何种情况下，两个概念标示同一个对象。

我们要把两个概念具有相同起源、相同定义、相同名称，在各方面都等同这样一种无关紧要的情况撇在一边。因为这里只有空洞的同义反复，例如“波是波”或“光是光”。除了这种情况以外，还有几种需要考虑的情况。第一种情况是，两个概念由于某些任意的规定起初就成为表示同一对象的记号。举例来说，有人第一次说出“两种物质之所以会强烈地相互结合其原因就是它们之间具有强的化学亲和性”这样一个句子，或者第一次说出“琥珀具有吸引作用的原因就是带电性”这样一个句子。在第一次说出来时，这些判断并不包含任何知识；它们只是定义而已。因为第一个句子的意思只是“强反应的原因”这个概念同“强的化学亲和性”的概念应当被当作标示同一事物的概念；但化学亲和性的概念还没有用
49 别的方法加以定义而且还没有从别的说法中为人们所熟悉。同样道理也适用于琥珀的例子，事实上，这也适用于有人企图通过一种“隐秘的质”(qualitas occulta)来解释某种事实或现象这样的情况。全部事情就是同一个对象以两种不同的方式来标示，第一次是标示为一种特定的“性质”，第二次是标示为某种特殊的被观察的行为的“原因”。它们传达给人们的并不是知识，而只是一种定义，即对一个新引入的词的解释。

另一方面，如果两个概念不仅仅是通过对概念的定义来标示同一对象，而且是借助于各种相互交错的关系来标示同一对象，那么我们就的确有了真正的知识。如果两个概念以完全不同的方式

被定义，我们后来发现在一个概念所标示（通过其定义）的对象中，也有属于第二个概念的对象，那么一个概念就是通过另一概念被认知。具体地说，发现的产生或者是通过观察和实验，从而获得对真正的关联和联系的知识；或者是通过概念的分析，在这种情况下所提供的东西就是揭示出一直未被注意到的**概念性的**关系。后一种知识的范例就是对数学问题的解决。

认知就是发现对象之间的关系；因此，当我们表达一种认识时，我们便标示了一种关系；为了标示关系，我们要作出判断。每一个不是潜在的同语反复或定义的判断，如果它并非是**错误的**，那么，它就都包含着知识。至于这最后一句话意味着什么，我们将在下一节来探讨。

在上一节中，我们曾指出过，定义和其他判断之间的区别只是相对的。正因为这样，我们便可以得出一个结论，即通过语言所表达的一种认识就是某种相对于定义的东西。虽然这一结论乍看起来似乎是悖理的，然而它恰是真的。因为一个判断是不是包含着知识，取决于我们事先知道的东西。如果我们仅仅通过属性 a 和 b 事先已经了解了用“A”这个词来标示的对象，如果我们后来确定 A 还有属性 c 和 d，那么“A 具有属性 c 和 d”这个判断就传达了某种知识。如果 A 总是通过属性 c 和 d 给予我们，而我们并不知道它的其他属性，那么这同一个判断无非只是一个定义。但是，我 50
们必须注意，“A”这个词最初在两种情况中表示着不同的概念，只是后来，变成了标示同一个对象。例如，可以设想，一个小孩可能通过触摸的感觉第一次在黑夜里体验到雪。因而，“冷”这种属性就会成为他对“雪”这个概念的定义的一部分。但在白天到来时他所作的“雪是白的”这个判断则可能包含着一些知识。

一种科学一旦发展成圆满得差不多是完成了的结构时，在它的系统的说明中，就不再由偶然的人类经验系列来决定什么算作定义，什么算作知识了。相反，可以当作定义的是这样一些判断，这些判断可以将一个概念解析为可用尽可能简单的方式构造该科学的尽可能多的(也可能是全部)概念的特征。显然，正是这种方法最适合于科学的根本目的，因为世界上一切对象的概念都以这种方式最容易地归结为尽可能少的基本概念。

说了这些必要的题外话以后，我们再回到我们所要解决的任务上来，那就是更精确地确定认识活动中联结在一起的那些对象的相互关系。前面我们刚刚阐明，现在又回想起，每一个认识都标示某种等同。对象与被认为所是的东西相等同——论雅典国家的手稿的作者与亚里士多德相等同，光与一定种类的振荡过程相等同，雪与某种冷的东西相等同，如此等等。与这种发生于认知中的对象之间的等同相对应的是判断中结合在一起的概念之间的某种等同。因此，我们可以理解，为什么许多思想家(洛采、里尔、门斯特贝格等)会接受关于判断的本质一般在于确定相等这种理论。这种理论产生于完全正确的观念。只是其错误的表述或误解之处使它不能抵挡反对者的责难。这些责难归结起来就是：如果判断所断定的真的是完全的等同，那么它们就会被贬低为纯粹的同语反复。“除了在形式逻辑中以外，谁也不会傻到仅仅陈述一些空洞的同一的程度。”[①]因此，我们必须完全搞清楚，在实际认知中起作
51 用的等同是如何与纯粹的同语反复相区别的。

一个小孩子要作出“雪是冷的”这个判断，在他的意识中必须

① J. 柯恩，《认识的条件和目的》，第 87 页。

发生两种特殊的认知活动。其一是他产生了一定的视觉印象；在这些视觉印象持续产生并被感知以后，便产生了一个判断（的确没有说出来）“这是一种白色、片状的东西”，然后这个判断直接变成了“这是雪”，在这里“雪”这个词直接代替了“白色的”和“片状的”这两个词并意指与这两个词所意指的相同的东西。其二是，这孩子体验到某种皮肤感觉。在这第二个感知活动中这种感觉被认识到是“冷”这个名称所属的感觉，如果明确地表达出来，这点知识就读作“这是冷的”。那么，在这里，两个判断的主项“这”在两种情况下是不是标示同一个对象呢？初看起来它似乎不是指相同的对象。第一次，“这”代表视觉感觉，第二次“这”则代表皮肤感觉。第一个判断不是断定这冷的东西是白的，而是断定这白的东西是白的；第二个判断不是断定这白的东西是冷的，而是断定这冷的东西是冷的。因此，“这”这个词每一次都表示某种不同的东西。现在我们可以知道，为什么H.洛采会得出“S是P”这种判断实际上是不可能的，因而要拆解成“S是S”和“P是P”两个判断这样的结论[①]。

但是，毫无疑问，洛采走得太远了。甚至“这是白的”和“这是冷的”这样的判断也并不是完全的同一或同语反复。它们并不是直接地把某种意识内容同“冷的”和“白的”这些词的意义相等同。而是把这些意识内容放到这两个词所标示的对象组成的类中去。主词所标示的对象只是与谓词概念所包含的无限多对象中的**一个**对象相等同。换言之，这里出现的是包含或归类。以为类似的情况在一切判断中都发生的这种见解导致了关于判断的包含理论。

① 《逻辑学》，第54页。

这种理论和同一理论一样，也是基于一种完全正确的观念。但我
52 们不应当把这种观念夸大为——像彻底的“外延逻辑”那样——认为只有把判断看成是对一类对象的成员的断定才是正确对待判断的真正的、最深刻含义的唯一方法。与包含理论相对的是归类理论。按照归类理论，只有内容（或内涵）才是重要的，判断的作用是按照内容把一个概念归于另一概念。艾尔德曼把这种观点表述如下：“判断就是……依据其内容的实质成分的相等性而把一个对象归类到另一概念的内容之中。”[①]由于概念的内容（内涵）和外延必然是相一致的，因此，从纯粹形式逻辑的观点看，这两种理论并没有什么分歧。

在我们着手讨论认识论中两个词项之间的关系之前，让我们对上面提出来的问题试作回答。在“这是雪”和“这是冷的”这两个句子里把由指示代词所标示的对象等同起来所关联的是什么呢？标示为**白**的特殊的意识内容当然不等同于称之为**冷**的意识内容。显然，只有当我们想到这些意识内容同一个与之不同的对象相关联时，只有当我们把这些形容词解释为表示一个对象的属性而且特别地表示同一个对象的属性时，我们才能确认这种同一性。因此，看来只有当我们以事物－属性或实体－属性的关系为基础，才能辩明和理解判断的意义。然而，这些概念都是隐藏着许多困难的形而上学概念。只要想一想赫尔巴特对事物问题的说法就行了。他会说，白和冷是不同的。那么白的东西怎么能够同时又是冷的东西呢？洛采说过，对于这里所研究的问题，求助于形而上学

① 《逻辑学》，第Ⅰ卷，第二版，第359页。

的关系既是不允许的又是无济于事的。① 他这样说之所以是正确的，原因就在于此。

而且，求助于形而上学的关系也是不必要的。在上一节，我们已经分析过在这里用作范例的判断，要弄清它的真正意义，就需要再回到这个分析上来。我们知道，这个判断只是断定了白色的、片状的和冷的这样一些特征之间的一定的联系。这些特征结合在一起，成为一种集合体，这种结合可以完全不依赖于对事物和属性的 53
观念而产生。形成这种集合体的根据就在于这些性质是在同一地点、同一时间发现的这一事实。因此，这个判断中所断定的同一性在这里暂且成了时一空点的同一性。归于“雪”的客观的空间位置的概念本身可以用视觉空间中的白和触觉空间中的冷这些主观的空间位置的总和来定义。所以，没有什么不能用经验心理学加以辨明的概念。

但是，重要的是，要懂得，仅仅在空间一时间上具有同一性的东西是如何也能成为我们的一个对象的同一性的。

当然，我们不会把任何经常在同一地点、同一时间发现的要素都直接当作同一的要素。然而，我们的确有可能把它们联系成一个统一体，把这个统一体看作一个对象，并用一个概念和名称来标示它，然后说所包含的要素是一个对象的特质、属性或状态。当然，从理论上说，我们可以在思想中规定，与一些要素的总体相对应的是一个单独的概念从而把随便什么要素，甚至是那些在空间、时间上随便怎样相隔遥远的要素联系起来。但是，一般说来，除非有某种特别的理由（没有这种理由就不可能使用新构成的概念）进

① 《逻辑学》，第 53 节。

行这样的联系，否则，这种联系就是毫无意义的。我们往往总是在恒定的空间一时间的契合中找到最强有力的理由。在物质的实在中，空间与时间是最伟大的统一者又是最伟大的分割者。我们用来给外部世界的一个对象划界并且把它作为单个事物同其他事物区别开来的所有规定性，最终都是由时间和空间的规定所组成的。假定有几个可以互相区别的要素 a、b 和 c 总是以这样一种方式一起出现，即在同一地点同一时间决不会看到 a 而看不到 b 和 c，但却可以经常碰见 b 和 c 而看不到 a。那么，由于 a 决不会脱离 b 和 c 而独立出现，因而 a、b、c 的总体就会被直接地设想为一个统一体，一个对象；因为我们通常唯一用来把个别事物同其他事物区别开来的空间一时间规定对于所有 a、b、c 这三个要素来说都是相同的，因而就我们来说，似乎在那儿只有一个唯一的个体。对我们来说，a 就作为该对象的本质要素凸显出来；另一方面，b 和 c 则似乎
54 是该对象所具有的与 deb，fbc 等其他事物共同的属性。

这里所提出的分析应当同实证主义把物体分解为“要素”的复合（恩斯特·马赫）清楚地区分开来。首先，我们这里所讨论的对象当然不一定是物体，它可能还是一个过程、一种状态等等。第二，对于“要素”这个词，我们一直是在相当广阔的意义上来使用的（事实上，几乎是在与对象本身同样广阔的意义上使用的）。第三，我们并不主张物质对象只是我们在对象中加以区分的种种要素的复合。毋宁说对象及其属性（或者可以称之为别的什么东西）之间的关系问题暂时还是一个悬而未决的问题。在这里，我们只是意在指出，我们毫无疑问可以通过一个单独的概念来集合地标示那些经常在一起出现的东西，并且指出导致我们这样做的理由。

这样，我们看到，我们是如何得以把冷的对象和白的对象都同

样标示为雪的。但是通过严格的分析，对象的同一性似乎会消解为空间一时间点的同一性，这仍然是正确的。

对于包含着感觉对象世界的知识的任何其他判断都可以作同样的分析。因为外部世界中的任何事物都是在特定时间处于特定地点的，因而我们一开始就可以说在一事物中再发现另一事物意指把这两者都归于同一时间的同一地点。也可以以这种方式来看待历史知识，因为历史学的任务（如果不是它的最终目标的话）的确是尽可能确切地把全部人类所发生的事件定位在空间和时间之中。在最具历史性的判断中所实现的那种认同就在于把特定的历史业绩的执行者同历史上别的地方也出现的某个人等同起来。历史上发生的事件首先是通过历史事件中活动者的人格联系起来的。对于历史来说，这些个人表现了似法则的相互联系，在各自特定领域中发现这种联系就构成了更加精确的科学的最根本的任务。

在精确的学科中，一般地说也就是知识钻研得比较深刻的那些学科中，我们所达到的认同不仅仅是空间一时间位置的相同或者是在时间进程中仍然保持近似相同的个别对象的认同。它是一种更有意义的、更丰富的认同——归根到底是共有一定**规则性**的 55
认同。大家知道，热是分子运动，因为可以用相同的法则把热行为描述为一群剧烈振动的微粒的行为。如果我们一旦能够成功地证明支配意志过程的法则也正是支配一定系列的情感和意象的法则，那么我们就可以把意志解释为特殊的意象和情感的系列。在热的例子里，规则性的存在最终仍然是基于对时间和空间点的认同。第二个例子不是有关外部世界的知识的，因而在这个例子里，完全没有空间的规定性；但正如一切对实在的知识那样，在这个例

子里对时间点的认同仍然是本质性的：意志过程当然也是与组成该过程的一系列情感同时的。

一个对象可能以各种各样可能的方式与另一对象相等同（因而这两者自然是同一对象）。对于整个知识大厦来说最重要和最基本的情况是通过一个对象与其他对象的关系而给定该对象。在这里，认识意味着在不同的关系中重新发现相同对象为其中的一个关系项。用公式化的方法来表示，我们具有一个对象 O，通过它与一个熟知的对象 A 之间的关系 R 来定义；然后我们发现这同一个对象与另一个对象 A_2 具有关系 R_2。在 O 表示一种直接的意识经验的特定情况下，它可以不通过关系而直接给予我们；可以通过在同一时间中发现同一个对象 O 也是它与某个 A 的关系 R 中的一项，从而使它被*认知*。

通过更仔细的考察，我们知道，每一个达到充分认同的真正的认识就是我们上面刚刚描述过的那种认识。在认识活动中相等同的两项至少其中的一项是通过一种关系（或关系的复合）来定义的。我们可以从早先讨论过的所有例子中证实这一点。

在“光线是一束电波”这个判断中，“光线”这个表达式并不是像人们所设想的那样标示直接经验中所与的某种东西。谁也不可能看到或听到光线。只是由于在光线通过的线路上的一些物体（如一束阳光中的尘埃）被照耀并且由于受到光线刺激的眼睛经验到光的感觉，我们才觉察到光线。只有通过光线与照明的关系，它
56 才得以被定义，那就是说，它被看作是照明的原因。在这里我们只是把“原因”这个词作为某种关系的名称来使用的；这种关系的确切性质在这里与我们的一般讨论完全无关。显然，没有什么东西妨碍我们把“照明的原因”和“电波”这两个对象彼此完全等同起

来。因为与一事物有一种特殊关系的对象当然可能与他事物处于完全不同的关系之中，或者一般地说，可能具有任何其他属性，或者可以以所希望任何其他方式来定义。同一个点 B 可以是落在 A 的右边并且又在 C 的左边。

为了避免根本的错误，我们要强调指出，如果一个对象 A 与另一个对象 B 处于完全确定的关系复合 K 中，那么它就不可能与第三个对象 C 处于恰好相同的关系复合之中。换句话说，如果给定三个东西 A、B 和 C，它们中的任何两个总是一义性地决定第三个。例如“大于”这种关系，的确可以在 a 和 b 之间成立并且同时在 a 和 c 之间也成立。然而，“大于”这个词并不是完全地标示一种非常确定的关系，而是标示整个一类关系。如果我们绝对精确地表达这种关系——比如写作“比……大数额 d”——那么 b 和 c 可能是同一个相等的数。缪勒可能与马克斯和弗雷兹二人都有“为……之父”的关系。但是，“为……之父”所简短标示的特殊关系的基础是生儿育女的物理过程，这种物理过程在这两种情况下显然是各不相同的过程。只有在没有把这些关系精确分析到最后的细节的情况下，一事物才可能与诸多不同的事物具有相同的关系。

把上述一切应用到我们的范例上来，我们可以粗略地说，雪是冷的感觉和白的感觉这两者的原因。但是，严格地说，在这两种场合下因果关系不可能是相同的。事实上，物理学和心理学都告诉我们，这两种感觉的原因应当在不同的自然过程中去寻找。因而，这些原因可能不是彼此等同的。这也就证明了，“雪是白的”这个判断同“光是由电波所构成”这个科学判断并不是在相同的意义上建立对象之间的同一性的。

在后一个判断中，其中一个概念是由因果关系定义的。现在
57 我们要强调，这并不只是在一个特殊实例中偶然发生的事情；而是一切科学解释都具有的特征。例如，当我说“热是分子运动”时，“热”这个对象被认为只是热的感觉的原因或温度表读数上升的原因。我们已经确定(第 9 节)，电的概念和化学亲和性的概念起初就是以这种方式形成的。类似的结论一般也是成立的。在一切经验性的研究中，研究的对象都可以通过因果关系来描述，而且通常这是对它进行说明的最自然的方法。因此，许多思想家认为科学解释必须是一种因果性解释，这种观点是合理的。而这种说法是不是在认识论上最完善的说法，是不是通过更周密的分析可望用其他更一般的概念来代替因果概念——这些问题我们还不打算去加以考察。

在认知中起作用的相等或认同的本质最容易在那些涉及**纯粹概念**的判断中得到理解。一切纯概念性的知识都表明，通过某种关系(公理)来定义的概念同样也出现在其他某些关系中作为其中的一项。一种可能是，概念本身已经由两种关系的复合中每一种一义地加以定义。在这种情况下，我们就有了一种完全的同一性(例如 $2\times2=8\div2$)。但是，如一种关系的复合不足以完全地确定，那么我们就只有部分的同一性，也叫做包含关系(例如 $2=\sqrt{4}$，因为$\sqrt{4}$还包括-2 这一概念)。每一个数学问题的解决都真正表现了某种概念性知识，这种数学问题都只是要求由某种关系给出的概念也可通过**其他**关系来表达。因此，要在一个未知数中找到一个方程的根就是把该方程所定义的数表示为一些整数和分数的和(当然，在某些情况下可能是具有无限多个成员的和)。

在科学认识中，发现两个事物相同的活动结果就是，或者是部分地同一或者是完全的同一。由于精确的经验科学的任务就是非常强烈地集中在一般的东西上，因而包含关系或部分同一关系对它们来说就是最重要的东西；而一直扩展到个别自然过程本身的 58
完全的等同并不算作真正的知识的进步，而应看作总有可能加以使用的东西。因此，“光是由电波构成的”这个判断包含了物理学所追求的某种本质性的知识；但它所表达的只是一种包含关系，因为并非每一种电波都是光波。另一方面，“光谱中线D的黄色光是一种频率接近每秒50900万千赫的电波”这个判断则表达了一种完全的同一性，这一点很容易认出，因为如果把它倒过来（把主项和谓项加以对换）则该判断仍然有效。显然，可以说，第二种判断表达的事实比第一个判断所表达的具有更多的偶然性而本质性较少。

但是精确科学的目标仍然是要将知识大大地向前推进以便掌握很多方法可以在任何特殊的场合都作出完全的认同，从而完全地确定世界上个别的东西。再回过来看一看我们前面举的例子：我们能够通过在谓词中包括对地点、时间、方向、强度等的精确详细的规定，使描述光线的科学判断尽可能密切地接近断定完全的同一性。

谓词概念是通过许多一般概念的合取来形成的。通过判断，主词被包括到每一个这样的一般概念中去，从而被确定为由所有这些一般概念所标示的东西，是共同分有所有这些概念的东西。

现在我们可以看出，知识的重大任务（见第三节）——借助于一般概念来标示个别的和特殊的对象——是如何解决的。一般概念的合取所起的作用是划出一个范围，在这个范围中，除了要被认知的对象以外，没有任何别的东西存在的余地。

正如我们所举的一个例子表明的那样，在严密的科学中，这种对认知对象所属的概念性位置进行的更为精确的划界，是借助于量的规定性来实现的。适合于对概念的范围进行分隔和划界的，**数**是再好不过的了。但是，数的概念对于精确科学的不可估量的巨大意义不仅限于此，而且在我们研究的进程中将会显示出，它甚至还有更加深远的意义。

现在，让我们来简短地总结一下判断和认知的关系。

59 每个判断都是用来标示一组事实的。如果判断使一个**新的**记号与这一组事实相配列(也就是如果在判断中出现一个只是为了标示这些事实而产生的概念)，那么这个判断便表示一个定义。但是如果这个判断使用的概念只是在其他情况下使用过的概念，那么，恰恰正是由于这个原因。它便构成了一定的**知识**。因为一个对象只有以前曾经在其他对象中再次被发现过，它才能通过已经与这些对象相配列的概念来标示，而正是这一点才构成认识的本质。同已知的对象相对应、相配列的概念与那些使该对象得以被认知的概念处于某种包含关系之中，而这些关系的存在正是判断所要标示的事实。

10. 何为真理？

我们使概念与对象相配列的目的是什么呢？回答已经给出，那就是：为了能够作出关于对象的判断。但是，我们为什么要作有关对象的判断，我们为什么要把判断作为与事实相配列的记号呢？要回答这个问题，我们只需要弄清楚我们使用记号一般是为了什么目的。

记号的作用就是作为它所标示的东西的代表，在这个或别的方面发挥代替所标示的东西的作用。凡是在不可能或不方便运用对象本身的地方，我们便用记号来代替它们，这些记号比较容易使用并且符合需要。如果我要从图书馆借一本书，我可以从每个书架上上下下地去查找它。但这种做法通常是劳神费力而且花费时间的办法，所以我最好是去查目录，这目录是一种编排有序的记号的集合，其中每一个记号都对应于该图书馆里的一本书。由于目录比较小又比较便于编排（例如用字母顺序来排列作者名称），所以我通过目录就能够比图书馆本身更容易达到目的。当我们要为事物编号时，不论是为剧场的寄存处的衣物编号还是把同一国家不同时期具有相同名字的两个君王分列出来，都是采用与上面类似的原则。书写、计算或说话，如同编号一样，都是同符号打交道， 60
思考也是如此。当我们说在思想中掌握世界，那就是说，我们掌握了被用来作为世界上所有对象和事实的记号的那些思想和判断。

在日常生活中，我们每时每刻都在进行这种记号与对象、事实之间的配列。但是，如果这些配列要达到使符号成为所标示的东西的真正代表这个目的，那么就必须满足一个根本的条件：它们必须是一义性（unique）的配列，它们必须确切地告诉我们，属于某一特殊记号的是哪一个对象。反过来则不是绝对必要的；如果有几个不同的记号与同一个对象相配列，那么这并没有什么危害，只要我们确实知道这些记号的确具有相同的意义，并且总是知道这些记号可以随意地进行相互交换、相互代替。

对于判断和事实之间的对应这也是成立的。一个判断**一义地标示**一组事实，那么该判断就是**真的**。

关于真理的本性问题总是吸引着哲学家们的注意，特别是近年来更是如此。但是，这个问题和许许多多问题一样，并不是每一个人都直接地感受到也不是直接地接受这些问题的解决，其所以得到这种共同的命运，仅仅是由于探求这些问题要达到的深度太大。我们在这里所要提供的对真理的根本性质的说明是温和适中而不是狂妄高傲的，但我们很快会看到，这种说明对于科学和日常生活中所有归于真理的那些属性，从最平常的到最崇高的属性——使真理成为人类最高财富的那些属性，都能公平合理地加以对待。

从前，真理的概念几乎总是被定义为思想与它的对象的一致——或者更好地说是判断与被判断的东西之间的一致——因为真理不是属于心理的判断活动而是属于作为理想的或概念性的结构的判断。这种定义无疑表达了一种正确的观念。但是，它表达了什么样的观念呢？

的确，真的判断在某种意义上就是与事实相适合的，是以某种方式与这些事实相适应或相“一致”的判断，而假的判断则与事实不相适合，不相符合，不相“一致”的。但“一致”这个词只是给问题贴上了一个标签，并没有回答问题。在日常话语中，“一致”只是意
61 指相似或相同。如果两种音调、两种颜色、两种尺码、两种意见是相同的，那么它们就是一致的。在这里显然不是在这个意义上使用“一致”这个词的，因为判断与它所判断的东西从而与它相配列的东西是某种完全不同的东西，只有那些把思维和存在完全等同起来的奇怪的形而上学体系才会反驳这一点。对于这些形而上学体系，我们用不着在这里浪费笔墨加以讨论。

如果一致并不意指相同，那么，人们所希望的意指也许就是相

似性了。我们的判断是不是在某种意义上与事实相似呢？在这种语境中，相似性必定还是意味着部分的相同，因而应当有可能在事实本身中发现判断的某些方面来。在纯粹的概念性真理中被判断的对象和判断本身一样都只是由理想性的结构所组成，因而，在某些情况下，可能在“事实”和判断中找到相同的东西。但这不可能是真理的本质特征，因为关于实在事物的命题也提出真的要求——在这些实在事物中寻找这种与判断相似的方面将是徒劳的。在判断中出现的概念与这些概念所标示的实在对象肯定不是同一种东西。概念之间的关系与实在事物之间的关系也不是相同的东西。因为实在事物总涉及时间方面，通常也涉及空间方面，而概念性关系则是非时间的和非空间的关系。在“椅子是放在桌子的右边的”这个判断中，“椅子”这个概念并不是放在“桌子”概念的右边。

这样，一致的观念，就它意指相同或相似来说，通过上面的分析就被消除了，剩下来的只是一义性的配列。正是这种配列关系才是真的判断关系，而所有那些以为判断和概念能以某种方式“模画”实在的幼稚理论都被消除了。对于“一致”这个词来说，除了一义性的配列或对应这个意思以外，没有任何别的意思留下了。我们必须从头脑中完全清除那种认为判断与一组事实之间的关系可能**不仅仅**是一种记号，判断和事实之间的联系可能是比单纯的对应更密切的关系，判断是以某种方式恰当地描绘、表达或摹写一组事实这样的看法。事实上并不存在这种情况。判断并不是模画所判断的东西的性质，正如音符不是模画音调，人的名字不是模画他这个人一样。

配列的一个本质性特性就是它的一义性，由于真理性是判断 62

的唯一特性，所以真理必定就在于用判断来进行的标示的一义性。

如果这种分析是正确的，那么错误的判断只能是在对应上犯有含糊不清毛病的判断。这一点可以很容易加以证实。再回到我们举过的老例子上来，比如这样一个错误判断："光线由迅速移动的粒子流所组成"（我们知道，这个句子符合牛顿的光传输理论）。通过仔细考察物理学研究所揭示的全部事实，我们立即就会发现，这个判断并没有向我们提供对事实的一义性的标示。也就是说，我们发现有两类不同的事实与同一个判断相配列，因而存在着模糊性。一方面，我们的确有实际上涉及运动着的粒子的事实，如阴极射线；另一方面，我们又有用相同符号所标示的关于光传输的另一组不同的事实。而且，不同的记号同时与两个相等同的事实系列相配列，也就是，与光的传输的事实和波的传输的事实相配列。一义性丧失了，而证明情况如此也就证明了判断是错误的。我们暂且不讨论这种证明问题或真理标准问题，这个问题待以后再作讨论。但是我们可以清楚地觉察到，上述观点是正确的。在科学中证明差不多总是以下面这种方式进行的：从已有的判断推出标示未来事件的新判断（因而这种判断就是预见）；如果我们所见到的事实不是所预见的事实，而是必须用不同于我们推出的判断的别的判断来标示的事实，所以存在着矛盾和歧义，因而我们便把起初的判断叫做错误判断。如果我们也承认我们的预见（它是我们在想象中所预见的被期待的一组事实）是一套实际出现过的事实的记号，那么同一个判断就意指两种不同的事件——如果我们后来听到它被表达出来，我们就不知道哪一个事件是我们所期望的。

正是由于这种不可容忍的歧义才使我们觉得错误的和不真的判断非常可憎。错误的断言所产生的混乱、谎言的邪恶都来源于

由歧义造成的混淆。任何一个充分清楚地了解这种关系的人都会知道，区分真的判断和错误判断的全部要旨实际上就是维护语言 63
和理智的表达的一义性。这是任何理解的一个必要的前提，没有这个前提，一切标示和表达就都成了毫无意义、毫无用处的了。

有一种明显的反对意见（我曾听到过）是说，对于错误判断来说，我们不可能谈论歧义，因为与错误判断相对应的不是几组事实，而是根本没有任何事实。这种观点会导致像 J. L. 克莱比所表述的那样一种真理定义："真理是一种判断的特征，这种判断断定存在于被判断对象的领域中一组特殊的事实。"[①]尽管这种含糊的定义若不作较为确切的说明当然不能令人满意，但它力求表达的正确的思想还是与我们的想法完全相容的。的确，错误的判断并不"适合于"任何存在着的一组事实；也就是说，假定我们遵守所有逻辑的定义和规则，我们也找不到任何能够使该判断与之相配列的事实。但是，判断的错误恰恰就在于作判断的人竟用它来标示一组特别的事实这种情况。如果他的这种标示被人们所接受，那么，就会出现我们在上面例子中所描述的歧义。旨在用来维护一义性的对应规则被破坏而产生了混乱和矛盾。正是由于这种歧义结果我们才首先**认识到**能够使错误判断恰好与之相对应的一组事实是根本不存在的。因此我们把歧义作为错误的区分标志是非常恰当的。我们的看法看来是可取的；但这两种观点彼此并不矛盾。[②]

若要表达出给定的判断"S 是 P"是错误的，也就是说，这个判

① 《理智的作用》，维也纳和莱比锡，1909 年，第 142 页。

② 克莱比在讨论我的论文《真理的本质》（《科学哲学季刊》，1910 年，卷 34）时，确认了存在着本质上的一致（《心理学杂志》，卷 61，1912 年，第 281 页）。

断不是一义地标示一个事实，我们便使用**否定**，说“S 不是 P”。因此，在第一个实例中否定判断的含义只是排斥对应的肯定判断，表
64 示它是一个有歧义的、不适合于一组所判断的事实的记号。我们可以把这个结论用一种更有学术味道的方式来表达，说否定范畴归结为多义性范畴。

否定判断只是意味着对肯定判断的排斥。这样一种判断必然预设的前提是有人打算作出或试图作出或实际上作出了错误的肯定判断。因此，显然，否定判断的出现依赖于错误判断的出现。由于错误陈述只是基于我们心灵上的心理缺陷，所以否定的出现只是由于有缺陷的构造。由此可见，我们必须有可能不考虑否定判断而从事逻辑学和科学的工作。严格地说，在纯逻辑中，这种判断决不应当有任何地位，纯逻辑作为一种概念性的科学并不涉及思维的实践条件，也不涉及思维的心理局限。否定判断只是在实践上或心理上的使用；它们并没有理论上和逻辑上的价值。科学的大厦是完全由肯定陈述所构成的。在否定概念似乎是标示一定种类的事实所不可少的地方，完全可以用**区别**的概念来代替。“A 不是 B”这个判断与“A 不同于 B”的判断恰好具有相同的意义。至于是否可能构造一种没有区别概念的逻辑，这个问题我们暂且不去讨论；现在我们也不能去讨论那些对逻辑来说是重要的相关问题。

因此，否定判断“A 不是 P”标示肯定判断“S 是 P”是错误的这一事实。我们可以把这个判断表达为：如果“S 不是 P”这个判断是真的，则“S 是 P”这个判断是假的，反之亦然。在这个陈述中我们使用了著名的**矛盾律**和**排中律**。我们看到，这两条律则是直接从否定的本性中产生，也许可以把它们看作否定的定义。当今大

多数逻辑学家都断言，这两个律则的含义只是规定否定的性质；因而它们既不包含某种据说具有形而上学意义的真理，也不表示对人类思维的一种限制，也许对于那些具有不同的心理构造的生物来说不存在这种限制（见本书，第36节）。这两个律则的意义和使用的界限与否定的意义和使用的界限是相同的。

我们还要澄清一两个重要问题并且使某些熟知的真理属性与 65
我们的定义相协调。

第一个问题是：如果真理就是一义性的标示，那么“为什么只有判断可以为真而同样也是记号的概念却不可能为真呢”？

这里的区别在于判断不仅仅是记号。因为在判断中我们总是把一种标示看作是实际上已经实现了的，把一种配列看作是已经完成了的。关于这一点，我们在前面谈到判断不仅仅标志一种关系，而且标示关系的存在时，已经对此作了陈述。如果我说出“水”这个词并在心中产生代表这个概念的水的意象，那么在这一过程中并没有什么非真即假的东西，单义的或多义的东西。但是，如果我在说出这个词时指着一种无色的液体，那么我的行为立刻变得与判断相当了；我通过我的行为表示我打算实行一种配列，这种配列事实上可能是正确的也可能是不正确的。如果我说出“这液体是水”这个判断，那么这判断的意义恰好就相同于我说着“水”这个词并用手指着的姿势与之相联系是一样的。我就把这个判断配列于液体具有水的属性这个恰当的事实。如果结果表明该液体的表现并不像水，而表现出适合于比如说定义酒精这一概念的情况，那么这判断便是错误的。不仅作为整体的判断与作为整体的事实相配列，而且从判断的本性可以得知，概念因而也与对象相配列；前一个配列的一义性制约着后一个配列的一义性。

如果我们要对真理的性质获得充分的理解，这就向我们提出一个必须弄清的问题。通过什么办法使一个特殊的判断能够成为表示一个特殊事实的记号的呢？换言之，我怎么知道一个给定的判断标示的是什么事实呢？

如果我想要把一个记号系统同一个对象系统相配列，那么我无论如何必须着手随意地选择某些符号来表示某些事物。用数词标示数，用字母标示音调就是这种约定。不同的人们采取不同形式的约定。另一个例子是用旗帜标示国家。只有了解这种约定的
66 人才能解释这些符号；他必须记住表示一个特殊事实或者表示一个特殊对象的是何种记号。学会一种语言无非是使这种记号系统变成自己的符号系统。有时为了避免记忆，可以用某种身体行为来代替它。因此，旅馆搬运行李的员工并不需要去记住哪一双鞋子属于哪一个客人；他只是把客人的房间号码写在鞋底上，也就是说他给鞋子加上与恰当的房门的符号相同的视觉符号从而在任何时间都可以通过感官知觉来确定视觉符号。然而大多数知识对象并不属于那种能贴上数码的对象，因而对它们必须以别的方法来标示。

但是，如果为了标示世界上所有东西，每一个都要发明一个单独的记号，然后去记住每一个记号的意义，那也不是好办法。当然，从理论上说用这种方法完全可能实现无歧义的配列；由于真理只是在于达到配列的一义性，因而要达到完全的真理，在原则上就会是一场儿戏。知识如果只是等同于真理，那么科学的任务的确就是非常轻而易举的了。但是，事情完全不是这样。知识超过并且大大超出单纯的真理。真理，所要求的只是配列的一义性。就真理性而言，这并不涉及使用什么样的记号来达到这种目的。与

此不同，知识则意味着借助于某种确定的符号即已经在别的地方得到运用的那些符号来实现一义性的配列。如果一个物理学家发现一种新的射线并将它命名为 Y-射线，那么“物理学家发现的射线是 Y-射线”这个判断当然会是真的。但这并不意味着在知识上有任何进步，因为新的对象只是用一个新的词来标示而已。“abracadabra 是 abracadabra”这个判断中，不管“abracadabra”可能意味着什么，这个判断总是真的。它所实现的配列只是符号与自身的配列，这种配列按其本性来说就是一义的。但它当然不是知识。由此可见，如果我要把世界上每一个事实和每一个对象都用一个特定的记号与之相配合，那么我们得到的除了必须分别记住的、孤立的真理以外，没有任何东西。由于这在数量上极为巨大，的确在实践上当然是不可能做到的。我们也不可能从其他真理来推导出这些真理中的某些真理，就如同我们不可能从看到过德国和美国的国旗得出关于意大利的国旗是什么样子的结论一样。可以说，67
我们得到的真理只是一些离散的点，它们不会形成融贯的系统。然而，只有在这样的融贯系统中知识才是可能的，因为使一事物在另一事物中重新发现得有一种普遍的相互联系为先决条件。

因此，我们使用判断来标示一组组的事实，要使判断包含着知识，它必须是另外一种不同的用法。我们并不需要分别地、一个一个地了解特殊判断所标示的是什么样的事实，因为我们从判断本身就可以说出这点来。一个认识性的判断是完全由旧概念构成的新的联系。这些概念在无数其他判断中出现，其中有一些（例如，对这些概念的定义）必定是我们已经知道的。这种概念形成了一种联系的纽带使新的东西结合到由已知判断组成的大系统中去，这种大系统构成了现存的日常经验和科学的基干。由于这种判断的相互联系，新的真理便在真理的体系中获得一种特定的位置；与这种新的真理相对应的事实由于事实的相互联系从而也获得它在实在领域中所占有的位置。正是由于判断向我们指出了这个位置，对象或事实才得以成为被**认知的**。所以正是我们的判断系统的结构性联系产生了一义性的配列并决定其真理。正是一个命题在我们的判断系统中占据的位置，告诉了我们该命题所标示的是何种事实。

只有初始的概念和判断——知识把所有其他概念和判断都归结为这种初始概念和判断——才依赖于约定而且必须被理解为任意的记号。当然，语言使用**各别的**、**分立**的记号不仅标示基本概念，而且标示较为复杂的概念——那些从基本概念的合取中产生的概念——而且所有这些词都必须被记住。（一种达到理想的完善状态的语言哲学和语言科学，在原则上也要能够发现各民族用来标示特殊概念的那些语词；因为使他们接受特殊约定的理由本身就是可以被标示和认识的事实。）语言的运作的方式，部分地类似于认识过程。语言不是通过新的发音来形成新词，而是通过相对少量的基本语音的种种联系来形成新词。最发达的语言能够用
68 最低数量的不同的形式来表达全部思想财富，而且还能够简洁地做到这一点。真正的“人文学”善于发现许多现代语言的丰富而简洁的用语要比曲折烦琐的希腊语更适合哲学的目的。发明新词的热情是少数哲学家的特点。而像休谟这样的以他的观念奠定新的基础的人，则喜欢用最平常的用语来表达他的思想。

在我看来，我们在这里阐发的理论的优点就在于这种理论是完全建立在纯粹的配列或对应的关系上的，这种关系是一切关系中最简单、最一般的关系。如果把我们的理论同那种完全从描述

各种关系的区别上建构起来的真理理论(例如,伯特兰·罗素在《哲学问题》一书第12章中所论述的精巧的观点)相比较,那么就会真正了解我们这样做所获得的好处。

常常听到的一种反对意见认为,真理的对应论或符合论都过于拘泥于形式,在这种真理论中,决定的因素是被判断的对象之间的客观的关系,通过判断来正确地描绘这种关系是基本的东西。然而这种批评忽略了一个事实,那就是我们的理论的确完全恰当地符合客观的或物质的关系。当然这些关系也包括在判断所标示的事实之中,如果不充分地考虑这些关系,就根本不可能有任何配列和对应。断定事实上的联系是“再发现”的必不可少的部分,这种“再发现”是认识上配列的必要前提。无歧义的配列意味着相同的记号总是对应于“相同的”对象,只有每个对象都与其他一切对象区别开来,而且每一次都作为同一对象被再认识,才有可能做到这种无歧义的配列。因此,没有再认识就没有配列关系。然而,最原始的那种认识并不形成系统;相反,最初产生的只是相互独立的单个的配列关系的汇集。在那种情况下,有多少相互区别的对象就有多少记号,只有满足了另一个条件,即懂得认识对象不是先定的、严格限定的单体,才能使记号的数目得以减少。现代心理学使用“格式塔质”这个术语——克里斯提安·艾伦费斯新造的词——来表示我们的意识内容联系成被我们作为“单体”体验到的综合这样一个事实。格式塔对于描述直接所与的东西具有绝对基本的作 69
用。在这里同时存在着我们称之为“相互联系”或“融贯性”的东西:同一个要素可能属于不同对象。最后,如果我们选择一种适当的视点,就可发现,在一个特殊领域的一切对象中总有少数相同的要素重复出现。因此,配列、再发现相同的东西以及相互联系都是

不可分离地联系在一起的:这里所提出的真理理论似乎对它们之间的相互关系给出了完满的说明。

11. 定义、约定和经验判断

我们所下的每一个判断或者是定义性的判断,或者是认识性的判断。在概念性的或“理想”性的科学中,如我们在前面(第8节)所指出的,这种区分只有相对的意义。而在经验的或“实在的”科学中,这种区分则显得更加明确。在这些科学中,这种区分具有根本的重要性;认识论的首要任务就是用这种区分来澄清各种各样的判断所具有的不同种类的有效性。

按照我们此前所得的结论,我们可以对这个问题提出以下的看法。

事实性科学作为一个系统,构成一个判断之网,网上的单个的网眼则配列于个别的事实。这种配列是通过定义和认识来达到的。在我们已经了解的两种定义——具体定义和蕴涵定义——中就有关实在对象的概念来说,首先涉及的只是前一种定义。具体定义是一种十分任意的约定,这种定义就是对这样那样地挑选出来的对象加上一个特殊的名称。如果我们再次遇到这样标示的一个对象(也就是说如果我们再次获得与这个对象具体地加以定义时所具有的同样的经验),那么,我们便把这种经验称之为将要认知的经验。这样,经验表现着极为多种多样关系中相同的对象。结果,我们便能够作出大量的判断,这些判断由于包含着相同的概念而涉及相同的对象因而形成联系起来的网。在我们要求有新的经验来确立每一个个别判断的地方,在我们只有通过与实在的新的直接联系才达到一义性的配列的地方,组成认识之网的一类判

断就是可以称之为**描述性**的或**历史性**的判断。描述性的和历史性 70
的学科以及日常生活的言谈和报告大部分就是这一类真理所构成的。

这里值得注意的事就是，为了恰当地选择对象（通过具体定义来选择），我们可以发现一些蕴涵定义使得它们所定义的概念可以用来一义地标示那些相同的实在对象。那就是说，这些概念将会通过一个判断系统彼此联系起来，这个判断系统同基于经验与事实系统形成一义性对应的判断之网完全契合。鉴于以经验的方法我们必须通过劳神费力地一个网眼一个网眼地进行个别的认知活动才能达到判断之网，而与这个判断之网相契合的判断系统则可以完全以纯粹的逻辑方法从它的基本概念的蕴涵定义中推导出来。

因此，一旦我们能够成功地发现这些蕴涵定义，我们一下子就有了整个判断之网而无须在每一个实例中都依赖新的个别经验。事实上，这就是精确科学所用的方法，它把以蕴涵的方式定义的数学概念系统应用于世界。的确，这就是解决科学提出的任务应当遵循的唯一可以设想的道路：甚至对于那些还没有任何有关经验的实在事实，如对未来的事件也要作出断定。例如，天文学能够以纯粹描述的方式报告出各个行星在不同时间所处的位置因而能够以大量历史性判断来描述太阳系中发生的事件。但是它也可以通过按照某种方程（这些方程相当于一种蕴涵定义）移动的物体的概念来标示这些行星。从这些基本的天文学的方程中，我们就能够通过纯粹演绎的方式得到全部所需要的关于构成太阳系星体的过去或未来位置的论断。

显然，假定世界是可理解的，也就是假定与经验判断系统精确一致的蕴涵定义系统的存在。如果我们绝对确实地知道，由蕴涵定义所产生的、保证严格而无歧义的标示事实世界的那些概念总是存在着的，那么我们对实在的知识便确有保证了。但在这点上，
71 我们已不得不采取一种怀疑的态度（见第 7 节），而且在我们的研究过程中将不超越这种态度。因此，那种认为一种特殊的概念性系统提供了上述意义上的完全知识的看法——或者甚至认为存在着这种系统的看法，本身都不可能被证明为真的判断。相反，它只是一种**假设**，而且正是由于这个原因，每一个既不是定义又不是纯粹描述性判断的关于实在事实的判断都带有假设的性质。

这样一来，虽然我们决不能确定，一个完全的概念性系统是不是真的能够提供毫无歧义的对事实的标示，但至少仍然有可能安排某些个别概念使之在一切情况下都与实在相适合，从而它们所标示的对象总是可以在实在中被再发现。用蕴涵的方式定义概念就是通过它与其他概念的关系来规定这一概念。但是，把这样一种概念用于实在，就是要在世界上无数关系中挑选出某个复合或组合作为一个单体包括其中并用一个名称来标示它。通过适当的选择总是有可能在某些情况下用这种概念达到对实的无歧义的标示。我们把以这种方式产生的概念性定义和配列称之为**约定**（这是对这一术语的狭义的使用，因为在更广的意义上，所有的定义都是一致同意的约定）。把这种较狭窄意义上使用的"约定"这个术语引入自然哲学的是亨利·彭加勒；自然哲学这一学科的一个最重要的任务就是研究在自然科学中所发现的各种各样的约定的性质和意义。

至于一般的约定论，我们在这里只是要指出，凡是在自然界提供完好的、连续不断的、多种多样的同质关系的地方，使约定成为

可能的条件总是存在的，因为在这种情况下，我们总是能够从这样一种多样的关系中挑选出所需要的关系的复合。特别是空间一时间关系就属于这种关系；它们因此而形成约定的真正领域。事实上，约定的一个最广为人知的典型的实例就是断定时间或空间间隔相等性的判断。我们可以在广阔的范围内任意地定义空间和时间的相等性，而且仍然能够确定地在自然界中找到按照这个定义是相等的空间和时间。

要弄清约定的特殊性质以及约定与具体定义如何相区别的方式，最容易的办法就是使用时间测量的例子。当我们规定地球绕 72
轴旋转的周期（恒星日＝23 小时 56 分 4.09 秒）相等并把它作为测度时间的基础时，我们获得的本质上是一种具体定义，因为我们的规定涉及的是包含单独一个天体的具体过程。从理论上讲，我们同样也可以把达赖喇嘛的脉搏跳动作为标记时间相等的周期并以之作为我们测度时间的基础。对这样一种测度时间的方式唯一的反对意见就是认为这种方法可能是不切实际的，根本不适合做有规则的时钟。因为这样一来自然过程进行的速度将完全取决于达赖喇嘛的健康状况；比如说，如果他发烧，脉搏加快，那么我们就必须对自然过程加上一个较慢的速率，因而自然律就要采取一种极为复杂的形式。如果我们选择地球的旋转作为时间的尺度，那么这些自然律就以一种非常简单的形式表现出来。事实上，这正是我们之所以选择它的原因。但是为了对天文事实作最精确的描述，规定恒星日绝对相等就不能产生尽可能最好的时间定义了。比较更切合实际一些的就是断定，由于潮汐涨落的结果，地球的旋转逐渐变慢，因而恒星日就会变长。如果我们不接受这一点，那么，我们就必须把原因归于一切其他自然过程的逐渐加速，那样一来，自然律就不再采取最简单的形式了。因此，自然律的最大限度的简单性是决定最终选择一种时间定义的标准。只有在那种条件下，时间单位才获得我们所说的那种意义的约定的性质。因为，那样一来，时间单位才不再与这种或那种具体过程纠缠在一起，而是由物理学的基本方程应当采取最简单的形式这个一般规则来决定。在纯粹抽象的科学系统中，这些方程应当理解为基本物理学概念的蕴涵定义。

一旦通过约定使一定数量的概念固定下来，这样标示的各个对象之间成立的关系就不是约定性的了。它们必须通过经验来确定。只有经验才能使科学的全部概念性系统中保持配列的一义性。

73 现在我们要更详细地描述构成一切事实性科学系统的两大类判断。第一大类是精确认识为了用蕴涵方式规定的概念来代替具体规定的概念而使用的那些定义。在这些定义中突出的是首先通过适当的规定来保证这种代替的**约定**。第二大类是一些认识性判断，这些判断或者是依据再认识活动来标示被观察事实的判断，称之为**历史性**的判断；或者是要求对于没有被观察到的事实也成立因而称之为**假设**的判断。然而，我们要注意，假设和历史性的判断之间的区别，尽管对于研究来说也许是重要的，但在原则上不可能严格地和绝对地坚持这种区分。因为对于历史性的判断，如果我们考虑到，严格地说，这类判断所能包括的只是当时直接经验到的事实，因而这种判断的类便缩小到零。只要稍晚一点说出来，这种判断便已经包含着一种假设的因素。一切过去的事实，甚至那些刚刚观察过的事实都毫无例外地基本上只能推论出来；从理论上说，要使这些事实被观察到，可能只是一种梦想或幻想。如果仔细地加以考察，历史性的判断也带有假设的性质，因此，我们可以得出这样的结论：科学中的全部判断或者是定义，或者是假设。

在更广意义上的那类定义中，我们还把那些能够用纯粹逻辑方法从定义中推导出来的命题包括进去。从认识论上看，这些推导出来的命题与定义是相同的，因为按照我们在前面所说的看法（第8节），它们与定义是可以互换的。从这种观点看，纯粹概念性科学，如算术学实际上完全是由定义所构成的；它们没有传达任何原则上的新的东西，没有什么超出公理以外的东西。但是另一方面，所有对这些命题的断定都绝对是真的。相反，事实性科学的主要内容则是由比较狭义的真正认识性判断所构成。但归根到底这些判断仍然只是一些假设；它们的真理性并没有绝对地得到保证。如果它们获得一义性关联的概率（不管是什么概率）具有极高的值，那么我们一定感到很满意了。

哲学向来都是最不愿意赞同这种观点的，从久远的古代以来，就不断地有一种顽强的努力企图保持我们对实在的知识至少有一部分有绝对的确实性。每一个唯理论的体系都可以看作正是在进行这样的努力。但是在这种努力中，今天唯一仍然值得讨论的就是我们在前面已经有所论述的（见第7节）康德哲学。在康德看 74
来，除了我们所描述的两种判断——最广义的定义（康德称之为分析判断）和经验判断或假设（康德把这些判断称之为后天综合判断）——还有第三类判断，即所谓先天综合判断。在这第三类判断中，一义的配列关系以及由此而获得的真理既不是通过定义也不是通过经验获得的，而是通过某种别的东西，即通过理性的某种特别的机能，“纯直观”和“纯理性”获得的。康德非常清楚地了解，我们除了通过经验以外，决不可能知道任何一个单独的实在的事实。

因此，他感到“先天综合判断”这一观念中包含着巨大矛盾的重压；我们据说能够对尚未在经验中给予的实在事实作出绝对真的判断。全部《纯粹理性判断》这本书基本上都用在论述这种判断的可能性所提出的问题上。

我们将在稍后一点来考察一下康德认为他已经找到的解决办法。在这里只要指出下面这一点就够了：康德对精确科学中存在着先天综合判断决没有丝毫的怀疑，正是这个事实导致他作出这种不正确的说法。否则他当然不会设想这种判断是可能的，因而也不会去寻求对它们的可能性的解释了。实际事实是，至今还没有任何一个人能成功地展示出一个先天综合判断来。然而，康德及其追随者们都相信这种判断存在，其之所以如此，可以很自然地通过下面这样一个事实得到解释，那就是，在精确科学的定义和命题这两者之间，可以找到一些令人迷惑地类似于先天综合判断的陈述。定义按其本身的性质就具有独立于经验的有效性因而是先天的，但在这一类定义中，有相当多的约定表面上看来似乎并不是从定义推导出来的，因而似乎是综合的。而它们作为约定的真的性质只有通过极为艰苦的分析才能揭示出来。这方面的一个例子就是空间科学的公理。另一类判断是经验判断，经验判断由于其对实在的有效性不是从定义中推出来的，因而显然是综合的，但在这一类判断中，有许多命题（例如因果性原则）看起来似乎具有无条件的有效性，如果不作更加透彻的考察，很容易错把它们当作先天的判断。

75 一旦我们论证了（后面我们将进行这种论证）被当作先天而综合的判断的事实上要么不是综合的，要么不是先天的，我们便没有任何理由去设想先天综合判断这样一种奇怪的判断会在科学的某

个阴暗的角落里存在了。这就是我们在下面试图把全部实在的知识解释为只由上述两类判断所构成的充足的根据。

由于名词术语在理解中并非无关紧要的因素，所以我们要在这里把某些定义性的规定总结一下。

“分析的”判断应当理解为归于主词的谓词已经包含在主词概念之中的那样一些判断。在这里，“被包含”可能只是意指谓词是主词定义的一部分。因此，分析判断所标示的一组事实总是在定义中给出的。分析判断为真的根据仅仅在于主词概念，在于主词的定义中，而不是在于某种经验。因而，分析判断是先天的。用康德的经典性例子来说，如果我们定义物体这个概念的方式是把空间的广延性作为其特征之一，那么“一切物体都是有广延的”这个判断就是分析的判断。由于同样的理由，这个判断也是先天的：它不是依据任何经验，因为没有任何经验表明物体不是广延的。如果在经验中我碰到某种东西是非广延的，那么我就不能称它为物体，因为如果我真的那样称它，那么我就会与物体的定义相矛盾。所以，我们可以同康德一样认为分析判断是建立在矛盾原则的基础上的；也就是说，这种判断可以借助于矛盾原则而从定义中推论出来。

与分析判断相反的是综合判断。如果一个判断断定一个对象的谓词不是依据定义包含在该对象的概念之中，那么这个判断就是综合的。这样的判断超越对象的概念；它是扩充性的，而分析判断只是解释性的。用康德的另一个例子来说，“一切物体都是有重量的”这个命题是综合的，因为有重量的、相互吸引的这样一些特征并不是人们通常使用的物体概念的定义的一部分。如果有重量的这一属性包含在“物体”的定义之中（在这种情况下，如果经验表明在自然界中有一个无重量的对象，那么它就不是一个物体），那么这个判断当然就是分析的。

76 因此，我们可能总是以为分析判断和综合判断之间的区别不可能划分得截然分明，因为同一个判断可能是综合的还是分析的取决于我们包含在主词概念中是什么。但是，这种意见忽略了一个事实，那就是，在这两种情况之下，判断实际上并**不是**相同的。在第一种情况下，我们以“一切物体都是有重量的”来定义这个命题中的**物体**的概念从而使有重量的成为物体的特征之一；在第二种情况下，我们则不是这样定义物体的。诚然，每一次的句子里都包含相同的**词**，但它们标示不同的判断，因为“物体”这个词在每一判断中都有不同的意义。在前面（第 8 节）我们曾经解释过，同一个（语言上的）句子既可以表达一个定义又可以表达一项知识。这完全取决于我们把什么样的概念与这些词相联系。因而把判断划分为分析的和综合的是完全确定的而且是客观上有效的。这种划分并不取决于，比如说，主观的立场或下判断的人的理解方式。这一点是非常明显的，如果不是在文献中存在着某些误解，①我甚至不会去提到它。之所以有这些误解，可能由于某些作者并没有充分坚定地坚持概念的性质和内容应当看作仅仅由它所包含的特征来决定这样一种立场。

这一点尽管非常明显，但由于它很重要，所以我们要再次强

---

① 有一个例子就是 E. 杜尔反对这种区分。“因为同一个判断常常可以用两种方式作出：主词概念可以看作是包含谓词概念的，也可以看作不包括谓词概念的。”（《认识论》第 81 页）但是任何人如果认为谓词概念包含在主词概念中，那么，他所想到的主词概念就是与认为主词概念不包含谓词概念的人所想到的是不同的主词概念。在这两种情况下，概念是不同的，即使它所标示的对象相同，T. 齐恩也企图用心理学的方法来处理这种逻辑的区别（《认识论》，1913 年，第 480 页以下，第 559 页以下）。

调，定义应当算作分析判断。定义给予我们的只是已经属于概念
的那些特征。当然，在某种意义上，我们也可以有理由说，定义产
生一种综合，在这种综合中它把各种各样的特征归于一个概念。
但是定义并没有因此而变成综合判断，因为它并没有在概念已经
具有的那些特征之外或之上赋予它任何特征。我们可以说，一个
综合判断所标示的是把对象结合起来形成的一组事实，而定义所 77
标示的则是把特征结合起来形成的概念。

在日常生活中构成我们谈话和思考的内容的所有判断差不多都是综合的。显然，“高卢曾被罗马人征服”或“今天午餐菜有鱼”或“我的朋友住在柏林”或“铅的熔点低于铁的熔点”，这些命题都是综合命题。的确，这些判断中出现的许多概念如“高卢”或“铅”的定义很难达到一致。但是从我们说出这种句子的全部语境中可以明确得出，这些句子的谓词并不包含在属于主词概念的那些特征之中，根据这一点本身就足以决定判断的性质。

我们还要注意到，这里作为例子的判断标示各种各样的经验事实。这些判断有效性的基础在于经验；所以这些判断是**后天的**。

除了按其本身的意义是**先天的**分析判断和**后天**综合判断外，设想第三种判断——**先天**综合判断是可能的。如果这种判断存在，它们便断定一个对象具有**不**包含在该对象概念中的某种谓词，尽管在经验中找不到这样断定的根据。换句话说，这种判断所标示的事实就是某些对象相互关联，而这些对象不是由定义结合起来的（例如事件及其原因），但又不是由经验来保证这种关联成为一个事实的。

令康德感到非常惊讶的是，综合判断竟能是**先天的**。因为，如果所考虑的对象本身只是在直观的经验中给予的，那么除了经验

还有什么东西能把这种关联告诉我们呢?

只有**先天**的判断才提供严格的、普遍有效的知识(**后天**判断只适用于它们所标示的个别的经验事实)。分析判断告诉我们的只是有关概念性关系而不是关于实在的知识。由此可见,先天综合判断存在的问题等于就是关于实在对象的必然性知识的存在问题。对分析判断的思考是一个纯粹的思维问题,因为这些判断是完全建立在概念的相互关系上的。相反,综合判断是建立在实在
78 对象的相互关系之上的,对综合判断的研究是一个实在性的问题,这个问题必须留待本书的后一个部分来研究。[①]

构成任何真正科学的是由定义和认识性判断组成的系统,这种系统开始在许多个别点上与实在系统相一致,而构成这个系统的方式使得这种个别点上的一致随后自动地产生其余所有各点的一致。在这个判断系统中那些使该系统得以直接建立在实在事实之上的命题可称之为**基本**的判断。它们包括较狭义的定义和历史性判断。以这些判断为基础,通过纯粹的逻辑的演绎方法获得个别的部件,整个系统便一步一步地建造起来。这种逻辑演绎方法中的一个就是三段论法,它将两个判断联系起来,消去一个概念(即所谓中项)而推导出第三个判断。如果整个大厦是正确建立起来的,那么一组实在事实就不仅与每一个出发点——基本判断相一致,而且也与通过演绎产生的系统中每一成分相一致。整个结构中的每一个个别判断都一义地与一组实在事实相配列。

各种个别科学达到完全一义性配列所采取的方法在性质上是

① 康德是这样表述这一点的:"在分析判断中谓项属于概念,在综合判断中,谓项属于概念的对象,因为谓项并不包括在这概念中。"

根本不同的。较多使用描述性方法的学科——最突出的例子就是历史科学——只需几乎唯一地接受这些基本的判断而无须据此再作进一步的建构就能够达到两种系统——判断系统和实在的系统——的完全地一致。这些科学紧紧依靠给定的事实，似乎超出这些事实进行思维中的自由建构便有直接失去一义性配列的危险似的。在这些科学中，通常都要求我们在心中牢记何种概念和判断应当与这些个别事实相配列。我们不能从拿破仑的出生日推出他逝世的日子，我们必须分别记住这两者。任何人都不可能从其他的历史材料中推论出各个罗马君主先后承继的关系以及他们各自在位的年代。历史的判断大多缺乏相互联系，也缺乏可用来作为推论的中项的共同要素。如果仍然还能够达到配列的一义性， 79
那就必须用极为多种多样的相互独立的判断来弥补这种缺陷。这类学科多的是材料而少的是知识。历史事件决不可能从这种历史的情况中毫无遗漏地推出而达到完全的掌握。历史学家们之所以不可能预断未来其原因就在于此。

精确科学使用的是与此完全不同的方法。这些科学并不是通过尽量地增加基本判断的数量来保证判断和实在的一义的配列。相反，它们力求使基本判断的数量尽可能地减少，而通过必要的处理逻辑的相互联系来达到两个系统的毫无歧义地一致。天文学家只要观测到彗星在三个时间点上的位置就可以预测该彗星在任何时刻的位置。物理学家借助于少数的几个方程(归功于麦克斯韦)就能够以合适的判断与电磁现象的整个领域相配列；他借助于很少几条运动法则就可以与力学运动的整个领域达到同样的配列。他不必为每一个个别现象去构思和记住一条单独的法则。因此，精确科学可能不像田鼠打洞那样通过事实的土壤来开辟道路，而是像埃菲尔铁塔那样仅由少数几点支撑便独立地提升到最一般概念的巍峨的高峰并由此而更完全地掌握各种个别事实。置于科学根基的基本判断数量越少，用以标示世界所需要的基本概念的数量也就越少，因而我们的知识水平也就提升得越高。

因此，所有的科学，为了向我们提供知识（有的提供得多些，有的提供得少些），都尽力创造一个旨在捕捉事实系统的巨大的判断之网。但是第一个也是最重要的条件就是组成判断结构的每一个成分都要一义地配列于事实结构中的一个成分，否则全部事业就成了毫无意义的了。如果这个条件得到满足，那么判断就是**真的**。

12. 知识不是什么

我们至此关于知识性质所获得的结果也许会使关注它的人产
80 生某种失望的情绪。[①] 难道知识仅仅是一种符号的标示吗？如果真是这样，那么人类心灵对于它想要知道的事物、过程和关系岂不是永远处于陌生、疏远的境地吗？难道人类心灵对于这个世界上的对象（它也是其中一员）永远不能产生一种更密切的结合吗？

我们的回答是，它的确能够。但是，就它能够产生更密切的结合来说，它就不是在从事**认识的**行为了。认知的本质绝对地要求实际从事认知活动的人必须使自己远离事物，达到远在事物之上的一个高度，从这个高度他才得以观察到它们同其他事物的关系。谁要是接近事物，参与事物活动的方法和运作，他就是在从事生命活动而不是从事认知活动；对他来说，事物展示的是其价值方面，

① 这种情绪的一个典型的表达出现在对本书第一版的一篇评论的如下说法中："这位评论者感到不可理解的是，任何一个一直企求达到深刻见解的人怎么可能满足于这种观点。"《数学进步年鉴》，1923 年。

而不是其本质。

但是，难道认识不也是一种生命的机能吗？当然是，但认知活动在对其他生命机能的关系上处于一种独特的地位（对此我们将在下一节加以讨论），因而我们必须不断警惕，防止弄错了它的真正性质，避免把它与其他生命机能混同起来。因此，至此所得的结果可望从两个方面得到支持。第一，我们要从否定的方面表明，除了上面的研究提出的意义以外，在任何情况下都不可能给予知识概念以其他意义，人类心灵的任何其他机能都不能实现赋予认识的任务。第二，我们要从肯定的方面来证明，人们合理提出的对知识的希望实际上都能通过实行上面描述的过程，即在彼事物中再发现此事物的过程，通过判断和概念标示的过程来得到满足。看来值得注意的是，在这样一种简单的、质朴平凡的方法中却存在着我们的知识所固有的强大力量。的确令人惊异的是，如此平凡的过程竟能产生一种人类文化的最灿烂夺目的花朵，这花朵令人陶醉的芳香产生了一种使许多人宁愿放弃其他快乐而选择的极大的快乐，他们把自己的一生都贡献给知识，这一事实便是明证。真实的情况正是如此。如果企图把纯粹的比较过程、再发现过程和配列过程以外的任何其他过程放在认识的地位，这样的一切努力，即
使常常作为一种误导现象的结果欺骗我们而成功于一时，[1]最终 81
也都会在决定性之点上遭到可悲的失败。

两个对象之间可以设想的最紧密的关系就是完全同一关系，所以，实际上它们就不是两个而是一个对象了。在哲学家中向来

① 与下面的论述相联系，见我的论文《有直观的知识吗？》，《科学哲学和社会学季刊》，1913年，第37卷第472—488页。

总有一些人声称除了认知者和被认识的东西完全融合的知识概念以外，不喜欢任何别的什么知识概念；按照中世纪的神秘主义者的看法，特别是对神的知识应当以这种方式获得。如果随着科学的哲学的兴起而使这种观念被抛弃，那是因为人们逐渐相信，不会发生认知的意识与对象融合的情况，事实上这种融合也是不可能的。但是，这种理论之所以应当加以拒斥，首先是因为即使这种融合是可能的，它无论如何也不会构成**知识**。哲学上许多错误的主要根源就是由于没有注意这个重要观点。我们要对这个问题简短地加以讨论。

即使与事物融合或完全同一是不可能的，在主体和客体之间似乎仍然有一种过程能够建立一种特别密切的关系，这就是直观(die Anschauung)。通过直观过程，被认知的东西似乎移入认知的意识。当我凝视一个红色的表面时，这红色就成了我的一部分意识内容；我体验到它，而且我只有在这种直接的直观经验中而不是通过概念，才能知道红是什么。听到一种声音也是一种直观的体验；只有当有人实际上奏出音调 A 的声音，我才能知道什么是音调 A。只有直观告诉我们什么是快乐或什么是疼痛，什么是冷，什么是热。因此，我们不是完全有理由说直观就是知识吗？

事实上，大多数哲学家都相信直观给我们提供直接的知识。的确，在最活跃的当代哲学潮流中，那种认为只有直观才是真正的知识——认为科学方法(运用概论)只能提供一种替代物，而不能提供关于事物本性的真正知识的意见颇为流行。

82 让我们首先来考察一下那些维护这种极端观点的人所持的理论。他们把概念性知识同直观知识对置起来，承认前者特别地属于精确科学，然后要求后者顶上哲学之名。他们要求我们承认，

"从事哲学活动就是通过直观的作用使自己投入对象之中。"①"一种真正的哲学的直观用来和一种科学一起打开无限的工作领域，它无需任何符号化和数学化的方法，无需推理和证明的工具却能获得非常严格的、对于一切其他哲学具有决定性作用的丰富的知识。"②

这些看法同我们在前面的论述的全部结果形成最尖锐的冲突。它们把一种同比较、再发现和标示过程这些显示出真正的认识本质的过程完全不同的心理活动冠以认知之名。那么，也许有人可能说这里的问题只是一个名词术语问题：我们可以随意地给直观加上知识的名称。那样一来，我们就要区分两种认知——概念性的或推理性的认知和直观的认知。但是主张直观的人认为，直接的直观以更完全的方式提供那些由符号化的认识通过不适当的概念工具试图提供的东西，他们依据这种论点，也要求给予直观以知识的名称。

但是，在这里，他们是大错特错了。直观和概念性知识根本不是追求相同的目标；相反它们是背道而驰的。在认知中常常总有两个项：一是某种被认知的东西，另一个是被认为所是的东西，而在直观中，我们并不把两个对象放在相互关系之中；我们面对的只是一个对象即被直观的对象。因此，这里涉及两个根本不同的过程；直观与认识没有任何相似之处。当我充分地提供我的意识的一个直观内容时，比如我看到在我面前的一个红色的斑点，或者当我行动时完全沉浸在活动的情感之中，我通过直观体验到红或体

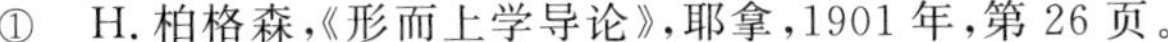

① H. 柏格森，《形而上学导论》，耶拿，1901 年，第 26 页。

② H. 柏格森，《作为严格科学的哲学》，《逻各斯》，第 I 卷，（1910 年 11 月），第 341 页。

83 验到活动。但是,我真的知道红或活动的本质吗?根本不知道。如果我按照某种次序来排列红色,把它同其他颜色相比较,从而正确地标示出它的深度和浓度,如果我把活动的情感用心理学的方法加以分析,从中发现比如说,紧张感、快感等等——**然后**,我就能够断定,我终于在一定程度上知道我所体验到红色或活动的感觉。如果一个对象没有与任何东西相比较,那么它就没有以某种方式结合到一个概念性系统中,正因为如此,它也就没有被认知。在直观中,对象只是**所与**而不是**被理解**。直观只是经验,而认识则是某种与之完全不同的东西,某种更多的东西。所谓直观的知识是自相矛盾的说法。即使存在着使我们得以融入事物或事物得以融进我们之中的直观,但它仍然不构成知识。未开化的人以及动物也许比我们更完全地直观到世界。他们更多地投入世界;更彻底地生活于世界之中,因为他们的感觉更为敏锐和机警。但他们不可能比我们更好地知道自然;他们根本不知道自然。我们不能通过直观来理解或解释任何东西。通过直观的方式我们能够获得的只是对事物的体验而不是对事物的理解。而只有对事物的理解才是我们在科学和哲学中追求知识所要达到的目标。

在这里,我们揭露了直观哲学所犯的大错误:混淆了体验(kennen)与知识(Erkennen),我们通过直观**体验**事物,因为由世界给予我们的一切都是在直观中给予的。但我们只有通过思维才能认知事物,因为认识所需要的排序和配列正是我们称之为思维的东西。科学并不使我们去体验对象;它教我们去理解或领会已经体验到的东西,而这就意味着认识。体验和知识是根本不同的概念,因而甚至于在日常谈话中也要用两个不同的词来表达它们。然而大多数哲学家仍然毫无希望地把它们混在一起,只有很少的人是可敬的例外。[①]

对于许多形而上学家来说，这种错误是灾难性的。在这里，我 84
们值得花点功夫借助于某些特别清楚的例子来证明这一点。

尽管一般地说我们不可能通过直观将事物融入我们之内或将我们自己融入事物之中，但这种说法并不适用于我们本身的自我。我们与自我所处的关系正是神秘主义者极大地希望于认识的那种关系，即完全同一关系。因此，任何人如果忽略了体验和知识之间的区别，就必然会相信我们对自我的本性具有绝对完全的知识，事实上，这正是人们广泛持有的观点。许许多多形而上学的思想家如今都赞成下面这种论点："由于自我在自我意识中把握自身，因而它知道某种作为自身存在的实在的东西。"[②]然而，不管这个论点多么经常地出现或以何种形式表达出来，它都是错误的。因为我们在意识中开始觉知的心理的材料决不是因此而被认知；它们仅仅是被给予或被设定。意识体验到它们，它们加入到意识之中。意识在经验中体验它们但并不认知它们。在认知这个词的恰切意义上说，只有通过一种科学的心理学，对概念进行分类并构造概念，这些心理学材料才能被认知。事实上，如果意识的内容仅仅通过直观就能够被充分地认知，那么就可以完全摒弃心理学了。

刚才在上面引用的命题中，认知是用"把握"一词来表达的。很少有思想家打算在他们对认知本性的研究中，避免使用这一用

① 在这些很少的人当中，我要援引 A. 里尔的看法，他把直接体验同理解相对照(《哲学批判》，i，第 221 页)，还有罗素，他十分正确地把对事物的体验(Kennen)和对真理的知识(Erkennen)区别开来。关于这个问题，见他的《哲学问题》第 69 页，还可参看 E. 冯・阿斯特的《认识论原理》，1913 年，第 6 页以后。

② F. 帕尔森，转引自亨纳贝格题为"体系哲学"的那一卷，1907 年，第 397 页。

语。我们一再地看到认识是一种“精神上的把握”的说法。但这当然不是认识过程的定义;它只是把认识过程同握住、触摸、感受等身体活动相比较——事实上并不是特别适当的比较。当我用手握住一个对象时,我所做的只是在这一对象和我自己之间建立一种关系,而在认识中本质的要素恰恰是由认知者建立起几个对象之间的关系。因此,一般说来,把认知说成把握是使用了一种错误的比
85 喻;只有当把这种说法解释成用**概念**掌握或包含被认知的对象,使之在这些概念之中具有唯一的一个位置时,这种说法才是合理的。

直观知识这种虚假概念中所包含的错误(及其后果)在笛卡尔哲学中表现得再明显不过了。笛卡尔的论题是,我们对我本身的自我的存在或者用比较现代的术语来说,对我的意识内容的存在,具有直觉的领悟。而这种领悟构成了知识,实际上是构成具有基本意义的知识。整个这个论题似乎是无可辩驳的真理。我们无需任何概念性的加工,无需任何比较和再发现便体验到意识的内容,这个事实似乎证实了这个真理。它如果不是真正的知识又是什么呢?

我们的回答是,这当然是一种直观,但无论如何它不是**知识**。

当然“我思故我在”这个判断(在作了一切必要的订正之后)的确表达了一个无可辩驳的真理,即意识内容存在着。但是,我们稍加回想便知道,并非一切真的都必须是知识,真是一个比较宽泛的概念,而知识则是一个比较窄的概念。真是一义性的标示,这种一义性不仅可以通过知识获得,而且还可以通过定义获得。这里的情况正是这样。笛卡尔的论题是一个被隐藏的定义;它是对**存在**概念所作的不恰当的定义——即我们在前面所说的“具体定义”。我们在这里只有一种规定,即经验或意识内容的存在应当用“我在”(ego sum)或“意识内容存在”这些词来标示。如果存有或存在

的概念已经从其他运用中为我们所知，现在通过更密切的考察发现，这些意识过程表现出存在概念的所有特征，而且如果我们依据这种再发现只能说出“意识内容存在”这个句子——这时而且只有这时笛卡尔的论题才构成知识。但那样一来，它就不再是直观的知识了，相反，它将完全属于我们至今所阐发的概念。当然，这并不是这位伟大的法国形而上学家的观点，而且以这种方式来解释也是笨拙的。更确切地说，这一论题只是想要指出意识内容是所与这个不可否认的事实；它本来是要被用来作为一切进一步哲学 86
论证的基础的；别的任何知识都不应当先于它而存在。事实上，意识状态的经验（我们将在本书第三部分再回到这个问题上来）是存在概念的来源并且是它的唯一源泉，因此，它不是后来把已有的概念用到上面的实例。“我在”只是一个事实而不是知识。[①]

由于在这一点上犯了错误，笛尔卡就不可避免地要犯更多的错误。由于他用他的根本论题来构成知识，那么他就必须寻求保证这一论题有效性的标准。他认为他在自明性中发现了这个标准（或者像他所说的清楚明白的洞察）。但是他所能找到的对自明性的不可错性的唯一保证就在于上帝的正确性。这样，他就永远陷入一种循环。因为使他确信自明性可靠的东西的存在本身又只是由自明性来保证的。

任何一个认为笛卡尔的论题构成了知识的人，都不可避免地会陷入同样的循环论证。可以把这个论题解释为只是一个定义，对一组基本事实的标示。“Ego sum”，意识内容的存在不需要基础，它不是知识，而是一组事实，而事实只是存在着，它们并不要求

---

① 从根本上说，在康德对笛卡尔的论点所作的有点过于复杂的评论中也有同样的真理，《纯粹理性批判》，凯尔巴赫版，第 696 页。

通过自明性来证明，它们既不是确实的，又不是不确实的，它们仅仅存在着。对它们的存在寻求保证是毫无意义的。

近来，已经有人把笛尔卡的错误以自明性的心理学的形式提升为哲学原则，这种心理学是由弗兰兹·布伦坦诺创立的。在布伦坦诺看来，每一个心理活动都伴随着指向这一心理活动的认识。[①] 他说："我们想着或欲求某种东西，我们便知道在想着或欲求某种东西。但是知识只有在判断中才存在。"[②]因此，他推论说，在每一个心理活动中都包含一个判断！"因此，"他继续说道，"伴随着每一个心理活动，都有双重的内在意识与之相联系——其一是与这一心理活动相联系的观念和表象，另一个是与之相联系的

87 判断，即构成对这种心理活动的直接自明的知识的所谓内在知觉。"[③]按照布伦坦诺的观点，每一个知觉都算作判断，"不论它是一种认识还是一种(可能错误的)感知"。[④] 但是，人们会指望"从经验的立场发展出来的"心理学会在断定每一心理活动中都存在判断之前就把这个判断作为这种心理活动中的经验要素显示出来。然而，相反，却作出这样的**推论**：由于知觉就是认识，所以它必定包含着判断。但是，正确的推论显然应当是：由于经验表明知觉并不包含判断，所以知觉不是知识。[⑤] 在上面几段引文中十分清

---

① F. 布伦坦诺，《经验论立场的心理学》，1874 年，第 185 页。

② 同上书，第 181 页。

③ 同上书，第 188 页。

④ 同上书，第 277 页。

⑤ L. 尼尔森引出了相反的结论(《认识论的不可能性》，Ⅲ，1912 年，第 598 页)。他争辩说，由于知觉是知识，但不是判断，因而并非每一个认识都必须是一个判断。由于这种看法，他采取了"直接自明性"的错误观点，说知觉是"直接的知识"(同上书，第 599 页)，这是我们在这里尽力拒绝的观点。

楚地表现出把认知和体验混为一谈。

纯粹的未加工的知觉或感觉只是体验(kennen)。如果这就是人们所想到的,那么说什么“感知的知识”就是完全错误的。感觉并不给我们提供关于事物的任何知识,而只是对事物的体验。那么我们知道,在形成了的意识中决不会发生孤立纯粹的知觉;所发生的就是所谓统觉过程与感觉相联系,也就是,感觉或感觉的复合直接与相关的观念融合成一种整体的结构,它在意识中表现为我们以前体验过的某种东西。例如,当我看到摆在面前的纸上时出现的黑白的感觉立刻变成了对字母的知觉。这里当然是知识,尽管只是一种最初级的知识。因为我并没有停留于单纯的感觉印象上;相反,感觉印象立即融合到我以前的经验范围,从而被再认识为如此这般的一种存在。因此,如果我们把“知觉”这个表达限定为统觉作用下的感觉印象,那时而只有那时我们才的确可以说到感知的知识。如果我们想要把这种知识称之为“直观的”知识——只是它还没有穿上想象的或说出的语词的外衣——而与通过语词表达出来的知识区别开来,那自然也无可厚非。① 我们几 88
乎用不着说,这种直觉性知识的概念与人们在柏格森和胡塞尔著作中所见到的、我们在前面讨论并加以反驳的东西没有丝毫的联系。

对于没有统觉的或概念性的加工便没有知识这个真理,康德并没有感到它的足够的分量。因而,他只是以下面这段著名的话不完全地表达了这一真理:“直观没有概念则盲。”请注意,他的《纯

① 这就是艾尔德曼在他发表于普鲁士皇家科学院学报第 53 期第 1251 页的杰出的专题论文《认识和理解》中所持的看法,在这篇论文中,他一贯地在上述可接受的意义上使用“感知的知识”这种表达。

粹理性批判》是怎样开始论述的："知识与对象发生关系，不论以何种方式或用何种手段，其直接关系都是通过直观的，而一切思想，都是从直观取得其质料的。"在这里很明显，康德仍然把直观建立的对象与直观着的人之间的内在联系看作知识的一个本质的因素。这也就使他不能揭露自在之物的知识问题这个假问题。也就是说，康德相信这种知识必须是一种把事物表现为其本身所是的那种直观，康德宣称这种对自在之物的知识是不可能的，因为"事物不可能超越自身而进入我们表象机能之中"。但是，现在我们知道，即使这是可能的，即使事物能够与我们的意识成为一体，那时，我们虽然会体验到这些事物，但那也是同对事物的知识完全不同的东西。"对自在之物的知识"，只要我们把它理解为知道某种直观或直观的表象，那么这种说法就是一种语词的矛盾(Contradiction adjecto)；因为这就会使我们陷入把事物表象为独立于任何表象的荒谬境地。因此，根本不可能提出关于这种知识的可能性问题。

我们一旦弄清楚了知识的真正本性，这个问题又将怎样呢？如果每个人都明了并且牢牢记住，知识只是通过记号与对象之间的配列而产生的，那么任何人都不会提出作为自在之物的知识是否可能的问题。导致这个问题的只是由于把认识看作是在意识中
89 **绘画**或**描绘**事物的那样一种直观表象的观点。只有依据这种假设
我们才会问，这图画或形象是不是显示了与事物本身同样的属性。

任何人如果认为认识是我们借以"掌握"事物或"把事物接纳于我们的心中"的直现表象，或者诸如此类的东西，那么，他就一定会不断地抱怨认识过程不合适和不中用并为此而寻找原因。因为如此构成的认识过程仍然不可能将它的对象转入意识之中而不致

使对象在基本上或多或少地有所改变。因而，它将永远达不到其最终目标，即永远不可能看到事物恰如本身自在那样保持不变。

正确的知识概念，正如现在已经展示的那样，并没有任何令人不满意的特征。认知就是一种活动——一种仅仅是标示的活动——事实上它的确保持事物原封不动或不加改变。图画或意象决不能完全实现这个任务，因为那样一来，它就必定是原物的复制。然而，记号可以提供要求于它的一切，即配列的一义性。一个对象决不可能复制得恰如本身自在的那样；因为每一幅图画都必须从一定的方位由某个绘画主体画出来。因而，它只能提供对象的一种主观的、仿佛是从一定视角来看的投影图。相反，记号的标示则保持每个对象本身。当然所使用的记号和配列的方法的确带有认知者加上的主观的性质。但所得到的配列并不显示出这种主观性质的痕迹。就其本性来说配列是不依赖于观点和行为者的。

正是出于这个理由，我们才能够满怀信心地说，事实上，一切认识都给我们提供了作为自在的对象的知识。不论**被标示物**可能是什么，不论它是现象还是自在之物（至于这种区分意指什么，是否合理，留待后面考虑），被标示的东西都仍然是如其所是的事物本身。我们暂且假定，我们的体验只扩展到“现象”，现象背后存在着自在之物我们并**没有**体验到。那么，这些事物也会同现象一道被我们**认知**。因为我们的概念是与现象相配列的，而现象被设定是与这些事物相配列的；因而，我们的概念也是标示这些事物的，因为记号的记号同时就是**被标示物**本身的记号。

现在我们来讨论另外一点，这也许能够帮助我们弄清前面论 90
述的知识概念的优点，并且表明，那个经常显示出令人生厌的困难的问题，即认识论的可能性问题是多么容易得到解决。对这种可能性的反对意见是人们都很熟悉的。如果认知活动被认为就是认知本身，如果认知被认为是决定其自身有效性的，那么守门人就被用来看守自己了，我们就可能会像亨利·西季威克那样问道，“谁看守看守人?”(Quis custodiet custodem?)这种在使用和依赖认识之前先要研究认识的主张曾受到黑格尔的嘲笑，他把这种主张比之于下水之前先学会游泳。赫尔巴特也认为这种责难是中肯的，而洛采则相信，唯一的出路就是在形而上学中寻求认识论的基础。事实上，认识过程怎么能够运用于自身呢？感觉并不是被感到的，听并不是被听到的，看并不是被看到的。如果将认知类比于这些直观过程，那么这在理论方面的确是有欠缺的。但认知根本就不是这种东西；认知是一种配列过程。这种过程可以运用于自身而没有任何困难：可以通过一种配列活动使标示本身被标示。甚至劳纳德·尼尔森对认识论的不可能所作的著名论证也可以依据我们对认识本性的见解加以驳斥。尼尔森的证明包含如下的推论：假定检验知识的客观有效性的标准本身也是知识的一部分，“那么为了使它能用来解决认知问题，它必须本身是被认知的(bekannt)，也就是说，它必须能够作为一种知识(erkenntnis)的对象。但是这种知识的对象是认知的标准，因而，如果这个标准是可以运用的，这种知识是否有效的问题就必须先得到解决”。[①] 但是，某件东西要被认知(bekannt)，它不必已成为知识(erkenntnis)的对象。由此这种推理的链条就被打断了。

因此，我们看到，我们证明了认识论不是主体与对象的亲密的结合，不是掌握对象、渗入对象或直观对象，而只是标示对象的过

① 《弗瑞希学派论文》，Ⅱ，第444页。

程(当然是由非常特殊的法则支配的过程),如果对这种证明感到失望,那将是多么严重的错误。这种证明并不意味着摒弃或贬低知识。我们一定不能认为,比较、排序和标示的活动只是对某种更 91
完全的认知的临时性的代用品,这种更完全的认知是我们永远不可企及,也许只有对于那些构造得与我们不同的生物才是可能的。这是根本谈不上的。每一个再发现活动、比较和标示活动——认知本身表明就是这些活动——都绝对给我们提供在日常生活和科学中我们对认识所要求的一切。其他任何过程、任何“理智的直观”,任何与事物成为一体的过程都不能同样做到这一点。十分奇怪的是,甚至如今居然还有一些人相信,知识——实际上是全部科学——能够先于任何比较、排序过程,仅仅通过直观就能产生。然而,我们在这里所维护的真理在许多年之前就已经由一位杰出的逻辑学家在他的主要著作的一开头就最确切地表达出来了:“科学产生于异中求同。”①

人们责难一切认识都以确立相同性为前提的论点,这种责难的根据是,相同性只是许许多多关系中的一种,而发现任何其他关系也同确定相同性关系一样是知识。对此,我们的回答是,当我们无论在哪里确定有一种特定的关系存在时,当然会有知识。但是这样确定关系的存在是怎么一回事呢?它恰恰就在于把这种关系标示为这样或那样的特定关系,标示为一种因果关系、前后相继的关系等等。但是为了使我们能够给这些关系一个名称,我们必须确定,我们面对的这种关系是和我早先就当作因果关系、相继关系等等来认识的另外一种关系是相同的。这种情况只是确证了我们

① S.杰文斯,《科学的原理》,1874年。

的一般论题。相同性必须具有不同于其他一切关系的独特地位；它是更为基本的关系并且完全决定一切认知活动。

然而，这种责难可以加以普遍化。在这种更宽泛的形式下，似乎不容易加以驳斥。普遍化了以后，这种责难就是这样的：难道我们就一定不能说，知识不仅仅是通过确定一种关系来构成，而且还非常普遍地通过确定任何新的对象的存在来构成，即使该对象还没有以任何方式形成，还没有被命名、被标示、被判断？下面这个
92 例子可以用来说明这种心中出现的（比如说，意志过程）情况。一位心理学家在分析某种意识过程时发现，起初以为是绝对简单的意识材料可以区分为几种因素。以前并没有看出这些因素，因而也不存在表示它的名称。在这里，我们似乎不可能说什么再发现相同的东西，因为这些因素才第一次被揭示出来；这位心理学家不得不为这些因素发明出一些特别的名称。但是，谁会想到要否定这是真正的知识的一个实例呢？毫无疑问，没有任何人会否定。但是，这种知识到底是什么呢？显然，这种知识就在于所研究的意识过程（在这里是意志过程）的结构被精确地确定这个事实；最初被认为是某种简单的东西，通过分析才知道它是某种复杂的东西，是由许多因素组成的东西。但是按照我们的标准的格式，这就是一种知识：对象被归入“复合的意识材料”这个类。然而组成这个类的各个因素本身并没有因此而被认知；这些因素只是被区分、被计数。

总之，光是**体验到**某种材料的过程，光是对这些材料的**直观**，只是对这些材料的经验，而不是对它的认知。然而，这种过程对由这些材料构成的整个经验的知识提供了基础。的确，这后一种知识是一种最初步的知识。也就是说，它只是在于这样

一个事实，即开始知道这整体不是某种简单的东西，而是复合的东西。一旦我们超出这个狭窄的结果去追问这整体由什么组成时，我们便发现仅仅体验到这些分开的方面不再能提供充分的回答了。这些方面必须被认识并被命名，被结合到这种或那种相互关系中去。只有到这时，我们才能在判断中把被认知的对象的性质表达出来。

如果我们要正确地评价如今广为传播的以所谓现象学哲学方法的名义提出的主张，我们在上面所论述的这种见解就很重要。这种现象学的方法就在于通过（对本质的）直观或“本质直观”（wesensschau）把要被认知对象的一切方面都加以想象或形成经验。但是，如果现象学分析的结果就到此为止，那么就知识来说**什么也没有获得**。我们的见识并没有得到增进或改善，所增进的只是我们的经验，所获得的只是认识的原料。但是只有通过比较和再发现的过程使材料得以整理才开始认识的工作。仅仅体验到有 93
对象存在还不是知识，它只是知识产生的前提条件。直观或本质直观充其量只能提供使知识得以形成的材料从而以这种方式为知识提供服务。但决不能把它同知识混淆起来。

值得庆幸的是，我们在这里所阐发的知识概念已经在科学哲学中得到几乎是普遍的传播。这一概念正是古斯塔夫·基尔霍夫在他的著名的力学定义中最清楚明确地提出来的。他宣称，力学的任务只是“完全地、以**最简单**的方式描述自然界中所发生的运动。”[①]这里的“描述”，当然应当确切地理解为我们所说的记号的配列。这里的“以最简单的方式”意指与这种配列相联系，我们应

① 《力学讲义》，第 4 版，1897 年，第 1 页。

当使用最少量的基本概念。[1] “完全的”则是指通过这种配列必定会达到对每一细节都绝对无歧义的标示。许多认识论研究家根据这一点就认为，基尔霍夫把科学哲学的任务规定为描述而不是说明。这种看法显然是错误的。因为基尔霍夫的贡献恰恰在于发现了科学的说明或科学的知识只是一种特殊的描述。的确，他自己有时也错误地认为他的定义似乎是给力学的任务所加的限制。[2] 他把描述同发现原因对立起来。[3] 我们在后面将会研究，是否以某种方式使用原因这一概念对于标示自然对象来说可能是合法的。

同样是这个认识论学派，对另一个受到歪曲的关于知识性质的概念也负有责任，对这个问题，我们将在下一节加以评说。

在本节结束时，我们要重申，发现认识的真正性质是一种记述
94 或标示并不意味着对知识的贬低或轻视。因为，认识过程的价值不在于它是由什么构成的，而是在于它**能够**干什么。我们从科学中，特别是从自然科学及其应用中看到这种能力是多么巨大。而且我们也很难想象这种能力可能还会变得多么巨大。

13. 关于知识的价值

人们实际上为什么追求知识，现在提出这个问题是确当的了。为什么我们要贡献毕生的精力来经常不断地进行这种在异中求同的奇怪事业呢？为什么我们要力求以仅仅由最少的基本概念构成

---

① 阿芬那留斯也把“最简单的”描述理解为使用尽可能最少的概念的描述。见F.瑞布，《阿芬那留斯的哲学》，1912年，第146页。

② 《力学讲义》，前言，第V页。

③ 同上。

的那些概念来标示多姿多彩、多侧面的世界呢？

最终的回答无疑是：把一事物归结为另一事物会使我们获得乐趣。如果说我们有一种追求知识的内在欲望需要满足，那只不过是对同样答案的另一种说法罢了。但我们提出这个问题显然还有更深远的目的。我们要研究，为什么恰恰是这样一种追求才能够为我们提供乐趣；我们需要知道，怎么会形成这样一种欲望，它把单纯的认识作为其追求的目标而与生活的所有其他目标显得相隔如此遥远。

要把这个谜解释清楚，就要指明认识在与人类的其他活动的关系中所处地位。同时，这又会使知识的性质得到新的启示。

引导我们解决这一问题的思考方向必定落在生物学领域。因为使一个人获得快乐的东西以及在他身上发展何种欲望完全取决于他的生活条件以及他的本性形成的方式。

一切生物发展理论都一致认为，由于生物的进化，他们的那些产生有利于个体和物种保存的行为冲动一定会加强，而那些产生不利于生命和物种保存的行为趋向必定会衰退和消失。对知识的渴求无疑是符合这一原则的。就起源来说，思维如同吃、喝、争斗和求偶等行为一样只是使个体和物种自我保存的手段。

我们必须假定，每一个有意识的动物都能进行再认识活动。一个动物必须感知猎物为猎物，敌人是敌人；否则它就不可能使它的行为适应于环境而必然消亡。的确，在这里我们就至少有了一种最原始的认识，一种感知。我们必须把它看作是与动物的攻守 95
行为相联系的一种统觉过程。生物的需要以及对它的生存至关重要的条件越是复杂，这种联系的过程也必定会愈益复杂。显然这种不断增长的复杂性的程度只能是我们所说的理解或思考能力的发展程度。因为，不论真正的判断活动与单纯的观念的联想在认识论的地位上有多么大的差别，但作为心理的运作，判断过程（狭义的思维活动）是在统觉和联想过程中产生的。它们之间存在着非常密切的联系。[①]

判断和推理的机制比单纯的自发的联想更能广泛地适应环境。联想只是集中于典型的事件。动物捕食时，即使这种活动对于它的生命的保存并无好处，例如，当我们把捕来的动物作为诱饵放在陷阱中时，它也会扑向这食物。然而人却不然，即使在伏击和危险被巧妙地伪装起来的情况下，他也能够加以识别；他能够设置陷阱，不仅能够用智慧战胜野兽而且能够战胜那些在人体内威胁人的身体的看不见的微生物。人为了保持自己在自然界中的优势，他必须获得对自然界的控制，而只有当他在整个自然界中能够再发现已经接触和体验过的东西，他才能做到这一点。如果这是不可能的，那么他就不能把新的和不认识的东西解析为他所熟悉的东西。那样一来，他只有在自然界面前总是孤立无助。他就会错误地行动，因而就不可能达到他的目标，因为他既不能正确地预见自己行为的后果，也不能预见其他事件的后果。认知一个对象就是在该对象中再发现其他对象。因而，知识（如果没有碰到实际的障碍）能够使我们通过把其他对象联系起来而以真正创造的方式构成一个对象，或者以所观察到的在一起出现的要素来预知该对象的结构，并采取措施或者对它加以防范，或者对它加以利用。因而，任何注意于未来的行为如果没有知识都是不可能的。

① J. 舒尔兹在他的《认识论的三个世界》（哥廷根，1907 年，第 32 页以后，第 76 页以后）一书中对这一点的论述非常出色。

所有知识原初都只是服务于实践的目的，这是一个无可置疑的、要着力强调的真理。它是一个众所周知的事实，从其名称本身也体现了这一点。几何学从丈量土地的需要中产生；最初研究化 96
学的目的在于制造黄金；其他学科一般说来也是如此。如今，科学与实践，纯粹知识与日常生活的各种活动也都最为密切地互相联系起来。实践常常对纯粹研究提供新的刺激并向它提出新的问题，所以直至如今我们仍然可以说新科学直接从生活的需要中产生。但是相反的影响更是无比巨大：纯科学在为争取保护和增进人类生存上展示了惊人丰富的新途径。事实上，正是那些并非起源于实际需要的知识对于实现生活的目的也产生了最大的用处。在没有任何人能够预知其用途的时候就作出的那些发现培育了全部现代文化。伏特和法拉第丝毫没有想到像电动机之类的东西。巴斯德最先的研究是为了探讨自然发生的可能性这个理论问题，而与这些研究为之产生极其重大意义的卫生和医疗并没有什么关系。在镭被发现的时候，没有任何人知道有朝一日镭的射线会被用来治疗癌症……这种明显的真理的例子已无须再进一步增加了。

知识和实践的使用之间的这种密切联系使许多著作家认为，现在和早先一样，认识的价值都完全在于这种使用。他们说，科学仅仅服务于实际预见的需要，控制自然的需要；只有服务于这种实际的需要才是科学的主旨和价值。那种不考虑知识在生活中的作用，为知识本身而追求知识的要求被指责为来自错误的唯心主义而且事实上等于贬损了科学的价值。[①] 但这些著作家们也承认，

① 见 W. 奥斯特瓦尔德，《自然哲学的基础》，1908 年，第 22 页。

科学家在追求认识的目标时，如果不考虑实践上的运用，不把发现仅仅在实践上有用的真理作为追求的目标，也会取得成就；他应当认真地从事工作犹如真理本身就是最终目标。经验表明，这是取得后来证明是极为有益的巨大进步的唯一方法；如果我们一开始
97 就想着什么是对人有用的，我们就可能永远达不到这样的知识。但是即使自诩真理和纯知识构成科学的最终目标也是对人类有用的，然而认识的真正目标实际上是实践的使用，只有这种目标才会提供为真理及其存在理由而进行的斗争。“为知识本身”而追求知识只是一种游戏，一种毫无价值的浪费时间之举。

这种观点忽略了特别是对评价人类智力发展最为重要的某些要点。尽管事实上非常确定的是，人类理解从起源上看原来只是一种保存生命的工具，但同样确定的是，如今理解本身就是快乐的源泉而不仅仅是单纯的工具。产生这种性质上的变化的是一种自然过程，这种过程在其他方面也同样起作用：手段转变成目的。有些活动是达到一定目的必要手段，但这些活动的实施最初并不是与快乐直接联系着的，这些活动通过习惯逐渐为我们所熟悉以至于成为与生活融为一体的成分。最终我们沉浸于这些活动，“以这些活动本身为目的”而不把它们与任何目的联系起来，也不使用它们来达到某种目的。实行这些活动本身就提供了快乐；曾经一度是手段的东西现在成了目的。以前它们只具有作为手段的价值，而现在它们因其自身而有价值。几乎没有什么活动在生活中的作用能够不经受这样的变化。我们大家都有理由为此而感到高兴。最初是一种交往手段的说话变成了歌唱；最初是一种来往手段的行走变成了舞蹈；观看成了欣赏；耳闻变成聆听；工作变成了游戏。达到最高点的是那些与游戏相联系的活动，只有这些活动才能使

我们得到直接的满足，而所有那些只作为达到目的的手段的行为——工作，只有与所取得的结果相联系才获得价值。

手段转变为目的是一种经常使生活变得充实、丰富的过程。[①]这一过程激起我们的新的欲望从而造成产生乐趣的新的可能，因为满足一种欲望只是乐趣的另一种说法。这一过程创造了对美的欲望，艺术便由此而产生——产生供欣赏的绘画，供倾听的音乐。同样它也创造了对知识的欲望，对知识的欲望又产生了科学，构成 98
了供自身满足的真理的大厦，而不是仅仅作为物质文化的载体。而物质文化一般地都找到合适的载体，这毫不涉及对知识的欲望。汉斯·魏辛格尔也很出色地描述了同样的手段到目的转化，他在谈到知识创造了世界图景时说："科学不断地把这些结构转变成目的本身，哪里发生这种转变，在哪里它就不再是仅仅服务于手段的发展，严格说来它是一种乐趣，一种激情。但是对人来说一切崇高的东西都有与此类似的根源。"[②]任何一个要否定知识是科学追求的最终目标的人必定也会因此而非难艺术；如果我们听了他的话，生活就会被剥夺了所有内容，失去所有的丰富性。事实上，生活本身并不具有价值；它之所以成为有价值的只是由于它的内容，由于它充满了乐趣。知识以及艺术和其他成千上万的事物，就构成了这种生活的内容，一个充溢着乐趣的真正的丰饶角。它不仅仅是保存生命的手段，而且是实现生命的手段。由于大部分认识活动都有某种功用，某种超出自身的目的，所以纯科学只存在于以其自身为目的的地方；所有其他的认知都是实践的智慧或应用科学。

① 我曾试图在一本非专业性的书《生活的智慧》（慕尼黑，1908 年）中对这一过程的意义进行评价。亦可参见 W. 冯特的《目的的变换原理》。

② 《好似哲学》，第 2 版，1911 年，第 25 页。

无疑，我们为了生活的内容而生活；同样毫无疑问的是，H. 斯宾塞的格言——“科学为了生活，而不是生活为了科学”——并不是全部真理。

有一种关于知识欲望的不够深刻的生物学观点，尽管把科学的目的不是仅仅看作生命的保存，但它也常常导致对科学意义的模糊不清的观念。例如，考虑一下马赫所说的“思维经济原则”。这一原则的含义也可以在阿芬那留斯和其他一些人那里看到，这个原则在当代实证主义哲学的许多代表人物那里起着突出的作用。不过，这一原则的原创者并没有企图要求一切思维都只是服务于实践的、经济的生活目的，因而科学也只是达到这一目的的手段。的确，马赫自己关于这一原则的真正性质的说法是非常含糊的，所以它有时受到尖锐的抨击。比如马克斯·普朗克的抨击似

99 乎不无道理。[1] 但是，这一原则一般被描述为用以下方式指导思维的心理过程的原则：以尽可能小的努力，沿着麻烦最少的途径来达到目的；科学的任务就是要找到最短、最容易的途径从而使思维能够以尽可能简单的方式来产生对一切知识的总结，这样思维便可以节省任何不必要的劳作。

如果以这种方式来理解，那么思维经济原则当然就不是对科学本质的正确表达了。但它的确包含了真理的内核，读了本书前面几节的读者无疑会知道应当到哪里去寻找这一内核。认知就在于以最少量的概念完全地、一义地标示世界上的事物。以尽可能少的概念来达到这样的标示——这就是科学的经济学。对于追求

① M. 普朗克，《关于马赫的物理主义认识论》，《科学哲学季刊》，1910 年，第 34 期，第 499 页以后。

这种目标的科学家来说，再大的痛苦也要经受，要达到这一目标他必须经历最艰辛的道路。如果相信知识的目标就是使我们思维过程更少艰苦，就是要节省我们心智的努力，而事实上却需要最大强度的劳动，这种看法是多么的荒谬。真正的思维经济（概念数量最少的原则）是一个**逻辑**的原则，它涉及概念之间的相互关系。但马赫-阿芬那留斯的原则是一个生物学－心理学的原则，它涉及我们的观念的和意志的过程。它是一个方便原则，一个采取捷径的原则；而另一个思维经济原则则是一个统一的原则。

我们知道，尽管科学方法在起源上是因生物的需要而产生，但它并不因此而需要节省心智的精力，而是要花费大量的精力。要求我们的思维通过数量最少的概念来标示世界上的一切事物，这并不是赋予思维一项容易的任务，而是一项极端困难的任务。当然，我们已经知道，把一件事物归结为另一件事物，在一定的程度上，对维持生命或减轻生活条件的压力是必要的。但是如果超出了这一点，归结就变成非常困难的了。这是一件需要耐心和爱心的工作，为了做这件工作，至今只有少数人发展了一种爱好；被强烈的求知的愿望所激发的人的数量仍然不是很大的。人类心灵的 100
运作如果使用相对大量的观念似乎会涉及较少的麻烦，或者更容易在世界上找到出路，尽管这些观念若用概念来代替，就能够逻辑地联系起来，能够从一个推论出另一个，从而得以简单化。若以大量的观念来工作就只要求记忆，但是要以较少的基本观念达到同样的结果则需要机智。尽管我们知道我们的同伴的记忆常常证明是不可靠的，但我们却宁愿信任他的记忆而不是信任他的逻辑思考的能力。这一点可以从日常生活的教育和训练的全部实践得到清楚的证明。大多数人认为哪一门科学最难呢？显然是数学科

学——尽管数学科学以最充分发展了的形式显示了逻辑上的经济，因为数学科学中的概念都是用非常少的基本概念构造出来的。大多数学科学的学生记忆公式的能力都比从一些公式推出其他公式的能力强。

简言之，促进或减轻思想过程的就是靠训练、习惯和联想——这同科学方法所依靠的逻辑联系正好相反。

我们看到，思维和表达中的粗疏和不严谨是多么容易导致将彼此正好相反的东西混淆起来。马赫的名言“科学本身可以等于用**最少的思维消耗**尽可能完全地表现事实这样一个最起码的任务”——如果把这里所说的“最少的思维消耗”在逻辑上解释为用最少量的概念进行标示，[①]那么这种说法就是正确的。但是如果对同样这些话从心理学上加以理解，意指以尽可能最简便、最容易的方式来表现和想象事实，那么它就是不正确的。这两种说法是不同的；事实上，在一定程度上，它们是互相排斥的。

因此，知识就其作为科学来说，并不服务于其他的任何生活职能。它并不涉及对自然的实践上的控制，尽管后来它可能对这一目的常常是有用的。知识是一种独立的功能，这种功能的发挥使我们获得**直接**的满足，这是其他道路无法与之相比的通向快乐的
101 独特道路。它的价值恰恰在于这种求知欲望所带来的充实学者生活的快乐。

常常有一种看法认为知识“本身”就是一种价值，与它可能给我们带来的乐趣无关，即使它没有给我们带来快乐，我们也必须为之而奋斗，人们企图以此来进一步提高知识的崇高地位。据称，真

① E. 马赫，《力学及其发展》，第 3 版，1907 年，第 480 页。

理是一种“绝对的”价值。

对这种理论进行批评会超出本书任务的范围。因此，我只是不加论证地表达自己的一种坚定的看法，在我看来那种主张价值本身完全与快乐或厌恶无关的断言是全部哲学中最大的错误理论之一。因为这种理论的根源在于某些根深蒂固的偏见。这种理论把价值概念提到形而上学的稀薄的大气之中并且相信这样一来就提高了价值概念的地位，然而实际上这只会消解价值概念并把它变成一个纯粹的语词。

与此相反，所有的道德哲学家都认为，善之为善不是因为它具有“价值本身”，而是因为它带来快乐。同样，知识的价值也仅仅在于我们从知识中获得乐趣这个事实。

102 第二部分　思维问题

14. 知识的相互联系

科学是真理的系统而不是一种单纯的堆积。

这正是从知识的概念本身得出的结论。因为，当我们在两个项中发现每一项中都有第三项，从而把这两项互相归结，我们就建立了它们之间的联系。

在这里，很重要的一点就是要记住“联系”这个词意指的是什么，当然最初它只是一个比喻性的表达。如果在两个判断中出现了一个相同的概念，那么我们就说这两个判断是联系着的。这两个判断中的每一个判断都标示着一个事实，两个判断共同标示一组复合的事实。这后一种情况常常可以用一个新的判断来标示，在这个新的判断中不出现最初两个判断共同具有的概念。于是，我们便说，新的命题是从另外两个命题中**推出**的，我们把它叫做结论，而把另外两个命题叫做前提。整个这三个判断组成了一个自亚里士多德时代以来就被称之为**三段论**的结构。

判断之间相互联系的推理理论，可以以不同形式来表示。现代逻辑（由莱布尼兹所预示）正处在创造一种比亚里士多德所建立的（逻辑符号体系）更加适用的符号系统的过程之中。然而，我们在后面的讨论中将依据亚里士多德的逻辑系统，因为它是人们最熟悉的而且在我看来它仍然提供了一种表示一切逻辑关系，特别是在三段论推理中所见到的判断相互联系的手段。这种推理形式是否是最自然的形式并不是以纯粹的理论方式来处理的争论问 103 题。

我们知道，古典的逻辑用 4 个“图表”列出 19 种不同的三段论式，这 19 种有效式被认为是从 64 种可能式中挑选出来的，45 种是无效式，也就是尽管两个前提显示出一个共同的项，但不能推出任何结论来。就其自身立场来说，古典的逻辑作出所有这些规定是完全正确的。然而，我们的情况是比较简单的，因为就我们的目的来说，我们只需考虑那些在科学上完全有效的判断。

简言之，我们在这一部分的研究中，只涉及研究判断自身相互联系所产生的问题。因此，我们所关心的只是记号相互之间的关系，而先不涉及它们所标示的东西。我们关心的只是真理之间的相互关系，而不涉及它们的意义，以及它们产生的根源。因此，我们设想，我们具有的科学的系统不是发生状态的而是完成状态的系统。我们所考虑的不是我们得以确立个别判断的多少有些偶然的途径，而是在完成了的真理系统中判断之间存在的依存关系。我们把这个设想同我们前面关于否定判断应当只赋予次要意义的看法（第 10 节）联系起来，因为否定判断的存在只是由于我们思想的不完全因而在科学的完全部分中是没有地位的。因此，我们也可以把否定判断排除在我们的考虑之外，从而省略掉包含这种判断的三段论形式。这些判断当然也确实在追求实际的知识过程中起一些作用，因为我们只有通过错误才能达到真理，但是在已经获得的真理范围中，并不需要它们。包含否定判断的三段论式有 12 个，因而我们开始说的 19 个有效式中还剩下 7 个。

然而，适用于否定判断的看法也适用于特称判断，即“有些 S

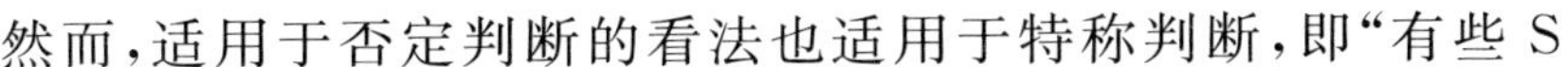

是 P”这种形式的判断。这种特称判断尽管在实践中很重要，但对科学来说似乎只有暂时的意义，因而在一个严密系统中并没有这种判断。这种判断，只是将与一个概念有关联的部分对象归属于该概念，这样一来，在整个一组对象中到底哪一部分是所要求的就成了不确定的了。实际上，只有当我们在事实上了解某些 S 是 P，
104 确立一个特称判断才是可能的。即使在实践中，一个特称判断的真总是来自对某些十分确定的 S 的了解，而且必须能够追寻到它。因此，一个特称判断只是对“S_1 和 S_2 和 S_3 等等是 P”这个判断的不完全的缩写，只要在这些 S 不能个别地指明的地方(例如在我们忘记了或者依赖对其他东西的陈述的地方)，这判断就是不确定的。为了确定这判断为真，我们必须追寻构成主词概念“有些 S”的那些个别对象，当我们这样做的时候，我们就用一个一般判断代替了特称判断。比如，代替“有些金属轻于水”这一判断的，便有“钾、钠、锂轻于水”这样的判断，只有后一种判断符合科学的标准。

因此，为了适合我们的目的，特称判断也同样可以去掉。由于所剩下的 7 种有效式中有 6 种包含特称判断，那么留下的只有唯一一种三段论式了。这种三段论式担负着建立严格真理之间的相互联系这个重要责任，我们的考察也只限于这种论式。这就是“Barbara”式(三段论的第一格)，其形式是：

所有 M 都是 P
所有 S 都是 M
———————
所有 S 都是 P

这种推理样式的本质可以说就在于，它把一个特殊的事例归于一个一般命题之下。也就是通过我们的三段论，这种有关所有 M 的大前提所表达的真理也适用于那些是 S 的 M。

推理据以进行的原则就是所谓 dictum de omni(全称推理)；

它陈述一种为所有 M 所具有的性质也属于**每一个** M。约翰·斯图亚特·穆勒完全正确地认识到(《逻辑学》,第二卷,第二章,第二节),这种断言只是对"所有的"这一概念(或类的概念)的定义。

在严格的科学系统中,真理的相互联系的确能够通过这种推理形式来表示,任何对这种系统的研究都表明了这一点。需要进行研究才能来确证这一事实的唯一理由就是科学的演绎几乎总是以缩略的形式而不是用纯粹的三段论形式表现出来的。特别是,大部分小前提都不单独表示出来,因为很容易从意思当中把它们猜出来,所以训练有素的思想家通常总是省略了它们。我们会很自然地想 105
到的紧密联系着的科学真理系统首要的范例就是数学。在数学中,那些被我们称之为证明和运算的过程把单个的命题联系在一起。这些过程正是由一系列"Barbara"式三段论所组成,所有的证明原则上都是按照与下面这个例子表示的形式相同的格式来进行的:

每一直角三角形都具有如此这般的属性。
图形 ABC 是一个直角三角形。
———————————————
ABC 具有如此这般的属性。

这个三段论的大前提陈述一般规则(它又是由更加一般的命题来证明的),把小前提的特称主项包含在这个一般规则之下。然而,小前提的正确性或者直接地基于定义(用几何学的用语来说,即构造)或者间接地基于将这个命题追溯到对几何学的基本定义(公理)的证明。

几何学的证明就是属于这样一种。希格瓦特反对把这样一种简单的三段论(如:平行四边形都是四边形;正方形是平行四边形;所以正方形是四边形)当作数学推理的范式。① 他的这种看法是

① 《逻辑学》,第 3 版,图宾根,1904 年出版,第 482 页。

正确的。然而，他由此进一步得出结论说，几何学推理的大前提一般不能看做是包含关系的判断，它们似乎只是具有 Barbara 式的形式，[①]他的这种说法，则是错误的。具体地说，他的观点认为，几何学并不仅仅涉及概念的包含关系，相反，它"总是超出单纯的概念性判断"；它"借助于得自这里或那里的似法则的关系即不包含在定义中的关系"而推出它的命题（这个"这里或那里"显然必定是直观）。要反驳这种观点，我们只要回想一下我们在前面的某些论述（第Ⅰ部分，第 7 节）。我们看到，现代严格的几何学系统正是使
106 用那些包含在定义中的关系。事实上，对这种系统的基本概念的定义恰恰是通过这些关系才产生的，支配着这些关系的法则之所以可以表现为概念的包含关系，其原因就在于此。希格瓦特在坚持数学的归约不是基于概念的包含关系而是基于关系的关系时，对数学思维的性质仍然囿于旧的观念而忽视了上述的这个观点。但是，从纯粹的逻辑和数学的立场来看，这两种观点是相同的，因为严格的、纯粹的概念只是许多关系的关节点。

适用于几何学的也以类似的方式适用于算术学和代数学。"运算"只是基于一般定理的推理。[②] 从根本上看，这种推理就在于：作为公理或算术学的定义并对一切数均有效的最高原则，又被应用于各种特殊的数（每一算术表达式最终只是一个数的一种较复杂的记号）。由此所得到的命题然后再应用于任意的数的表达，等等。因而运算的逻辑的格式（在实践中当然绝不会以完全的形式给出）看起来就像是这样的：某一命题适用于一切数，a，b，……

① 《逻辑学》，第 3 版，图宾根，1904 年出版，第 483 页。

② 例如，参见霍尔德，《严格证明的算术学》，《莱比锡哲学学院会议论文》，1914 年，第 7 页。

是数；因而，这命题适用于 a、b，……让我们来考虑下面的一个具体实例。我们把 $(a+b+c)^2$ 这一表达式看作 $(x+c)^2$ 的特例（这里数 x 具有 a+b 的形式），于是得到这一表达式的值。全部运算都是一种代入，但代入是包含关系。在运算中互相代替的各项大部分都是完全等值的，也就是说，它们只是相同概念的不同的词项，因而这种代入就是其中两个概念具有相同外延的包含关系。

由此可以清楚地看出，最严格的知识系统可以通过 Barbara 式提供。从纯粹的逻辑观点来看，任何科学的严格推理和数学的严格推理之间并没有区别，因为在对待推理的问题上，我们所考虑的只是概念之间的相互关系，而不须顾及这些概念所标示的各种 107
直观对象。因此，所有具有精确的逻辑相互关系的真理（也就是，容许互相演绎的那些真理），就其相互联系来说，都可以通过三段论，具体地说以 Barbara 式表示出来。

为了使亚里士多德的推理理论能够运用于现代科学，并不需要对它进行修改或补充。所需要的只是要加深关于概念的理论，而正如前面讨论的部分中所指出的那样，这一方面的工作已经进行。由伯特兰·罗素所发展的这种形式的现代逻辑无疑提供了比三段论更加有用的推理方法，然而除此以外，人们提出来反对三段论的统治的所有论据只是证明了，人们的实际思维并不以规范的三段论来进行——这是一个不可否认的心理学事实。但是，这些论据并不能驳倒下面这个论点，就是：对绝对严格的真理系统的表示，只要这种表示尽量贴切和完全，它总是会以三段论形式出现。在这里，必须坚持的只有这一论点。例如，非常明显，几何学真理的实际发现绝不需要追随 Barbara 式，这种发现过程可能涉及使用（比如说）否定判断（如在所谓间接证明中）。但这并不影响把个别命题必然地联系起来的内在联接，而我们的考察正集中于此。

15. 严格推理的分析性质

在严格推理中三段论所起的作用越重要、越广泛，纯粹思维便愈容易感受到对这种推理的实际意义和有用性的批评意见。也许，我们在上面谈到的那些不愿意把科学中的精确推理都置于三段论的范围之中的人们的种种努力，动因就在于此。因为一个众所周知的事实就是，哲学在很久以前就对三段论推理对人类知识的价值作出了一个非常苛刻的判断。

事实上，这恰恰就是我们在上面所论证的同样的想法，这种想法认为特称判断对于严格的科学系统来说是无用的，Barbara 式
108 三段论是保证真理之间绝对确实的相互联系的唯一的统一原则。这些相同的想法也告诉我们，三段论的结论中不包含任何不是已经在大前提中或者也许是推理的两个前提中被设定为有效的知识。只能依据某些普遍的判断来断定一个特称判断，它只构成这种普遍判断的一种不确定的缩写。与此类似，三段论的大前提要保持其有效性必然预设作为结论出现的那个判断的真。简言之，整个事情就是一种恶性循环。试想下面这个推理：所有 M 都是 P，所有 S 都是 M，所以所有 S 都是 P。仅当我们相信所有的 M 都毫无例外地真的是 P，我们才能肯定这个大前提是正确的。但是由于小前提所有的 S 都在这些 M 之中，所以在我们能够断定大前提为真之前，我们必须已经知道，这些 S 都是 P。这样，为了确立大前提，我们必须已知所有 S 都能够通过概念 P 来标示。因此，通过 P 来标示 S 这个结论并没有提供任何新的标示方式，因而并没有提供任何关于大前提的知识。

这就证明了，虽然三段论把一个完全系统中的个别真理连接在一起，但它并不是能够获得新知识的工具。它在认识领域中的功能只是进行联系、进行排序，而不是进行创造。

古代的怀疑论者就知道这一点了。人们时至今日甚至还常常以为精确推理过程做出了比其本身的能力大得多的贡献，如果不是由于这一事实，我们就不一定会去考虑这一点。但是清楚地了解它的真正能力对于我们进一步的探讨过程来说是非常重要的，因而我们完全有理由来仔细地考察人们用来维护三段论免受怀疑论者攻击的那些原则。

许多哲学家指出三段论对于实际事务是多么有意义、多么绝对地必要，以此来维护三段论。① 他们这样做是完全正确的。但是，由于他们的论据只是涉及推理的实际价值而没有考虑它的有效性的绝对性质，因而这些论据与我们的问题没有什么关系。当
我们问三段论是否能够向我们提供新的知识时，我们所要知道的 109
当然是，这种推理的方式是否包含对这种新知识的保证。这是任何对认识论问题作出明确表达的关键之点。事实上，在日常生活和经验科学中，三段论一般地并不负有从绝对有效的真理推出完全确实的新的真理的任务。相反，它的最有益的运用是在至少有一个前提的真理性有待证实的地方发现的。这个前提通常是“假设”，而结论则是由经验上可证实的判断所构成，如果这判断实际上被经验所确证，那么，这就被看作是对该假设的证实，因为它表示至少在所考察的实例中通过假设所寻求的关联事实上是唯一的关联。例如，在证明伦琴射线的波动性质时，我们建立如下的三段

① 冯特，《逻辑学》，第二版，第1卷，第322页。

论(其中需要证实的假设是小前提):

波的传播在一定情况下都有衍射和干涉现象出现。

伦琴射线是作为波传播的。

因此,伦琴射线在一定情况下表现出衍射和干涉现象。

这是一切实验科学都采取的一种推理形式。在这里,三段论不是用来从有效的命题中推出新的真理,而只是用来指导人们寻求经验实例来对一个命题的有效性提供支持。

在人们熟知的教科书中的例子表明,“一切人都有死”这个命题适用于仍然活着的某一个别的人,这就与上述的情况有所不同。在这里,进行三段论推理旨在达到某种结论。这是我们在日常生活中一而再、再而三经常做的事——每当我们想到一个人的死亡并对此有所准备时,都会进行这种推理。但是稍作思考便会表明,在这种情况下,关于某个还活着的人的死亡的知识并不是首先通过三段论得到的。因为大前提显然就预设了结论的有效性。(事实上,上面引用的教科书的例子常常用来加以澄清的正是这一点。)认识上真正的推进只在于从“一切从前已死的人都有死”这个
110 命题过渡到“一切人都有死”这个命题,而这种过渡是在大前提已经确立之前就形成的。我们的推理只是使用这种已经建立的从个别到普遍的桥梁来从相反的方向走回来。从某些实例到一切实例的过渡是否合法,这是著名的归纳问题。然而,这是一个不仅仅涉及概念之间的关系的问题,而且是涉及概念所标示的实在的问题。

同样,如果我们宣称,在大前提不应当理解为断定实例**数目的普遍性**而是断定每一个别实例中主词和谓词联系的**必然性**的那些

情况下，三段论仍然能够为新的知识提供基础，企图以此来挽救三段论的认识价值，[①]那也无济于事。例如，假定把三段论的大前提读作："每一事件都有原因"，照这样的看法，这个断定所陈述的不仅仅是，一个事件只要发生，就有一个原因存在，而是陈述每一事件必然有一个原因。

但是，即使我们承认是这样，我们也仍然必须指出以下两点：第一，这一论点假定了我们已经熟悉这种句子，其有效性对我们来说是绝对的。因此，我们必须在意识中不依赖于经验而具有对这种普遍命题真理性的某种保证；可是，经验本身决不可能提供这种保证，因为经验只是告诉我们是什么，而不是告诉我们必定是什么。[②] 这种论点假定了，存在着我们在前面所指出的（本书第一部分，第 11 节）如康德所说的那种"先天综合判断"的真理。但是，我们已经知道，必须以最大怀疑来看待这种假定，全部问题我们都必须在后面加以明确地讨论；但是已经很清楚，就我们所讨论的问题来说，任何基于这种先天综合判断存在的论据都不可能有什么意义。

第二，即使我们承认有这种先天综合的真理，如果我们更仔细地思考就会表明，那样一来，认识上的进展实际上并不是由于三段论，而是由于心理的机能为我们保证大前提的有效性，而这种心理机能是在进入三段论之前就已经是完成了的。这种机能必须提供的正是我们上面所讨论的实例中要求由归纳来提供的东西。（事实上，它必须提供更多的东西，因为它要提供确实性，而归纳，如人

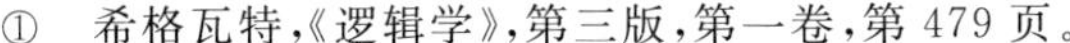

① 希格瓦特，《逻辑学》，第三版，第一卷，第 479 页。

② 康德，《未来形而上学导论》，第 14 节。

们一般所承认的,只提供或然性。)无可争辩的事实仍然是:三段论
111 的结论无论如何也决不会超出大前提所包含的真理的范围。大前提告诉我们的东西总是**多于**(在一定情况下是等于)结论。结论关于特殊事例所断定的东西,大前提则表达为**普遍的**真理。

的确,三段论推理能够使我们弄清大前提中所包含的东西。但是它决不能产生这个前提中**没有**包含的、超出这个前提的知识。比如说,当我们把一切事件都有原因这一命题应用于一个特殊的事件,并且断言这一事件也受原因决定,试想一下,会出现什么情况。结果所产生的知识看来根本不是新的,也丝毫不会使我们感到惊奇,即使这事件可能是完全新的并且属于未曾预见到的那种事物。我们只是把这个新的事件毫不犹豫地包括到因果之网中去。

当然,可能有这样的情况:三段论推理的结论,比如说,某种运算的结果,的确使我们感到惊异,在我们面前表现为出乎预料的发现。这仅仅表明,在心理上这个最终的结果不是随着大前提想到的东西。但这并不意味着这最终结果在逻辑上不是包含在大前提之中的,这是问题的关键。我们并不问这个或那个人知道或想到什么,而只是要问在真理范围中判断相互联系的方式或相互推出的方式。

很少有什么领域像在演绎推理的价值问题上那样经常忽视逻辑一认识论观点和心理学观点之间的区别。任何人都不会怀疑演绎推理的心理学价值。显然,我们可以通过三段论达到我们以前所不熟悉的真理;但是,我们没有清晰地意识到这种真理,这个事实并不妨碍它们在逻辑上包含在这个前提之中。113是一个质数这个真理对于一个学生来说可能是某种新东西,是他一向不了解

的东西。然而，毫无疑问，这一真理可以通过纯粹的三段论推理从质数和“113”这些概念的定义中推导出来，因而，这一真理在逻辑上是与这些定义一起给出的。这里所涉及的只是判断之间的理想性的关系，而不是在意识中表现这些判断的、因而当然是真实过程的判断活动之间的联系。

如果我们来考察一下人们提出来支持演绎推理的最有分量的论据，那么在这个问题上两种观点的区别便更加清楚了。有许多 112
著作家（布拉德雷、里尔、斯托林）援引具有以下这种形式的一类推理，如：a 大于 b，b 大于 c，因而 a 大于 c。还有，A 在 B 的右边，C 在 B 的左边，因而 A 在 C 的右边，如此等等。这些著作家中的一位说道，在这里，结论包含着前提所作的两个论断中任何一个都没有给出的真理……，“它是一个新的规定，是由思想所产生的规定”。[①] 因为，在第一个前提中，在断定 a 大于 b 时，我们似乎并没有说到 c，而在第二个前提中，a 根本没有出现。因此，对 a 和 c 之间的关系作出断定的结论，显然是完全新的东西。

但是，如果我们更加仔细地分析一下这个推理，那么结果就表明，这一论据不能成立。这些推理的逻辑结构比乍看起来所显示的要复杂得多。有人说，这些推理并不是三段论，它们缺少中项（因为上述例子中的谓词“在右边”、“在左边”是不同的概念），它们在形式上比三段论推理更加简单。[②] 但是，显然这类推理的独特的特征在于，这种推理中出现的次序概念——“大于”，“小于”，“在右边”，“在左边”——的特殊性质。对这种推理的本质所作的任何

① 斯托林，《认识论》，1920 年，第 250 页。

② A. 里尔，《逻辑学引论》，第二版，第 53 页。

判断，由于没有考虑到那些关系的独特特征，因而都是经不起推敲的。

实际上，上述推理可以看作是对恰当构成的规范的三段论的简约的表述，那就是，结论并不是直接地从前提中推出的。在引出结论时，我们依据了并没有清楚陈述出来而是在以直观的外衣掩盖之下进入表象过程因而仍然不被注意的某些原则。这些原则是由推理中使用的次序概念的定义提供的。

为了阐述的需要，我们可以把“大于”这种关系作为范例，因为其他这类推理都可以归结为这种格式。（例如，“A 在 B 的右边”
113 意指，给定纵轴 Y，使 A 和 B 都在正向一边，A 到 Y 的距离大于 B 到 Y 的距离。）

为了判明结论的内容是否超出前提的内容或者结论的真是否完全包含在前提之中，我们必须完全撇开该推理可能适用的直观的和实际的对象。否则，我们就有把实际上是从直观中看出的东西当作纯粹的逻辑推理的危险。然而，按照我们在前面所说的，这就意味着我们必须回到对推理中出现的概念的蕴涵定义上。这些以蕴涵方式定义的、在其中得到“大于”关系的概念被称之为**数**；事实上，上述形式的推理只有在具有可计数或可测度的量值的地方才可应用于实在。因此，我们在这里必须涉及的定义只是那些构成数论或算术公理系统的定义。

算术的公理系统的完全自洽性问题还没有得到确定的解决。因此，在这个实例中，要求助于已经确立的数学的成果还面临着较多困难。但是通常在这样的系统中“大于”关系是直接借助于“传递”属性来**定义的**。关系 R 被说成是传递的，仅当这种关系在 a 和 b 之间成立，在 b 和 c 之间成立，在 a 和 c 之间也成立（这就是伯特兰·罗素在《数学原理》[剑桥，1903 年]中提出的方法）。我们立刻便看出，在这种情况下，再也不会提出关于该推理导致新的知识的要求了。相反，它们只是平平常常地表达通过定义包含在所使用的概念中的东西。同时，我们可以很容易地证实，如果以多少有点累赘的方式把“大于关系是传递的”这个命题作为一个前提，那些推理便可以用通常的 Barbara 三段论式的形式表示出来。

如果大于关系通过其他属性来定义，那么这公理系统就必须构造得使传递性能够以纯粹逻辑的方式从那些其他属性中推演出来。无论如何，由于潜藏于蕴涵定义中的丰富的关系，“a 大于 b”这一命题所包含的东西要比乍看起来所表现的东西多得多。通过数和大于关系所具有的属性，这个命题也断定 a 大于任何小于 b 114
的数。第二个前提“b 大于 c”，按照对大于和小于概念的定义，便等于“c 小于 b”这个判断，把 c 从那些无限多的数中突出来。因此，在这里，结论同样没有陈述任何新的东西，事实上，它所陈述的东西要比第一个前提少。[1] 因而，“a 大于 c”这个判断实际上只是“a 大于 b”这个命题所包含的真理的一部分。

当然，在实际的思维实践中，根本不去作这种类型的逻辑考虑；我们直接从直观去认出一切。对于这一点也没有什么值得奇怪的。我们的定义都是构造得与直观的表现相对应的，因为这些定义是旨在通过概念来标示直观的东西。但是由于我们在这里所

① E. 杜尔偶尔也以类似的方式来对待这类推理，因而他接近于持这种观点（《认识论》，莱比锡，1910 年出版，第 68 页以下）。但他并没有完全达到这一点，因为他忽略了这些推理严格地说来只是适合于数的概念这个事实。他说（同上书，第 69 页）：“在 B 的概念中并不包含 C 处于 B 的右边这一事实。”当然不包含，但是一个确定的数的概念（它给出经验上观察到的 B 的位置）则包含一个数大于某个另外的数（经验表明了它是规定对象 C 的位置的数）这一事实。

关注的是要达到绝对的严格性，因而我们可能只是在概念的相互关系中寻求概念的本质。所以，我们不依赖于它们的目的，不依赖于直观来思考概念。因此，这里所讨论的在直观中直接显示的这种推理形式，就变成一种通常的从一般命题进行推理的三段论结构。由于这些命题只是对“前提”中出现的概念的定义，因而，它们实际上就是从中推出结论的**大前提**，而不能（像里尔所设想的那样[①]）被看作推理**据以产生的原则**。

由此便严格地得出，在每一个推理中结论已经包含于前提之中，因而它并不表示新的知识。由结论所标示的一组事实完全包含在大前提所关联的一组事实之中；而小前提只是从大前提中抽
115 出与结论相关联的东西，并引导我们去注意也许以前未曾注意到的东西，从而赋予这种推理以心理的价值。

在这里，我们相当具体地维护我们的观点以防止哲学上的攻击，这是必要的。但是从我们所知道的关于判断和概念的真正性质来看，我们的结论是完全自然、毫不奇怪的。因为，从判断的联结中所能产生的，除了判断中已经包含的东西以外，还能有什么别的结果呢？概念和判断不是实在的事物；它们也不是什么可以扩大、展开并产生某种新东西的可塑性结构。它们是固定的记号，除了定义归予它们的那些属性以外，没有任何别的属性。不管我们怎样联结和排列概念和判断，我们所能得到的顶多就是新的概念，而决不是新的知识。[②]

① A. 里尔，《逻辑学引论》，第二版，第 53 页。

② 例如，发现纯数学的“新”领域只是意味着形成了概念的新的联结。

因此,纯粹的思维——完全依据概念的相互关系而不考虑直观的实在的推理——决不可能是实在知识的源泉。它的贡献只在澄清大前提所包含的东西,把组合于其中的东西分解开来。我们之所以说一切严格的演绎推理本质上都是分析的,原因就在于此。

只要科学以纯粹演绎的方式进行论证,它所做的工作就只是分析地把包含在它的一般命题中的东西推演出来。这些一般命题的来源因学科不同而不同。在纯粹概念性科学如算术中,普遍性命题具有定义性质,然而,在事实的或经验的科学中,普遍命题必定包括经验命题。当然,演绎推理或严格推理并不要求诉诸经验;为了得到结论,只需要有大前提。结论就隐藏在大前提之中,所需要的只是通过分析把它揭示出来。因此就其本身的性质来说,分析是先天的,也就是在逻辑上不依赖于经验的。

演绎的、三段论推理和**归纳**推理是大不相同的,归纳推理不是分析的而是综合的。但是,它并不是严格的推理,它不具有必然的有效性。在这点上,我们不可能确定任何关于它与经验之间的关系,因为,正如我们在上面已经指出的,对归纳的研究不是一个思维的问题,而是实在的问题(见第三部分)。

16. 对分析的怀疑论思考 116

由分析判断和推理所产生的结论具有必然的有效性。这个三段论的结论是从前提中推出的,这前提是从主项的定义中产生的分析判断。由于这个推论是按照简单的形式逻辑规则进行的,所以结论是绝对正确的,就是说,它是与据以进行推理的假设相一致的。它必定是正确的,理由很简单,就是它并没有说出任何与这些假设所断定的不同的东西,它所说出的是已经包含在这些假设中的同样的东西。

这就是分析判断和推理**本身**之所以不是认识论问题的原因所在。分析的结果似乎属于很小的绝对确实的范围，它是完全确定无疑的，包含着坚实的基础，哲学如果没有这个基础，就会无所依靠悬在空中了。

但是，有一种怀疑论总要对什么都加以怀疑，它甚至在分析的方法中也能发现一些可望成功加以攻击的地方。这种怀疑论会作如下论证：

无论判断和概念之间可能有什么样的关系，它们只是一些虚构或理想的结构，而不是能够在意识中呈现的实在。归根到底，意识的真实过程就是我们所体会的或给予我们的一切。概念的关系只有它们通过意识过程表现出来才能够被我们所了解。不论这些关系是多么确定或规定得多么完善，除非也同样适用于应当与这些关系相对应的实在过程，并且只有这种实在过程为我们所知，否则，那对我们有什么用处呢？

这样，由于演绎本身不易受到怀疑论的置疑，我们可以怀疑演绎在思想中借以表现的思维过程的结果，当然，实际上，这等于是一回事。因为我们是实在的存在者，而不是概念。

正像在自然界中没有一个完全的圆形物体一样，在我们的意识中没有一个完全确定的过程。在理论上可以怀疑这样模糊的过程是否真的会导致绝对精确的结果。我们是否能够实现演绎中的分析从而使它成为对反对意见的充分的驳斥呢？一个傻子或未经训练的儿童是不能检验逻辑原则的有效性的，也不能解决最简单
117 的算术问题。然而，在成熟的人、儿童和傻子之间并没有截然分明的差别，只有逐渐的过渡。即使最有才智的人甚至在进行非常短

的演绎推理时也会犯错误；最杰出的数学家也不能保证他在进行加法运算中不犯错误。诚然，一切事物都必然地有一个由定义归于它的概念。但是，我们能够确信，我们在记忆中甚至在很短的时间内也能够保持这个定义而没有新的概念——由于意识的某种诡计——在进行一个分析所要求的很短的时间里不加注意，而代替了我们所要分析的概念吗？我们大家都知道，这种情况的确出现过。但是，我们是不是绝对确实地知道，也有完全排除这种替换和改变的情况呢？看来，任何能够给出的保证不管在多么小的程度上本身都是不确实的。我们说过，一个通过分析的方法得到的结论是必然确实的，因为它只包含使它从中推出的前提所包含的东西。但是，仅有内容是相同的还是不够的；我们还必须再认出它是相同的。而再认识活动在原则上并不能排除一切怀疑，因为这些活动要求我们保持表象或意象并对它们进行比较，而在意识中这些表象或意象是经常变动不定而不是界限明确的。

实际上，我们是借助于证实程序才保证使我们免除可能由于心理器官的机能缺陷而产生的错误。例如当我们解一道算术题时，我们检验运算的结果，或者我们重复进行运算，或者我们让另一个人重复这种计算。如果结果与最初得到的结果一致，我们便感到满意并认为结果是正确的。当我们这样做时，我们正确地假定，正是由于心理过程不是始终如一、毫无变化的，所以才不会在每一次检验或每一次重复中犯恰好相同的错误。这就是我们之所以认为没有偏差就是对正确性的确证的原则。这是非常可能的。但是，我们从哪里得出事物就是有如此的确实性呢？

因此，我们可以怀疑一切确实性。但这并不意味着我们实际上这样做。事实上，我们知道没有一个人认真地心怀这种疑问，即

使哲学家偶尔发出这种怀疑的呼声，他在内心深处也并不相信它。可是任何人是不是真的看重这种怀疑，对我们来说，并没有什么关
118 系。要紧的仅仅是存在着这种怀疑的**可能性**，这是我们必须承认和考虑的问题。驱使我们去考察这种怀疑的并非无聊的好奇心，也不是由于对矛盾的和极端的立场有所偏爱。也不是为怀疑而怀疑，而是由于我们希望由此而获得对人类意识的深处有所洞察，从而有助于解决有关知识的重大问题。笛卡尔使用方法论的怀疑正是出于这个原因；休谟有时在对上述问题进行类似的思考时，[①]也是采取同样的方式。

当我们怀着这些想法站在怀疑论的最高峰时，便会有一种理智的焦虑所产生的战栗之感。我们感到一种晕眩，因为我们窥见了一个似乎是无底的深渊。这就是认识论、心理学的理论道路与——我希望加上——形而上学的理论道路相交又突然断裂之点。一旦我们看到怀疑和不确实的深渊，并且从这深渊的边缘退回时，我们就不能满足于仅仅无动于衷地回到常识的地面。我们不能用那种认为这种怀疑是无益的想法、认为尽管有这些怀疑，科学仍然享有基础坚实的存在的想法来宽慰自己。在我们没有充分地测定认知意识的深度所处的位置之前，我们并不能指望重新沐浴科学的光辉。认识论所处的位置不像个别科学那样幸运，可以把对基础的证实留给更一般的学科去做，认识论所关注的恰恰就是全部确实性的最终前提。只有当我们剥掉困难的外衣，并且平静地面对困难时，我们才能有希望去克服那些普遍性的怀疑。

大多数哲学家想用“自明性”这把剑去割断难对付的哥德尔纽

① 休谟，《人性论》，第Ⅰ卷，第Ⅳ部分，第Ⅰ节。

结。他们的论证都差不多是像下面这样的:假定我获得了某种真的知识;例如,我计算出 2 乘 3 等于 6。那么通过仔细的考察便知,这个计算的每一步的正确性都是由一种直接经验到的**自明性**来保证的。用笛卡尔的话来说,就是 clare et distincte(清楚明白),我清楚明白地知道,我没有犯错误,而且,**尽管**一切心理过程都带有比较的模糊性,但这种计算是成立的。我要么必须依赖这种自明性,要么就完全停止思考。

尽管许多著作家对这个问题都作了这么一种特别的解释,但 119
在我看来,我们不能满足于此。这么一种自明性只是要求怀疑到此为止的另一种说法罢了。这个词只是压下了怀疑,但并没有解决怀疑。正由于我们的思维过程都是不完善的,所以常常会发生这样一种情况,那就是我们作出一个判断,只有当后来这个判断变成错误的时候,我们才想到我们是在自明的基础上作出了这个判断。正是在这种情况下,这种自明理论显示了它的无能,它不能使自己免除严厉的怀疑论的攻击。我们将在下面再来讨论这个自明理论。

我们不能仅仅通过一句话就把怀疑引起的不安搪塞过去,而是要力图把任何分析过程中必然暗含的各种预设前提揭示出来。让我们来考虑一个稍长一点的演绎推理,比如说数学中的证明。在这种演绎中,一个结论刚一推出来就又成了下一个推理的前提,如此继进,要在一个单独的瞬间进行这样的整个推理是不可能的;意识的狭隘的界限妨碍人的心灵一下子把握这么多的三段论。整个过程需要花时间,演绎过程中所得的结果必须一步一步地保留在记忆中。这里涉及的是我们的记忆功能,这是一种心理能力,它的不可靠性总是受抱怨的对象。

在这种推理中我们几乎总是要依赖于把事情写下来的办法，这个事实就表明了我们并不怎么依赖记忆。的确，否则我们绝大多数人就不可能进行我们的推理，因为，大家知道，普通人在头脑中只能处理相当简单的问题。当然，我们绝不能以为能把推理写下来就对排除根本的怀疑会有丝毫帮助。尽管在纸上可以远比人的记忆更好地保存记在上面的东西，但是，我们不能以为写在纸上和书上的字母就具有非常大的永久性，并把这种观念作为认识论的一个最终的前提来接受。因为这是一个一般的物质条件问题，而我们对物理对象的知识的状况仍然要通过认识论来研究。再
120 则，我们还必须假设在写下字母并且在领会它们时不可能有错误或差错。这也是很成问题的；因为我们读的时候是我们的感觉能力起作用，我们写的时候是我们的运动能力起作用。当我们的问题是要消除极端的怀疑时，我们当然不可能作出关于这些生理机能的可信赖性的任何假设以此来解决这个问题。没有什么东西能够保证我们在读和写的过程中不会以某种特殊的方式发生差错，也没有什么东西能保证我们在合上一本书或者把目光从书上离开一会儿时，不会由于某种神秘影响的结果使印好的符号发生一种变化。无论如何，我们可以完全不考虑书写对记忆的支持；因为在理论上，它毫无助益。

因此，对于演绎，最终对于每一个简单的分析判断来说，一个必要的先决条件就是，我们的意识能够至少在推理过程本身延续的时间内保持这一过程所需要的观念。我们把意识的这种能力叫做**记忆**。

首先提出方法论的怀疑这一观念的笛卡尔已经注意到这一点。我们知道，他的目的是要把他的哲学建立在**直观上**绝对确定

的基本真理上。但是，这种真理并不包括所有那些充分确实的东西。而是，“有许多东西本身不是自明的，但如果是通过**连续的、不间断思维运动**以及对每一事物的明晰的直观从一些真的、无异议的原则推论出来的，它就具有确实的性质……”；[①]因此，他继续说：“演绎以这种或那种方式从**记忆中**获得它的全部确实性”（着重号为石里克所加）。值得注意的是，笛卡尔并没有因为发现这一点而引起丝毫的不安；他毫无疑问地信任记忆，没有因为在获得任何确实的知识过程中记忆都必须发挥作用这个事实而觉得有什么问题。他只是顺带地说到，我们可以通过经常重复推理之链把记忆的影响降低到最低限度。我们还要顺便指出，洛克关于我们这个问题所作的简短论述是完全不适当的。[②]

最近对这一问题的讨论，在我看来，并没有对问题有任何本质 121
上的推进，无论是如迈农那样假定（认为基于记忆的判断应当归入特别的一种直接自明性。诚然，那只是一种“假定的自明性”），[③]或者像沃凯尔特那样主张（认为记忆的确实性和 Cogito-ergo-sum［我思故我在］的意识的确实性之间没有区别），都是如此。沃凯尔特说：“在我看来，**曾经经验过**这种或那种意识内容的确实性同**此刻正经验**一种特殊的意识内容的确实性一样，二者具有恰好相同的直接性和不可怀疑性，同样的自明性。”[④]在这里，我们发现在前面已经指出的（前面第 12 节）笛卡尔主义的幻想。当下意识内容的存在并不是通过自明性才对我们成为**确实的**；它就是一个**事实**

① 笛卡尔，《指导心智的规则》，对第三条规则的注释。

② 《人类理智论》，第Ⅳ卷，第一章，第 9 节。

③ A. 迈农，《记忆的认识论评价》，《科学哲学季刊》第 10 期，1886 年，第 30 页。

④ J. 沃凯尔特，《人的确实性根源》，慕尼黑，1906 年，第 16 页。

而已。把“确实的”或“不确实的”这样的词语用到一个事实上是没有意义的，一个事实只是存在罢了。我相信我拥有一种特殊的经验也同样只是一个事实。但问题是，是否这些经验的确是事实，在我看来，我对于这一点决不可能是确实的。

正视这种困难的是斯托林。在寻求一种答案时，他指出，记忆的确实性可能有程度很广的不同，在上述情况下，包含最高程度的确实性。确实性的程度可以通过以下的事实来客观地加以认识，这事实就是被记忆的东西在每一个检验点上都得到证实，每一次证实都产生肯定的结果。他得出结论说：“因此，证实原则，不论我们可能在多大程度上拒绝承认它的要求，但甚至在复杂的演绎推理中它也必须作为最终的确实性原则得到严格的支持。”[①]在这里，公开承认了，我们不可避免地接受纯粹是实践的证实标准作为最后的依靠，因为不可能在理论上回答为什么这个标准不会欺骗我们的问题。

E. 贝切尔也同样提出了这个问题，他说，归根到底，记忆的可
122 靠性不可能得到证明。如同认识的许多别的先决前提一样，记忆的可靠性纯粹是建立在相信上，“建立在对常识的自然信念上”。[②]

毫无疑问，可以得出以下结论，记忆的可靠性，至少在很短的时间间隔中，代表了一个必要的先决条件，没有它，我们的意识——即使在纯粹的分析推论中——也不可能确实地向前推进最微小的一步。

我们马上就会了解另一个更为一般更为明显的必要的先决条件。

---

① 斯托林，《认识论入门》，第 97 页以后。

② E. 贝切尔《自然哲学》，第 108 页（现代文化，第三部分，第 7 编，第 1 卷，1914 年）。

然而，作为一种铺垫，我们要对至此已获得的发现继续进行讨论。

17. 意识的统一性

不管怎么样，到底有没有一条摆脱怀疑的出路呢？我们已经认为是必要的这种先决条件或许是不是有某种保证呢？如果希望对这一点有某种“证明”，那是徒劳的；证明只会为激进的怀疑论提供新的攻击点。不，唯一能够帮助我们的东西就是有某种事先就免除任何怀疑的东西，那就是事实。如果有这样一种事实，那么，使我们对其进行探索的怀疑论就不是毫无结果的；这种事实会用来揭示某些基本的意识材料，否则这种意识的材料的不可估量的意义就不可能正确地得到承认和得到利用。

看来，在这里的确有我们可以依靠的事实。这种事实比任何怀疑更加基本，比任何思想更基本。它构成一切心理过程的基础，它是直接的所与，它总是意识中满足的先决条件。它就是我们称之为**意识的统一性**的这种普通、平常的事实。

应当把这种事实理解为什么，这不可能用定义或描述来表达。我们只能通过适当的词语来**暗示**每个人都发现在自己的意识中存在着的某种东西。我们习惯于说——这只是一种比喻性的——凡是我想像或感觉或觉知的东西，都“在”我的意识之中。这里的“在……之中”这个词只具有比喻性的意义，因为毫无疑义的是，意识不是一种容器——事实上，也与容器不能相比，因为容器本身总保持不变而且可以用不断变化着的“内容”来充满它。“**意识**”这个 123
词如同“**灵魂**”一词一样，是用来表示“内容”的总体或某个时刻结合成一个统一整体的心理过程的。我把所有一起存在、彼此相随的观念、感觉或行为理解为统属一起或一起形成一个**单独**整体的一个“我”。但是这个“我”，这个意识不是像休谟所设想的仅仅是许多单个观念的总和，仅仅是一堆知觉或知觉的结合。[①] 光是许多知觉在一起还不足以使这些知觉成为同一个意识的成分或状态。还必须加上某种更多的东西，这就是意识的统一性。

我们说过，对这种东西，我们不可能更确切地描述它。它的存在只是一个事实，如果我们试图想象一下在**消失了**这种统一性的地方一堆心理材料会像什么样子，那么我们就能使这一事实更清楚地凸显出来。

如果我在某一时间点上有一种情感或感觉而另一个人同时也具有一种情感或感觉[②]——例如，我同一个人握手，当我们的手相握时，我们同时体验到某种接触的感觉——那么就有一种心理材料的共在或总和。然而，这些材料缺少那种不可能更贴切地描述而只能体验的联系性。我用一个判断来表达这种欠缺，这判断就是：这些心理过程不属于同一个意识而属于不同的意识。再则，意识的连续性不仅仅在于不间断的经验系列，相反，这些经验若要算作同一个意识的经验，就必须有一种特别的联系把它们统一起来。我们只要把那些构成连续不断系列的感觉想象为分属于不同个体的，[③]就能体会到上面这种说法是正确的。

124 最好可以以下面这种方式来描绘有关意识连续性的一般存在的独特情况。假定在一个很短时间内出现一种孤立的感觉——我

---

① 休谟，《人性论》，第Ⅰ卷，第4部分，第6节。

② 在这里，我们撇开了关于是否有可能对不同的意识确定“相同的”时间点的问题。

③ 我很高兴地说，这些陈述以及对同一个问题的某些发展虽然在观点上是我独立提出的，但与H.科尼斯在他的《哲学导论》(第二版，1911年，第23节)中所表达的观念是一致的。

故意不说“在意识中”。假定它出现以后又消失，没留下任何痕迹。然后又产生一种新的感觉（相同的或不同的感觉，但是如果我们假定这两种感觉是完全孤立的，那么就不可能判定到底它们是相同还是不同的），此后，一种感觉跟着另一种感觉，或者是隔一会儿或者是直接相继，但是它们总是以这样一种方式出现，即每一个新的要素出现时似乎前一个要素并不存在。那么，我们要问：对于这些只有前后相继关系的要素，如果说它们属于同一个意识会有意义吗？显然，任何这类说法都是没有根据也没有为之辩护的理由的，因为这些要素相互之间没有任何共同的东西。在它们之间没有真正的联系或关系。相反，我们可以说，有多少我们能区分开的要素，就有多少意识。一旦有一个新的要素出现，就开始了一种新的意识，它与在此之前的和继此之后的要素没有任何关系。这里缺少的正是构成意识统一性的事实。

我们可以向前再进一步。此前我们都假定，感觉或情感的每一个单个要素都有一定的延续性，在这段时间间隔中，我们可以说有一个单独的连续的意识。但是我们可以设想每一个这种感觉都分割成具有更短时间延续的直接彼此相继的感觉，而这些感觉又可以分割为更短时间延续的感觉，如此等等。我们在前面所说的适用于原有感觉的，现在也适用于它的各个部分：如果它们之间除了只有时间上的前后相继的关系以外没有任何关系，如果每一部分都似乎是自在之物以至于似乎没有在前或在后的邻接要素，那么，我们就没有权利断言这些部分属于同一个意识。感觉的每一个这种微小间隔的开始和结束就意味着一个新的意识的出现和消失。因此，即使是最短的和变动最为迅速的意识要素，只要还能说它是意识的一个要素，那么，就必须有一种对它的各个短暂部分的完全统一的联系或融合。仅仅是这种短暂部分的前后相继的系列并没有将它们结合成这种统一，而没有这种统一它们就不能算作同一意识的要素。

125 即使当我们把短暂的分割的过程设想为接连不断地继续下去，而每一部分的延续不断地缩小，上面所说的一切也仍然是成立的。也就是说，即使每一部分延续的时间小于任何可表示出来的限度，上述看法也是成立的。换言之，只要我们把前后相继的短暂部分的意识内容设想为分隔的、独立的东西，我们也就没有把这一内容看作是唯一的意识的内容。而是把意识看成了每一瞬间都即生即灭——一种与其在先的和随后瞬间的意识片断毫无共同之处、也不能与之相融合的意识。但是我们所设想的是什么呢？一种即生即灭的、毫无延续的意识吗？但这是与我们通常称之为意识的完全不同的东西；的确，我们不应当用同一个名称来称呼它。在这种情况下我们所设想的恰恰是由于缺少“统一性”，由于缺少那种独特的连续性（作为一种实在的联系它与数学意义上的连续统根本不同）而与意识完全不同的东西。

由此可见，只要没有意识的统一性，也就不存在意识事实本身。换言之，哪里有意识，哪里也就有意识的统一性。[①]

在存在着意识的统一性的地方，单个瞬间的意识就不是独自地存在着，而似乎彼此相依地存在着。那就是说，不能把它们看作是独立于相邻者的。如果抛弃了与其相邻者的相互联系，它们就不再是同一个意识了，这种相互联系就是其**本质**。任何想对这种

---

① 冯特也谈到，稍纵即逝的意识应当称之为无意识的意识，见他的《哲学系统》第八版，第2卷，1907年出版，第147页。

独特的统一联系进行再认识的企图——即在其中再发现也许是已为我们所熟悉的某种另外的联系——无论在何种情况下都不会成功。甚至连休谟在这一点上也是错误的，他认为他可以把这种自我的统一性归结为**因果**关系（以及我们在这里可以撇开不谈的相似关系）。[①] 在他看来，当我们想象人的意识时，我们实际上所描绘的是由因果关系相互联接起来的、相互产生、相互摧毁、相互影 126
响、相互修改的不同感觉或不同的存在所组成的系统。按照我们的看法，这一点绝对不足以表征意识联系的本质。被他丢掉的恰恰是最重要的东西。因为，休谟在这里所描述的相互联系同样也可以在不同的意识要素之间存在。自然律可能是这样——在某种意义上、在一定程度上的确是这样——一个个体的意识状态以因果的方式与一个或几个其他个体的意识状态相联系因而彼此以一定的方式相伴随、相产生、相摧毁、相修改。但这并不会使不同的意识融为一体；相反，每一个体都拥有属于他自己的意识。因此，使单个的要素属于同一个意识的不是这些要素前后相继的时间上的连续或因果链，而是必须作为一个终极事实来接受的、非常特别的相互联系。

这种无法描述的相互联系在自身中包含着——对于我们来说这是最重要的——我们称之为**记忆**的东西。使每一瞬间的意识内容超出其自身扩展到下一个瞬间，把这些瞬间内容联系成一个统一体就等于由记忆以直接回想的形式所提供的保持和存储的能力。事实上，正如人们通常所认为的那样，正是这种记忆使个人的广为分隔开来的经验结合在一起，成为连续意识的一部分从而为

---

① 休谟，《人性论》，第Ⅰ卷，第4部分，第6节。

人格的统一提供了基础。这种看法得到心理病理学的观察中发现的许多熟悉的实例毫无疑义的确证。[①] 例如许多实例表明，同一个肉体的个人可以是两个或两个以上的彼此完全不同的人格所在的场所（我为了简短起见而采用这个表达），似乎轮流地居住在同一肉体内。一个人处在病理条件之下可能在一种状态下具有令人不快的性格，显得没有教养、笨拙和忧郁，在另一种状态下则具有温顺和蔼的、愉快的、有教养的、多才多艺的性格。当他处在一种状态时，他绝对想不起他曾处在另一种状态，因而构成他的本质的
127 这两种人格都对这两种状态彼此毫无所知。那么，在这种情况下，所具有的就不是一种意识，而是几种意识，这些意识彼此完全分离恰恰是由于它们之间的记忆的连接完全割断了。泰尼作了一个恰当的比较，那就是对蝶的幼虫的意识和成虫蝶的意识之间的关系所作的比较。[②]

因此，构成意识统一性的这种联系可以叫做记忆的联系，如果我们不怕似乎自相矛盾的表达，我们也可以说这种联系的产生是由于记忆使我们能够体验到意识短暂的相邻的要素不仅是彼此前后相继而且也是同时性的。只有当我们把“现在”严格地等同于**时间上的一个点**，没有注意到我们是在进行抽象，在这种情况下这样说才会显得是有矛盾。因为我们当然必须承认意识的实在存在是具有**某种**延续性的。[③]

我们要再一次强调上面的种种陈述没有一个代表实际的解

① 例如，见 T. 瑞波特，《人格疾病》，1901 年。

② H. 泰尼，《智力论》，第四版，第二卷，跋。

③ 也可参见 H. 科尼留斯，《哲学导论》，第 2 版，第 236 页，F. 舒曼，《心理学杂志》第 17 卷，第 127 页以后，威廉·詹姆斯《心理学》（由 M. 杜尔译成德语），第 280 页以后。

释。它们都不是知识。它们只是旨在引起我们注意意识的统一性这个事实中特殊的东西而采用的措辞。事实本身每个人自己都体验到。因此我们现在所表述的发现不应当看作是从前面的考虑推出的结论，而是概要地标示那个相同的事实：

哪里有意识，哪里也就有意识的统一性，而且哪里有意识的统一性，哪里也就有记忆。任何记忆的能力如果完全停止，就意味着意识本身也停止了，因为构成意识的相互联系消失了。

这样，我们便知道，意识事实本身就已提供了使一切思想的根本的先决条件——可靠地保持一种观念的能力，记忆的能力——在一定程度上得到满足的保证，因为它是意识本身的前提。尽管这种观念像万花筒似地前后相继，新的内容川流不息，而意识只要存在着，它就具有某种不变的东西，也就是它的统一性。康德之所 128
以能够谈论“纯粹本原的不变意识”，并为此引入“先验统觉”这个名称，其原因就在于此。康德还承认甚至夸大了意识的统一性对于那些深刻的最基本的知识问题具有的独特的重要意义。他以过于复杂的方式，称这一事实为“本源的统觉的综合统一”，认为“一切直观的杂多都统属于这个统一的条件”这一命题是“对知性全部运用的最高原则”，并用来作为他的认识论最重要特征的基础。康德借助于这一原则所引出的结论是否总是正确的，这一点我们在后面将有机会进行讨论。但是，意识统一性的事实——康德对它在认识论中赋予如此重要的地位——在我看来将在任何未来的形而上学中必定占有更加重要的地位。①

① 汉斯·科尼留斯的著作《超验的体系》(慕尼黑，1916 年)力求认真地看待这一思想，但它失去了它的目标。它企图从人的意识的统一性推出一切可能的知识，甚至推出欧几里德几何学的必然性，因而超出了目标。

因此，意识事实本身在一定程度上保证（还是援引康德的说法）“我们现正想着的东西恰恰就是与前一个瞬间曾想着的是相同的东西”。但只是在一定程度上。前一个“瞬间”只有“此刻”的持续，如果不能保证我们可以使那个观念在一个可感觉到的一段时间中确实地保持着，那么，我们似乎没有得到多大的帮助。意识的连续性可以保持而不一定扩展到实现一个推理所要求的这样长的一段时间。因此，极端的怀疑论显然还是没有被取消每一个立足点。然而下面的看法，的确在很大程度上使它的地位成了问题。

第一，对人来说——通过特殊的准备、经常的重复、训练、对注意力的某种调节，或其他一些心理方法——用高度组织化的内容来充满瞬间的存在并在这种内容中区分几种观念或颇为复杂的观念，这是可能的。下面这种情况，正是以这种方式实现的：甚至那些用来说明所包含的困难的概念关系的相对复杂的观念突然在意识中清楚地出现，比如说，清楚得足以进行一个推理，得到一个结

129 论。当然，不能保证一个特定的人以这种方式进行一种特殊的分析会具有充分确定性。但是这超出了我们所能要求的范围。真正的问题是，推理是否可能进行得具有绝对的确实性，这种推理是否可能发生，是否任何这种推理都会避免极端怀疑的威胁。这个或那个分析的正确性可以以上述方式得到保证，这是我们体验到的一个事实。但是并不能保证我们或另外某个人在进行任何特殊的分析时都必定体验到那个事实。我们是在某些事例中体验到这一事实的；事实上，我们甚至能够在经验上给出我们在其中经常体验到这个事实的近似的条件。我们可以以此来使问题得到平息。由此就打破了怀疑论的不受限制的权力。

第二，但是，我们还可更前进一步。如果意识的统一性保证使

观念此刻出现的延续性充分地保持恒定，那么在某种情况下（例如，当我们在心理学上把这种情况表示为精神的极度集中状态），它就可以在这个基础上建立起更长时间间隔的确定性来。能够做到这一点的（我们只能用比喻的方式来描述这一过程）是通过把这种具有恒常性的意识从一个瞬间带到另一个瞬间，仿佛是把前后相继的此刻的微分整合起来，所以在完成一个短暂的分析时，我们直接体验到它的结尾是如何毫无间隙地与其开端相接。

当然，通过仔细的内省使我们知道，这里所考虑的只是意识的极为短暂的延续过程。当一个推理稍微复杂一点时，我们便直截了当地依靠重复和证实从而确定我们是否正确。

此外，在这里另一件事也是真的。虽然在体验到上述意识事实的地方我们具有免除怀疑——事实上是*先于*任何怀疑——的确实性，但这并不能保证我们必定在任何给定的与特殊问题相联系的情境中都体验到这些意识事实。在意识统一性的事实中并不包含这样的保证。在面临最简单的分析时，一个动物或一个痴呆人的意识则不能像一个正常人那样以满怀信心的轻松去做这件事。而普通人则没有像牛顿或高斯这样的人那样的清楚掌握的洞见。

显然，我们在这里接触到智力秉赋的某种根源。如果我们把 130
不同的意识在智力上的差别设想为把不同意识自身的内容作为多少是严密的统一体来把握的不同的能力，那么我们肯定是不错的。精明的思想者的活跃的头脑把复杂的意识内容构成稳固的统一体。但是对于一个无才能的人来说，一切都会从他的心灵视界中逃脱；他的观念是前后飘忽不定的，因而我们就说他缺乏集中注意力的能力。他的意识可能像最聪明的人那样具有统一性。但它不是一个协同一致的统一体；它就像是用最细的线将其悬挂在一起的一堆碎片。如果人具有对其他动物的优越性，那是因为人具有“思维”的功能，体现这种优越性的事实看来当然就在于，对动物来说，意识的材料是比较松散地联系着的。动物高度组织的程度越差，大概它一刻一刻地活得越长久；它的经验是前后相续的，但它们不是像人的经验那样紧密地联系在一起。对于人来说，极易变化的多种多样的意识材料结合成一个统一体，这个统一体越广泛全面，个体就越是具有真正的“人格”——事实上，这个统一，包括了人的全部生存期间的统一。

有一种巨大的诱惑，就是把这种思想进一步向前发展，使之将我们带入形而上学领域。事实上，这种利用意识统一性的事实作为通向形而上学桥梁的企图已经随处可见。[①] 但是，在这里，我们必须回到最初把我们的注意力引到这个意识的事实上的那些问题上来。

因此，一般说来，我们具有这种能力，即在最低限度的一段时间内，为达到满怀信心地进行分析推理的要求，坚定不移地保持住我们的观念的能力。我们的意识的统一性保证了这一点。但是，还有必须满足的另一个基本的条件——事实上是获得这种能力的先决条件。我们必须具有确定那些观念是不是相同或不同的能
131 力。否则，我们怎么能知道我们的观念是改变了还是保持不变，我们怎么能够把不同的观念分开来呢？没有这种能力，推理就是不可能的。

① 例如，H. 德瑞希(《有机体的哲学》，Ⅱ，第 380 页以后)认为，“一般的主体经验和特殊的记忆的统一性是我们由以注视绝对的‘三个窗户’之一”。

这个前提条件是非常基本的条件，以至于直到洛克加以阐明以前，人们虽然总是设定它，但从来没有把它弄清楚。洛克正确地看到了它的意义，指出，没有这个前提条件就不可能有知识，不可能有推理，也根本不可能有确定的思维。①

那么，关于这个前提条件，情况是怎样的呢？是不是意识及其统一性给予我们某种保证使得这个条件不断地得到满足呢？回答这个问题不需要任何一种推理，我们只需要注意总是与意识一起被给予的某些事实。

洛克说，心灵的首要能力就是感知其观念，以及在感知观念时，知道每一观念是什么并由此也感知观念之间的区别从而决定一个观念不是另一个观念。② 但是这种表达方式是一个最大的不幸并且引起错误；尽管它仍然被使用，但它仍然会导致最大的错误。因为它把心灵与观念相对置，似乎心灵是一个接纳、"感知"和比较观念的容器。因而就会发生这样的情况：进入意识的不同观念可能会被看成是相同的，反过来，相同的观念会被看成是不同的。为了使正确的思维成为可能，因而就必须赋予意识一种特殊的功能，即在这一过程中不受欺骗的能力。于是，就产生了一个问题：是不是总是存在着这种能力，我们可以在何种程度上依靠这种能力。

情况当然不是如此。意识同观念的关系并不像胃和食物的关系那样，把食物放进去并消化掉。事实上，正是观念构成了意识。观念并不需要首先被某种特殊的活动所感知；它们作为意识材料的存在就等于它们的被感知。对观念来说，存在与被感知是一回

① 《人类理解论》，第4卷，第1章，第4节。

② 同上。

事。因此并不需要设定感知意识内容的一种特殊能力，也不需要有一种特殊的保证来防止受到与这种感知有关的欺骗。在我的意
132 识中没有什么我所不了解的东西；这两种表达只是以不同的语词说出相同的东西。意识的材料不是**被感知**为不同的东西；而是它们本身**就是**不同的（见后面第 20 节）。

但是，也许有人会说，我能够了解不同的观念，但仍然不了解它们的区别。这两种情况当然不是一回事。但是对于一切思维和推理来说，所要求的显然恰恰是要了解这种区别。因此对于思维的最必要的条件是否在心灵中确实得到满足的问题又会产生怀疑。

但是这些怀疑也损害了意识统一性的事实。这种统一性向我们表明，虽然经验之间的区别和对区别的经验不是一回事，但在心灵中它们是非常密切地互相关联以至于没有一个另一个就不可能存在。

假定有两种不同的意识内容同时存在——比如说，一种气味和一种声音或者视野中的一种绿色和一种红色。又假定缺乏确定区别的能力。也就是说，没有体验到这种区别是一个事实，经验着的个体缺乏任何能够被他（或她）用“这些现象是不同的”或“这些现象是相同的”这样的判断来标示的材料。这样一来，这两种经验就会毫无关系、毫无任何比较地并列地存在着。每一个都只是自身存在着，似乎另一种经验根本不存在。可以说这两者彼此毫无所知；任何一个都不可能说它们是相同的还是不同的。简言之，就好像它们是分属于**不同的**意识。没有什么东西会把它们结合在一起；它们不再会形成一种统一，因而我们也就没有根据也没有权利宣称它们是同一个意识的内容。如果**不同的**内容属于**一个**意识，

那么，基于同一理由，它们是**被区分**的。我们也可以这样说：区别的发生是由于不同的事物形成了彼此之间的关系这一事实。意识的统一性是一种相互关联（being-related-one-another）。因此，如果不同的东西在相同的意识中结合起来，这就意味着它们是**被区分**的。同样的结论对于相同事物之间的相等也是成立的，这里也同样是一个仅仅在意识的统一性这个事实中指出所体验到的某些事实的问题。想要用语词把这种指出表达出来，必定总是显得不 133
完全和不能令人满意的。

人们可以看出，这里所涉及的一套事实非常类似于我们在前面所讨论的事实。在那里，我们是就意识的构成内容的前后相继来思考意识的统一性的；而在这里，我们所考察的是在这种统一性中所包含的内容的并列和共存。

但是，这两种事实是一起出现的。我们不仅把那些同时出现的观念而且也把那些直接地前后相继彼此相互承接的观念加以区别。这是意识到变化的基础。正是这一事实，使我们的心灵经常不断地体验变化，或者说，经常不断地体验发生的事件，因为一件发生的事件也就是一种变化。在体验着一个发生的事件时，我们直接地觉知后继的状态和在此之前的状态之间的差别。这里同样也没有必要假设心灵具有一种特别的感知变化的能力，这种能力也许在某一天可能失去，而心灵没有它仍然可以继续存在。相反，我们所具有的还是不可分割地属于意识存在（being）本身的一种属性。在作了前面的说明以后，我们就不需要再进一步细说这一事实是怎样从意识的统一性中所引出的了。

我们要强调指出（但这只是为了确证和解释的目的），正是在这一点上，人们可能继续向前推进——而且，有的人确已向前推进了。那就是，不仅每一个变化，当它在我们的心中发生时，它本身是作为一种特殊的意识事实被体验的；而且也可以说，也许这种变化本身就是意识的一个必要的条件（sine qua non）。因为在心灵中如果我们没有意识到变化，那么就不仅是在心灵中没有变化发生；而且，如果没有变化发生，也就不会有意识。一种感觉或情感，看来不可能在我们整个生存期间常存而没有变化。霍布斯很早以前就断言，一种感觉无限地延续就根本不会被感觉到，因而根本不会在意识中存在（“Sentire semper idem etno sentire ad idem recidunt”）。例如，在一个密闭的房间里，在我们没有走到户外之前，我们是不会感到其中的空气不新鲜，尽管我们有可能把这种感觉与记忆中的令人愉快的气味的影像加以比较。如果我们假定某种内容在我们的意识中持续地存在，那么这种对比的可能性便会完
134 全丧失。我们不可能想象它的非存在，因而便不可能把它的存在与它的非存在的观念进行比较从而把它们区分开来。它总是保持不被觉察；它不会成为意识的内容。因此，意识的每一个材料都显得是某种相对的东西。只有在与其他材料相关联时它才显示其存在。这种独特的看法对于任何终极的形而上学具有最大的重要性；亚历山大·边恩首次指出了它的意义，他将这种看法称之为“相对性法则”（law of relativity）。约翰·斯图亚特·穆勒同样也承认这一法则肯定是正确的。[①] 这种看法也可以表述如下：毫无变化地持续着的东西决不会成为意识的内容，没有任何东西发生的意识是无经验的意识，因而不是意识。意识以变化即由一事物变为他事物的转变为前提，意识（心灵，灵魂）是一个**过程**。

① J. S. 穆勒，《逻辑学》，第Ⅰ卷，第Ⅴ章，第5节注。

现代心理学完全赞成这些观点，完全采取心灵的“现实性理论”。在这方面，特别是冯特做出了很大的贡献，他一再地强调，心理的内容不是实物或实体，而是过程或发生的事件。

总起来说，我们对意识统一性的事实的思考结果排除了由观念和意象的变动不居的性质所引起的疑虑。我们知道，这种变动不居的性质并不妨碍心灵去实现简单的分析性推理的活动。因而我们避免了使极端的怀疑论进入一切思维的最终的心理学基础，这种怀疑论会在那里造成很大的损害。让我们再重述一遍，在这种怀疑论中包含的并不是对逻辑的分析规则（如三段论中树立的范例）的正确性的怀疑。这种怀疑造成的仅仅是误解。更确切地说，我们所面对的怀疑是对我们心理能力的不信任。由于一切意识过程就性质而言都是迅速变动的，于是便产生了一个问题，即借助于意识过程在原则上是否可能正确无误地表现严格的逻辑关系。这样一来，问题就成了心理过程同逻辑结构之间的关系问题了。

除了心理结构的变动不居的性质和在时间上的非稳定性以外，这些过程的模糊不清——一个观念与另一个观念之间没有明确的界限——也能产生怀疑。如果我们不仅要使自己相信人类能 135
够进行完美无缺的分析，而且还要理解变化多端的心理过程是怎样成为逻辑结构的恰当的代表的，不完善的东西怎么会真正地实现完善的功能，为此我们还必须作进一步努力来研究这个问题。

18. 心理的与逻辑的关系

为了便于进一步的研究，我们必须重新提出一个问题，这个问题迫使整整一系列的当代哲学家们的思考走上了奇怪的道路。认为概念和其他逻辑结构不是心理的实在这种见解，使得这些哲学家认为它们是一种特殊的“存在”(being)，如柏拉图那样把实在的存在领域同理念的存在领域作为两个完全不同的互相分开的领域对置起来。然而，在思维活动中，这两个领域又必须以某种方式相互联系或进行相互交流。因而问题恰恰就在于对这是如何可能的给予说明。按照隐喻性的、柏拉图式的解决办法，理念只是被我们的心灵所“直观”，这种解决办法在今天已不再使我们感到满意了。

观念或意象不是与概念相同的东西，心理的活动同逻辑的关系不是相同的东西，这是一个古老的真理。但是，只是到了最近，这一真理才得到充分清楚的阐释——在反对“心理主义”的争论过程中，这种心理主义似乎把一切逻辑的东西，如概念和判断都看作是心理的结构。我说“似乎”，因为心理主义的错误更多地是在于粗疏的表达方式，这是一种把某些问题推在一边的倾向，而不是完全不能理解真实的情况。例如，当我想到一个椭圆，我意识中的形象实际上并不是这个椭圆，它本身并不是椭圆的，这种看法受到心理主义的代表人物的严厉的驳斥。因为他们中的大多数人都维护那种认为概念是**抽象的**产物的观点，所以这些抽象的产物必定确实具有某种迹象表明概念不是意识的实在，而似乎是一种非实在的虚构。每个人必须明白，概念并不具有作为真实观念的存在。

136 例如，正如心理学家们都非常清楚地知道的那样，想象一条直线，一条没有宽度的画线是不可能的。常常被用来支持心理主义推论的差不多总是这样的：“概念和判断是思维的产物或结构，而思维是一种心理过程，因此逻辑学是思维的理论，与逻辑有关的东西都属于心理学领域。”但这是由于“思维结构”这个表达的含糊性所造成的思维中的错误。思维结构这一词语有时指一个概念，有时是指由那个概念所标示的观念；或者按照特瓦多夫斯基的说法，有时指观念的内容，有时指观念的对象（这里内容应被理解为构成该观念的意识过程，对象则被理解为该观念所标示的东西，不论标示的是某种实在的东西还是仅仅一个概念）。[①]

在我看来，这种心理主义的错误对于哲学基础造成的危险并不像那种认为逻辑结构构成自己的范围，即独立于实在世界而"存在"的观念的领域的明确而又仔细思考了的理论所造成的危险那么严重。如果我们在恰当的意义上来理解这里的"存在"和"独立"这些词，那么这种理论并不错。但是几乎没有一个柏拉图主义的哲学家——甚至就连那些不愿意把"存在"这个词用于概念的哲学家[②]——不是由于受这种理论影响而接受那些根本不可能正确理解这两个领域的真正关系的观点。这些观点在这方面都具有像柏拉图主义的神话那样的相同的结果，把在某种超自然的领域中的、永恒地超越于我们的世界并且是我们的任何感官所永不可及的理念推崇为实在的存在。柏拉图自己解决不了这个问题；我们都记得他毫无结果的企图弄清实际事物"分有"理念的方法。柏拉图的现代追随者也都不可能超出他而前进一步。那么观念与概念，或者心理的判断活动与逻辑命题到底怎样相联系呢？我们不断得到的回答（鉴于前面第 12 节中提出的那些考虑几乎是令人厌恶的）就是认为后者是在前者的"把握"之中。但这种说法是无意义的，而使用"理念化"这样的词语来标示把握理念结构的实际的心理活动，那也无济于事。

① K. 特瓦多夫斯基，《关于观念的内容和对象的理论》，维也纳，1894 年。

② 比如说，其中之一就是伯特兰·罗素，他在说到概念时宁可说："它们持续着或有其所是"而不说"它们存在"。

137 这些表达形式都**没有**提供解决问题的办法。但是,如果不说把握,而说**体验**,那也会使问题甚至变得更糟糕;因为这就等于对这个问题的**错误的**解决。经验就是实在。如果我们在通常的意义上使用经验一词——也就是我们在这里使用这个词的唯一的意义——那么说“某种东西被体验到”也就和说“某种东西是意识的内容”是一回事。体验不是一种活动。它不是以某种方式指向一种对象并使之进入意识变成自身的东西的一种意识活动,就像我们用手抓取的活动捡起一枚硬币使它变成我们自己的东西那样。当我说:“我体验到这样”我只是使用了一个不同的词语表达来代替“这是我的意识材料”这个判断。因此,经验不可能和体验活动以及被体验的东西区别开来;它整个就是一回事。例如,一种蓝色的感觉是一种绝对单纯的存在,我们不可能在其中把对蓝色的感受和感觉到的蓝色分开来。这是描述心理学的一个无须赘述的基
172 本事实,甚至连那些以比较思辨的方式进行论述的心理学家也承认这个事实。[①] 然而在这个意义上说,概念就不是被体验的;它们根本不是实在事物,而且也决不会作为经验的成分而存在。(亦可见本书第 20 节)

具有柏拉图主义倾向的唯心主义者基本上也懂得这一点。他们采用哲学家们在类似情况下很少不采用的相同的方法:如果一个符合他们心意的命题中的词放在通常的意义上来看,该命题是不正确的,那么他们便给这些词构造出新的意思。这样,当然总可以保存旧命题;但它却意味着不同的东西。就现在的例子来看,发

① 例如,参见 P. 那托尔普,《普通心理学》,第 I 卷,第 3 章,第 3、4 节,图宾根,1912 年。

生的就是下面这种情况。由于概念必须以某种方式进入与真正的意识、真正的经验的关系之中，人们就直截了当地说，如果概念不是在上述意义上的经验，那么“经验”这个词就有另一种意义，在这个意义上概念是被经验到的。

因此，爱德蒙·胡塞尔写道：“但是，当我们在与这个理想的存在相联系的意义上说到掌握、体验、知晓时，那么就是在同经验上的、单个的分离的存在相联系完全不同的意义上来说这些词的。”[①]对理想的存在（ideal being）的体验到底是何种体验——当 138
然不是在我们所熟知的唯一意义上的体验——这个问题人们不能加以恰当地提问。它是一种终极的东西，它只是——被体验的。胡塞尔说，人们至多只能用一个新的名称来标示它，而这正是他非常想做的。因此，我们“在一个基于直观的理念化活动中”体验理想的存在。[②] 他指出，每一个意识内容，都是像布伦坦诺已经断言的那样，具有一种“意向的”性质，也就是说，它“指向一个对象”（这一断言是否真的对每一个意识内容都成立，在这里我们不需要去研究）。在感知过程中，有某种东西被感知；在想象过程中，有某种东西被想象；在判断过程中，有某种东西被判断。如果不是向一个被爱的对象表示我们的爱，那么我们就不可能爱；如果没有一个被我们想着的对象，那我们就不可能想。我们的意识活动所指向的对象并不是在我们用被体验这个词的意义上的对象。这种被感知的、被判断的、被爱的对象并不是真正地在意识中呈现，但是，指向一个对象，这种“意向”的确是被直接体验到的。对于概念来说也

① 胡塞尔，《逻辑研究》，第一卷，第128页。

② 同上书，第129页。

是如此。当我想到一个三角形时，虽然这个三角形本身实际上并不在我的意识中，但却存在着指向它的意向。

这一理论，就我们所知，包含着一个事实上是正确的因素。我们在上面(第 5 节)就指出，实际上存在的并不是概念，而是概念的功能，如果说我们体验到的不是概念而是指向概念的意向，——或者我们也可以说，概念是意向性的，非实在的意识内容，这样说也是一样。麻烦的是，这种看法中没有任何东西对解决我们的问题能有丝毫的帮助；只是给它加上一个新的名称。因为现在我们必须问：意向性的经验作为实在的心理的东西是不是与理想的结构截然地不可逾越地分开，比如说就像观念或意象与概念分开那样呢？我怎么知道我的活动所指向的是什么呢？在这里我是不是又一次地陷入心理学而毫无希望达到概念和逻辑的领域这个我们极为关注其可能性的唯一具有明晰性和严格性的领域？

139 我们得到的回答是："无论如何不会！"如果我们要恰当地处理这个问题，那么我们就发现，我们既不是在逻辑学中也不是在心理学中，而是在一个比这两者更为基本的新的科学即现象学中来解决这个问题。①

这种科学的基本观念取决于经验直观和纯粹的"本质直观"

---

① 在这一点上，本书第一版包含对现象学方法的批评性讨论。现在我们把它删去了，其理由在前言中已作说明。我提到这一点是为了不至于造成一种印象，似乎胡塞尔在他的《逻辑研究》第二版的第二卷的前言中针对我的尖锐的评论使我不能对现象学方法提出一个令人满意的清楚的描述。胡塞尔责难我对他的书读得太草率，但是就是在这同一句话中他把我自己的话引错了。此外他还抱怨说，我错误地认为"理念化"不是旨在作为一个真实的思想活动。这是一种误解，之所以产生这种误解是由于在我看来，在按照现象学的"直观"要求完成了对一切实在的东西"加括号"("Einklammerung")或"悬置"("ausschaltung")以后，所留下的就不是实在的意识过程而只是一种纯粹的抽象。清除了这个误解便毫发未损地留下了文中反对现象学的论据。

(wesensschau)之间的区分,通过经验直观使真实存在的事物得以给予我们(例如在知觉中);而通过本质的直观,我们便完全不依赖于这些被直观对象的实际的或可能的存在而“把握”这些直观对象的(从而也是概念的)本质。

然而,如果彻底地加以检查,这只是对一种尽人皆知的本质和存在之间、某物是什么和某物存在之间的区别的一种严格的表示而已。我们可以作有关本质或对象如此的判断——因而,也是关于纯粹概念的判断,并且无须引入任何有关实在存在、有关事实的判断而用上述这些判断构造全部科学。谁敢否定这一点?但是这对于我们的问题的解决并没有丝毫推进;事实上,甚至还没有触及问题。更有甚者,我们提出的问题的关键之点恰恰总是被设想为已经得到解决。我们要问:如果我们体验到的一切作为所与都是实在的意识内容,[①]那么非实在的对象——概念或判断——怎么

① 人们也可以在完全另外的一种意义上使用“所与”这个表达式。例如,保罗·L.林克在他的《现象学的范围和实在的意识》中(哈雷,1912 年)就是这样做的。比如他把“所与”理解为“意向性的对象”——作为在知觉中被知觉的东西,在记忆中被记忆的东西给予的。在他心中所想的就是一个观念或意象的对象,不管是一个实在的对象还是仅仅是一个想象的对象与被知觉或被记忆的某种东西相对应。照这样来理解(同上书,第 5 页),任何所与本身 eo ipso 都不是实在的,它不是作为“在我们意识的实在成分这个意义上的”实在的。另一方面,我们所指称的所与只是意识的现实性,也就是经验或实在的情形。这样一来,我们便发现我们与日常的用法达到最好的一致,但是,就“所与”这个词暗示一个施与者和接受者从而易于引起不希望的联想来看,这并不是一种特别合适的情况。还可以通过我们在这里表示出来的适当的提醒来避开这种情况。此外,林克还把(在他所说的意义上的)“所与”领域标示为“现象的领域”与实在的领域相对:“这两者是两个完全分开的领域,在它们之间并没有本质的联系。”(同上书,第 25 页以后)他没有解决我们在这里所讨论的这两个领域间相互关系的问题;他只是说现象领域不是虚幻的空中楼阁,因为,与所与相对应的是作为实在的关联者的心理过程。依据经验我们已经知道(第 6 节),没有后者,前者不可能存在。R.赫尔贝兹(《实在论的逻辑导论》第 174 页)也以与此相同的意义来使用“所与”这个词。他以高度原创的措辞强调说,一切“所与”、一切意向性对象(因而甚至连数学对象、半人半马怪、半人半神的美女)都是实在的。

能够一般地说是对我们的“所与”呢？逻辑结构不是实在的；它们
140 不是作为心理过程的组成部分或方面而给予我们的。它们是我们发明出来的。然而我们所有关于它们的陈述都是实在的判断活动；我们所知道的关于它们的一切必定是以某种方式包含在实在的心理过程之中的，否则，我们就不会了解它们，就不会意识到它们。我们的逻辑分析正确性的保证必定存在于实在的意识事实之中，否则我们就根本没有任何保证。

然而，我们的心理结构只是不完全地与它们所要表示的完全的概念相一致。一方面，具有不确切性，另一方面，则有绝对的精确性。到底怎样使我们通过一个得以知道另一个呢？唯心主义者在这里谈到通过一个来“把握”另一个，从而回避了问题。他们认为，“把握”的过程是已经由被把握的东西所决定的。被把握的东西被认为是实在的思想过程本身能够指向的某种真实的东西；逻
141 辑关系似乎是用来调节这些过程的某种永久的规范。而实际上，情况正好相反。如果通过表现过程所指向的理想对象来定义表现过程是完全不行的；实在的东西只能通过实在的东西来定义。使我们得以进行逻辑分析的意识过程必须完全借助于它们的内在的心理的规则性来理解而不管它们所表示的是什么东西。这些过程怎么会仍旧能够实现其意义功能，这恰恰是我们要解决的问题。

很自然地，不少哲学家都碰到不能回避我们的问题这种情况。在这种情况下，他便去求助于自明性，这种自明性告诉我们，适合于概念和判断的东西，恰恰就是我们的思维的心理活动中说到概念和判断的东西。如果我们对这种看法提出诘难时，注意到这样一个事实，那就是一切都又重新建立在不可靠的、缺少概念的明确性的主观心理材料的基础上，因而可能欺骗我们，那么他就会力图

通过区分实在的自明性和理想的自明性来挽救自己。[①] 只有理想的自明性才是真正有关的。但这又把一切都毁掉了：我们怎么知道关于理想的自明性或者它的可能性的任何情况呢？它的存在必须以某种方式使自己通过自明性的感觉或其他方面的心理实在成为我们意识中已知的实在者(realiter)，而这样一来，所有先前的责难意见都会重新活跃起来，一切都和原先的情况一样；不管我们多么经常地力图通过某种迂回曲折的方式来回避这些问题，但它们仍然迫使我们去解决。

我们最好还是直接、平静地面对问题，一开始就确认，除了实在的意识过程以外实际上"那里"什么也没有，正是通过这些意识过程才首先形成了概念。我们要问：实在的心理关系怎么可能恰好提供纯粹的逻辑关系所提供的东西呢？除非它们二者是相同的，除非它们都具有同等的明确性。

我们可以借助于人们有时用来阐释心理过程和逻辑结构之间区别的类比来加以澄清，但这个类比对于揭示它们二者之间的真正关系也是有用的。试想像一种思维机器(如同亚方斯所设想的那样)或者某种更熟悉更实用的东西，即一架计算机。[②] 如同人的大脑，这种机器是一种物理的装置，它的操作当然完全是由物理法则而不是由算法规则所决定。一个无生命的机器并不了解那些算 142
法规则；乘法表并不是这种机器的组成部件。但通过这种机器的操作，算法规则可以得到适当的表达，而且是以绝对的而不是近似的精确性来作出这种表达。如果我问这架机器 13 乘以 14 的积，

① 胡塞尔，《逻辑研究》，第一卷，第 50、51 页。

② 胡塞尔用过这个例子，同上，卷Ⅰ，第 50、51 节。

那么它便回答是 182 而不是比如说 182.000001。即使物理的机器可能不会产生**每种**意义上的确切性，但它——不依靠魔力——达到了一种绝对的确切性。这并不是由于支配着这种机器运算的自然法则只是粗略地或近似地成立，而是由于在这个词的最充分的意义上来说，一切发生的东西都是无限交错的。正因为如此，没有一个过程与另一个过程恰好相同。例如，属于我们这种机器上的一个小轮子的运动不仅仅依赖于对杠杆的操纵，而且还依赖于感觉不到的月亮的位置的变动。就一架机器来说（假定它没有完全拆毁），伴随着所有物理构造的不精确性不是表现在错误的结果上，不是表现在出现错误的数字上，而只是表现在诸如数字不是完全排列成行，数字之间的间隔不相同，组成字母的有些细小的黑色微粒有所脱落等等这样的事实上。从物理的立场上来看，这架机器的运算过程的确缺乏精确性。但这并不影响运算的结果。这里要紧的不在于数字的排列成行或者它们的物理的外观，而在于在我们的视野中呈现出来的是这些数字而不是别的数字这个事实。

也许有人会说，这个例子并非十分有用，因为它没有触及到我们力求阐明的关系。由机器所提供的材料，尽管有细小的差别，但仍然**表示**相同结果，这也许是由于智力的作用，智力将意义赋予数字记号，把那些只有细微差别的记号作为相同的东西来处置。正是智力首先依照被直观到的概念的范型引入精确性，从而得以抽象掉并且忽略掉个别现象中无关的偶然差异。

当然，解释首先在一个理解着的观察者的心灵中发生，这样说是正确的。但是对我们来说，决定性的东西是这种解释的必要和
143 充分的基础已经在这个物理的构造中存在，在给定的条件下，这种解释是完全确定的，因而排除了任何其他解释。我们一旦通过排

除反对意见弄清我们用来产生这种决定的方法，我们的问题就得到了解决。

情况就是这样的。整数的系列就其性质(即按其定义)来看是不连续的、离散的。两个整数总是通过1或1的某个整数倍互相区别开来，而决不是通过一个无限小的量来加以区分的。然而，一切自然过程，像我们所感知到的那样，都是连续的。物理系统的一种状态(除非量子论迫使我们改变我们的看法)不可能直接进入一定的不同状态，而必须通过无限多的居间状态，其中每一个状态都是通过一个任意小的量和它的相邻状态区别开来的。这一点正是被莱布尼兹以他的“连续律”(loi de continuité)表达出来的。因此，物理过程直接适合于连续的量值的测度。例如，时间间隔的长度是由时钟指针的位置给出的——当然总是仅仅在一定近似值的范围内，因为，要绝对精确地确定指针的位置是不可能的。但是计算机并不测量连续性，它计算离散的单位。诚然，使数的联接得以从一个转变为另一个(如从181到182)的齿轮和操作杆的运动是连续的过程；但是起始状态和最终状态则是分离的。尽管每一个这样的状态都有如上所说的微小的差异并有可能与其直接相邻的状态混淆起来，但这两者还是彼此分开得能够使我们准确无误地把它们区别开来。

在这里可以毫不夸大地说到无误性。一般地说来，我们能够确定差别，这是一个简单的事实(如上所述)。因而也必须有一个阈限，在这阈限以上完全不可能弄错差别。即使没有我们能够确切指出的实例，但这种较低的界限仍然是会存在的；我们能够确定地说出超过这一界限的实例还是存在的。我不可能说出从我的家到大学之间的绝对精确的距离(几千公尺)，但是我可以完全肯定

144 地说，这个距离超过十厘米。钟摆摆杆的长度（比如说一米）不可能绝对精确地确定；事实上，要求绝对精确的长度是没有意义的。但是我们可以完全确定地说它不是一百米也不是一毫米。在实践上，可区别性的阈限的情况甚至更为合用；只要非常小的差别就足以保证超过阈限。试想某些字母（如 h 和 k）或者某些数字（如 1 和 7）彼此之间的差别是多么微小。然而，我们几乎用不着担心会把它们混淆起来；如果真的存在这种危险的话，那么我们也不妨把这些字母和数字的形式或颜色上的差别增加到**所需要的任何程度**，从而进一步超出阈限。

但是，甚至最复杂的结构也总是能够通过过渡形式连续不断地彼此转换。因此，借助于连续不断地仿佛是模仿随便什么不连续的东西，这总是可能的。这当然是可能的，正像说自然界中有可数的东西是正确的一样。因为可数性是以离散性为前提的；但在自然界中，严格地说，一切事物很可能都是连续的。我不可能在某一个数学点确定地说：这里就是地球的边界，或者那里是月球的表面。然而，我们可以以最充分的概念上的严格性将地球和月亮彼此区分开来。甚至在非常狭窄的范围内也可以获得物理结构的离散性，就像在计算机的例子中所表明的那样。另一个例子就是轮盘赌的转轮：旋转的球每次必定停在某个特定的数上而且对于那是什么数决不可能有任何怀疑。当然在每一个标明数字的空当，球可能恰恰在紧密相邻的无限的位置的集合中占据某一个位置；但是它总是在由与邻位分开的间隔所规定的这个或另一个空当上停下来，而标定这个空档的正是一个特定的整数。

只要我们懂得了连续过程怎样能够执行非连续的功能，那么解决我们的问题就没有什么困难了。因为我们所关注的关于概念

和观念之间，逻辑结构和心理过程之间的唯一区别，恰恰就是离散的和连续的东西之间的区别。概念就其和其他概念相隔离、相分开来说，是截然分明地规定了的；而实在由于是连续的，就不容许有绝对明确的界限，因而是被模糊地规定的。

连续的结构可以担负离散结构的功能这个论点可能显得有些 145
悖于常理。但是之所以会有这种悖理的看法，只是由于乍看起来这个论点似乎和我们通常把概率运算用于自然的观测所依据的直观相矛盾。这种运用部分地是建立在某种意义上说是连续性概念的无限制的使用上。错误的分布律提供了相对于某种观测结果的概率，比如说钟摆的杆长在 99 厘米和 100 厘米之间的概率。但是假定我问在全部观测结果中实际长度是 50 米这个量值的错误的概率是多大。如果把关于错误的分布律加以机械地使用，我便获得极小的比率作为那个概率的值，但它仍然不是零。然而，在物理上测量所发生的错误达到那样一个程度是绝对不可能的，正如在现实中从我的家到大学的距离不超过 10 厘米是绝对不可能的一样。在这个如此大的错误的实例中，支持概率运算有效性的前提再也不能被看作是得到了满足。在**这种**非常广的意义上说，连续性并没有扩展到任意远。然而，对这一事实的正确理解受到很大妨碍，因为要确定一个使这些前提得到满足的点在原则上是不可能的。所以，把概率运算运用于自然界很容易产生一种看法，即认为离散性以及随之而来的确定性（因为我们用离散性来表示对结构的绝对确定的区分）在任何严格的意义上对我们来说都是不存在的。但是如我们所已经知道的那样，这是不正确的。在我们所说的意义上的离散性是可能在连续性中存在的。诚然，区分的界限决不会完全精确地确定；但由此并不能得出，认为这种区分本身决不可能完全精确地作出的结论。

由此可见，心理过程和逻辑关系之间的相互关系问题看来就是通过连续的结构产生离散的或可数的结构这一问题的一个特例。证明了后者是可能的同时也就解决了我们的问题。这种可能性的重要之处已经由许多思想深刻的数学家指出来了。例如，亨利·彭加勒说过："在拓扑学中，非精确的实验仍然能够足以成为严格定理的根据。因此，如果有人认为空间不可能少于二维，也不可能是四维或多于四维，那么他就会肯定，空间恰好具有三维，因
146 为它不可能有两维半或三维半。"①这一点甚至对最普通的例子也是适用的。说人有两只耳朵或两条腿是绝对正确的；如果说人有2.002个耳朵不仅是不精确的，而且是完全无意义的胡说。精确的真理能够通过不精确的经验确立起来，这样的情况是存在的；对我们的谜团的完全解决就包含在这一原则之中。

我们可以把我们的大脑和一架计算机或亚芳斯的思维机器相比较。连续的大脑过程导致某些临界状态，正像这些机器产生某些数或字母一样。与连续的意识流相伴随出现某些离散状态，这些离散状态虽然由逐步过渡结合起来，但并不是不可分离地彼此融合。这些状态当然是作为不同的东西被体验到的，因而要使精确的思维逻辑成为可能也就别无所求了。也许我们太容易忽视的就是，一旦满足了建立全部逻辑的条件，那么形成离散的结构就成为可能的了。这正是使概念形成得以可能的唯一依据；严格的区分是唯一本质的东西。如果我们参考了前面所说的东西（第一部分，第7节），我们就会认识到，就概念的逻辑关系来说，它们所标示的直观内容是完全无关的东西，全部至关重要的问题只是这些

① H.彭加勒，《科学的价值》德文版，第2版，1910年，第51页。（法文原版 *La Valeur de la Science*，1927年，第68页。）

概念指称某种可区分的东西。在逻辑上规定概念只是把这些概念加以划分，通过把它们与其他概念区分开来而不是通过它们与之相关联的直观对象。

事实上，离散可数的量值之间的关系，即使是实在的关系，都具有同概念之间的关系相同的明确性和严格性。我们在意识中遇到的只是前一种关系；而概念之间的关系则不在其中，说它们并不“存在”是正确的。我们把它们说得似乎存在，但这只是使论述加以简单化。一种“理想的”存在正是非现实的存在。

唯心论的逻辑学家总要提出心理法则是模糊的这个事实，并由此得出结论说，要寻找绝对的严格性只有在理念的范围内而不是在心理实在的范围内。但是在这里，他们犯了一个预期理由(petitio priucipii)的逻辑错误，即将本身尚待证明的判断作为证明论题的论据。因为持有心理主义观点的人必须承认心理过程一般 147
地是模糊不清和连续的。然而，他们却主张完全精确的心理过程的确存在，因而它们就是逻辑的东西的承担者。而且，认为一切心理的似法则的规则都是模糊不清或不确定的，这当然是不正确的；如果因果原则一般是有效的，那么在自然界中和在心灵中发生的事件都遵循那些像形式逻辑规则一样毫无例外的法则。并不是法则本身不精确，而是我们对法则的知识不完善。这里有很大的差别。但是，我们刚刚已经看到，尽管我们对支配着心理事件的法则在细节上只有不确切的知识，但我们对于某些规则性确有确切的知识。例如，虽然我不能绝对精确地描述我手指上的戒指的形状，但我还是能够完全确定地说它有三个维度并且是数学家所谓“直接联系着的”的空间结构的一个实例。

直观的观念，一旦以绝对的确实性将它们彼此分开，它们就能

够充分地执行概念的任务。因为，正如我们在前面已经比较详尽地解释过的那样（第一部分，第 5 节），概念发明出来首先是为了使明确的区分成为可能。在这里，我们已经表明，这种对心理量所作的区分事实上是由那些进入直观过程的连续之中的离散要素来保证的。因此，通过心理过程来实现逻辑关系这个问题现在令人满意地得到了解决。

19. 关于自明性

前面的论述回答了这样的问题：我们通过心理过程对那些基于概念分析的判断的真理性达到正确无讹的领会，那么这些心理过程的独特的特征是什么呢？回答了这个问题，便澄清了纯粹思维的问题。在我们的论述中，常常必须去克服人们广泛持有的那些妨碍我们理解真实情况的成见。作为回顾和总结，我们希望彻底地消除经常影响这些问题并且模糊了古代和现代许多哲学家对意识的看法的所有那些根本性的错误，从而使我们的结果更加清楚地为人们所了解。

我们在前面（第 16 节）已经谈到，大多数思想家对分析性的思想的确实性问题的解决都直接涉及自明性。无矛盾性原则的正确
148 性以及的确依据这一原则的全部分析的正确性都被明明白白地认为是“自明的”。因此，自明性一向被看作是一种无可逃避的最终的依据，一切真理必定最终从它那里得到支持，否则就完全崩塌。

这种把诉诸自明性作为最后依靠的法庭和最后的避难所的看法，是错误的、行不通的，因此，我们已经一再地加以拒斥。但拥护自明性理论的人仍然认为，如果我们设想没有这一观念，那么就会挣扎于一种残酷的自我欺骗之中。因为不管我说什么，难道我不总是必然认为我的论断和证明**明显地**是真的吗？当我指出某些事实时，难道我不是至少要预先设定实际上这些都是事实这一点是**明显**的吗？一旦对我们的信念的根据产生疑问，难道最终不就是依据**自明性**吗？

对于所有这些异议我们在前面(第 12 节)讨论笛卡尔所犯的根本性错误时实际上已经作了回答。在那里，我们看到，我们所知道的东西的基础既不是确实的，也不是不确实的，它们只是**在**而已。它们不是某种明显的东西，也无须它们是明显的；它们是独立的，自足地存在着。

支持自明性的理论家趾高气扬地断言，仅当一个事实的存在是**自明**的时候，我们才能说到一个事实。但是他这样说很容易被他自己的武器所击败。因为自明性的存在本身也只是一个事实。按照自明性理论，难道我们不是也必须要问：我怎么会知道自明性存在呢？这是不是自明的呢？如果它是，那么，我不是仍然必须 185
问：我凭什么说它是明显的呢？是第三级的自明性吗？如此下去，以至无穷。

当然，我们的确通过各种意识材料来确立真理，而且如果我们愿意，也可以把这些叫做自明性。但是，如果要坚持这种理论认为有一种特殊的、不可还原的自明性经验，这种经验的存在构成了真理的充分的标准和不可错的标志，那是不可能的。这一点可以用下面这个经验事实来证明：在众所周知的错误判断的情况下，也会出现自明性经验。人们往往以最诚挚的感情去维护某种错误主张，这就可以算是一个例子。像笛卡尔和斯宾诺莎这样的伟大的形而上学家的体系在很大程度上是由错误的判断所构成的，然而它们的创立者却把这些判断都看作是最确实的真理。

我知道，这种自明性理论的维护者会认为，在这些事例中，人们所体验到的东西并不是真正的自明性；他们要我们相信，这里所涉及的反而是一种“无自明性的”确实性。[①] 然而，这种主张会陷入一种无法解决的矛盾之中。一方面，如果能体验到真正的自明性根本不同于虚假的自明性（没有自明性的确实性），那么这两者就决不会彼此混淆起来；那就不会有关于自明性的错误——结果，我们恰恰就否定了这个理论需要加以解释的一套事实的存在。另一方面，如果这两种经验之间没有直接的区别，那么我们就只能间接地通过随后的研究来决定，存在的是具有自明性的确实性还是不具自明性的确实性。这就等于承认了真理的标准不应当到自明性经验中去寻找，别的标准才是决定性的，而这些标准必须与随后的研究相联系加以探讨。这些标准本身不可能是自明性的经验；否则我们就会陷入一种循环圈之中。但这样一来，认为自明性是终极标准的主张就不攻自破了。因此在两种选择中无论选择哪一种都导致与理论预设的前提相矛盾的结果。结果，自明的确实性与非自明的确实性之间的概念上的区分变成了一种纯粹人为的构造，把这种人为的区分放到一起，是为了支持那种认为每一真理都是通过一种特殊的不可错的自明性经验而宣示出来的论点。

关于自明性的性质的观念中，产生最大混乱的问题莫过于“公理”的有效性问题了。在哲学文献中，人们常常把公理描述为“直接自明的”、在自身中就包含对其真理性的保证的那些判断。但是，如果我们能够说出这种判断，那么我们的确不可能把所谓公理归入这些判断之中。也许我们可能把“这是蓝的”或“这种感觉是

① 参见例如，A. 霍夫勒，《逻辑学原理》，第 4 版，1907 年，第 82 页。

令人愉快的”这样一些基本的知觉判断包括进去。但是如果我们想一想，只有当我们自己把判断中出现的概念的完全的意义描绘出来，我们才能使自己相信这个判断的真理性，因此，我们就会发 150
现，要承认公理具有“直接的”自明性是很困难的。因为公理中所涉及的概念恰恰是最根本的概念；它们处于抽象的最高层次。比如，无矛盾原则或因果性原则。在这些原则中联系在一起的概念的关系是多么丰富，或者更确切地说，首先由这些原则所决定的概念关系是多么的丰富！事实上，概念的本质就在于关系；概念越抽象，或者说离直观越远，需要用来表示这些概念的过程便越复杂。例如，当我们想到原因概念时，我们心中必须考虑的是多么复杂的相互关系！因此，认为因果性原则是“直接自明的”主张是多么轻率鲁莽！

有些著作家像我们在前面所提到的那样，企图使自明性脱离开心理的或主观的范围从而回避自明性理论存在的许多困难。他们宣称，使作出判断的人得以知道命题本身真理性的自明性不是纯粹的感觉或主观的经验；而是判断（作为一种理想的结构本身）的一种属性，在不同的具体情况下，它在真实的思想活动中可能被正确地把握也可能被错误地把握。如果没有被正确地把握，结果会产生假象或错误。他们力图以此使自明性具有客观性。

显然，这种论断使自明性理论远远地离开了它的出发点，因而它已不再能够实现它原来的任务。用普普通通的话来说，现在它除了表示判断的真理性以外，还表示判断具有区分其真理性的特别的标记。对许多作者来说，这两者是重合的：这样一来，自明性不再仅仅是真理的标准，而且是真理的本质。另外一些作者把这二者加以区别，但在这样做时，就使他们的这样一种自明性失去了任何意义和功能。因为，如果我们能够表示判断的本质特征从而直接地证实判断的真理性，那么确立自明性还有什么必要呢？我们在前面提出的怀疑论对独特的自明性感觉的诘难，在原则上仍然存在；不过，现在这些诘难不是针对作为判断本身属性的自明性，而是针对自明性与那些使我们知道其存在的主观经验的关系。

151 然而，在所有这些看法中，基本的错误是把真理和真理的标准看作是单独的判断中固有的东西，与其他判断无关，也与实在无关。但是，真理并不是判断的一种内在属性，这是非常确实无疑的（这是我们对真理概念研究的最重要之点[见本书第一部分，第10节]，是任何无偏见的思考所必须承认的）。相反，真理只是在于判断与该判断之外的某种东西之间的关系：对于概念性判断来说，真理在于这些判断与其他判断之间的关系；对于有关实在的论断来说，就在于它们与实在的关系，特别是发生一义性配列的那些关系。

由此可见，使真理得以确立的经验决不可能只是与“自明的”判断本身相联系。它们必须联系到它与某种另外的东西之间的关系的因素，它在一个总体中的地位的因素来考虑（见前面第10节）。当我们确立一种真理时，当然会有可以称之为自明性感觉的某种意识材料出现。但是我们应当弄清它们的性质而不能错误地估计它们在认识论上的意义。它们的真正性质是什么，稍后便可得到阐明（见下面第22节）。

20. 所谓内在知觉

上面我们已经说明，自明性理论充满了歧见和矛盾。我们已经弄清所有这些混乱的原本的虚假：那些使用“自明”（Evidenz）和

“是明显的”(einleuchten)这些词语的人谈论并论证,似乎意识就直接面对着并且检验着真理及其自身的意识事实。(因此斯图姆夫说:“我们把直接明显作为一个事实称之为直接的所与。”①)因而,他们当然要求有一种特殊的标准来确定这种检验是否正确,但是,这恰恰正是自明性应当提供的东西。一个人自己的思维过程不是外在于意识的事实而是意识的一部分,这种情况他们的确是不可能对自己隐瞒的。然而,他们坚持认为这种思维过程是与主体或“我”相分离的,只是后来才再由一种活动把它们密切地与主 152
体联系起来,这种活动应当非常类似于我们想象在意识和意识之外事物之间建立联系的那种活动:知觉活动。这样,他们便得出“内在知觉”的观念,据说,通过这种内在知觉,“我”便得以知晓其自身的状态,正如通过外在知觉得以知晓外部事物一样。由于外在知觉的发生是通过感觉器官的作用,所以,自明性的支持者便把这一类比推得更远,竟谈论什么“内在感官”。我们知道,这一观念在康德哲学中起着非同小可的作用。然而,内在知觉的观念以及“现象”的观念(当然与内在知觉紧密联系,关于这个问题我们将在第三部分谈到)乃是向来被哲学和心理学思想所造出来的最不幸的观念之一。这种概念上的畸变造成了许多无用的思考和有害的伪问题。

现在让我们来简短地考察一下发生不同意见争论的领域,这是有益的。我们更乐于采取一种使我们一开始就置身于这些令人困惑的困难之外的观点。

对自明性和内在知觉的最积极的支持者是弗兰茨·布伦坦

① 《现象与心理机能》,《普鲁士皇家科学院论文》,1906年,第6页。

诺。他认为，内在感知是绝对自明的，而外在感知，如我们所知道的，则可能是有欺骗性的。[1] 就内在知觉来说，所感知到的东西是直接地为感知所固有；而对于外在感知来说，对象只有借助于感觉器官间接地被给予。但是，人们早已公正地指出，把有欺骗性的外在感知称之为感觉假象是不恰当的，因为这些假象的根据在于对感觉材料的错误解释或评价。感觉材料本身既不是正确的，也不是不正确的；正是我们在解释这些感觉材料时犯了错误。由于考虑到在内在知觉的情况下也有解释的作用，因而许多人得出结论说这两种知觉在这一方面也不能确定有什么本质性区别。因此，那些把解释算作知觉活动的一部分的人断言说，内在知觉也像外在知觉一样有欺骗性，而那些把知觉本身同与之相联系的解释和
153 领会活动分开的人，则一贯地维护那种认为外在知觉本身像内在知觉一样是自明的和不可错的观点。

正是由于有这样一些因素，使胡塞尔认识到布伦坦诺的看法站不住脚。但是他并没有认识到整个问题的构述都是错误的而加以拒斥。相反，他力求通过引入一个新增加的区别继续沿着老路来解决这一问题。[2] 他发现，得出内在知觉和外在知觉之间的区别的认识论本质在于“适当的”和“不适当的”知觉之间的不同。“在第一种情况下，被经验到的**内容**同时就是知觉的**对象**。内容所表示的只是它自身。在第二种情况下，内容与对象是分开的。内容表示某种不是或不完全是内容本身的东西，但又是完全或部分地与之相类似的东西。”但是我认为在第一种情况下，谈论知觉是

① 《心理学》，第 184 页。

② 《逻辑研究》Ⅱ，第 711 页。

毫无意义的。内容只**是存在**着(is there),这就解决了全部问题。适当的知觉的概念至少在我看来像内在知觉的概念一样危险和不幸。只有那些宣扬直观知识的概念,并且在纯粹的知觉上打上知识印记的哲学体系中(事实上只有在那些哲学体系中才能找到)这种适当知觉的概念才有意义和地位。但是属于这一观念范围中的一切问题已经讨论得非常彻底(见第一部分,第 12 节)因而关于它已没有什么更多的东西要在这里说了。

如果我们看一看当怀疑论者企图把内在知觉和外在知觉放在同等地位时,内在知觉的维护者们变得多么不安,他们为了重新获得这一理论原本应当提供的坚固的基础而进行了多么艰难的斗争,那是非常有趣的。他们为了挽救内在知觉的自明性而做了特别顽强的努力,因为,不然的话,全部理论便会失去其存在的理由。特别是胡果·贝格曼对于解决这个任务付出了他自己的努力。[①]在一篇精巧的辩护性文章中,他把评论的矛头针对科尼留斯和额费斯,攻击了一种比较特殊形式的观点(我们的研究使我们持有这种观点,即认为内在知觉的自明性问题是错误的,因为并没有这种知觉)。在这里没有必要去对他的论点进行详细的驳斥;只要我们 154
对自己的观点作出了证明便直接驳斥了他的论点。事实上,从这一观点来看,贝格曼对内在知觉的**自明性**的论证就转变成**反对**内在知觉**存在**的论证了。[②] 他的论证的真正内核只是坚持关于所与的绝对的事实性。因此,看起来是对我们的观点的责难,但我们却

① 《内在知觉自明性研究》,哈雷,1908 年。

② 同样的看法也适合于布伦坦诺在其心理学中的说明。在那里,他把内在知觉(我们所说的单纯的"存在一所与")与内在的观察区分开来,并且正确地宣告,内在的观察并不存在。当他拒斥无意识时,他的观点也是前后一贯的。

可能从中推出对我们观点的有益的确证。

实验心理学最坚决地抵制我们关于不可能把意识内容和该内容的被感知区分开来的论点。为此，它强调指出人们一再体验到的一个熟悉的事实，即所谓自我观察(self-observation)是靠不住的。我们知道，孔德就是坚决地否定这种自我观察的可能性；但这种观点没有被人们所接受。因此，库柏在下面这段话中谈到我们的这个问题说："……甚至对于直接呈现的经验来说我们也不可能不加限制地断定意识和它的对象的统一性。例如，有恰好可注意到的感觉和种种感觉之间的恰好可注意到的区别，从这样的事实就可得出一个结论：存在着我们注意不到的、觉察不到的感觉以及感觉之间的区别[①]。"自从莱布尼兹在他的"**微知觉**"(petites perceptions)理论中进行这方面的探讨以来，这样的思考获得了重要意义而不是失去了意义。这些思考在关系到无意识的心理状态问题上起了重大作用，而且造成了一个问题，它如果正确看待便会成为一个术语的问题。

斯图姆夫作出了一个特别有用的说明，支持有注意不到和感知不到的意识内容的立场。[②] 他讨论了有关音乐和声的例子，这种和声在一种场合下听起来就是一种单纯的质，而在另一种场合
155 下，如果我们更加注意地听，便可分出多少有所不同的成分。那么在第一种场合下是不是也许就没有这些成分呢？在斯图姆夫看来，这种假定看来是不可能的，因而他采取了一个有说服力的结论，认为单个的音调(当然是作为心理的质)实际上在和声中是一

① 《现代德国哲学》，第3版，第112页。

② 《现象和心理机能》，第34页。

直存在的，但只是在某种情况下被注意到(我们开始意识到它们)。他反对那种认为他的观点包含不可容许的把心理内容“具形化”(reification)的批评意见，他用下面这段话为自己辩护：“……但是，即使所有这一切实际上只是一种假设，为什么这就一定不能容许呢？最近，一些化学家也被指责为犯了具形化错误，因为他们提出比如说在碳酸中有两种物质，后来他们从中获得了这两种物质。……但化学家的确不能被指责为思维方式错乱。”[①]

但是正是在这种实例中把心理学家与化学家进行比较显得特别的不恰当。因为碳酸不是某种直接所与的东西；它是假设以某种方式存在于给定的感觉背后或之外的基质，是被认为使所与成为可理解的东西。或者，如果你愿意，可以说它是一个标示所与的某种相互联系的概念。同样这也适用于氧和碳。所有这三个概念——氧、碳、碳酸——能够而且必须在思想中这样地确定，它们的特征必须这样来规定才能最好地实现(按照科学的规则)原初构成这三个概念所要实现的任务。关于意识材料，情况则完全不同，听到的一种和声并不是可以对其成分和属性依照解释的要求作各种不同假定的超验的东西，它不是我们可以这样定义也可以那样定义的概念；它是不可定义的。它只是某种存在着的东西，对它的规定完全排除我们的意志和需要。我们不可能把它“辩解掉”；也不可能对它的成分作出任何假设，只有对于那些并非直接所与的对象我才可以做这种事情。所与(the given)只是先在于我们所有假设的现存的东西。只有对那些并非为我们所直接体验的东西，我们才可以作出假设；而对我们所体验到的东西提出关于它的成

① 《现象和心理机能》，第20页。

分的假设是毫无意义的；在那里没有假设存在的余地。如果在听
156 一种和声时，我们有一次体验到是一种单一的声音，另一次则体验到几种音调，那么在这两种情况下体验到的和声——直接所与的结构——是**不同的**。第一次出现的经验和第二次出现的经验是**不同的**。

整个经验中的这种不同是一个无情的事实，它不可能被辩解掉或者被宣布为一种假象。诚然，我们可以解释说在这两种情况下感觉本身是相同的，但是有某种心理的活动，在一种情况下没有出现而在另一种情况下出现了，它与这种感觉相融合而形成不同种类的经验。但这种解释是不必要的；也不是唯一可能的解释。我们同样可以把在这两种情况下的感觉本身看作是不同的。说声音作为一种物理过程在两种情况下都是相同的，那是没有什么特殊意义的。因为同样的刺激一般都会依主体的状态不同而产生非常不同的感觉。一个人在密切注意的状态下的感觉及其生理上的相关物很可能与在另一种状态下是不同的。那种力图把两种情况下的区别说成是由于增加了一种特殊的心理活动这样的假设，如同斯图姆夫把这种心理活动设想为单纯的**注意**（Bemerken）那样，在我看来，都是无法接受的。注意等于觉知。不能把它看作意识的一项单独的功能；它本身就是意识因而不能用来解释两种意识状态之间的区别。[①]

那种想要在不同的心理结构中再发现不变的相同要素——在一个时候被注意到，在另一个时候不被注意——也许是心理学中

① 关于这一问题，可以参看库尔特·科夫卡的出色的论述，《实验心理学问题》，《自然哲学》，1917 年，第 1、2 号。

原子论思维方式的残余，甚至那些公开地谴责这种思维方式的人也常常陷入其中。我们所能够说的只是：作为一个统一体听到的声音是同被分析了的和声不同的东西。当我们断言前者和后者都是由相同的感觉所构成时，那恰好就滑入心理学上的原子论中去了，这种原子论由于把不同的意识结构看成好像由不变要素拼凑在一起的镶嵌图，因而真的犯了一种“不可容许的具形化”错误。

严格说来，这种看法是决不容许的。意识之流是真正的赫拉克利特所说的流；每一个意识状态都是一个统一体，因而实际上不
能像比如说化学的化合物那样来加以分析，化学化合物的单个组 157
成要素也是相互独立存在的。这个观点虽然也经常被人们谈到，但从来没有像科尼留斯那样有力地提起并加以深入探讨，我觉得，我在本节中所讨论问题的观点总的来说与他的观点是完全一致的。他在下面这段话中表达的真理性已用不着再作更多的强调了，他说：“实际上，在任何给定的意识内容中，没有什么东西能够加以分析而不以某种新的东西代替这种内容。一旦我们的分析向我们提供不是这个给定内容中本已存在的知识，那么这个内容就已经被与之不同的某种东西所代替了。”①

如果我们考察一下斯图姆夫是如何力求对付这种依据统一的心理结构不可分性而提出的责难，从而去证明他关于感觉与感觉之被注意之间的区分的看法，那么我们的观点就会得到进一步的确证。斯图姆夫引述了一个类比：“颜色和广延也在它们之间形成一个整体，只有通过抽象才能在这个整体中把它们彼此分开，如果我们由此就作出结论说‘没有颜色因而广延就不可能出现’，那么

① 汉斯·科尼留斯，《哲学导论》，第3版，1911年，第313页以下。

我们就作了一个错误的推论。事实上，触觉向我们显示，没有颜色的确有广延出现，虽然并不是没有任何质的要素。没有什么东西能表明这种广延也许是另外某种意义上的广延。”①

但是，事实上，“广延”这个词如果用于不同的感觉材料，的确意味着某种非常不同的东西。例如，颜色的广延和触觉印象的广延的确不是同一种心理材料。只是由于触觉印象的次序和视觉印象的次序之间在*经验上*存在着一种确切的对应，我们才能以相同客观次序的词语来指称这两者，把它们称之为广延。稍后一点，在讨论空间问题时，我们将再回到这些关系上来。同时，斯图姆夫的论述并没有确定在感觉和感觉的被注意之间进行区分的可能性。当然，这样说并不是要否定心理机能是作为一类特殊的经验而存在的，我们完全承认这一发现（见上面第 5 节）的根本的重要性。

158 但是，我们反对那种认为在这些心理机能中有一种旨在*注意*意识内容的机能。根本不存在内在知觉这种东西。

如果感觉甚至在没有一种意识觉知它时也可以存在，如果我们以这种方式把感觉和感觉之被注意加以区别，那么就会不可避免地引出某种结果。我们称之为感觉的就成了面对意识并作用于意识的超验对象，正如我们想到外在知觉是自在之物影响意识的结果一样。一种具有这种结果的理论必定是很自然地被称为形而上学的理论。任何一个接受这一理论的人都会在谈论自在之物（作为比如说对桌子的知觉的基础）那样的意义上谈论感觉。这些感觉是无意识的，正如说物理的东西是无意识的意义是一样的。这样，我们便得到“某种无意识的心理的东西”的观念。我们刚才

① 卡尔·斯图姆夫，《现象和心理机能》，第 13 页。

就指出，导致这种观念的道路是走不通的。但是除此之外是否也许还有别的道路可能把我们引到那里呢？

现在，可以指出，我们只有采用一个完全不恰当的术语才能对这些联结起来的词赋予一种可以接受的意义。在此之前，我们都把“心理的”、“意识的”、“直接的所与”这些词作为同义词来使用，在下面我们将继续这样使用。因此，在我们看来谈论某种无意识的心理的东西就是一个矛盾。仅当我们放弃我们原来的用语，不再把“意识的”和“心理的”相等同，我们才能这样谈论。但是那样一来，一旦我们试图去界定这种心理的概念，就会产生不可克服的困难。因为我们将会徒劳地去追求某种唯一表征“心理的”东西的特质。另一种把心理的概念扩展到无意识的企图也同样会归于失败。在后面我们有机会讨论对物理的定义以及在物理的与心理的关系上的伪问题时，我们将再来讨论这一问题。

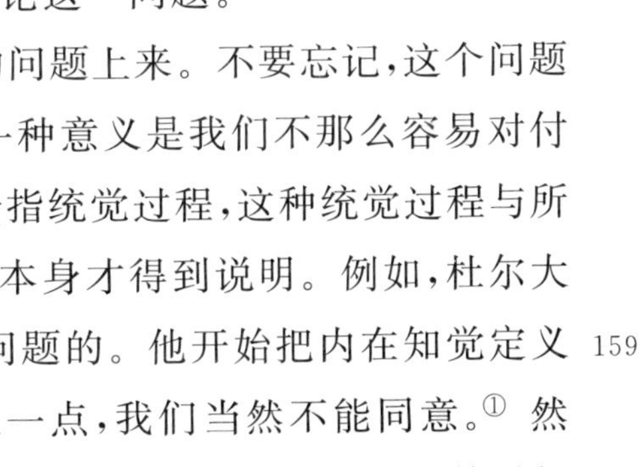

我们现在再回到“内在知觉”的问题上来。不要忘记，这个问题也一直以不同的意义被谈论着。一种意义是我们不那么容易对付的。“经验的内在知觉”有时被用于指统觉过程，这种统觉过程与所与相联系，我们惯于说通过它经验本身才得到说明。例如，杜尔大体上就是以这种方式来论述这个问题的。他开始把内在知觉定义 159
为“对意识过程的直接掌握”，对这一点，我们当然不能同意。[①] 然后，他明确地肯定，对一种所与的内在感知是由时间上彼此前后相继的过程所组成。这种知觉是“只有靠经验才能引起的东西”。[②]

如果这就是“内在感知”一词所意指的东西，那么它并不是我

① 杜尔，《认识论》，1910 年出版，特别是第 33 页。

② 同上书，第 34 页。

们的争论的对象。这种看法并不一定会陷入困难，因为对于正确理解的统觉概念，我们并没有加以反对。但是，我觉得把“内在感知”这个名称加到统觉过程上是非常不恰当的。首先，我们为了这个目的已经有了一个名称——“统觉”。第二，使用“知觉”这个词语暗示了不正确的原子论观念，认为有一种被“知觉到的”经验毫不改变地包含在统觉的经验之中，而且，也许它还被许许多多新的意象所包围，仿佛是被这些新的意象所注视。然而，实际上，统觉经验对于原初的所与（知觉经验）来说是某种**新的**东西；原初的所与不可能通过分析从统觉经验中抽取出来并和其余的经验相分离。[①]

然而，当库柏说道：“体验到一种心理过程，感知、意识到这种过程，因而和统觉领悟这种过程都是等同的表达式”[②]时，在我看来他就对统觉理论作了使人最不满意的改变。在这里，完全取消
160 了感知到的和统觉领悟的意识材料之间的区别，而这种区别正是统觉理论原来的要旨；因为仅仅是知觉到的内容还不是意识的内容，只有无意识才能被统觉揭明从而升入意识。在这里，我们必须指出下面这段插入的话来从整体上反对这种观点：心理要素存在于意识之外（因为它们实际上是无意识的），只有通过一种特殊的过程——体验、知觉、统觉——意识才会拥有这些心理要素。甚至

① R. 希尔贝兹探讨了一种类似的有意义地谈论内在知觉的方式。他说（《实在论的逻辑导论》，第190页）：“意识过程——当我们体验到它们并且通过我们对它们的体验——根本不是直接的所与。我们首先必须通过思考……以特殊的心理掌握活动，使它们的存在进入意识之中。它们首先作为自我感知的对象给予我们。”在这些说法中，“所与”这个词的用法和我们在这里使用的意思完全不同；因此，希尔贝兹谈论自我感知的意义和我们必须反对的那种意义并不相同。在这段话中，如同在杜尔那里一样，可以把内在知觉理解为统觉，所以和我们的问题无关。

② 库柏，《现代哲学》，第3版，第113页。

可以设想以不同程度发生这一过程，因为库柏区分了意识的五个不同层次，并认为这些层次的存在得到实验上的证明。[①] 但是应当指出，这种结果不可能从实验上直接看出，这种发现只能是对这种结果的解释。一系列不同的经验可解释为不同样式的意识的同一种内容。显然，我们也可以说——按照我们的说明，我们**所能说**的只能是这样——是有不同的**内容**存在。因为经验和经验的内容是一回事。对解决这种问题心理学的实验是无能为力的，因为对任何实验的解释必须以这种问题的解决为先决条件。让我们举一个例子（库柏喜欢举的），在这个实例中，给实验主体看一张草图，他能够说出图像的形状，但不能说出它的颜色。但每一个视知觉必定具有某种质；它必定要么是黑的、灰的，要么是别的某种颜色。因此，人们总是会作这样的推论，认为这个受试主体实际上具有颜色感觉，但这种感觉不在意识之中。然而，如果除了报告一种经验总是在这该经验**之后**这个理由之外没有别的理由，那么这种推论 199 是无效的。如果一种颜色感觉在经验过程中必然存在，但在报告时这种感觉不再存在，也不存在对它的记忆，那么我们就把这一现象称之为**遗忘**（forgetting）。从这类实验中所能得出的结论只能是，在所描述的情况下，意识材料可能迅速消逝以至于没有留下记忆任何东西的倾向因而立即被遗忘。

我们所反对的这种思维方式是根深蒂固的。我们的语言表达形式正是建立在这种错误的设定上，以为主体、行动和对象三者构成每一经验或意识的三个部分，正如知觉预设了知觉者、知觉活动和被知觉这三者一样。我们已经提醒人们，我们在这里常常使用 161

① 库柏，《实在性》，1912 年，第Ⅰ卷，第 56 页以下。

的“所与”这个表达也有同样的缺陷。如果不用“所与”而说“拥有”[①]那就更无可取之处了：这个词，即使有什么意义的话，那也会使人想起在主体和对象之间更加确定的对立。我们在前面谈到，笛卡尔的我思(cogito)就包含着实体性的“我”和它的活动之间的区别这个陷阱，当他在“我思”后加上“故我在”时，他便落入这个陷阱。因为我们在前面谈到，对他来说，sum 意味着一个实体性的“我”的存在。李希腾贝格非常正确地指出，笛卡尔应当说“在思”(It thinks)而不用“我思”，这个评论不仅仅是有灵感的话语，而且应当真正地成为心理学的最高的指导原则。在心理科学中，我们总是在说——而且我们的语言也几乎不容许我们作另外的选择——似乎意识是使单个心理要素在一旁等待以后登场表演的舞台。然后由这个“我”(通过“自发性”这个康德所加的但使问题变得更糟的用语)，将这些要素或者联系起来，或者分离开来或者随便怎样对待它。作为比喻，这些说法可以允许过得去。然而，它们所描述的只是称之为“意识流”[②]的质的不断变化。这意识流的每一段都是新的，其中并不包含任何前面片段的实在者(realiter)，尽管它可能被标示为对早先经验的再现或统觉。意识流只是一种存在着的过程；而“我”则是合为一体的这一过程的相互联系，而不是一个从内窥视着和引导着这一过程的人。自我的明确意识不应当看作经常伴随着这种意识过程之流的一个因素，而是其中的一个内容，在特定情况下时时出现的一个内容。冯特的一个不可估量的贡献就是他坚持强调真实的情况。他经常不断地反对那种把

① 例如，汉斯·德瑞西就喜欢这样用。

② 这一词语是威廉·詹姆斯创造的。

意识和应当构成意识内容的过程错误地区分开来的做法并且以严格的一贯性坚持他的这种立场。① 如果他的论证没有被人们如此轻率傲慢地抛在一边，那么，许多模糊不清和不恰当的东西就可能得以避免了。

21. 证实 162

我们已经否定了那种能够绝对无误地表明真句子真理性的特殊“自明性”经验的存在。这样一来很自然地产生了一个问题：那么通过什么样的意识材料才能识别真理呢？什么是向我们保证真理性的标准呢？这个问题我们还没有直接回答；但是我们已拥有了回答这一问题所要求的全部材料。

由于我们知道真理的本质并且了解真理的属性，因而我们也就能够确定判断的真理性怎样才一定能为我们所感知。只有在真理概念独特的特征直接呈现的地方才能找到真理，或者只有在出现这些特征的材料作为一种必然结果存在的地方才能找到真理。真理是通过一个单一的极为简单的特征来定义的：判断和事实相配列的一义性。因此，任何使我们能够确定是否存在这种一义性的记号或标记就会提供真理的标准。但是表明这种一义性存在的只有一种直接的特征，也就是，能够发现只有一个单独的事实，该事实按照正确制定的标示规则，与所要研究的判断相配列。

很久以前科学就发展起了检验判断是否一义地标示事实的特定的方法，这就是**证实**的方法。它们在经验科学中发挥了强有力的作用，因为这些经验学科是以首先作为假设提出它们的判断，然

① 冯特，《哲学体系》，第 2 卷，第 3 版，第 138 页。

后确定判断是否达到一义性配列为依据的。如果达到了这种一义性的配列，那么这假设就算做真的命题。

在这一节中我们的研究要限定在有关概念的命题上，因为只有这种命题所处理的问题才能够算做思维的问题。然而，此刻我们想要马上解决对有关实在的判断的证实问题，它不需要有关实在性质的假设（将在下一节中讨论）而把这个证实的问题放在后面去处理将会麻烦些。

一个判断只有与其他判断相联系才有意义。要使一个命题具有意义，除了命题本身外，至少还必须给出命题中出现的概念的定义。对于有关实在的判断来说，这种定义归根结底要以这样或那样的方式追溯到直观上的所与，而在自然科学、社会科学和历史学
163 中，绝大部分要追溯到通过感官所感知到的东西上。因此，每一个关于实在的论断都能通过一条判断之链与直接给予的事实相联系，从而以这样一种方式使该论断能够被这些直接给予的材料来检验。也就是说，事情可以这样来处理：存在或不存在特定的材料就提供了该判断是真还是假的标准。这种过程以如下方式发生。

假定我们要证实某个关于实在的任意的论断 J。通过增加另一个判断 J'，使 J 和 J' 一起作为一个三段论的两个前提，推出的结论为 J_1。这样就可以从 J 推出一个新的判断 J_1。判断 J' 可以是（1）一个关于实在的论断，或者是（2）一个定义，或者是（3）一个纯粹的概念性命题，我们暂且假定它的真理性已经绝对地确定。现在我们可以借助于新增加的判断 J''，又推出一个新的判断 J_2，这里对 J'' 来说也同样有如同 J' 那样的三种可能性。从 J_2 和新增加的判断 J''' 我们得到 J_3，如此等等直到最后达到判断 J_n，它大概说

来具有这样的形式："在如此这般的一个时间，在如此这般地方，在如此这般的情况下，将会观察到或体验到如此这般。"我们便在指定的时间在指定的地点去安排指定的环境。然后，我们通过一个知觉性判断 P 来描述（也就是标示）我们的观察或经验——依据再认识活动——我们把所观察和所经验到的东西放到适当的概念之下并且用适当的词来对它命名。如果 P 就等于 J_n，这就意味着 J_n 因此得到证实，从而最初的判断 J 也得到了证实。

这就是说，我们发现，尽管判断和事实沿着两条完全不同的道路彼此相配列，但同一个判断两次都标示相同的事实。因此，这种配列是一义性的配列，因而该判断是真的。由于判断之链的最后一个判断导致一义性的配列，我们就把这作为一个标记，表明判断之链中的其他成员，因而出发点和终点 J，也满足这个成真条件，我们便把整个过程算作对判断 J 的证实。

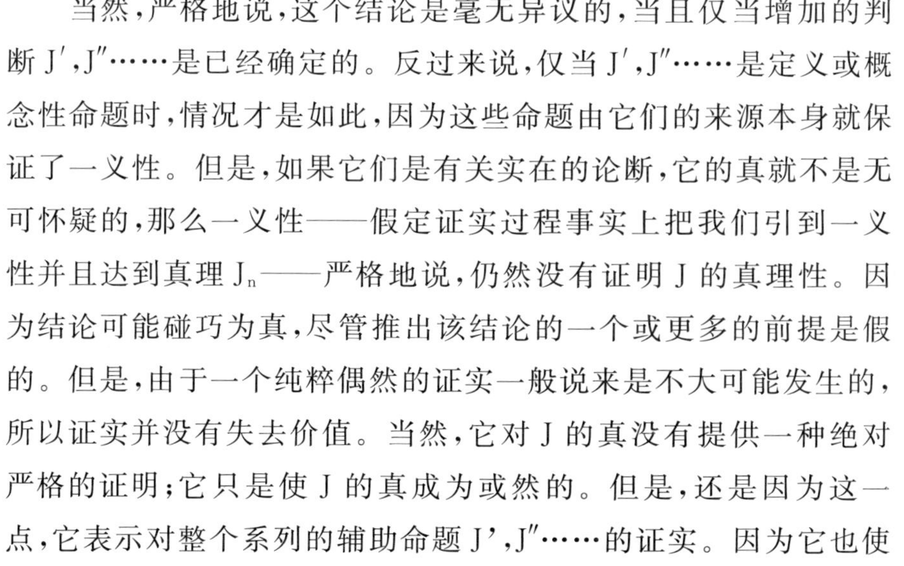

当然，严格地说，这个结论是毫无异议的，当且仅当增加的判断 J′，J″……是已经确定的。反过来说，仅当 J′，J″……是定义或概念性命题时，情况才是如此，因为这些命题由它们的来源本身就保证了一义性。但是，如果它们是有关实在的论断，它的真就不是无 164
可怀疑的，那么一义性——假定证实过程事实上把我们引到一义性并且达到真理 J_n——严格地说，仍然没有证明 J 的真理性。因为结论可能碰巧为真，尽管推出该结论的一个或更多的前提是假的。但是，由于一个纯粹偶然的证实一般说来是不大可能发生的，所以证实并没有失去价值。当然，它对 J 的真没有提供一种绝对严格的证明；它只是使 J 的真成为或然的。但是，还是因为这一点，它表示对整个系列的辅助命题 J’，J″……的证实。因为它也使

这些判断的真具有更大的或然性，并且具有适用于 J 的相同的根据，因为它们在原则上恰好具有像 J 一样的与 J_n 的关系。在日常生活中和在科学中，每一个这样的辅助命题一般也都是通过许许多多其他的判断之链来证实的。这样，单个的结果都彼此互相支持，而配列的一义性对整个系统的每一个成员来说变得更加可靠。

我们在上面所说的情况可以在各门学科中随便挑选任何例子来加以说明。假定一个历史学家想要确定是不是真的像流传给我们的那样发生过某个事件。开始他就利用某种历史著作中的各种陈述，然后查阅各种印制的或书写的记载这一事件的报告或文献记录。这些东西来源于一些见证人，他们以或多或少间接的方式，常常是通过许多媒介获得有关这一事件的信息。研究者从这些材料或许就能够推出这样的结论：有关这一事件的记载要在这些资料来源提到的某个人的记录中或在一个特殊城市的编年史中去寻找。然后，他就会试探性地提出一个命题（J_n）："在如此这般的档案中有一份载有关于这一事件的如此这般陈述的文件。"如果在档案中真的发现了这样一份文件，那么依据对这份文件的直观知觉就可以作出恰好相同的判断（现在是 P）：同样的判断在两种场合下都符合相同的一组事实，因而全部判断之链的所有判断就被看作得到了证实。

这个由许多判断组成的系列长得真是令人难以想象；要把它全部表达出来或者写下来是不可能的。它包含无数辅助命题 J′，
165 J″……，其中绝大部分从没有明确地提到过，因为它们的真是没有疑问的。它们常常被我们在生活中和思想中所采用，正如常常得到确认一样。例如，有这样的假定——而且是比较熟悉的假

定——整个一组见证人不是都被幻觉所欺骗，或羊皮纸和纸张保持写在上面的字母不变而且这些字母并不因时间的流逝而变成另外的具有不同意义的字母；以及诸如此类的假设。这样一些命题都毫无例外地进入每一个证实过程。由于这些命题在每一个实例中都得到确认，所以我们对于这些命题的真抱有不可动摇的信念。

在前一个时期曾在哲学界引起不小轰动的实用主义的认识论把这个证实过程作为讨论的中心，坚持认为应当在这种证实过程中去发现真理的本质。从本书第一部分的论述中我们就知道，这个论题整个说来是不正确的。但是实用主义者(美国的皮尔士、詹姆士、杜威、英国的 F. C. S. 席勒等)指出(特别是对有关实在的论断)，除了通过证实以外，的确没有别的办法来确定真理，因此他们的确作出了真正的贡献。这的确具有很大的重要性。然而，我们要加上一个同样重要的发现，那就是证实总是以建立两个判断的同一性而告终的。一旦情况表明在标示一个感知到的事实时，我们得到一个与我们在逻辑基础上推出的对这一事实的相同的判断，我们便相信所检验的命题是真的。没有别的办法能达到这种确信，因为一义性由于其本身的性质，最终总是以我们在前面描述的方式表达出来。

但是，对于纯粹概念性的或分析的命题又怎么样呢？我们在这里作为“思维问题”来处理的所有各种考虑都是关于这种判断的。我们知道，它们是先天有效的；因为它们所陈述的只是依据定义而包含在这些概念之中因而无需通过经验的确证来承认其为真了。所以，如刚才所说的这种证实对于概念性命题来说似乎没有必要；因为其真理性无需揭示。我们还知道，心理过程的流动性和

连续性并不妨碍我们作出正确的分析命题和正确的推论，也不妨
166 碍我们认识到它们是正确作出的判断和推论。然而我们还没有具体地描述这种过程得以实现的意识活动。现在我们必须这样做，从而填补我们在拒斥自明性理论时所留下的空位。

我们已经说过，分析的或演绎的本质就是推出的结论的内容已经完全包含在前提之中，因而结论只是似乎说出了某种新的东西。只要我们回到前提中所表达的假定，那些看起来似乎不同的记号的联结就变成相等的了。因此，如果推论是正确进行的，那么彼此相关联的概念的一义性必定在事实中显示出来，当我们对前提中包含的概念性关系进行所允许或所要求的代换时，那么我们就得到一个纯粹的等同性关系。这也就是我们对分析的正确性的（即推出结论的真）确证方式的逻辑基础。这种过程最清楚地表现在我们的最明晰的分析方法即数学的方法中。如果要确定某些关系的正确性，比如说方程 $e^{ix}=\cos x+\sin x$，我们在等式两边用这些符号的意义来代替这些符号——在我们的这个例子中，就是用定义这些函项的系列代替这些符号——那么我们便直接得到同一性。对于任何其他的实例，都可用同样的方法来证实结果的正确性，每一个以演绎方法推出的命题都可用同样的方法加以检验。举一个教科书上的关于卡乌斯有死的例子（即所有的人都有死，卡乌斯是人，卡乌斯有死），按照前提中表达的假设，我们可以把推出的结论变成一个纯粹的等同关系。因为，如果我们在结论中用“人”来代替“卡乌斯”（依据小前提），用“有死的”来代替“人”（按照大前提）那么结论就变成了“有死的”是“有死的”这种重言式了。一义性便通过这种同一性得到证明。

在这里，也像有关实在性的命题那样，展示同一性便提供了真

理性标准。当然,在意识中显示同一性是或多或少通过直观过程
发生的,这种直观过程似乎模仿了这种非连续的概念性关系(在第
18 节中所展开的讨论使我们相信这是可能的)。为了掌握某个一
般命题的真理性,我首先必须“理解”它,我必须弄清其中语词的意
义并且给自己描述这些命题的意思。我可以用下面这种说法表达
这种情况:当我们立即为这个一般命题提供一个直观的例子时,我 167
就理解了这一命题。对这个命题的真理性的领悟正是以同样的方
式发生的,即最终通过这种同一性经验表明某些表象或活动是同
一的。这种同一的逻辑关系可以以极其多样的方式表现出来;我
可以通过无数图形中的任何一图形使我弄清一个特殊的几何定
理;我可以借助于极不相同的例子来说明一种推理形式的有效性。
但是,这种同一性经验的最终发生,完全不依赖于这些说明性图像
或图形的性质(而且也自然地假定这些“图像”的确与这些逻辑关
系相平行)。毫无疑问,一般被称之为“自明性的感觉”的正是指这
种经验。不论我们可能在思考什么样的判断,一旦真理明显地在
我们面前出现,一旦我们仿佛在对自己说,“对了”或“正是如此”,
那时总是有一种同一性的经验。另一方面,我们会通过一种不同
一的经验知道错误的东西。怎么会是另一个样子呢?真理是绝对
恒常的,是永远不会改变的,是唯一者;而错误和歧义则通过矛盾、
分歧和偏差表现出来。

当然,如前所说,我们知道,这种“自明性感觉”的出现并不是不可错的真理标准。因为实际上可能会存在着决定性的意识材料的同一,而用这些材料来考虑的判断则并不一定是正确的。如果概念或判断与其直觉的表象之间的对应是错的,也就是说,如果在连续的意识过程中并没有出现我们在前面(第 18 节)所说的作为

一切精确思考的必要条件的离散性要素，那么就会发生这种情况。因此，由于这种错误，就可能出现这样的情况，即：同样的意识材料代表不同的概念，因而同一性的经验出现在错误的地方。“四名词错误”就是这种情况的一例。这种错误可以通过对分析再次进行彻底思考而检查出来，因为在原初的情况下，偶然的情况影响了意识过程的流动。这种情况不大可能在第二次以同样的方式再次发生，特别是由另一个人进行这种再次检查的时候，更不大可能发生。这样，就会把偏差揭露出来。

168 的确，保证完全避免偏差并使自明性感觉总是在恰到好处的地方出现的心理学的公式是没有的。并不能保证一个特殊的推理每一次对于一个特殊的意识都是明显的。那是过分的要求。它取决于我们不可能随意满足的条件。作为无可怀疑的知识的基础来说，只要在一定的环境下这些条件实际上是得到了满足，那就够了。而情况就是如此，这是一个毫无疑问的事实。

对于经验陈述，以及概念性真理来说，都是通过构成证实过程的最终结果的同一性经验来确定其真理性的。但是，一个极为重要不可忽视的事实是，虽然这两类判断在这一点上是一致的，然而还存在着将它们分开的巨大的差别，这是任何逻辑和认识论都不能越过的深渊。

假定我们必须证实一个通过某种推理得到的实在的陈述，比如说关于某个历史人物的性格的判断或者是关于某种化合物属性的判断。那么这种证实相对于导致作出这个判断的思维过程来说就是某种完全新的东西。人们正是通过这种活动表达对周围世界的看法并希望从中得到某种结果。是不是会得到这种结果要取决于实在及其法则。我们是不是能够确实地知道一个关于实在的判断必定是有效的呢？初看起来似乎只要我们知道支配着实在的法则我们实际上就能做到这一点。但是，假定我们已经充分研究了全部似法则(law-like)的自然律则。我们怎么知道未来的自然将会服从同样的法则从而使我们的判断也得到证实呢？对此，经验没有告诉我们任何东西，因为经验只是表明是什么，而不是表明将是什么。但是一个命题仅当它总是无例外地得到确证才当然是真的。如前所说，严格地说我们从一定数目的证实中所能推出的不是绝对的真理，而只是概率。因为甚至对于错误判断来说，唯一性的检验也可能偶尔在特定的实例中产生似乎有利的结果。不管有多少次确证，我们也不可能逻辑地推出一个判断必定在任何时候都会是真的。要绝对确实地使一个命题总是得到确证，使它无条件地真或者普遍地有效，我们就必须能够**命令**实在在每一次检验 169
中都向我们提供与所期待的知觉相符合的知觉。换句话说，为了作出关于实在的**先天**有效的判断，我们的意识就必须为自然界本身颁布法律，自然界在一定意义上就必须被看作是我们意识的产物。我们知道，康德既相信这是可能的，也相信情况就是如此。自然界的最高法则同样也是对自然的知识的法则。因此，他极力保留并向我们保证对自然的一种绝对有效的普遍知识，从而肯定地回答了关于实在世界绝对确实的知识是否可能这个大问题。在本书第三部分，我们将专门讨论这个常常依稀可见的问题。

对于概念性命题或分析判断来说并不存在这个问题。就这些命题来说，证实过程对于推理过程并不是新的东西；它不是独立于推理过程的。相反，它在逻辑上和心理上恰好都建立在与推理过程相同的材料上，而绝没有超出这个推理过程进入生疏的实在之中。这两类判断在其真理性方面虽然类似但并没有达到(如某些人起初以为而事实上也这样以为的那样)这样的程度,以至于可以认为意识的法则对于断定实在所起作用也类似于自然法则的作用。也就是说,我们可能倾向于作如下的推论:如果我们现在知道一个推理是正确的,这并不意味着结论的真是绝对确实的,它只是或然的。有什么样的保证使我对未来也能持同样的看法呢?难道我们的意识的似法则的图式就不可能改变,从而使现在是假的东西在将来似乎是真的或者现在是真的将来似乎是假的?

这种推论的方式错误地解释了分析过程所依据的事实。能够提出某种定义的意识也就能够总以相同的方式理解从这些定义所推出的分析命题。这两种过程在原则上是相同的,一个判断决不会超出已经归于其概念并被看作这些概念组成部分的东西。对于意识来说,只有当它能够把判断中出现的概念的定义结合起来并且理解这些定义,该判断是否是真的这个问题才有意义。但是,对于这样一个意识来说,这个问题由此便已经得到了回答。当然我
170 也可能发生精神错乱,以至于可能使我的意识过程的模型发生巨大的变化而无法把握真伪,比如说无法把握乘法表的真伪。但是那样一来,我就完全不可能正确理解任何个别数字的意思了。我根本就不可能设想一个关于数的有意义的命题了。因而对于这一命题的正确性问题对我来说已经变得毫无意义了。我甚至于连提出这个问题都不可能。如果意识能够理解一个分析命题,那么毫无疑问它也就有能力觉察其真理性,这两种活动都是通过相同的过程发生的。同时,不管通过思维着的意识展示何种似法则的律则性,这样说都是站得住脚的。这种律则性的性质与结果无关;结果可以说已被消除了。假定我变成了另外一种生物,具有不同的感官并且因此而具有相当高智力的心灵。我用来思考比如说 2×

2=4 这个命题的意识过程(及其法则)就会完全不同于现在的意识过程。然而,虽然经过完全不同的途径,我仍然能够觉察这个命题的真理性。否则,我就完全不可能理解这一命题,那就与我们原初的假设相矛盾了。

这就意味着,对于分析判断来说,它们的绝对的真理性是得到保证的。我能够确定无疑地断言,它们必定总是真的("总是"的意思是"只要我想到这个判断,就常是";如果我没有或者不能想到这一判断,这问题就成了无意义的)。因此,莱布尼兹把概念性真理说成是永恒真理(vérités éternelles),这是完全正确的。

另一方面,至于有关实在的陈述或事实真理,我可以理解它们,思考它们,也可能发现它们在一系列实例中得到确证,但在将来它们可能得不到证实因而不再是真的,这是完全可能的。因为在这种情况下证实过程所要求的不是随着对这一判断本身的理解就已经给定的东西。相反,我必须超出这个理解;我必须去考察实在世界。

分析判断或概念性命题则没有这种情况。它们并不是一个问题,也不产生任何进一步要解决的问题。

然而,包含着全部实在性问题的综合判断问题,也极其重要,仍然有待于我们去解决。

171 # 第三部分　实在问题

A. 对实在的设定

22. 对这个问题的表述

知道某种东西——如我们在第一部分的研究所表明——就是用尽可能少的概念通过判断来标示事实以达到一义性的配列。

至此，我们还完全没有谈到事实领域即被标示的对象的领域。我们一直涉及的只是记号以及联结它们的规则。同时，我们已经知道，严格的推理总是完全由记号的联结所组成；推理用某些记号来代替其他记号从而实现由形式逻辑研究其法则的分析过程。

我们还讨论了记号、判断、概念与意识中把它们表现出来的心理过程之间的关系。但是，即使到这里，我们还是没有离开思维问题的领域。

现在我们要离开这个领域：从知识得以向我们表现出来的形式转到这些形式中所存在的内容。我们要从记号转向记号所标示的对象。这样一来，我们就面临着完全不同的另外一类问题，我们把这些问题叫做实在问题。

172 这样一种问题隐藏在每一个综合判断之中。分析判断的有效性仅仅取决于由定义永久固定下来的标示的规则。然而在综合判断中，结合在一起的概念不是由任何定义把它们彼此联系起来的。因此，当我说出“高卢被罗马人征服”这个综合判断时，我的判断的有效性不是建立在概念之间任何先在的联系上——不可能从高卢这一概念的种种属性中推出高卢有一天会被罗马人征服——而是建立在实在对象之间的事实性的关系上。

但是，我们是怎样知道实在事实的呢？它们是直接给予我们的吗？或者还有什么别的途径使我们了解它们吗？

随着我们对每一事实作出有关的判断，这些问题会反复出现，而我们若要知道我们的判断是否是真的，就必须回答这些问题。因为，在我们能够谈到任何一义性的标示对象之前，首先这些对象必须存在着。我们所有的问题归结起来就是：我们在认识中将记号与之相配列的这些对象、“事物”、“事实”是什么？被标示的东西是什么？什么是实在？

对于一个如此基本的问题来说，一切都取决于对这个问题如何陈述。我们必须非常小心谨慎。在我们寻求一个解决办法之前，必须搞清楚，这样表述的问题是不是可能有一个解决的办法，这种解决看起来可能是什么样的。对实在是什么这个问题我能指望有什么样的回答？

不论答案可能是什么，它本身必须是一个判断。但正如我们马上就非常清楚地知道的，判断无非只是一个表示事实的记号。把一个对象归于一个概念；这概念与该对象相配列。这种配列正好发生在判断之中，因而该判断标示着整个事态。判断不可能提供任何更多的东西。不管我们试图做什么，不管我们援引多少判断去解释和澄清所使用的概念，认知——事实上它就是进行判断——所给予我们的只是记号，而决不是所标示的东西。后者仍然是永远达不到的。任何人如果坚持认为认识应当使实在更紧密地靠近我们实在者，那么他就提出了一个无意义的而不是太高的要求。在前面(第一部分,第 12 节)我们知道我们既不可能,也不希望使被知的对象在认识中存在;我们并不想与之成为一体,不想直接地直观到它,而只是要联系和排列这些记号。知识所提供的仅此而已别无其他,这不是知识的弱点,而是它的本质。

173 因此,我们知道,任何人企图把我们的问题解释为意指"什么是独立于标示的被标示的东西",那么他就会陷入毫无希望的误解之中。他会提出一个无意义的问题,因为每个问题必定要以一个判断来回答,因而要求有一种标示。因此这样一个表述使人感到就好像问:一种声音如果没有人听到它,它如何才能被听到一样明显地无意义。

由此可知,实在永远不可能通过任何种类的知识给予我们。它在一切知识之前就已经存在。它就是被标示的东西,它是在任何标示之前就存在着的东西。而这个命题本身以及我们可能作出的关于它的所有判断只能标示实在,决不能给出实在,不能决定实在,也不能创造实在。

这是一个简单的见解而且是完全分析地从知识的概念中得出来的见解。但是,由于新近的哲学会引向许多错误的道路,所以这一点常常被人们所忽视。

同时,我们要再一次重申,对实在本性的体验不是通过对实在的知识所获得的。前者如果可能的话,必定先于后者,因为需要被标示的东西总是先于标示。这样,我们直接地体验到我们自己的意识材料的全部领域;它只是存在着,在任何提问之前,在任何认识之前就存在着。认识不可能改变其中任何东西,不可能从中取得任何东西,也不可能给它增加任何东西。这些直接给予的材料,是我们所体验到的唯一的实在;但是,如果因此而作出结论说它们必定就是唯一的实在，甚至是唯一被认知的、可知的、可标示的实在，那就完全错了。然而，人们常常作出这样的结论。这也是我们在后面将要再讨论的题目。[①]

让我们回到我们的问题上来：什么样的对象是实在的？对这个问题必须加以清楚地理解。这里的情况不可能是从一大堆给定的事物中找出“实在的”从而把它们与非实在的事物分开来。的确，非实在的东西决不会给予我们，因为它们根本不存在。显然，实际的情况是，在研究的过程中，我们惯于通过概念的联系来标示 174
所与并且形成新的概念，这些新概念并不直接标示任何为我们所直接**体验到的**东西。于是产生了这样的问题：后一种概念是否与任何“实在的”东西相配列，也就是说：“实在的”这个谓词是否也与那些概念的特征相联系。我们将会看到，对这个问题的回答必须依据概念与某种“所与的”要素之间的相互联系，产生这种相互联系的方法是同用于确定一个对象是否具有某种属性的方法一样的。例如，我们确定以太具有 39 度的沸点所采用的方法，同我们确定电子是实在的而燃素或毕达哥拉斯的“中心火”是非实在的方法差不多是相同的。

无论怎样，对象的实在性问题都是像其他有意义的问题一样，事实上都可以通过产生某种配列关系或标示来回答，因而这个问题也是有意义的。如果我们想要更确切地确定这一问题的意义，那么看来一切似乎都取决于对实在概念的定义。但是，给出这样一个定义是不是可能呢？这个概念是不是一个只能在直观中、只

① 汉斯·瑞西在他的《秩序论》（第二版，第 381 页）把这样的观点归于我：“有对实在的体验，但没有对实在的知识”，并且提到上面这段话，但是，正如读者所知道的，我所提出的一个最重要的主张就是认为存在着对实在的知识。

能在经验中显示其对象的概念呢？看起来情况的确如此。因为，我们怎么可能回到某种别的东西即非实在的东西那里去寻找实在呢？想要确定存在（being）与非存在如何区分开来看来是一个无谓之举。事实上，我们就会发现我们的怀疑得到了确证：要求对实在性概念的一种分析就是要求某种不可能达到的东西。这并不是要否认存在着这种区分的标记，这种区分标记是可以发现的，它也同样属于并且表征全部实在，因而它可以在任何时候用来作为对象的“实在性”的一个标准。显然这样一个标准对于实际的目的具有的巨大的重要性；生活只是与实在的东西相关，而与虚构无关。而且在实际生活中，我们从没有对寻求标准感到为难，也无须从哲学那里寻求帮助。然而正是哲学，才要确定这些标准是否对于科学知识也保持其价值，并且仍然严格有效。哲学，为了自身的目的而不得不把这些标准归结为一个共同的公式。如果它成功了，它就找到了解决最基本的实在问题的一把钥匙。

对于表示一个哲学体系的性质来说，恐怕没有一个哲学问题比下面这个问题要花费更大的热情去对待或者具有更大的意义
175 了，这问题就是：实在的领域有多广，什么算做实在的？[在本书的讨论中，我们总是把“实在”（wirklich）和实在的（real）完全等同地加以使用。]在这里，我们遇到了超验这个大问题：在单纯的所与之外或超越单纯的所与，是否有实在存在，在何种程度上存在？是否有非所与的对象存在可以或必须用“实在的”这个记号与之相配列。对于这些问题，只要我们找到了一种标准并且知道如何运用这个标准，这些问题便可一下子得到解决。我相信，在这一点上要比我们惯于设想的对于涉及超验问题时所出现的激烈的理论争论更容易取得一致。

因此，以下几节所讨论的内容首先必须尽力找出所有实在的东西都具有的特征并且讨论由这种研究的结果所得出的结论。想到这一点，我们便会考虑到库伯以如下形式所表达的问题："对实在的假定如何可能？"[①]然后，我们就必须着手来解决可以排在库伯问题之下的另一组实在性问题："对实在的规定如何可能？"[②]在这里的任务就是要考察在一般或个别的情况下与被承认为实在的东西相配列的必须是什么样的概念：应当把实在标示为物理的还是心理的？统一的还是多样的？是空间性的还是非空间性的？是有序的还是混乱的，或者我们随便用什么别的专门术语。这里始终贯彻的研究方法首先是要最仔细地确定所用的这些词语的可能的或实际的意思，然后就用我们在第一部分的论述中所锻造的武器来对付所有这些问题。

23. 对实在问题的素朴观点和哲学观点

实在概念不是一个科学的概念。它不像比如说能量的概念或整数的概念那样是某种研究的产物。它并不属于某个具体科学；事实上，尽管这一点听起来令人觉得奇怪，科学家们不可能对实在的规定或定义没有多大兴趣。当然，理论家总是从实在得到研究 176
的刺激，这是对的。但是就科学的实际兴趣而言，则是在于把一个概念归结为另一个概念的游戏中寻求满足，结果并不涉及这些概念是否标示实在。无论在哪种情况下，认识过程都可以以同样的严格性来向前推进。数学家们在致力于理想结构的研究上表现出

① 《实在论》，1912 年，第 1 卷，第 4 页。

② 同上书，第 3 页。

极大的热情，而不是像那些把兴趣集中于研究实在的历史学家和经济学家。但是，甚至后两方面(历史学家和经济学家们)的人们也要构造理想的案例；而且在探究其一般原则时都要进行简单化的抽象。归根到底，一切科学都是理论，而一切理论都把非实在的抽象作为其研究主题。

只有生活必须与具体丰富的实在打交道。实在的概念明显地是一个实践上的概念。行为或活动不断地并且唯一地与实在打交道而且本身就形成实在。人们很久以前就认识到，只有在这里才能找到实在概念的根源。特别是狄尔泰，总是十分有力地强调这一事实；[①]弗瑞希恩一科勒则力图从中引出进一步结论。[②] 这些著作家接触到一个具有很高意义关键之点，尽管我们并不认为他们对这一点在理论上的应用都是适当的。

只有哲学而不是个别学科才把实在概念作为一个有学术意义的对象。哲学之所以这样正是由于它所关注的是对最一般的基础进行澄清，而在所有其他领域，或者把这种基础作为毋需证明的东西接受下来，或者对它加以忽视。但是由于哲学首先关注于概念——由于以上所说的原因——所以它不可能变成任何个别科学，但它必须尽量从生活和行动中获得启示。当普通的质朴的人们把“实在性”赋予一个对象时，必须确定他或她意指的是什么，然后，还必须为了其自身的学术上的目的，仔细考虑是否可以用这个词意指相同的事物，或者为了保证思想的确切性必须使这个意义有所改变。

① 维尔海姆·狄尔泰，《我们对外部世界的观念及其理由的来源问题的补充回答》柏林皇家科学院会报，1890年，第977页。

② 见其著作《科学和真理》，1912年。

就纯朴的未受教育的个人来说，感官知觉的对象构成**实在**概念的内容，这是毫无疑问的。但是，我们必须谨慎地指出，这个陈述并不是要报告一个普通人对于实在性问题的论断或者重复他自己回答这个问题的说法。这个陈述代表了后来对纯朴人们的自然观点的科学的表述。这样的人们在开初并不具有知觉的概念；知觉概念是特别的反思的产物，是作为把经验对感官的多种多样的依存性进行观察和比较的结果而产生的概念。观察很快引导我们将知觉的意象与被感知的对象区分开来；但是，原初从素朴的立场上看，这两者是直接重合的。一个人并不说“我有一张桌子的知觉”然后才推论出一张桌子的存在。相反，他说，“我看到一张桌子”。根本不会去进行任何推论，他把对象当作直接的所与，而不是把它同对象的表象或意象区别开来。对他来说，它们都是一回事。冯特用“表象的对象”这个表达来表示这种统一性。[①] 177

在这一阶段，还根本没有形成实在概念的必要。最初出现这一概念是在某种特殊经验的情况下，如做梦、所谓感官幻觉或者必须检验的他人的错误断定等情况。这是虚幻的、非实在的东西的观念产生的源泉，因而也是建构实在概念的一个理由。在此之前，没有什么东西能够使这一概念得以界定。我们知道，概念的形成要以区分作为必要的前提。

一旦这种界定成为必需，我们便把我们称之为知觉的东西用来作为实在性的标准，不管我们是否已经具备知觉的概念。如果一个人不相信某个或另一个对象是实在的，那么只有一个办法使他相信该对象的存在：我们必须把他带到该对象跟前，或把该对象

① 冯特，《哲学体系》，第3版，第79页。

拿给他看，摆弄它或者听到它。然后他就不再怀疑了。假定某个人梦见他在一个遥远的国土上旅游。在他醒来以后，一个整夜守候在他身旁的伙伴可以告诉他这种漫游只是一种幻觉，因为他自
178 己的感觉证明了这样一个事实：认为自己到远处旅游的那个人身体是一直在平静地躺在那儿的。这样，表象与对象之间的分离便产生了。梦中的意象是实在的；但这意象的对象，即到远处的旅游是非实在的，这个对象并不存在。

然而，人们很快会发现还有一种情况，那就是虽然宣称一个对象是实在的，但并没有被感官所感知。例如，一个原始人在树林中发现被撕成碎片的同伴，他便相信这是一种食肉野兽所为，尽管没有一个人亲眼看到这种动物。因而，如果没能感知到对象本身，但我们感知到对象所产生的结果，这便是实在性的一个充分的标准。因果性概念就是以这种方式与实在性概念相联系的。至于因果性的概念是怎样在意识中清楚地出现的，这个问题我们暂且不去讨论。生活常常提出要求为给定结果寻找原因的任务，在所有通常的情况下，经验会迅速而容易地提供具有充足概率的回答。事实上，从经验中学习的无非**就是**确立这种联系。

因此，日常生活的目标受到完全关注。首先是对对象的感知，其次是对其效果的知觉提供了一切情况的实在性的充分标准。由于需要给出的不是对象本身，而只是它的效果，因而对象本身竟然与感知者完全脱离，因而素朴的人们对于有些对象既没有任何人感知到它们也没有人感知其效果时这些对象是不是实在的这个问题能够毫不迟疑地回答“是的”。因此，设想感知以外的事物继续存在是很自然的，正如它们在感知中给予的那样，即拥有这些事物的全部所谓第一性的质和第二性的质（空间的和时间的广延，颜

色、气味等)。事实上,从前科学的观点看,**想到**事物只是意味着直观地想像事物;因此,它们必定被认为具有种种直观的质。

自然的世界观点就是这样达到通常所谓“素朴实在论”的立场的。

值得提出的是,从这种观点看,实在对象就完全被看成“自在之物”。如果他不得不在这个问题上采取一种立场,素朴实在论者总是坚持认为,一块石头或一个天体的存在并不需要预设它对任何其他事物或知觉的依存为先决条件,它们是“自在地”存在着。的确,自在之物这个概念是一个广为流传的通俗观念,并不是像人 179
们有时所设想的那样由某个特殊的哲学体系首先创造出来的。恰恰相反,康德以及在他之前的洛克都是从前科学的思想中吸取了这个概念的。请注意,康德是怎样把这一概念引入他的哲学,而没有给它下定义,没有特别地把它称作其理论所特有的基本概念。毫无疑问,他直接设定——并且正确地设定——这一概念是一个人们所熟知的概念。

哲学能够把素朴的世界观点所接受的实在性标准保持不变吗?

素朴观点提出的第一个假设——直接的所与被看作实在的——当然必须接受。因为,这里无疑是实在概念本身的源泉所在。事实上,所有的思想家都承认这一点,有的思想家如冯·贝奈基,就明确地把它指出来了,[①]“意识材料是实在的”这个命题只是一个最原始也是初步的对实在、对存在的定义(见上面,第 12 节)。它之所以是初步的,是因为人们很快就承认除了所与之外还有更

① 《形而上学体系》,1840 年,第 76 页、83 页、90 页。

多的东西要归入实在性的概念的外延。然而，哲学的定义指出，**所有**直接的材料对实在性都具有同等要求，在知觉中给予的事物并不比感觉或幻想的意象这样的“主观的”材料要求更大的权利，因而这种哲学的定义不是超越了素朴观点，而是使它更加精确。当然，素朴观点并没有否定“主观”材料的实在性；但在与感官所感知的东西的实在性比较起来，特别是在与“有形物”的实在性相比较时，常常忽略甚至无视这些“主观的材料”。

到底我们应当如何进一步地标示直接经验到的实在，我们必须说“树本身给予了我”，还是说被给予的只是“树”这个事物的知觉意象或现象。这个问题在这里对我们来说并不重要。

但是，素朴思想的第二步——在这一步上，被承认为实在的不仅是所与而且还有所与的原因，尽管它们并不是所与而只是依据原因的概念而被设定——则是哲学要更谨慎小心地看待的一步。首先，我们在这里碰到原因观念，对它必须加以澄清才能接受它作

180 为实在概念的规定性的组成部分。其次，不管这种澄清结果如何，有一点似乎可以先行肯定，那就是把实在概念归结为因果概念是在认识论上使我们不能满意的。因为无论如何，因果关系只是实在事物之间的关系，因果概念显然比实在概念更加复杂而且要预设实在性概念是原始的概念。

但是，即使哲学想要追随自然的观点来采取这一步，但仍然没有与自然的观点完全一致。因为，正如我们刚才谈到的，前科学的思想已经肯定了一种既不是本身被经验到也不是在其效果中被经验到的自在的实在(reality in itself)，因而先前提出的标准不可能适用于它。因此这些标准不再被看作是衡量实在的重要标准了；它们被抛弃了，而且这时并没有提供替代的标准。

不论这种对前科学观点的心理学论证和解释可能多么有用，但它在认识论上的合理性恰恰是贫乏的。绝大多数哲学家并没有停留在素朴的观点上。相反，他们总是寻求新的观点，希望从中能找到更好的更统一的标准。他们从两个方向上由素朴观点出发。有的著作家试图对通俗观点加以完善和补充从而达到在科学上适用的标准。另一些著作家则拒绝由素朴思想自身所采取的任何新的步骤而是回到素朴观点的出发点紧紧地抓住它以保持它的全部纯粹性。这里的第二个方向的努力所描述的立场是大家所知道的“唯心主义的实证论”或“内在论哲学”以及被不大恰切地称呼的“内心主义”(conscientialism)。大多数哲学家选择了第一种途径并提出各种各样通常称之为“实在论的”体系。我们将简短地考察一下在实在论这一范畴下的某些理性的构造，然后特别要考察一下内在论哲学的实在性标准。

我们的思想几乎常常是自动地沿着如下似乎非常可行的路径运行。我们知道，在日常的实践中，人们把“实在的”这个谓词首先用来表示直接经验到的东西，后来则把它用来表示被认为是经验到的东西的原因。这样就产生了一个问题，这两种标准是否可能互相转换。那么，很清楚的是，第二个标准不可能包含在第一个之中；因为它表示某种不同于第一个标准的新东西。但是，倒过来当然是可以设想的：第一个标准可以转换为第二个标准。在这种情况下，就没有必要把它作为某种独立的东西提出了。如果每一个所与本身是其他所与的原因，那么情况就是如此。因此，把实在定义为“所与的原因”就的确既适合于经验到的实在也适合于没有被 181
经验到的实在。事实上，断言任何被经验到的东西都是别的某种被经验到的东西的原因或部分原因，这是完全可能的。每一种意

识材料都以某种方式影响后来的心理过程。我们在原则上可以说一种经验决不会“不留痕迹”、不留下这种或那种趋向而从意识中消失。

这个实在的定义是否能够很成功地达到什么目的，现在我们暂且不谈这个问题。现在我们要问，普通思维还惯于把实在性赋予从来没有人感知到因而并不产生任何经验的那些对象，那么我们是否能够按照普通的思维运动所采取的途径继续前进。事实上人们一直在作这种尝试。

某些思想家在把原因、效果的概念作为进一步跳入超验领域的跳板来使用。他们认为，通常思想所抛弃的东西，虽然我们也可以不把它作为我们的哲学的表征，但我们仍然可以足够地加以保持。那就是说，如果我们先前说过，作为经验的原因的东西都称之为实在的，我们现在可以抛弃这种对经验的关系而仍然坚持一切实在东西都是原因这种立场。任何东西如果没有以某种方式引起注意，没有使它自身显示出来，那么事实上它就并不存在，因而它就不是实在的；然而我们是否经验到一个事物的呈现，则是偶然的。因此我们如果接受下面这种说法，即实在就是具有效果的东西，那么我们就抓住了与偶然相对立的本质。

甚至就连我们的语言似乎也为这种解释施加影响并且表明了它抓住了普通观点的含义。在德语中，“实在”（Wirklich）这个词是从动词“有效果”（wirken）派生出来的。在亚里士多德那里，énérgeia（活动）这个概念与实在概念相吻合，莱布尼兹也宣称：“quod non agit，non existit”（不运动者则不存在）。对这一观念最著名的拥护者无疑就是叔本华。关于物质，他说：“物质的存在就是它对某种东西的作用；甚至连设想它具有其他的存有都是不可

能的”。[①] 在另一段话中，他说，物质就是“原因自身，客观地加以
设想的原因”。[②] 他解释说，事物的实在性，就是它的物质性，因 182
此，实在“一般地说就是事物的功效”。如今，我们在许多思想家那里都看到同样的定义；例如，班诺·艾尔德曼说到：“我们断定其有效果的那些对象便是实在的。”[③]

毫无疑问，这种把实在与效果等同起来的看法事实上是完全正确的。但是，它终究不符合我们的目的。尽管在世界上没有效果实在的东西便决不会出现，但还是可以设想实在独立于效果；还是可以在概念上设想它与效果相分离。恰恰正是这种素朴的观点实现了这种分离，[④]某种事物可以是实在的而不留下丝毫的效果（例如一个将要去世的人的最后的思想），这种看法与素朴的观点并不相左。如果我们承认实在性和因果性之间的普遍联系，那么只要我们知道如何识别一个对象的效果或功效，我们当然就会把这种效果作为衡量存在的一种标准。显然，这一问题不能以这种方式来回答；因为，那样只能把这个问题向后推移使它进入一个更加复杂的、事实上更加难于领会的领域。如我们已经着重指出的那样，效果是一个更加特殊的概念；衡量效果的标准要预设实在性概念为前提。实在性概念则更加一般，因为设想一个无效果的存在（例如一个不留痕迹而消逝的东西）当然至少是可能的。把实在直接定义为有效用的，就会把我们推向一个更加不可容忍的不利境地。因为实在的概念是由直接所与起源的，而且实在的概念若

① 叔本华，《作为意志和表象的世界》，第一篇，第 4 节。

② 同上，第二篇，第Ⅰ章，第 4 节；也可见《论根据律》，21 节接近结尾处。

③ 艾尔德曼，《逻辑学》Ⅰ，第二版，第 138 页。

④ 贝切尔在《自然哲学》第 62 页中特别指出了这一点（《现代文化》，1914 年）。

要找到任何运用的话，就必须在以后寻求与所与的联系，而把实在定义为有效用的，则完全消除了它与直接所与的一切联系。

然而，思辨常常比出发点前进得更远。思辨可以设想，在因果关系中寻找实在性的本质并非绝对必要，这样就把实在性观念变成某种更加捉摸不定的东西了。相反，这种定义可以概括为：存在一般地可以通过关系的存在来加以充分地表征。我们知道洛采就是以这种方式把实在设想为全面地“处于关系之中”，但是如果说他把存在定义为处于关系之中，那对他来说是欠公允的。事实上，
183 他抱怨说，通常所作的关于实在的陈述只是规定了存在的特征，但并不是定义实在的存在本身。[①] 但接着他又承认，“实在意义上的并且与非存在相对立的存在”，是不可定义的而只能被体验。[②] 事实上，一种多方面的相关性决不是实在存在的独一无二的特征；因为，我们知道，而且洛采也同样知道，即使不能用概念表示实在，我们也能够断定概念之间的相互关系。的确，对这些概念来说，没有什么别的东西能够被断定，它们的本质就在于它们彼此之间处于一定的关系中。数不是实在的事物；但任何人都不会否认它们之间有某种关系。整整一门科学，即算术学就是把研究这些无限多样的关系作为其唯一任务的。洛采的确没有通过关系来定义实在的存在。他只是得出这样一个结论（同时，如我们在上面所指出的那样，他错误地把这一结论与朴素的世界观等同起来），认为存在的实在性完全在于关系的实在性。[③] 但是，实在的关系怎样与纯粹观念性的关系区别开来，在他看来也是不可能定义的；必须假设

① 洛采，《形而上学》，第 1 节。

② 洛采，《形而上学》，第 5 节，第 8 节。

③ 同上书，特别是第 10 节。

这种观念性关系是直接体验到的。最后，事实上洛采又不得不把实在关系反过来看作是因果关系，因而，从实质上看，他的主张同那种直截了当地把实在称之为效用的观点并没有本质上的不同。他在与赫尔巴特的出色的辩论中对于解决我们所面对的这个问题的确做出了很大贡献。赫尔巴特把存在定义为“绝对位置”，这种说法没有什么意义，我们用不着去花费笔墨来讨论。

现在让我们简短考察一下在另一个方向上定义实在的某些尝试。这些定义接近于实在概念由以发生的源泉，那就是，它们力图紧紧抓住直接的所与，直接的经验，特别是抓住知觉。

自然的世界观接受的外部实在不仅是在知觉中所与的东西，而且还有别的东西。然而，这些别的东西表现得似乎它们就是知
觉中的所与而且只要某些条件被满足，事实上就在知觉中出现。184
换句话说，事物本身被认为是可能知觉的条件。我们知道，这种简单的思想被约翰·斯图亚特·穆勒披上了哲学公式的外衣。他宣称，实在对象是“感觉的恒久的可能性”。例如，他在《逻辑学》中说道：“因此，现象的存在只是对它被感知或推出的感知它的可能性的另一种说法。”[①]由于他没有假设现象背后的自在之物存在，因此这个命题就被用来当作对整体的实在的描述。

一般地说，我们可以承认，事物意味着我们感觉的可能性。但是，这种说法留下一个悬而未决的问题，那就是除此之外事物是否还是某种别的东西。但是，不管这一理论是不是一义地标示了实在的概念，我们的问题并没有得到解决。把实在的归结为可能的，一定总会被当作一种次序颠倒之举。请想一想，澄清哲学上可能

① 穆勒，《逻辑学》，第三篇，第24章，第1页。

性概念是多么必要！对可能性的解释总是必须涉及实在性；可能的东西是在某种条件下会成为实在的或现实的，因而它的“存在”(being)取决于一定情况下的“实在性”。所以如果我们又转过来力图用可能性来定义实在，那就是在兜圈子。为了使感觉可能性的理论能以某种方式成为充分有用的理论，我们就必须能够完全确定感觉得以真正发生的一切条件。但我们不可能做到这一点；的确，这实际上正是问题之所在。因此，我们很容易看出，穆勒的说法丝毫没有使我们更接近要达到的目标。而且，当穆勒在他的《逻辑学》的另一个地方指出，“存在就是激起或能够激起某种意识状态”时，他就——并非完全自洽地——把对象的实在性的标准归于其**效果**，因为“激起”这个词语和“引起”是一样的意思。在他的这个说法中，可能性概念中的困难被“能够”这个词所掩盖了。穆勒的观点在直接所与的不确定的方向上徘徊；因此，我们不能把这种观点说成是内在论立场所表征的纯粹实证论。

我们在这里所考虑的哲学上力求达到的目标是对来自日常生活的实在概念作出科学的表述。但是，在康德的下面这种比较陈
185 旧、比较简单的表述中已经达到了这个目标：“凡是与经验(感觉)的物质条件相联系的东西就是**实在的**或**现实的**”。可能性的概念是通过“形式条件”①的概念来说明的。因而，可以说他只是间接地把可能性追溯到与直观的，或直接的所与的关系，而直接地追溯到实在或现实(这就是“物质的”这个词的意思)。我们很容易看出，这一观点在大多数情况下要优越于穆勒的观点。但同时，在他的“与……相联系”(zusammenhängt)这个词语中仍然存在着不可

① 康德，《纯粹理性批判》，基尔巴赫版，第202页。

接受的含糊不清之处，虽然康德加了一段说明："与实在事物的知识相联系的假设虽不需要其存在要被人们所知的对象本身的直接**知觉**（因而就不需要我们意识到的感觉），但它需要的是对象按照经验的类比与实际的知觉的联系，这些类比是规定一般经验中的一切实在联结的"[①]，可是这种说明并没有使含糊不清有所减轻。在这里，这种联系（zusammenhang）被解释为可以按照经验的类比来规定的，也就是，可以按照实体永恒性、因果性和相互作用的基本原则来规定的。于是我们再一次地发现，我们是在谈论复杂的综合陈述。这些陈述可能是完全正确的，而且我们也许可以从中得到我们要寻找的标准。但是，它们并没有明确地提出这个标准，由于这个简单的原因，因而它们并没有回答我们这里的问题。对于在经验的类比中说到的这些关系的存在如何认识，这些陈述丝毫也没有谈到。这个标准并不是直接经验到的。而如果它是被推论出来的，那么就会产生这样的问题：以何种方式依据什么原则才能产生这种推论，当然，康德的确间接地提供了一种回答；从他的"图式"理论中可以找到这种回答。然而，我们在这里不打算来讨论这个含混的和非常容易受到攻击的理论。在这个理论中人们能够运用而且必须接受的是哪些部分，在下一节就会清楚了。

最近有些思想家也采用了康德的说法。例如里尔说："'实在的'和'属于知觉系统'意指同样的东西"。[②] 这些表述的很大好处
就是突出了需要以某种方式把实在的定义与直接的所与即感觉联 186
系起来这个基本点。同时，也正确地表明了对实在的纯粹逻辑的

① 康德，《纯粹理性批判》，基尔巴赫版，第 20 页以后，（第 271 页）。

② 里尔，《逻辑学》引论，第二版（见第一部分，第 6 节），1912 年，第 25 页。

定义是不可能的。因为只要规定概念的内容要求我们依靠直接的所与，那么这就总是意味着在我们的说明中想要超出把概念领域和实在领域分开的不可逾越的界限去寻找定义（见前面第一部分，第 6 节）。

现在我们必须尽力对这些说法加以补充和完善，为此就要引入一个独特的特征使之在每个实例中总是能够决定一个对象是否同保证其实在性的那些感觉或其他经验处于那种特定的关系之中。如果我们能够成功地给日常生活的实在概念提供一个严格的形式，那么，就会很容易地认识到，哲学是否满意这个概念或者它是否必须超越这个概念，或者从这个概念转回到出发点——换句话说，各种各样的实在论的观点或严格说来唯心论的、内在论观点是否会战胜严厉的批评。

对于需要采取的方法我们应当作些一般性的说明。

要把日常生活和科学所提供的知识推进到可靠的哲学真理可以采取两种途径。第一种，是由笛卡尔所尝试过的，这条途径就在于，所有已被当作真的那些判断，如果还会受到哪怕是最小可能的怀疑，都要一个一个地抛开，而只抓住那种绝对确实毫无疑问的东西，然后在这个狭窄的基础上（我们知道它是**多么**地狭窄）借助于推理中完全无懈可击的步骤建立起一个哲学真理的结构。通过这种方式，便为知识领域划出一个最低限度的界限。

但是唯一的绝对确实的思维方法就是演绎，而演绎是一种纯粹分析的方法，它并不提供任何在原则上新的见识。因此，由无可争议的真理所组成的免于怀疑的剩余物根本不可能有所增加，显然，在它上面建立起来的体系只是一个空中楼阁而已，它只是在不
187 同光照下反映相同的背景。谁想要有所前进就必须使用它在怀疑

期间所拒斥的那些方法。而且他必须重新退回他借以达到其牢不可破的确实性殿堂的许多步骤。

第二种达到哲学真理的途径不是去消除一切植根于日常生活和科学而由于某种原因容易受到怀疑的那些判断，而只是要抛弃那些由于某种原因可以被认为是错误的判断。这二者的区别的确是很大的：第一种途径是消除任何可能受到怀疑的东西，而第二种途径只是消除那些站不住脚的东西。第一种途径是排除一切不是无可置疑的正确的东西，而第二种途径是排除那些毫无问题是不正确的东西。第一种途径不得不把仍然留下来的贫瘠的核心扩展成为一个完整的、最终完成系统，第二种途径是在大量所相信的和所掌握的东西的系统中保留这个系统而剔除所有错误、偏见和臆断。第二种途径为真理的范围树立了最大限度的界限，即真理所能达到的最大范围。我们的知识领域的范围将处在第一种方法的最小的界限和第二种方法的最大的界限之间。但是它到底在这二者之间的什么地方，却很难确切地予以规定。

毫无问题，合理地看，只有第二种途径是更直接、更可靠和更可取的方法。它从一个无穷无尽的充满了绚丽多姿的自然过程的世界和思维着的个人这个假设出发；它清除了科学的世界观中的许许多多矛盾。（从根本上决定所产生的世界观面貌的是物理学的判断与心理学的判断融贯结合以及在同一系统中进行协调的方式。）与这个途径相比较，看起似乎严格的彻底怀疑的方法真正说来则是不一贯的；因为，一旦达到这种目标，所有的步骤就必须从头开始，而要能够做到这一点，只有按照与第二种途径从一开始所采取的相同的方法。

至于实在的问题，怀疑的方法留下的主张认为实在性属于一个人自己的意识内容，特别是属于当下所经验到的那些意识内容，因为对当下之前的一瞬所体验到的东西的判断就不再是绝对确实的了。这种方法的确不可能推出外部世界的存在，不能推出他人
188 意识内容的存在，不能推出一个"你"的存在。相反，消除错误的方法，应当从日常的世界图画中作为非实在的东西加以排除的成分只是那些如果当作实在的便会导致矛盾的成分。

24. 实在的时间性

很久以前——在柏拉图的体系中即使没有表达出，就已经预示了这样一个思想——认为幻影般的概念领域和实在世界总是作为**非时间性**的存在和**时间性**存在彼此相对立。这种思想导致一个具有非常普遍而深刻意义的规定，使人们认为这种规定既不可能又不必要加以改变和修正。人们认为只要对我们来说是实在的，那就是在时间中的，而概念则是非时间性的，没有任何一个人会去驳斥这种看法。在这里，我们可以依据这种普遍一致(the consensus omniume)的看法，不用害怕矛盾而推进到下一步。在这里只要求作出阐述和澄清而不需要任何明确的辩白和论证。

一切实在的东西都具有时间性，这个特征的确是可以完全起到所需要的标准的作用。

一切实在地存在着的东西对我们来说都是存在于时间的某个点上的。事件或事物——一切事物都存在于某个时间的点或者经历一个时间间隔。不管我们对于时间的"本质"可能还会相信别的什么东西，这种看法都是正确的；不论我们怎样确定一个时间点，不管我们认为时间具有相对的性质还是绝对的性质，有主观的有效性还是客观的有效性，这种看法都是正确的。在普通人看来，正

如各门科学认为的那样，凡是实在的都是在时间之中，因而，我们总是可以依据这一特征来识别实在的东西。即使一个哲学家断言存在着非时间的实在性，例如像康德对于自在之物所作的断言那样，对于我们的认识来说，实在也只能在时间形式之中才会显示出来，这一事实不会由于他的理论而有任何改变。

大部分的实在还具有任何非实在所没有的另一个特征：**空间的次序**。**外部**世界（这本身就是一种空间性表达）的一切实在的事物和过程都有一个属于它们的特别的**场所**，只有通过这个事实，才能表征这些实在事物和过程。但我们知道，这种说法并不是对一切实在都适用的；许多意识材料作为直接所与都具有充分的实在性，但却绝对是非空间性的。我所感到的喜悦或悲伤、愤怒或同情这样一些情绪并不是存在于空间的某个地方的；它们并不是在一个特殊地方（当然，特别是，不是“在我的头脑中”）的所与。如果给 189
它们加上空间性的谓词，那是毫无意义的。全部实在都是时间上被规定的，但只有部分实在是空间上被规定的，这种情况就是产生整整一系列哲学问题的根源。例如，它造成我们在后面就要谈到的心理—物理的问题。同时，这种情况还告诉我们，可以把时间性和空间性两者看作实在性的**充分**标准，而只有时间性是一切实在的东西的一个**必要**标准。

单纯的概念决不是存在于一个地方，也不是在某个特别的时间之中。7 这个数、矛盾概念、因果性概念——这些概念不会在世界上任何地方被发现，也不会在任何时间碰到它们，甚至（我们经常强调这一点）并不存在于想到这些概念的人的心中。在心中存在的只是一些实在的心理过程，它们实现这些发明出来的概念的功能。当然，不仅一般概念是这样，而且个别性的概念也是如此。

可以把一个特定的地点和特定的时间归于凡尔赛战役；但是凡尔赛战役这个概念则不存在于任何地方任何时间。

上述关于概念的说法也同样适用于我们在习惯上不称之为概念的某些非实在的对象，例如有些被看作实在而后来结果并不存在的一些事物或过程。让我们来考虑一个例子。我想到将于明年进行的一次旅行。至少现在这次旅行是一种非实在的事情；如果我们假设一些不利的情况从根本上阻止这次旅行，那么实在的这个谓词就不可能用到它上面了。这样一来，我们必须以什么方式才能把这种想象的旅行和实在的旅行区别开来呢？当然不是靠任何内在的特征。因为在实在的旅行中绝对不会发生我不能在思想中同样加以描绘的情况。即使是在旅行中可能发生的最稀少的情况，最不重要的事件，我也能够详细地把它的细节描绘出来。知觉形象的每一内容也可以是记忆形象和想象形象的内容。认为不可能通过内在特征将实在与非实在区别开来的这一见解在人们经常引用的康德的一个命题中表达出来了："一百块实在的钱币一点也不比一百块想象的钱币包含更多的东西。"但是首次表达这个真理的荣誉应当属于**休谟**(《人性论》第一卷，第二部分，第 6 节)："当着存在的观念……同某一对象的观念相结合时，并没有给该对象增
190 添任何东西。"因此，我们不可能从一个概念的任何特征认出那个概念是否标示某种实在的东西；为此，我们需要有一个完全新的谓词，某种对其他事物的特殊的关系。

一个人如果必须在想到一次实在的旅行和想到一次想象的旅行之间确定出区别，他也许会指出，在想到想像的旅行时，我的思维是非常不确定的。我可以这样想像，也可以那样来想象这次旅行，它是我的一种幻想的产物。没有什么东西会迫使我在想象中

为它提供充分确实的、确好固定的细节。但另一方面，当我想到一次实在的旅行时，最微小的情况直至最细微的细节都必须是确定的。因为如果我容许丝毫的偏差或任意的改变，那么我就根本不是在想一次实在的旅行是怎样进行的；而是以某种想象的东西来加以代替了。

这种说明有真理的成分，但它还需要加以充实和提炼。因为必须把实在的东西所具有的那种特殊的确定性与想象的东西相对立。这种确定性只是在于有一种固定的时间和空间的次序，它使实在旅行中的每一项目都有一个十分确定的位置，使实在世界中每一件事都与这个世界中的其他事件和部分有唯一的相互关系。实在的每一要素都有一个而且只有一个时间上的位置，一旦选定了时间的测量单位和参照系，这种位置便完全牢靠地确定下来。此外，绝大多数实在的东西还有一个特征就是有一个固定的空间的规定性。但是由于这一点并不适用于所有实在的东西（例如在 235

旅行中所体验到的情感），因而只有唯一的时间规定性才可被看作实在必要特征。

但也许有人会反驳说，纯粹想象的旅行也可以具有一种详尽无遗的完全的时间规定性。例如情况可能是这样：未来的旅行一定必然地发生在一个十分精确规定的时间点上，在如此这般的某一天，如此这般的某一分甚至某一秒；一切都可以计划和安排得使由各种条件造成的各个阶段都能恰好像预料的那样发生。这样，在想到这种未来旅行中的事件时，我就必须在完全确定的时间上来表示各个单个事件；因而，在我这方面就没有使意志任意发挥的余地了。那么这种旅行是不是因此成了实在的旅行呢？

正是因为考察了这种情况才证实了我们的发现。假定我们承认，自然的相互联系事实上绝对必然地使旅行中的事件都以十分确定的方式发生并且在事先就确切知道的时间点上发生。这就意味着，这些事件必须以这种方式发生而不可能不发生，也不可能以另外的方式发生，因而这个旅行就根本不是一个想像的旅行，而是具有未来的实在性。如果自然的条件必然地决定了一个事件发生的时间，那么，这就等于说这一事件实际上的确会发生。严格地说无论是在我们所举的例子中还是在所有其他实例中，都不会把各种情况考虑得如此周全，以至于任何预断的未来事件都完完全全地与时间中确定的位置相一致。总是有可能有出乎预料的事件打断事物的预断的进程，因而我们决不可能确实地断定，开始仅仅是想象的东西是不是也将会变成现实。这种情况常常表现在，我的想象并不是绝对地一定会给所想象的东西确定一个唯一的时间点；总是会留下不确实的和任意的成分。同样，过去的实在存在也是如此。决不可能完全确实地确定，所想象的过去就如同想象出来一样地实在；然而，我们越是能够确切地确定它在空间和时间中的位置，我们便越是有把握相信我们碰到了某种实在的东西。

一场梦只有在醒来以后我们才认识到它是非实在的东西（就是说，不是做梦这件事是非实在的，而是所梦见的事件是非实在的），因为并没有一种必然的强制使我把梦中的事件确定在时间中的一个既定的点上。它并没有留下任何痕迹使我能够将它与现在的经验在时间中唯一地联系起来。

现在，我们可以认为下面这个命题是成立的：凡是日常生活和科学承认为实在的东西总是以其时间性（即在事物和过程的总的时间次序中有一个确定的位置）为特征的。康德在他的《纯粹理性批判》关于“图式论”的那一章表达了这一真理，他说：“实在性的图式就是在某一确定的时间中的存在。”

由上面的论述可得出这样的结论，我们所发现到的特征并不是内在特征。相反，可以说它是使每一实在事物与其他每个事物互相交织的外在特征。

但是，我们的结论是不是能够满足我们承认作为实在性标准 192
的不可分割的另一个条件呢？这个条件要求一切事物与直接的所与相联系，因为实在性概念植根于所与又必须容许追溯其根源。但是乍看起来我们的标准似乎不能满足这一要求。因为时间的规定性并不是直接的所与；它们并不是单纯的经验的东西。相反，时间的规定性似乎要预先设定一种规定好的客观的测度和同样是规定好的参照系，这是在所与之外的概念。但是，一旦我们弄清了时间规定性得以实现并且使时间中的点得以确定的方法，那么就达到了同所与的一种联系。我们确定了时间中的一个点与另一个点之间的间隔，便把时间中的这个点固定下来。例如，我说康德是在休谟诞生以后13年诞生。那么如果我问，休谟何时诞生，我只有将休谟诞生这一事件与时间中的另一点相联系，才能回答这一问题。比如说，我回答：“那是基督降生后的1711年。”可是，如果我不知道后一事件是何时发生的，那么，这个答案对我来说有什么用处呢？但是，不论我把时间中的哪一点作为参照点，对时间的确定似乎仍然总是悬在空中没有着落的，因而要求一个新的“何时”作为对它的回答。如果没有一个使“何时”这个问题无需再作回答的点，那么时间规定性就缺乏支持或没有意义。

不过，恰恰有这样一个点，这就是**此刻**。我不能回答“此刻是何时”，因为这个“何时”是直接被体验到的。只有对于那些不是直接呈现于我的意识的事件，确定时间才有意义、有目的。归根到底，只有在“何时”本身和对我来说是此刻的那个时间点之间的间隔中才能找到“何时”的意义。此刻是不可能进一步加以定义的；它是用来作为对所有规定性来说的一个固定的参照点而且事实上是存在着的唯一的一点。对我来说，通过这一点便解决了时间开端的相对性问题。（在这里不去涉及绵延的心理的和物理的相对性问题；让它留给个别科学去论述。）因此，我们便看到，如果判断一个对象实在性的标准就是它在一个确定时间上的存在，那么所有实在的东西与这个直接的所与之间的联系就得到充分有力的和清楚的表达。在特定时间上的存在就意味着与这个所与，即与所体验到的“此刻”处于特定关系之中。

193 因此，无论在哪里只要我们谈到实在的存在，只要我们把那种“实在性”归于对象（这种实在性虽无法定义但人人都把它的意义看作完全确定并作为支配着一切活动和探究的前提），那么毫无疑问确定在时间中的方位，就是这里所显示出来的特征。在各种特殊的情况下，有各种各样的特征可以有助于我们来确立实在性，但所有这些特征都有一个共同的事实即通过这些特征都把时间中的一个确定的位置（以及通常空间中的一个确定位置）归于实在的东西。这就是所有“实在化”（辨明实在性论断）方法最终达到的结果。

在达到这个结论（在依据思想和实践过程揭示可以用来作为划出“实在的”东西的范围的标准）的过程中，我们为哲学上处理实在性问题创造了一个坚实的基础，一个不应当轻易放弃的基础。显然，哲学家不论出于何种目的，都无权事先给“实在”这个词加上与已经形成的、由前哲学思想所使用的意义不同的新的意义。正是从这里才提出许多哲学的问题，而这些问题是不可能靠新的定义来解决的。那些同我们的实在性标准不一致的哲学学说使我们理解，事实上它们并不想建立新的实在性概念；它们的主旨只是意在表明我们的标准不能正确把握普通人谈到实在时真正意指的东西；因而必须以某种别的方式来陈述这个标准。

在我看来，可以证明这些学说是错误的。它们采取了一种完全是独断的方式，那就是，它们首先确定了他们自己的特殊的实在概念，从而回避某些否则他们便不能处理的问题；他们企图坚持实在性概念的这种意义，似乎只有这种意义才是唯一自然的、明显的，甚至是唯一可能的意义。

认为从时间上规定的概念与实在的概念不一致的这些哲学体系按其性质可分为两类：第一种宣称这种从时间上规定的概念太狭窄；另一种则宣称这种概念太宽泛。因此前一种体系势必要在哲学中寻找科学和日常生活之外的新的实在领域。第二种体系只批评质朴的人们和科学家的简单的立场，其理由是认为这种立场把想象当作“实在”，把纯粹的概念加以实体化，把意义赋予单纯的假设（“描述的单纯的辅助手段”）。上述两种情况是经常出现的， 194
这两种倾向在各个时期的哲学思想中都起一定作用。

哲学的历史任务之一就是拒绝上述第一种倾向。如今，我们可以认为，差不多自从康德反对旧的形而上学的斗争的时代以来，这个任务在本质上已经实现并已完成。然而对第二种倾向进行批判性考察，在今天特别是在今天仍然具有非常重大的意义，我们将在下面进行这种考察。在这种考察中我们将扩展我们已经达到的见解中的积极成果，在这个过程中，这些见解本身将得到进一步确证。因而，我们对待另一个倾向（它给予实在概念过宽的范围）的态度本身也会表现出来，但我们不必对它进行任何特别的研究。

25. 自在之物和内在论观念

我们主张，一切必须看作处于特定时间中的事物都是实在的。

了解情况的人会立即意识到这一命题的意义。他会承认，这个命题使我们超越直接所与的世界有多远。一旦科学研究的规则使我们必须把空间和时间中的一个确定的位置归于一个对象，该对象的实在的存在也就在哲学的意义上得到保证。这个对象就不只是一个纯粹的辅助假设或作业假设。例如，如果按照严格的科学研究上的规则，能够唯一地和确定地给出原子存在于何时何处，* 那么它们的存在便与是否直接地得到感知无关，也与我们对于它的“本质”可能说到别的什么东西无关，也就是与我们可能把它们包括到什么新增的概念中无关。

我们的标准一开始对于空间和时间并不预先设定任何东西（除了在上述意义上确立了规定在空间和时间中的位置的可能性
195 以外）。然而，很显然，在我们的标准本身的意义上不可能把空间和时间说成是实在的；因为时间并不存在于某个时刻，空间也不存在于某个地方。在这里，也以尽可能最好的方式保持了与日常的和科学的思想的联系。因为任何人都不会把纯粹的时间或纯粹的空间看作是与我手中的笔、心中的愉悦同样意义上的某种实在东西。

于是，不是直接被给予而肯定其实在性的那些对象就被称之为（在我们所说的该词语的意义上）**自在之物**（things-in-them-

---

* 鉴于量子力学的测不准关系（在他写了这句话两三年之后，他才完全了解这个关系），石里克或许会修改这个说法。——英译者注

selves)。无论如何,这就是我们从此以后一直要赋予这个词的意义。在我看来,这个定义最清楚地揭示了与这个概念相联系的问题。在下面,读者任何时候都不应当忘记只能在这个规定的意义上来理解“自在之物”这个词语。

的确,可以在许多其他意义上使用自在之物这个词。例如,我们可以按照马赫(《感觉的分析》,第5页)的看法,相信这个词必定意味着当我们想到一个东西被除掉它的所有属性以后还留下来的某种东西。这种意义我们并不涉及。当我们承认自在之物的存在时,我们只是说,我们可以谈论实在对象而并不因此就意味着它们就是我们所说的作为与主体相对的客体“所与”。因此,我们并不设定一个隐匿的、担负着种种属性的未知的“承担者”,某种形而上学意义上的“绝对”。现在对于有关自在之物在这些方面的问题我们并不想作出任何判断。因此,最近人们常常先入为主地用来败坏自在之物这个概念名声的那些根据也与我们在这里所表述的概念没有关系。自然,“物”这个词并不是意在提示,凡自身存在着东西就必须被设想为某种似物的(thing-like)或实体性的东西。相反,“自在之物”也同样可以具有过程或发生着的事件的性质。我们并不想事先预断任何东西,由于这个原因,“物”这个词在这一点上实际上是会引起误解的。但是由于没有一个中性的词语可以利用,我们将继续使用这个词,只是要对任何误解保持特别的警惕罢了。

如果以这种方式来定义自在之物这个概念,那么,按照刚才的说明,从我们的标准确实可以得出自在之物存在的结论,因为许多必须被认为是时间上确定的对象显然并不包括在直接的所与之中。(如果我们要引出结论认为,在康德的意义上的时间性必然是 196

自在之物的一个属性，我们就完全错误了；但更详细的论述，留待后面去作。）最近，大家知道，超验事物——之所以能够这样称呼它们，因为它们是在所与的范围之外——一直受到来自各个方面的攻击，特别是受到许多实证主义和新康德主义者的攻击。任何对自在之物的维护几乎都会被看作陈旧过时的东西，至多只能受到宽容的微笑。然而，这并不能阻止我们继续前进去彻底地研究这个问题。

那些拒斥自在之物的哲学家，由于或多或少要求我们严格地停留在所与的范围或者反对和排除超验，我们将把他们称之为内在论观念的维护者。虽然具有这种倾向的各个学派之间有着广泛的分歧，然而这些分歧多是术语上的而不是实质的分歧。它们当中有少数学派把自己的观念称之为内在论哲学（舒佩、舒伯特·索尔登等）。由于他们强调一切直接材料都具有意识的性质这样的观点，我们可以同舒佩一样说它是“内心主义”（conscientialism）。但许多反对自在之物的人如阿芬那留斯并不接受这一点。在阿芬那留斯的哲学中，无论是“意识”这个概念还是这个词实际上都没有出现，他认为把一切所与都称之为“意识内容”，那是完全不合适的，是不能接受的。而同时，马堡学派的新康德主义者（柯亨、那托尔普等）则同所与毫无关系。他们坚持停留在“先验逻辑”的范围内，他们把这种“先验逻辑”范围等同于实在的存在领域从而排除虚构的自在之物。但是，我们不需要在这里讨论他们的立场（见下面第69页）。

有的思想家把内在论立场解释为——并认为这是解释内在论的唯一方式——不是某种意识内容的对象这种观念是自相矛盾

的,因而自在之物是不可能的。对付这种解释只要很少的几句话就够了。那就是广为引证的由舒佩所总结的话:“指向一个事物的思想使该事物成为某种被思想的东西;因此,思考一个不是思想的 197
东西是一种不可思议的思想。”①正如我们所知道的,前面在贝克莱和其他一些思想家那里,也可以见到相同的论点。

在现代认识论的文献中,人们不止一次地明确地指出这种推论是建立在一种模棱两可——即“思想”一词的双重意义——之上的,因而是无效的。“被思考的事物”(gedachtes Ding)这个词语可能意指:(1)由思想所创造的一个对象,也就是意识中的观念或表象;(2)它也可能是意指思想中**意欲**或**意指**的对象,也就是我的意识中的某个观念或表象所标示的并与我意识中的一个思想相配列的对象。当我们说到“自在之物”时,当然它是在第二种意义上“被思考的”;但决不能得出结论说它也是第一种意义的思想。然而,舒佩的推论就混淆了这两种意义。② 这种虚假论证我们可以非常容易地依据前面所说的道理加以解决。我们已经非常清楚地表明,思想,在与知识相关联的意义上只是标示对象而已。但是,对象并不是由我们给它一个名称就产生的,事实上,对象是独立于指称、无须我们将某个记号或表象与之相联系而存在的,正是在标示这个概念中就包含了这个看法。如果对“思想”一词的两种意义用两个不同的词来表示,就决不会犯上述错误了。

因此,自在之物的概念并不是先天的自相矛盾的概念。但是

① 威廉·舒佩,《认识论的逻辑》,第 69 页。

② 例如,可参见 W. 弗瑞塔的出色的论述,《实在论和超验问题》,第Ⅶ部分,1902 年,也可参见 G. 斯托林,《认识论》,第 2 版,1920 年,第 73 页。

产生否定超验存在的假设并使哲学家们把实在概念限定在所与的（或“所遇的”，或“意识内容”以及别的称呼）范围的，还有其他一些理由。

现在就必须考察这些理由。我们应当在——如对任何一个严肃的科学假设那样——下面这样一个事实中去寻找这些理由，这事实就是人们相信相反的观点会导致矛盾或者至少代表一种完全
198 多余的、不必要的假设。这里所主张的就是认为对所与之外的实在的假定如果加以更仔细的审察就会或者导致不能解决的问题，或者对于解决确实存在的问题毫无助益。

这种主张的第一部分当然更为根本，因而我们应当首先加以考察。那么，如果我们不仅把直接的所与看作**实在**而且还把科学的规则和假设为之产生特别的空间和时间信息的一切事物也看作实在，是不是真的就会产生不可解决的问题（即所谓与科学的假设和规则不可避免地相矛盾）呢？是不是我们只有对实在概念加以限定把它归结为它的第一来源，归结为直接经验到的所与才能避免这些矛盾呢？这种看法对吗？

毫无疑问，如果退回到内在论立场，就会排除掉一系列哲学上的斗争并使之毫无必要。的确，每个严肃的思想家常常感到有一种诱惑去采取内在论的立场从而使自己摆脱那些折磨人的问题。正如赫尔巴特所相信的那样，哲学上每一个有能力的初学者都应当是一个怀疑论者，也许还应当补充一句，每一个诚实的学者都应当通过内在论哲学的阶段来开辟自己的道路。这是有可能首先防止问题产生、避免发生理智冲突的立场；这个方法似乎比问题已经充分发展时再来作事后处理要更好一些。而且，这种预防性的步骤似乎总是可行的。因为，有一点是很清楚的：无论原初的所与是

什么样的世界，无论先于任何理智评价的东西是什么，但它必须摆脱矛盾。事实之间并不互相矛盾；我们的思想必须对一切冲突承担责任，这些冲突必定是通过这一步或那一步上的失误才得以发生的。对存在着的事实的**正确的**思想绝不可能导致矛盾；存在着的一切都是正面的和肯定的，而矛盾只有通过一种否定的活动（见前面，第10节）才成为可能。这样，我们便接触到了我们的实证主义迫切需要的东西：一般说来，要坚持纯粹的事实性的，小心地避免任何由思想所提供的东西，满足于通过对现存的东西的判断所得到的纯粹的描述，而不要增加任何假设。

然而，很显然，如果完全严格地执行这个纲领，那就不幸意味着完全抛弃知识。认识要预设某种思考为前提，因此需要概念。要获得这些概念只有通过将事实性的材料加以系统化，而这就随 199
时有造成错误和矛盾的可能。科学的描述就是说明，它就在于借助于再认识活动[①]将事实相互联系起来并且对它们进行说明。

因此，如果严格地实行上述这种极端的立场，那就等于否定了自身。但是如果我们容许从思想方面作出最低限度的贡献，那么我们仍然有望从这种立场得到好处。然而内在论者的主张恰恰就是认为自在之物的假设并**不**构成这个最低限度贡献的一部分。因此，内在论观点就抛弃了时空标准而退回到最初的、原始的甚至已被质朴的人们的世界观所抛弃了的立场。只有这些最基本的前提才会得到人们的承认——这些前提是如此简单，以至于事实上它们是所有出发点都共同具有的，绝不会有任何疑问。例如，阿芬那留斯就提到要把“人类根本的相同性这个基本的经验批判的公设”

① W. 弗瑞塔清楚地指明，每一个判断本身都超越所与。同上书，第123页以后。

作为这样一个前提(《人的世界概念》,第 14 节)。同样,我们在马赫那里发现了通过类比作出的简单论证,按照这种类比,我们才可以承认我们的同伴与我们自己都有类似的情感和观念,即使这些情感和观念从未给予我们。人们能够接受这些假设——这些假设的确不可能遭到反驳——并且满怀信心地认为,它们不会产生人们想要逃避的那些可怕的问题。那么,这些问题是什么呢?

实际上,这些问题基本上只有一个,而不是几个,无论如何,其他问题都集中到一个问题上,并且随着这一问题的解决,其他问题也随之得到解决。这个问题就是自笛卡尔以来仍然成为一切现代形而上学的中心的问题:那就是心理的和物理的之间的关系问题。当我们追踪各种各样的思想路线时,便清楚地看到,正是这个问题使哲学家们躲避到内在论的堡垒中寻求庇护,以免使他们自己由于仍然处在笛卡尔二元论、高林克斯的偶因论或莱布尼兹的单子论和先定和谐论的形而上学的立场上而遭到批评的攻击。尽管这种观点的一位最突出的代表没有明确地承认情况真是如此,[①]我
200 们也可以很容易地看出,一切形式的内在论观点都是由于希望避免心理—物理问题而产生的。

的确,人们一般也都承认,当我们回到最直接的立场——即先于哲学反思的立场上时,这个身心关系问题实际上就消失了。毫无疑问,这种心物之间的区别首先是通过概念性的加工才引入经验之流,经验之流为我们构成了最初的世界。理智的抽象把心理的东西和物理的东西分开并且指明它们中每一个的界限,唯一需要的是这种理智的抽象必须清除了错误,从而确立其真正的意义。

① 马赫,《感觉的分析》,第 5 版,第 24 页注。

没有别的办法能够克服这个问题。康德也指出全部困难都是“自身造成”(self-made)并来自一种“神秘的”二元论，[①]他以此来解决这个问题。值得注意的是，像康德和阿芬那留斯这两位具有如此不同倾向的思想家(我们将在下面第33节详加说明)却对这个问题达到了原则上相同的解决办法(或者更确切地说相同地消解了这个问题)。这是一个很好的信号，表明真相已经找到，而且预防困难最终消除了对这个问题的恐惧。

如果康德的哲学是正确的，它就会证明，克服心理和物理的问题同自在之物的假设是相容的，因为这二者都包含在他的体系之中。同时，采取内在论立场的最重要的动因也就会消失。内在论立场的维护者，再也不能对我们说：“看，如果要对心身关系问题有一个完全清楚的观点，你就必须走到我这边来。”但是，仅仅求助于康德显然也不是一个充分的论据，因为康德本人由于自在之物被认为是他的体系中产生所谓不可解决的矛盾的根源而经常地受到责难。内在论的观念认为，一切超验的超越所与的东西都会对世界的解释产生不可解决的矛盾，我们必须严格而明确地研究一下，这种看法是不是正当合理。

我们驳斥内在论的这种主张，因而必须表明超验存在物的假设(即关于不是直接所与的存在物存在的假设)并没有导致任何不可相容的矛盾。这种证明最好是间接地实现，指出恰恰是内在论 201
体系由于不可能把对自在之物的否定同经验研究方法及其有效确立的原则的合理性调和起来，因而陷入困难之中，从而间接地证明自在之物存在的假设。

① 康德，《纯粹理性批判》，凯尔巴赫版，第326、329页。

我们现在讨论的观点，可以在阿芬那留斯和马赫那里找到它的最纯粹的形式。因此我们将参照这两位作者把内在论立场的根本的东西表示出来并加以批判地考察。在阐述内在论的基本原则时，我们将依照马赫的说明，因为他的说明具有比较直观的优点；但是，对于决定性之点的精确的逻辑分析，我们就必须依据阿芬那留斯的论述，这种论述在其严格的精确性方面远远超过马赫的那些论述。

内在论哲学所提出的理论是这样的：如果我们把思想造成的所有没有根据的和多余的附加物都剔除掉，那么，我们就认识到世界是一个由颜色、声音、气味、滋味、压力等组成的互相联系的系统。这些"要素"（如马赫和阿芬那留斯就这样把它们称之为要素；齐恩则说"gignomena"或"成分"）总是在各种各样相互联系中给出；它们绝不能完全脱离这些联系，如果离开与所有其他要素的关系问它们"本身"是什么样的，那是毫无意义的。这些联系是经常变化的；但是在这些联系中确实有相对恒定的关系出现，它们与那些比较可变的关系形成对照，它们以特别的表象或观念综合起来并取得了自己的名称。例如，我们称之为物体的东西就是由颜色、压力等组成的相对稳定地联系起来的复合。"与一种特殊的物质对象（人体）相结合的情绪、记忆、情感组成的复合也表现为相对恒定的东西，被称之为'自我'"（《感觉的分析》，第 2 页）；"不是物体产生感觉，而是要素的复合（感觉的复合）形成物体。"正如要素可以集合成我的"自我"，同样它们也可集合成其他的"诸多自我"；"这种关系会使人完全不由自主地想到一团胶质的比喻，在这团胶质中，有些地方（如在自我那里）比其他地方黏结得更牢固。"（同上，第 14 页）因此，科学的任务就是以尽可能简单的方式描述要素

的相互依存。当我研究属于被称之为“物体”的那些要素的相互依
存时，我就是在研究物理学；但是当我研究某个要素对属于（当然
决不是截然界定的）“我”这种复合要素的依存时，我就是在研究心
理学。“这两个领域不同的东西不是对象而是我们的研究方向” 202
（第 36 页）。要素**存在于**我们把它们作为有空间位置来感知或经
验它们的地方，而不是存在于头脑中，然后首次从头脑中将它们投
射到空间中。

这里我们大致勾画了一个惊人简单的重大的世界观。它似乎必然地会摆脱矛盾，因为一切不属于免受一切怀疑的纯粹所与范围的东西，都被清除掉了。一旦我们理解了“……只有**函数关系**的规定才对我们有某种价值，只有**经验的相互依存**才是我们想要知道的”（第 28 页），这种世界观似乎完全满足了科学的全部要求。上面的最后的一个论断当然包含正确的成分，因为全部真理（科学只涉及真理）只有在特定的证实的经验中才呈现给我们（见前面第二部分第 21 节）。

在这种世界观中没有为自在之物留下地盘，而内在论哲学就是喜欢去消除被它看作多余和无价值的想象产物的东西。而且，可以说——下面这段话是马赫的一位中肯批评者维克多·斯特恩所说的，在这段话中，他对马赫哲学给予了公正的评价——“在这种世界观中，没有失掉任何有价值的东西，没有丢掉他人的心灵，也没有丢掉‘世界’（即无限多样要素），没有丢掉这一世界的实在性，也没有丢掉这个世界的发展。”[①]

内在论的哲学家对构造这种世界观的出发点作了非常巧妙的

① 维克多·斯特恩，《马赫反形而上学在逻辑上的缺陷以及对他的实证议》。

选择从而既避免了二元论和唯物主义的危险，也避免了主观唯心主义的危险（主观唯心主义总是面临着失去与外部世界的联系滑入唯我论深渊的危险）。为了能够对这种世界观进行批判的考察，就必须透彻地了解它，任何人如果没有这种准备工作而去对它发动攻击，一般地都会无的放矢。[①] 然而，对一种哲学体系的善意的
203 理解只在于确切地描绘出日常生活和科学的每一个问题或论断在这一体系中获得何种意义。如果我们以这种方式把内在论观点变成我们自己的观点，我们很快就会注意到，当我们在命题中谈论一些物体或过程，它们的要素决不是所与，或者在一个对象的要素实际上同时给予几个个体的情况下，要说明所有这些命题就会产生某些困难。

现在我们首先考虑第一种情况。

26. 对内在论观点的批评

a. 未被感知的对象

毫无疑问，如同在科学的判断中那样，我们在日常生活的判断中常常谈到一些对象**不是**对任何意识的**所与**。我谈到现在放在我的书桌里面的手稿，尽管这些手稿此刻并没有被我所感知，也没有其他任何人感知它；我不可能透过桌子来感知它们。诚然（按照马赫的看法），手稿是要素的复合，构成这种复合的要素经常给予我，我在任何时候都可以使它们具有“所与性”。我需要做的事情只是打开抽屉把我的目光转到某个方向上或者用手作出某些接触的动

---

① 见斯特恩在上面所引的著作中非常精当地拒斥某些不恰当的反对马赫的论据。

作。日常生活中一切对象都与这种情况相类似。街上的行人所感兴趣的只是那些被他或他的同伴所感知到的、曾经感知过的或能够感知到的东西。但是科学按照它自身的原则超出这一点而研究那些不可能给予人的种种事物。它作出有关太阳内部的判断，有关电子、有关磁场强度的判断等等（对于这些东西我们并不具有任何感知它们的感觉器官）。这些陈述有什么意义呢？

只有两种可能：不是所与的对象要么应当被称之为实在的，要么不应当被称之为实在的。

任何一个接受第二种可能性的人，都因此而宣称那些不是所与的对象的概念是一些没有直接意义的辅助性概念。我们马上就要讨论这种看法。但是在此之前，我们希望先好好考察一下**第一种**可能，事实上这是人们通常都选择的一种可能性，虽然它最明显地违反了一切内在论观念的根本原则。但是，内在论哲学家力求尽可能多地保持自然的世界观；的确，在阿芬那留斯看来，正是内在论哲学家才是最纯正地保持并阐明这种自然的世界观。正是由于这个原因，他就必须容许某些超验的东西。事实上，我们已经断 204
定，所有世界观都可以无可辩驳地通过类比承认某种非常明显的论据，尽管这些论据涉及超验的东西。的确，当我们认为有一个实在的过去时，我们就已经以我们作出的每一个判断超越了单纯的所与；如果内在论哲学家能够以如此概括的形式设想他的基本原则，认为假定某种**非**所与的对象是实在的，只需要这种单纯的超验性而不是那些更加极端的超验性，那么，他就很可能容许对他的基本倾向的攻击而不加怪罪了。

1. 作为实在的未被感知的事物

按照我们马上就要讨论的观点，实在对象即使没有以任何方式被直接感知也是存在着的。魏辛格把这一观点叫做“批判的实证主义”，例如他说：“……我们也把那些一次也没有进入我们的知觉但仍然可能被感知的知觉复合称之为实在的。”[①]

由于实在对象只是要素的复合，因而不是“所与”的要素也必定具有实在性。这里就出现了一个巨大的困难。“同一个”物体，由于我们感知它的环境不同，就成了由十分不同的要素复合所构成的东西了；我们知道，能够属于一个物体的只有一种相对的恒常性。因此，当我从桌上拿起几张纸并且看着它们时，由于这些纸张是要素结合构成的，依据我如何看这些纸张，从什么视角看它们，这些要素就会显得十分不同。当我从正面直接看这些纸张时，或者从侧面看它们时，当我在人工的照明下看它们时，或者在白天看它们时，这些要素都会有所不同。每一微小的阴影，每一点更动都会可觉察地改变着要素。同一个物体决不会在第二次给出恰好相同的要素复合。在没有任何人感知这些纸张时，在这些无限的要素复合中哪一种是实际存在着的呢？对这个问题的回答具有决定性的重要意义。但是许多内在论哲学家把这一点弄得含糊不清，

205 而另外一些内在论哲学家则以一种自相矛盾的方式把这一点表达出来。因此，我们必须以最大的细心把这些可能性确切地表达出来。

为简短起见，让我们把在各种感知条件下构成一个对象（比如说一张纸）的各种要素复合（罗素把这些复合称之为“侧面”[aspects]），标示为 C_1，C_2，C_3……。它们在数量上当然是无限的。我们用 O 来标示对象本身，即这张纸。那么关于自在之物的假设断

① 《似乎哲学》，第 2 版，第 89 页。

言 O 是某种不同于 C's 并且不依赖于 C's 而存在的东西。另一方面，内在论哲学家则宣称，并没有不同于 C's 的对象 O，O 与 C's 是等同的。只要我感知对象，只要一个由视感觉和触感觉组成的特殊的复合 C_i 由此而给予我，那么我就能够直接地使 $O=C_i$（这里的等号旨在表达完全相等，而 i 总是因感知条件的任何变化而取不同的值，所以 O 基本上总是不同的）。

但是，现在内在论哲学家必须回答的问题就是：如果对象 O 没有被感知，如果根本没有 C 被我经验到，那么是什么样的 C 或什么样的 C's 构成对象 O 呢？从逻辑上看，只有两种回答是可能的：或者是在知觉的间隔中有一个非常特别的 C_i 继续存在（因而在它不被任何人感知的情况下仍是实在的），这就是 O；或者有几个 C's——在极限的情况下是一切可能的 C's——即使在它们不是对任何人的所与时候，它们仍然是实在的，在这种情况下，O 就是等同于所有实在的 C's 的集合，因而 O 只是表示这一全体的名称。

第一种可能性当然无需太认真地对待，事实上决不会得到人们的支持。显然，从无限多的 C's 中挑出一个来，断定它在知觉以外继续存在并且把它等同于该实在物体，这显然是过于任意几近荒谬。例如我们必须把在某种十分确定的照明状况下、在特定的位置、特定的距离上并且选择合适的视知觉所观察到的这张纸作为真正的、实际的纸。并没有任何支持这一选择的根据，因为自然界丝毫没有把任何一个这样的感觉复合 C 同其他的感觉复合区别开来。此外，对于选出的复合与余下的 C's（在这张纸被感知的时间里被给予的）之间的关系也不可能给出任何令人满意的说明。

像我们在前面说过的那样，内在论的哲学家们自己也看到这 206

条路是多么的不现实，不可行。所以，剩下来的唯一的可能性就是第二种可能性，也就是认为未被感知的事物 O 应等同于 C's 的集合。很清楚，只有全部 C's 的集合才能够被考虑；因为如果我们想要从这个集合中挑出特殊的一组要素，这种选择只能是绝对地无根据和任意的。还有，我们必须把全部 C's 理解为所有可能的要素复合或侧面，而不仅仅是事实上被给予某一个体或其他个体的那些复合。因为，随着对 O 的每一个未来的感知，就有无限多的新的复合被经验到，所有这些复合都必须属于同一个对象 O。按照这个看法，被感知对象与未被感知的对象的等同，就自然而然地得到保证。

这就描述了内在论哲学可以据以肯定未被感知的物体的一种可能的观点。世界是组成一定复合的要素的无穷无尽之网。我们称之为物体的东西就是无限的连续不断的这种复合的集合，其中所有的复合都同样是实在的，只有一小部分（虽然也是无限的）是被经验的，也就是给予某个“自我”作为“知觉”。

在哲学家中，只有伯特兰·罗素一人唯一清楚地阐发了这一观点并且承认它是内在论观点的必然结果（《我们对外部世界的知识，作为哲学中科学方法的一个领域》，第四讲）。罗素正确地依据“物理学法则”作为选择的原则，以此定义了决定应归入事物内容的东西是什么。“事物就是服从物理学法则的那些侧面的系列。”他把所与的侧面称之为“实际的”，而把非所与的侧面称之为“理想的”。他并没有断定非所与的侧面的实在性，而是说（第 112 页）“……把任何实在性归于理想的要素……是不必要的；只要承认它们是逻辑构造就够了”。但他也没有否定它们的实在性：“相信理想的要素存在是我们易于接受的；而且也可能没有什么理由不相信这一点……”。对罗素来说，关于没有被任何人经验到的侧面的实在性问题只有次要的意义。他更为关心的问题是关于物理的东西的概念的**内容**，但是由于他宣称假定没有被经验的 C’s 的实在性是完全可接受的，所以我们可以认为他是我们所考察的这种观点的一位代表人物。所有其他内在论哲学家所作的说明都是自相 207
矛盾的，并且——为了掩盖矛盾——是含糊不清的。他们没有坚持罗素的大胆的立场。

但是，罗素的立场是容易受到攻击的，在我看来，有两种反对意见一定会产生，其中任何一种都足以使这种内在论观点站不住脚。

第一，这种看法对于必须假定存在的被经验到和未经验到的侧面之间的根本区别没有给出任何说明。按照他的假定，这两者都同样是实在的，那么，是什么东西把被感知的侧面和未被感知的侧面区别开来的呢？在罗素那里，看来只有被感知的侧面才可能作这种区别。但是，几乎用不着证明，像这样一个概念，（它包含一个主体、一个客体，以及在主客体之间的活动）在这个体系中是没有位置的。一个“在意识中被给予的”要素的复合怎样与并非在意识中给予的要素的复合区别开来呢？对这个问题我们没有得到回答。任何可能的回答都要引入一个新的成分作为区分的基础，从而会牺牲内在论立场的基本原则。因为那样一来对象应由完全不同于我们所体验到的要素复合的东西所构成了。

第二，在我看来，从经济原则的观点来看罗素对世界的观点是不可能坚持的。如果我们不仅承认实际上被经验到的对象的侧面是实在的，而且还承认一切可能的侧面的无限集合也是实在的，那么我们就很难遵从奥卡姆的“剃刀”即“entia non sunt mutiplican-

da praeter necesssitatem”（如无必要，切勿增加实体）这个古老的原则。请别忘了，这些可能的 C’s 不仅包括可能给予任何已知生物的一切知觉，从蜜蜂到人的一切知觉，而且还包括那些具有我们完全不了解的感官而仅仅是*可以想象*的存在，甚至小到一个原子那样的微小生物所经验到的知觉。在这里假设作为实在的是多么无限的侧面的一个庞大的群集——一个无法计算的系列，一个甚至不可能加以完全列举的系列！难道这样的世界观除了比谨慎的实在论者的普通世界观更少一些的不必要的假设以外真的是更简单更经济吗？这些谨慎的实在论者除了被经验到的 C’s 以外只假设介于 C’s 之间的自在之物的存在。一个人除非他相信假设实在的自在之物要比假设实在的未被经验到的知觉复合包含着更广的要求，相信这两种假设之间存在着清楚的本质的区别，能够在可以
208 容许的和不可容许的超越之间划出截然分明的界限，否则他是不会接受这样的结论的。

会产生这种信念的有两个因素（在罗素那里也清楚地表现出来）。第一个因素是认为自在之物的概念会以某种方式包含着形而上学意义上的*实体*观念，它是关于带着变化着的属性的永恒“事物”的古老范畴。与这种概念相反，我们的 O，作为一种自在之物，在反对它的人看来，似乎就是一种与变化着的“现象”C 相对的永恒的自我等同的“本质”。例如罗素就非常公开地表示了他反对“永恒的”或“不可毁灭的”事物的假设的观点。他反驳说，这种假设是思想所提供的不正当的附加，因为真正说来给予我们的只有永远变化着的、非实体性的种种侧面。他这样说是正确的——但是自在之物的概念并不需要包含任何这样一些没有根据的禁用的观念，而且，如我们在前面所规定了的，事实上也不包含这些东西。

就我们来说，“自在的存在”仅仅意味着“没有被我们经验到”，在这个意义上说罗素说的未被感知的侧面，就其被看作实在的来说，已经具有一种“自在存在”(being-in-intself)。并没有另外一种超验的东西存在。自在之物不必是某种不变的、永恒的形而上学的实体，但因此它也不必是一套感觉的复合。毋宁说(见本书后面的章节)我们可以把它看作过程和状态的复合，而且能够很容易地看出，我们由此而得到的世界图景，是比我们把事物解释为所有的侧面的集合要更加简单、更加坚实、更加符合科学精神的世界图景。

当然，我们一定不能把构成事物的过程看作与感觉的复合只有微不足道的区别，我们所批评的观点依据的第二个因素就是抵制这一点的。这个因素就是反对假定我们**没有体验到**的实在(unbekannter realitäten)的存在。我们在直接体验到的意义上明了什么是红色或者什么是甜的，或者什么是一个侧面。如果通过假设仅仅把我们在原则上能够体验到的那些要素引入我们的世界观，似乎要更加令人满意。

但是如果要我们只承认那些**可能被体验**的要素是实在的，那么首先这种要求是完全不合理的。这只是那种认为体验(kennen)属于知识(Erkennen)的成见的残余，而且是这种成见的比较 209
重要的部分。其次，这里所讨论的观点本身并不符合这个要求。因为一个“未被感知的侧面”不可能与“感知到的侧面”是同样的；否则这种区别就是毫无意义的。这两种复合必定在更深的意义上不相同。例如，如果没有人在这个房间里，那么，构成这个房间的所有侧面，就没有任何一个能够等同于进入该房间的某个人所经验到的侧面。因为后一个侧面，正如罗素也承认的(第 88 页)，是“受新到达的人的感觉器官、神经和大脑影响的……”；能够合理地

加以假设的只是“从那个观点来看，宇宙的**某个**侧面存在过，尽管现在没有人在感知它”。我们看到，通过假设添加的复合是无论如何我们都“没有体验到”的那些复合。因此，内在论哲学反对实在论关于自在之物的假设的斗争是徒劳无益的斗争，因为这种哲学本身如果没有一个与之充分相当的假设便不能维持。

这里对我们所讨论的一种特殊形式的内在论观点的批评实际上便结束了。但是，为了解决被许多哲学议论搞乱了的问题，对于其他想要使内在论立场达到无可指责的说法的无益的企图，我们进行一些简略的批评性考察也是有益的。与这些努力相联系，我们将面对一种完全不同的、富有启发性的矛盾和缺点。

在约瑟夫·彼得楚尔特的著作中，我们看到：“在把视觉和触觉的质组成的要素联系看作不依赖于它们被感知而存在的这种看法中，我们经验到的全部困难都只是来自这样一个事实，即我们发现要摆脱绝对存在的观念而完全注视相对存在的观念是极为困难的。”①因此，他力图证明（同上书，第 188 页），他的观点并没有陷入矛盾之中：“事物被感知以后仍然继续存在，这里面并没有矛盾（除了可能归于它们的质以外）；它们占据其特定的空间，丝毫没有
210 干扰我现在的知觉。因此，矛盾可能只是存在于我借以设想事物继续存在的那些质之中；如果我要把所有类似的继续的存在都看作绝对，那么这种矛盾当然不可避免。但是如果我设想事物在由不同种类的个体感知时就已经是不同的而且在对每一个个体继续存在时也是各不相同的——对于色盲的人是不同的，对于聋人来

① 彼得楚尔特，《世界问题》，第 3 版，第 184 页。

说是不同的，对于全盲的人来说是不同的，对于某种组织得完全不同于人类理智的智能者来说是不同的——那么，哪里还会存在任何一个矛盾或者任何不可思议的东西呢？”

彼得楚尔特坚称(同上书，第193页)，存在(Dasein)“并不只是被感知”。它宣称，在地球的早期，没有任何人的眼看见它，“对那个遥远的时代的观念完全依赖于我们。但丝毫不意味着这种时间仅仅是我们的观念。相反，就它的存在来说，它是完全不依赖于我们的。”因此，如果存在并不等同于被感知，也不等同于被表象或被想象，那么存在和感知就是根本不同的了。这就意味着一个对象O即使在要素复合 C_1，C_2，C_3……不被任何人经验到，它也存在着。因此，问题就是：O是什么？彼特楚尔特的回答不是认为O是所有可能的C's的集合，也不是认为它等同于任何特殊的C。他的回答是，它等同于每一个单独的C，但等同于对每一个体来说都是不同的C！如果用公式来表达，那么，对于第一个个体来说，$O=C_1$，对于第二个个体来说，$O=C_2$，如此等等。这里需要注意的是，这种等式旨在表示绝对的等同。在彼得楚尔特看来，使这些主张得以可能的正是“相对存在”的概念。但是这一概念明显是自相矛盾的，也就是说它是几个词毫无意义的联结。因为按照这种假设 C_1 和 C_2 是不同的，那么按照同一性的原则，同一个O不可能同时既等同于 C_1，也等同于 C_2。[①]

① 在彼得楚尔特的《世界问题》的第3版中(188页以后，脚注)，他回答了我对他的观点的责难，但遗憾的是他没有对我的上述论点进行严格的表述。我在这里复述他的主要论述以便使读者自己能够判断，是不是彼得楚尔特真的避免了矛盾。彼得楚尔特说：“……石里克认为这里的观点存在着矛盾：我只是表明了不同的个体可能以不同的方式来设想同一个事物(也就是在直观上以不同的方式来表现事物——石里克注)，

211 显然这里在逻辑上只有两种可能的选择：或者我们承认只有被经验的 C_1，C_2……的存在而不承认一个与之等同的 O（在这种情况下我们便得到一个下面马上就要考察的新的观点）；或者我们把 O 只是看作加在所有 C's 集合上的另一个名称而已，例如像罗素的解决办法那样。而对罗素的解决办法，彼得楚尔特没在任何地方清楚地陈述过。当他宣称（第 211 页），谈论“同一事物”只是一种逻辑构造时，他偶尔接近于罗素的解决。但是恰恰就是在他解释爱因斯坦的相对论的那段话时，表露出彼得楚尔特哲学上的相对主义缺点。不过我们在这里不能讨论这个问题。我在另外的地方也注意到，这里所描述的认识论立场使它的拥护者作出了一些破坏物理科学中的全部理论构造的基本原则并违反经验事实的论断。[①] 这个例子很有趣，因为它表明了，对于理解和正确地运用
212 一个纯粹的物理学理论来说，人们的认识论方向绝不是无关紧要

但是他要求我证明的却是，对于不同的生物来说，同一个事物可能是某种相反的东西——‘红和非红，硬和非硬，这不依赖于它的被感知。’但这恰恰是我所证明了的；石里克在这里完全忽略了‘对于不同的生物来说’这几个词，尽管他也把它们写出来了；他之所以忽略了它们，是由于他真正要求我的显然是与他自己实际上明白表示出来的证明完全不同的另外一种证明：那就是证明同一个绝对事物或自在之物必须同时能够具有这些相反的质——如果不能证明这些，我就不可能坚持我所认为的存在不仅仅在于被感知的主张。按照石里克的观点，事物独立存在的主张与那种认为事物对于感知者来说仅仅在于被感知的理论是不可能相容的。而我的说明清楚地证明了这两种观点的相容性。”接着有几个语句明明白白地与上面引的这段话完全矛盾：“未被感知的东西的独立存在没有引起任何问题。关于一个被看作独立的并被认为舍弃了它对中枢神经系统的关系的事物，我们能够说的只是它存在着，它不依赖于被感知而存在着。任何有关该事物是如何构成的问题都是在原则上不可解决的而且甚至是不合逻辑的说法。”但是，难道作者不是刚刚宣称，事物连同它们已知的质尽管对于不同的生物有不同的质都不依赖于它们之被感知而独立存在着吗？

① 见我在德国自然科学家和医生学会一百周年纪念会（莱比锡 1922 年）上的演讲《哲学中的相对论》，莱比锡，1922 年。在第 65 页上，我用“非常机敏的、受尊敬的相对主义实证论的使者”来称呼彼得楚尔特。

的，甚至对于哲学观点的驳斥也要有一种通过经验事实进行的确认。

从我们的讨论中得出的结论就是：我们在这里所评论的这种形式的内在论观点看来是站不住脚的。那种认为非所与的实在对象只是继续存在的要素复合，因为当我们感知该对象时它就被给予我们这样一种主张必须更改。

如果我改变光照和位置，因而改变物体与我自己以及物体与环境的关系，或者如果看着这个物体的人不是我自己而是一个有色盲的人，那么就出现了新的要素，形成了新的复合。但我仍然说是同一个物体。因此在不同条件下对象是由其他要素形成的。那么，如果“什么样的要素形成物体？”这个问题要有意义，我就必须详细说明全部这些条件。如果这些条件被忽略了，那么内在论哲学家就必须把这个问题作为错误表述的问题加以拒斥，因为它不可容忍地把要素与这些要素总是遇到的关系分离开来。这些关系只有与一个“自我”复合的要素相联系才出现，仅当一个物体的要素同构成我的感觉的要素之间建立某些关系，该物体才是“所与”。“当一个对象没有被感知时是什么样的要素形成了该实在对象”这个问题就等同于下面这一个自相矛盾的问题，即“一个事物在没有任何人看它的时候它看起来像什么？”一个不是所与的物体不可能由“蓝”、“冷”、“硬”以及诸如此类的要素建造出来。但是，要有一种恒常的东西才能向我证明把一系列变化着的要素复合包括在唯一的物体的概念之下是合理的，那么这恒常的东西是什么呢？

显然，它就是这些要素复合相互关系的似法则的律则性（law-like regularity）。因此，这种似法则的律则性，即关系的集合，构成了这一物体的真正本质——这就是我们现在讨论的理论必定达

到的结论。把这个结论运用到我们的例子上，如果我断定在我的书桌内纸张的存在，由此，我所断言的不是某些要素“本身”存在着，而是在某种十分确定的条件下，某些要素会在某些地方出现。如果我随后打开抽屉，如果我把头转到如此这般的位置，如果照明的光线是如此这般的性质，那么就会在如此这般的地方出现“白”这个要素，还有“灰”这个要素也如此出现（使这纸张更多地处在暗
213 影中）；如果我伸出手，那么就会出现别的一些要素（触觉）如此等等。

因此，断言一个未被感知的事物存在并不是意味着当时实际上有某些要素存在，而是说如果实现了某些条件，这些要素就会出现。但是，在这里我们得到的看法恰好和穆勒关于感觉的恒久可能性的理论是相同的；因此，我们所考察的观点如果加以融贯自洽地发展，就不可避免地会导致穆勒的观点。因而它也会受到同样的责难。

如果避免用“可能性”这个词而代之以“函数关系”，以此来逃避责任那是不可能的。马赫在一个地方（《感觉的分析》，第 296 页）说道：“但是因此我必须说，在我看来，世界不仅仅是感觉的总和。更确切地，我要直率地说，是要素的函数关系的总和。但这不仅仅使穆勒的‘可能性’成为多余的东西；而且是用某种更合理的东西（数学上的函数概念）代替他的可能性。”

从逻辑上看，数学上的函数概念当然是非常合理的。但是，特别地从实在性问题的观点来看，函数概念却是含糊不清的；因为，函数概念不是任何实在的东西，而是概念。我们必须明了这样一点：如果我们说物体在于要素之间的某种依存关系，某种函数关系，那么，如果我们在谈论物体是某种实在的东西时，我们就是在

把单纯的概念——函数关系——提升到实在领域并使之实在化。这样一种做法的确是不可容许的。

任何人如果把未被感知的事物解释成仅仅是已感知的事物之间的似法则的联系，那么在我看来他的论证就好像一个盲人哲学家在维护一种主张，认为他听到别人说到的一种颜色实际上只是声音和触觉经验的似法则的联系。任何一个具有正常视觉的人提出的反对意见都不可能说服他，因为无论别人告诉他什么，对他来说颜色仍然是一系列声音，因而他能够坚持他的信念。

让我们清楚地记住数学上的函数概念的意义以及它对于实在的运用。如果我以这样或那样的方式转动一张纸，或者将它弄皱，那么“一张纸”这种复合的要素（以及我拿着这张纸的手）就在以一种非常确定的方式变动着。一方面的变动与另一方面的变动联在 214
一起；在黑暗中视觉要素完全消失了，只有触觉要素保留着。我们可以借助数学函数把这种依存关系用一个法则陈述出来（当然，在理论根据上——我们在后面就要谈到——我们决不可能在实际上陈述这个法则）。因此，这个法则是一种概念上的创造，一种抽象。只有要素及其变化是**实在的**。这适用于任何法则，任何一般的依存关系。牛顿的万有引力法则不能被称之为某种实在东西，而只能（像洛采所说的那样）称之为某种“有效”的东西。它并不存在于某个地方或某个时间；实在的东西只是我们通过牛顿力学的公式进行描述的物体的**行为**。

我们还应当注意另外的东西：就这张纸被感知来说，我们的确可以说它的本质就在于白的、光滑的、直角的等要素的相互联系。因为只要要素本身存在，它们的相互联系就是某种实在的东西。但是在不同知觉的间隔中，眼睛没有看着这张纸，手没有触摸它，此时我们当然就不能这样说，因为这些要素不再存在。当然，没有什么人会去梦想把某种实在的东西定义为非实在的量值之间的关系。在这种情况下，唯一剩下的就是把物体（这张纸）看作是在当下实际给予的要素之间的函数关系。例如，我的手，如果进行某种操作，就会在事实上使这张纸得以出现。人们可能会指出所有的要素都这样那样地同所有其他要素联系着，从而力求以此来为这样一种观点提供合法性。但是如果在函数关系中寻找整个实在的本质，那就既不是经济的，也不能同自然的、素朴的实在概念相容。

不，这种做法根本不行。**如果**某些条件得到满足（也许将永远得不到满足），某些要素便出现，这种抽象的逻辑上的条件命题决不能理解为关于一个物体存在着的论断的全部内容。因为那就会把抽象命题的有效性等同于实在事物的存在，那是内在论哲学精神中根本没有的，而且是与它的基本观念相矛盾的。那样一来，我们便有了一种像许多被拒斥的旧的形而上学体系那样，把概念变成实在的新的形而上学。

215 任何一个人如果认为外部世界的事物**就是**要素的一种似法则的相互联系，这种相互联系在要素本身不是所与时也存在着，①而且还相信他因此就把比如说感觉材料所具有的同样的一种实在性赋予了事物，那么这个人就把法则实体化了。他所形成的概念就和**力**的概念一样，因为力的概念曾经一度支配了自然科学发展过程中的一个已经过时了的阶段。对他来说，相互联系中的法则性实际上就成了一种只要某种条件存在就直接产生某种要素的力。“被承认为一种客观的力量的法则，我们把它称之为力”，赫尔姆霍

① 科尼留斯，《哲学中的统一性》，第2次印刷，第271页。

兹这样写道(见他关于能量守恒的论文的注)。在感觉的恒久可能性的概念或者在“客观存在着的法则”的概念中所设想的东西恰恰就是人们在力的概念下常常设想的东西——尽管人们不情愿那样称呼它。这样,我们所描述的观点就变成了物力论(dynamism);对于这二者来说,外部事物的世界就是力的世界。他们用不同的词来称呼它,但这无关紧要。这两种立场实质上并没有什么区别。无论如何,内在论的立场因此要被抛弃。但这是应当加以证明的。

错误恰恰就在于,人们所努力寻求的就是对物体实在性的*定义*这个事实。所有这样的努力一定会归于荒谬。这些努力最终都会导致穆勒通过可能性对实在作出的解释(见上面 23 节)。实在概念不可能归结为非实在的概念;它必须从经验中取得。概念和实在是不可相容的不同;这就是它们之间的区别。它们不可能互相变换。只有承认这种区别才能使逻辑的思维成为可能,任何抹杀这种区别的做法都会导致经典形而上学体系的大错误。然而内在论的实证论的一个独特特征就是把实在和纯粹概念性关系混在一起。马赫说(《感觉的分析》,第 296 页):“对于自然科学家来说,直观的表象和概念性的思维之间的壕沟既不是很大,又不是不可逾越的。”无疑,这句话可以在一种完全正确的意义上加以理解(见前面第二部分,第 18 节接近结尾处);但是它也会使我们倾向于用数学的函数概念来构造实在,若是这样,那它就是错误的。

2.作为非实在的未被感知的事物 216

至此我们同马赫和彼得楚尔特一直走过的道路现在堵塞不通了,我们必须转回去。让我们再一次地来考察一下这条道路。

如果我们把“物体”只是理解为我们感知该物体时给予我们的要素的复合,那么对于未被感知的物体的“实在性”问题就必须作否定的回答。由于这个原因，我们试图按照马赫和科尼留斯的看法，不是在要素的复合本身中，而是在陈述这些要素之间的相互联系的抽象法则中去发现实在物体的本质。我们也认识到这个做法是在逻辑上不可容许的，而且也是与全部问题的意义相对立的。

这样一来，除了回到上面提到的两种可能性的第二种（见第26节，接近开头的地方）以外，就别无其他可能了。现在实证论者不得不认真地采取并保留他们的出发点：仅仅把实际上的所与称之为实在的。对于一个物体来说，“实在的”只是作为它的当下直接所与的东西；其他一切只是概念或纯粹的思想符号。没有别的主张能够与所选择的这种出发点相容；只有这种方式才能算纯正地忠实于内在论的立场。始终要强调的是要素对构成“自我”的复合的依存性。因此，要素必须恰好像经验显示它们那样持续保留。但是，经验告诉我们，例如，当我闭上眼睛时，物体的视觉要素便消失了。当然，如果我的伙伴仍旧在看着该物体，那么我便依据他的陈述声称这物体继续存在；但是如果我的伙伴也闭上了眼睛，或者转过身去或者离开那里，那么这些要素就没有被任何人经验到了。它们不再对任何主体存在，照此说来，也就根本不存在了。这个物体不再存在了；因为形成物体的这些要素以及它们的变化，也不再出现了。然而如果我仍旧说它是某种存在着的东西，那么我只是把它作为概念性符号表示一种预断，这种预断是说，一旦我使某些条件产生，那么这些要素便将重新出现。

认为实在性应当排除任何未被感知的东西（不管它是不是可能被感知）这种断言也消除了马赫和其他人的著作中经常使我们感到困扰的一个矛盾。一方面，实在性属于某些物体，因为它们具
217 有可感知性，尽管实际上我们决不可能感知它们（例如，月亮的背

面，或者地心内部的物质等*）。另一方面，物理学和化学所创造的诸如原子、电子之类的概念，被认为只是思想的辅助概念，而不是标示实在的量值，因为它们不是可感知的。但是要在这两种情况之间确立一种原则上的区别事实上是不可能的。因为"可感知的"是一个相对概念。当我们把这个谓词归于一个对象时，我的意思是指，在一组或另一组条件下，可能使该对象产生"所与性"。但是对于这些条件来说，可能性是绝对无限的，这就取消了概念的任何确定性。这些条件包括进行感知的感觉器官以及这些感觉器官的某些组成部分的某种时空关系。但是，是什么组成部分呢？一个人通过他的感觉感知到另一个人用他的感觉不可能产生所与的东西；一只具有灵敏嗅觉的狗生活的世界比人所生活的世界具有丰富得多的嗅觉的质。因此，特别是从实证论的观点来看，人类成为可感知性的尺度那是非常偶然的。像麦克斯韦之妖那样的生物(being)可能的确存在，对于这些生物来说——由于具有与人没有丝毫相同之处的构造——一个原子可能代表一个直接给予的要素复合。简言之，正如不可能借助可能性来定义实在性那样，也决不可能借助于知觉的可能性来定义实在性。完全不可能以这种方式来确定一个划出实在领域并把实在领域和非实在领域分开的界限。为了保持首尾一贯，实证主义必须宣称只有被感知的东西而不是可感知的东西才是实在的。按照实证主义的观点，一切非所与的东西都处于相同地位；即都不是实在的。地球内部和月亮背面正是在完全相同的意义上像原子和电子一样都只是概念性辅助物。在这里不可能有根本的区分。

* 这句话写于1925年。——英译者注

从我们必须采取的立场来看，我们也不可能在这两种思想的对象之间作出任何区分。但我们并不认为它们是非实在的；相反，我们断言它们是完全实在的，因此我们同时也否定被感知对象和
218 通过严格方法推论出的对象之间在实在性上有任何区别。我们对这两种对象赋予同等的实在性。

通过自然科学的概念来标示的对象（诸如物体、原子、电场等等）并不等同于要素的复合。但它们正因为是实在的，因而即使没有任何要素是所与的，它们也仍然是实在的。这些对象的属性和关系决不是直接的所与；因为它们都是推论出来的。这种看法在同样的意义、同样的程度上也适用于所有那样一种对象，适用于物理学家的电子，同样也适用于摆在我们桌上的面包。依据我们的经验，当我们看到并且触摸到这块面包时，我们设想具有相对持久性的对象的存在并且使之与“面包”这一概念相配列；依据我们在某些实验性研究，例如皮林或斯维德贝格的实验性研究中取得的经验，我们假设用“原子”这个概念标示的对象的存在。

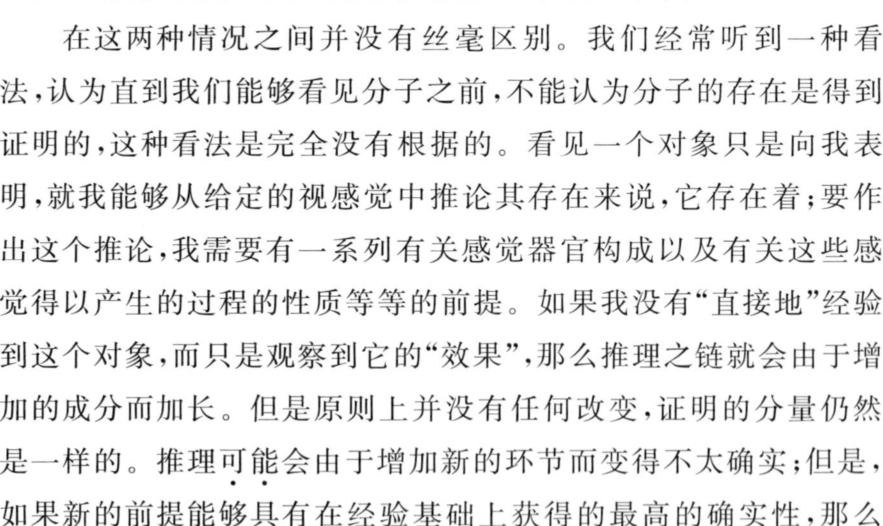

在这两种情况之间并没有丝毫区别。我们经常听到一种看法，认为直到我们能够看见分子之前，不能认为分子的存在是得到证明的，这种看法是完全没有根据的。看见一个对象只是向我表明，就我能够从给定的视感觉中推论其存在来说，它存在着；要作出这个推论，我需要有一系列有关感觉器官构成以及有关这些感觉得以产生的过程的性质等等的前提。如果我没有“直接地”经验到这个对象，而只是观察到它的“效果”，那么推理之链就会由于增加的成分而加长。但是原则上并没有任何改变，证明的分量仍然是一样的。推理**可能**会由于增加新的环节而变得不太确实；但是，如果新的前提能够具有在经验基础上获得的最高的确实性，那么

情况就不一定是这样的，也不会是这样的了。感知一个对象归根到底就是经验到该对象所产生的效果。这种效果是比较近的还是比较远的，这并不是决定任何根本区别的根据。例如，对于氦原子，不论是我“直接地看到”它，还是（像 C. T. R. 威尔逊所做的实验那样）追踪它在高度冷却的水蒸气中的轨迹或者（像瑞根诺那样）观察它打在荧光屏上产生的闪光，[①]都同样是对氦原子的感知。

但是，我们在这里来谈论我们自己的立场是有点离题了，我们 219
在后面将对这个问题给予更确切的论述。现在我们回到对内在论的严格实证主义理论的批评上来，按照这种理论，一切对象如果不是意指纯粹的要素复合，就都不是实在的，而只是纯粹的辅助性概念——面包和分子都一样。

这种把实在性严格地等同于所与性的理论，一直由一些杰出的哲学家表达出来，然而常常成为批评议论的对象。由于赞成与反对的论据都采取具有代表性的途径，因而毫不奇怪，很难增加一些新的只要说出便能得到直接的普遍接受的论据。存在等于被感知就是典型地代表这种观点的公式。采纳这个公式的哲学家当然并不想仅仅把他自己认为是所与的东西称之为实在的（否则他就会成为一个唯我主义者，但没有一个大的哲学体系会认真地维护唯我主义）；他要说的只是，如果不是对某个主体的所与，就没有什么东西是实在的。或者，像阿芬那留斯所表述的那样，任何存在着的东西都是作为“原则同格”中的一项被面对的，“原则同格”是用

---

① B. 贝汶克运用相同的论据非常精妙地证明了我们所否定的这种区别不能成立。见他的《一般效果和自然科学问题》第 3 版，第 25 页。

来表示每一个实现了的经验中的自我一经验和环境一经验的密切联系和不可分离性的一个名称(《人的世界概念》,148 节)。我们通常称之为主体的,在他那里就是原则同格的"中心项";通常称之为对象的,他则称之为原则同格中的"反对项"。但是,他特别着重强调了一点:并不是中心项符合反对项,而是二者都是某种遭遇到的东西,二者都在相同的意义上属于"每一个经验"。这种观点也可以用著名的叔本华的公式来描述:没有无主体的对象。自在之物就是这样一个对象,它**不是**原则同格中的一项,它是一个无主体的对象(cui objectum est)(见 E. 拉斯《唯心主义和实证主义》,Ⅰ,第 183 页),这种东西并不存在。

我只需要简短地指出,当我们从实在世界消除一切非所与的东西会产生什么样的结果。这些结果在最近常常被人们提出。我认为,毫无疑问,这些结果的确与科学探索的许多原则有着不可调和的矛盾。

这些原则中首先是因果性原则。这一原则要求一切实在的东西之间具有一种连续不断的相互联系,从而使实在过程都按照严
220 格的经验的法则进行。* 但是,如果我们把自己局限在**直接所与**的限度内,那么要在经验的基础上确定支配这些量值连续相继的法则是不可能的。为了填补这种为一切科学所依靠的相互联系,必须用非直接所与的量值来补充因果系列。例如,假定我出乎预料地听到一声钟响。这座钟放在一个很远的房子里,放得使以前的瞬间不能以任何方式——听觉上的、视觉上的或者别的方式——给予我或任何其他主体。在前一个瞬间属于某种原则同格

* 石里克是在量子力学发展以前写下这一点的。——英译者注

的全部领域中，不可能找到这种突然出现的声音发生的充分原因。因果联系只存在于这种实在的东西之间而不是存在于概念之间。混淆这两者就是把原因和结果之间的关系错误地当成根据和结论之间的关系。因此，要么承认超验的实在的存在，要么否定普遍的似法则的因果联系。① 可以理解，内在论哲学家们不愿意采取第二种选择。但由此他便陷入自相矛盾，因为他也不想接受第一种选择。

内在论哲学家在回答这些责难时惯于说，他的世界在符合法则上同实在论者的世界丝毫不差，因为所谓事件的因果性相互联系归根到底就等于要素的函数关系。所能确定的一切只是要素的存在，而插进“自在之物”作为中介是毫无助益的。但是以这种方

式来对待问题只是回避真正的困难，而不是解决困难。例如，马赫 221
总是喜欢谈论函数依存关系而不是因果依存关系，这一事实已使问题不知不觉地被弄得模糊不清了。因为“函数关系”这个词语正像适合于纯粹的概念性事物的相互关系那样似乎也适合于实在事物。因而，这些辅助性的东西是属于这个领域还是属于别的领域似乎都无关紧要。但是这里所争论的问题完全取决于实在事物之间的关系，这种关系自古以来都意指**因果**关系——不管其他人对于原因和结果的概念可能会怎样看。而把“函数”这个词扩展到这

① 也可参见弗瑞塔，《实在论和超验问题》，第 11 页，斯托林，《认识论导论》，第 144，148 页；我们在本书第 25 节末尾所引证的 V. 斯特恩的论文；如我们在前面所说，甚至彼得楚尔特正是由于这个缘故，也需要有独立于感知而存在的“要素”。彼得楚尔特说（《世界问题》，第 1 版，第 145 页）：“知觉表明，光从远处作用于树叶和树干，这取决于太阳和云。如果我从窗前走开，我就不再感知太阳和云，但光的作用仍然继续着。因此，我怎样才能把这一过程展示出的似法则的律则性要求同云与太阳的存在中——不仅仅是被感知的——不连续性调和起来呢？”

样一种关系上是丝毫不能使问题得到解决的。

但是，问题的核心在于：保证每一事物都以唯一方式依赖于一切事物，因而因果原则在任何情况下都会得到保留，这样一种保证对我们来说并没有多大帮助。我们可以想象一个由任意的无序事件构成的世界并且断定与上述保证相同的东西。只有人们可以确定世界过程的进展所遵循的个别的规则和法则，关于存在着因果联系的断言才有经验的意义和可检验的含义。我们所熟悉的所有那样一种严格的规则（即全部自然法则）事实上都表达非直接所与的量值之间的依存关系。诚然，事实上我们决不可能完全精确地确定要素之间的相互关系；因为在自然科学家的精确公式中出现的量决不标示直接的所与或直接所与中的任何变化；它们总是标示以比较复杂的方式同所与相联系的辅助对象。这种情况的确最符合于物理学家的那些**最基本**的法则。试想，比如说电动力学方程或引力方程；在其中出现的量只是以极为曲折的间接方式才与知觉相联系。关于这一点的原因就在于，“要素”在原则上并不可能作量的规定，关于这个真理，我们在后面要加以论证。

但是这些重要的事实通常都被匆匆放过。“对于科学家来说，比较容易探究的不是这些要素的**直接**关系，而是这些要素的关系的关系”，马赫说（《感觉的分析》，第51版，第4页）：“这种情况在这里并不一定会使我们感到不安。”事实上，这种情况对于任何一个想要为世界上发生的事情画出一幅首尾一贯的、在逻辑上完整
222 的图画的人都会带来许多不安。这样的人就会感到，如果自然法则所表达的真正简单的关系不是在实在之间或在感觉之间成立的关系，而仅仅是在如电子、频率以及诸如此类的概念之间成立的关系（这些概念是纯粹的思想符号，只能在彼此之间有逻辑关系而不

是因果关系），那是不能令人满意的。

这里所描述的观点同因果原则是不能相容的。按照这种观点，是不可能把自然法则看作涉及实在事物变化的法则的；这样，这些自然法则就被剥夺了原有的意义。这还不是一种完全毁灭性的打击。因为支持这种观点的人仍然可能会说：那么好吧，我们必须放弃那种认为能够把全部实在按照一定的法则毫不含糊地包容到一个连续不断的因果系统之中的观念。（从支持这种观点的立场来看，从一开始就不可能把因果原则看作一种先天的原则并把一切都包容到一个作为绝对必然性的因果关系统之中。）然而，人们可以看到，正因为关键就在这里，所以事实上没有任何一个内在论哲学家真的准备采取从他的立场来看显然是不可避免的这个步骤。仅仅坚持存在＝被感知这个命题，仅仅由于害怕自在之物而抛弃一切探究的最基本的前提，那真是一种盲目的毫无用处的武断。一旦结果表明这种害怕是毫无根据的，那么整个这种立场就失去了任何支撑。

我们在前面已经注意到，自在之物这个概念要么被人们认为是自相矛盾的，要么被认为是多余的。我们已经知道，它不是多余的，因为我们看到，为了保证自然界中因果关系的鲜明的性质，就必须构造出自在之物这个概念；我们在讨论贝克莱和舒佩（第25节）的论点时，早就证明了指责自在之物自相矛盾是多么的没有根据。其他思想家也以别的形式提出相同的论点。事实上，他们并没有提出根本不同的论点，就其实质来说，没有任何别的可能的方法来证明一切事物必定是一个主体的对象。所谓的证明是建立在一个普通的双关语和四名词错误之上的。然而，我们发现，即使像阿芬那留斯这样杰出的人物所作出的某些陈述也只能使人们把它

理解为对旧论点的重复，不过在这里，他最巧妙地把错误掩盖了起
223 来，也就是把它包含到隐含的前提之中了。他说(《人的世界概念》，第131页)，我们无权去问“自在和自为(在认识论的特殊意义上)的环境成分本身是不是可能被看作是由其他感觉的质来表征或者没有任何东西来表征——**至少就我们把自在和自为的环境要素**(‘对象’、‘物’)**这个表达理解为脱离了中心项或脱离每一个中心项的反对项而言**。这样一个问题是不合理的，因为一旦我想到一个环境要素，该要素就已经是以我作为其中心项的反对项了；但我不可能把我自己排除掉。因此，设想一个‘自在和自为的环境要素(‘对象’、‘物’)本身’就等于企图去设想某种既不可能被设想也不可能被推论的东西；想要肯定地或者甚至**只是否定地**确定‘自在和自为的环境要素(一个‘对象’或一个‘物’)本身’的性质就等于企图通过可以设想的事物去确定某种不可设想的东西。”

这种说法被认为比通常的(舒佩的)说法要高明些，因为同其他人的论点不同，阿芬那留斯的论点并不是要反对“非思想的事物”，而是反对“设想不可设想的事物”。阿芬那留斯在这里所谴责的自相矛盾的超越就是“设想某种东西，由于它不是某种被思想的东西，因而不是可设想的东西，也就是没有可设想的条件使之成为被思想的东西”(F.瑞布，《理查德·阿芬那留斯的哲学》，1912年，第157页，注330)。

也许这种说法是正确的。但是只有当思想意指“直观地表现”时，这种说法才能成立。自在之物，即不是作为原则同格中一项的对象，本身并不是在直观上可以表现的，这是一个事实；而阿芬那留斯所证明的只是这一点。如果思想意指通过符号一义地表示，那么他就否定不了自在之物的可思考性。在阿芬那留斯看来，环

境成分按照定义总是表示某种遭遇到或者可能遭遇到的东西，或者用我们的术语来说，就是某种所与，也就是直观上被表现的或直观上可表现的东西；而这按其性质，总是原则同格中的一项，而决不是“自在的对象本身”。他之所以小心翼翼地补充说：“至少就我们应当用自在自为的‘环境要素’本身这个词语来理解排除了一切中心项的反对项”，其原因就在于此。但是，人们得到自在之物这 224
个概念不仅仅是通过在思想中把中心项舍掉，而是把某种非所与的东西设想为加到所与的东西上的存在。因此，这个精明的思想家的论证只不过是证明了事先就理应搞清楚的东西：那就是阿芬那留斯的环境成分不是自在之物。

如我们在前面已经指出的，马赫也相信人们得到自在之物的概念是通过在思想中撇开事物的所有特征（《感觉的分析》，第5页），他说，“那个实际上并不变化的恒定的持久的东西的暧昧的图像，如果把它的这个或那个组成部分撇开，看起来就好像是一个独立自在的东西。因为我们可以把每一个组成部分单个地去掉而这个图画仍然代表并被这一整体再认出。于是人们就以为，我们可以把所有这些组成部分全部去掉，仍然还有某种东西剩下来。这样便很自然地产生出一种哲学思想，这种思想起初还令人惊异，但后来却被认为是非常奇怪的想法。这就是关于与‘现象’不同、不可知的‘自在之物’的思想。”

我们一而再再而三地看到，实证主义者的批评首先是反对一个特别构造出来的自在之物的概念，然后就以为他们驳斥了一般的自在之物的观念。这种批评，在一定限度内，是很有价值的，但是，它并不具有附加给它的那种深远的意义。我们已按自己的方式定义了这一概念（见前面第25节开头处），对此，他们丝毫没有触及到。

b. 多个体感知的对象

至此我们对内在论观点的研究主要在于揭示，当我们必须确定的对象的要素**不是**对任何感知主体的所与时，这种观点所导致的矛盾。然而，当内在论哲学家试图弄清**不同的**个体对于同一个实在对象作出断言意味着什么时，他也会陷入种种困难。我们现在就来研究这些困难。

问题是这样的：假定两个**不同的**主体都说他们感知到同一个环境要素，比如说感知到挂在天花板上的灯。那么从内在论者的立场看，这两个论断具有什么样的意义呢？维护内在论立场的人相信，这只是具有一个共同反对项的两个原则同格的实例。他们清楚地知道，在这里接触到一个最重大的哲学问题，因而他们特别

225 重视这一点，他们吹嘘说，他们已经以尽可能简单的方式回答了这个问题。换句话说，在这里并不是有一个自在之物以某种神秘的方式在不同的心灵中“产生”各种各样称之为“感觉”的过程。相反，是同一个对象在相同的时间内直接地给予几个主体。这些要素并不是在头脑之中；它们并不是从头脑里投射到房间里。它们只是在我们经验到它们的地方。这些要素以及它们所占据的地方可以同时既属于一个主体的经验，又同样属于另一个主体的经验。因此，马赫说（同上书，第 294 页），按照他的观点，“我的感觉和他人的感觉之间并**没有**本质的区别。**相同的要素**联结在多个结合点上，即多个自我上。”（我觉得，马赫在另一个地方——第 22 页——的说法与这里说的相矛盾，在那里他说：“当我们说到他人的感觉时，这些感觉当然与我的视觉空间或一般物理空间毫无关系；它们

是在思想上加上去的，而且我把它们看作是**因果地**[说函数地更好一些]与一个被观察到的或被想象的人脑相联系。”）阿芬那留斯谈到他努力追求的哲学观点时说：“**我的**环境的**同一个**要素也可以成为另一个人的环境的一个要素，这是构成一切经验科学基础的自然的观点，看来这种观点应当是站得住脚的”（《人类的世界概念》，第 161 节）。

如果这个观点真的是站得住脚的，那么这里所提示的世界图景事实上就具有诱人的简单性和巨大的坚实性了。多个自我彼此之间的相互联系以及它们与外部世界的相互联系看起来就会连同被揭示出来的全部困难都纳入到这个最清楚的公式之中。但遗憾的是，一旦我们企图具体地去实行这个计划时，就会产生完全不可克服的困难。物理学和心理学都告诉我们，假定同时看着挂在那里的灯的两个人具有恰好相同的（更不必说相等的）经验，那是不能允许的。因为两个个体不可能在同一时间里处在同一地方，他们必定是从稍有不同的角度来看这盏灯的；两个个体的眼睛与灯的距离也不会是恰好相等的。因此，毫无疑问，每个人称之为“这盏灯”的要素复合就是**不同的**。当然，按照内在论的世界图景，也 226
可能会说，属于不同中心项的反对项并不一定是恰好相同的要素复合。只要归根到底在这个复合中有这个或那个要素在两个原则同格中完全相等同那就够了；而在这两个复合中的其余的要素由于是按照类似的似法则的律则性组织起来的，因而多少可能有所不同。这样就在不同个体的经验之间就建立起一座彼此联系的桥梁；二者都可以直接地算作同一世界的成员，而且，内在论的世界观点的好处就会得以保存。

但是，第一，不幸的是即使是这样一个温和的要求也决不可能

完全得到满足。决不会有任何形式、颜色会被两个观察者看作是**恰好**相同的。两个人的视觉的敏锐性、眼睛对颜色的感受性、照明的亮度决不可能是**绝对**相同的。两个观察者对灯如何感知，像阿芬那留斯经常强调的那样，要取决于他们的身体构造，特别是神经系统的构造；尽管他们的身体可能是相像的，但我们决不能假定两个自然的结构会绝对地一样。因此，我们必须说，被不同个体称为同一个对象的复合中，绝不会有在性质、强度等方面对于两个观察者是绝对相同的要素。

第二，即使这些要素恰好一样，也仍然无济于事。因为它们仍然不是**同一的**，不是“同一个”。任何一个对此有怀疑的人只要想一想当两个观察者中的一个闭上双眼会发生什么情况。就他来说，挂在那儿的灯消失了。但对于没有闭上双眼的另一个人来说，灯还挂在那儿，但在同一时间在那儿不可能有相等同的同一个对象，也没有同一个对象。

与马赫和阿芬那留斯相反，我们已经确定同一个要素不可能属于一个自我以外的更多的自我，不可能属于一个原则同格以外的更多的原则同格。不同自我的经验不管可能多么相似（这在原则上不可能确定），这对我们来说都是于事无补的。只要不存在绝对同一性，这些经验就不会是相同的。因此，属于 A 这个人的经验世界的要素就与属于 B 的第二个人的经验世界的要素是不同的东西。

内在论哲学家也许会说，那么好了，干吗要自找麻烦呢？我们就直截了当地抛弃这个观念好了。尽管不同的个体决不会经验到
227 同样的环境要素，但在他们之间仍然存在着有规则的关系，一种相互的依存性，而这就是我们所要求、所需要的一切。如果我们彻底

地了解两个观察者的构造，那么在原则上我们也就能测定在特定的环境下给予他们的是什么样的要素。这样，所有可能产生的问题都能够得到回答；沿着这条道路，所有有意义的目标都能达到。

不同的个体经验到的是完全相同的要素，还是仅仅经验到相类似的要素，乍看起来，这个问题当然似乎是无关紧要的。然而，更仔细地考察就会表明，如果是后一种情况，那么整个的世界观就会根本改变。只要看一看内在论哲学家如果采取这种立场他们必须坚持的是什么就行了。在中心项是不同主体的情况下，任何要素，任何一个环境成分都不会在一个以上原则同格的地方出现；给予一个个体的实在性决不会给予另一个个体。换言之，每一生物都有对应于它自己的世界，其他生物的世界中决没有什么东西投入其中；每一个个体的世界都被一个不可逾越的鸿沟与所有其他个体的世界分隔开来。诚然，如果把它们加以比较，那么在这些世界之间也存在着一种相关性，由于这种相关性，任何一个世界中发生的事件都与其他世界的那些事件相平行，因而它们之间就会和谐一致（这种比较无论如何都是不可能的，因为一个世界中的生物不可能进入另一个生物的世界）。但是所有个体的共同的实在世界是根本不可能的。

在哲学史上，我们对这样产生的世界图景是很熟悉的：就其逻辑内容来说，它和莱布尼兹的单子论和先定和谐理论是完全相同的。按照这种观点，每一自我连同其整个环境事实上都是一个单子。莱布尼兹“单子没有窗户”的命题是成立的，因为单子并无共同之处，并且没有实在性的交流。尽管莱布尼兹用来修饰他的单子的术语和具体的形而上学规定性也许不可能转移到这个世界图景上来，但其实质仍然是一样的。[①] 有多少中心项就有多少世界；
228 在一致的和相容的陈述中产生的不同个体的世界之间的相互对应，只不过是最纯粹形式的先定和谐罢了。

当然，证明这里所描述的立场与单子论相符合并不等于就证明了这种立场不能成立。也许像单子论这样的形而上学体系是根本不可能被拒斥的。而且，我们的确看到，这种立场恰好把我们引到一种形而上学体系上，并且还知道应当怎样看待内在论哲学家声称它代表唯一自然的、脱离形而上学的世界观的主张。这个证明对我们来说是足够的；如果内在论的实证主义的代言人要使自己相信它是正确的，那么任何人不会比他们更了解它的重要性了。比如说从彼得楚尔特怎样谈论斯宾诺莎和莱布尼兹的先定和谐的观念就可以清楚地看出这一点。他说(《世界问题》，第1版，第94页)："但是这只是清楚地确认连续发生的奇迹，因而是宣告抛弃科学并宣告科学无能。"

怎样才能有希望逃脱我们所指出的这种结果呢？马赫和阿芬那留斯的支持者们顶多只能回到上面已经讨论过的看法上，说不同主体的世界并不是那样绝对互相分隔的。当几个主体思考"同一个"对象时，在他们的知觉中仍然有某种同一的东西。但是，不可能在任何单个要素的或单个要素的复合中找到这种同一的东西。同一的东西就是它们的相互联系中的**似法则的律则性**(law-like regularity)。

① 彻底的内在论理论导致单子论，这种看法比较早地是由维克多·克拉夫特在他的重要著作《世界概念和认识概念》(1912年出版，第165页)表达出来的。伯特兰·罗素着重指出，他自己的理论同莱布尼兹的世界图景之间具有亲缘性关系，而且他是有意识地追随莱布尼兹的。

毫无疑问，这些律则性对于不同个体来说是相同的——然而不是诸要素本身之间的律则性，而是要素的关系之间的关系。因为这些关系就是自然法则。如果我终究还相信他人心灵的存在，那么我也就必须假定他们会像我那样发现自然界中相同的法则性。但是即使如此，也帮不了什么忙；我们仍然停留在先定和谐上。声称所有主体都观察到自然界中相同的似法则的律则性，事实上这只是对单子的世界图景的相互对应、相互和谐的另一种说法罢了。仅此而已。仅当它比这种看法还有更多东西，仅当共同的法则性是一种实在的结构而不是单纯的抽象，它才能起到不同的个别世界之间的中项的作用，并被看作这些个别世界之间的实在的联系。但是，如果有人决心宣称这些纯粹的联结点、这些关系 229
的关系本身是实在的，那么，他就把实在消解为单纯的概念并且采取了我们早就认为是站不住脚的立场。

这样，内在论哲学就失去了最后的避难所。有多少中心项存在，它的宇宙便不可避免地分裂为多少世界，在这些世界之间存在着的只是表示一种神秘对应的多重的平行关系，而不是实在的联系。为了把世界表现为统一的、实在的、毫无疑问是因果关系的系统，我们必须设定实在的联系环节，从而用实在的联系代替逻辑的一致。为此只需要采取一个非常明显、非常自然的步骤：我们**不要**把要素的关系的关系之间的联系点（也就是若没有它我们便不可能描述知觉的似法则的变化的那些概念）设想为内在论观念所要求的纯粹的辅助概念；相反，我们必须把它们看作实在的记号，正如把表示某种直接所与的概念看作实在的记号一样。我们了解确定用**什么样**的概念使实在对象不同于纯粹虚构与之相配列的标准：正是这些概念在按照经验规则从所与中推导出来的过程中，被加上了**时间性**记号。这样，我们就离开了那种力图使实在等于所与的内在论哲学理论，而回到了我们在前面所说的从日常生活和科学中发现的那些观念范围中获得的实在性标准。依据日常生活和科学这两者，我们坚持一种自然的立场——除非人们相信在自在之物的概念中，即在某种非所与的、不属于任何原则同格的东西的概念中发现了矛盾，否则决不能加以抛弃的立场。一旦认识到这个意义上的自在之物并非不可能，就很容易确信自在之物不是多余的。如果自在之物的存在得到承认，那么严格的实证主义的立场就应当放弃。

由此所实现的超越在原则上**无非**就是实证主义自己也承认的那种超越，比如，实证主义也把**过去**（尽管它不是所与也不会导致所与）归于实在领域，当它这样做时就承认了这种超越。实证主义承认过去是由于没有否定过去的根据，还由于要使现在成为可理解的，过去就是必需的。而我们之所以承认超越意识的实在性，也

230 正是同样依靠这些根据：我们没有否定这些实在性的根据，为了使意识的世界成为可理解的，我们需要这种实在性。内在论哲学家不愿意把全部过去轻易地仅仅宣布为一种辅助概念；他承认过去的实在性。同样，我们主张全部占有时间的对象都具有充分的实在性，我们没有任何根据宣称它们是纯粹的不标示任何实在东西的辅助概念。

彻底的实证主义者力图使不同中心项的环境要素成为同一的，这也间接地承认了我们的结论的正确性。被他们拙劣地隐藏起来的自在之物的概念，在他们注意不到的地方到处显现出来。

在阿芬那留斯那里，我们看到这样一种对自在之物的隐蔽的承认。我们看到（《世界概念》，第 262 页）："但是，如果我们一般地

容许假设在这两个原则同格中反对项 R 的数目是**一**，那并不是可以承认反对项 R 在构成方面是**相同**的这种更加深远的假设的理由……除了应当假设共同的条件以外，还应当假设特殊的条件，也应当假设决定一个原则同格中的一个 R 的构成的方式不同于‘另一个’原则同格。”这种把**一个**实在的反对项 R 与它的质加以区分，认为这些质在不同的关系中可能各不相同，这就是对自在之物的确认，事实上并不是以最有利的或者最少可能受到攻击的形式对自在之物的确认。在这里我们可以直接重复一下早先的论证路线（第 26 节），在那里我们用 C_1，C_2……来标示在不同的时间给予一个个体的不同的知觉或要素的复合。这里我们可以使用相同的符号标示几个个体“在相同的时间内”对“同一事物”所具有的不同的知觉。关于一个对象 O 对许多 C 的关系的结论同关于自在之物观念的出现的结论仍然是完全一样的。

一个对象如果只是在该原则同格中所呈现的种种性质的复合，那么它并不是一个自在之物，而是一个主体的客体或一个中心项的反对项。如果在另一个原则同格中的性质是不同的，那么在那个原则同格中出现的就不是同一个对象。如果我们认为不同的中心项而有相同的对象，那么我们恰恰就是在谈论一个独立于中心项而具有属于它的种种性质因而是“自在”的事物。阿芬那留斯 231
就是这样说的，而且是在我们也必须承认并要求的意义上承认自在之物的存在。如果他不这样做，那么，如前面所引的那段话所显示的那样，诸多个别主体的世界之间的联系就遭到破坏。为了维护这种联系，为了防止使这种联系甚至在单一主体的经验世界中遭到破坏，就必须承认非所与的实在。没有这种实在，经验的自然法则的意义就不可能保持。因此，像马赫那样（同上书，第 28 页）

认为“这种对未知的、非所与的、原始的变项(自在之物)的关系是纯粹的虚构而且是毫无价值的”这种说法是不正确的。

正是马赫在这里所强调的这种“未知的”东西(unbekannt),使得如此众多的哲学家对自在之物感到厌恶。他们不能容许在他们的世界图景中有任何我们所没有体验到的、既不是所与也不可能是所与的量值。他们之所以要如此紧紧地抓住实在等同于所与这个教条,原因就在于此。

他们之所以表现出这样的态度,是因为他们还没有完全摆脱旧的知识概念——实证主义在别的方面却大大地有助于克服这种概念。在这一点上,他们仍然把认知和体验等同起来,也就是把认知和纯粹的经验、单纯的所与等同起来。他们仍然在这里寻找什么“是”真正的实在这个问题的答案,这个只能通过直接的体验,通过经验向我们提供的答案。就马赫和阿芬那留斯来说,“要素”是我们通过直接体验所知道的;颜色、声音、气味都只是所与。给我们提供关于这些要素“性质”的信息的,不是判断,也不是定义,而只是经验。但这并不意味着要素及其性质是被**认知**的(见本书第一部分,第12节)。甚至在实证主义的代表人物中我们也经常可以发现,对这种情况表达出非常清楚的正确见解。因此,魏辛格(《似乎哲学》,第二次印刷,第94页)说:“只有在不可改变的连续和共存的形式中存在才是**可知的**(wiβbar);所以,存在不是可理解的,因为理解就是把某种事物归结为另外的事物,而对存在来说是不可能进行这样的归结的。”当然,我们是决不可能以这种方式体

232 验自在之物的;因为按照定义,自在之物决不是**所与**,所以它不是可知的。但是,如果我们觉得这种说法不能令人满意,这只是由于我们忽略了我们的目标。我们真的想要**体验**世界吗?我们真的反

而不想认知世界吗？只有认知世界才是哲学的和科学的任务。

世界的一部分是直接地给予我们的，而另外的更大的部分则不是这样的所与，我们必须把这作为一个可以说是偶然的事实加以接受。我们并不是作为认知着的人来关心世界的；我们是作为生活着的人才真正关心这个世界的。关于对象是什么的问题，特别是对于认知着的人，如果我们让他去求助于纯粹的经验，那是毫无用处的。对他来说，这问题只是意味着："通过什么样的一般概念才能标示这个对象？"关于自在之物，他反而能够更快地回答这个问题，因为一般说来，正是通过这些概念才把他引导到自在之物的。各种科学向我们提供的正是非所与的实在对象的概念。因此，我们把这些对象称之为"自在地"存在着的对象。这样，我们通过这些概念真正知道自在之物是什么，而反对自在之物的、认为它们是不可知的这种错误的责难，实际上只是一种抱怨，抱怨自在之物竟然不可能被体验到，不可能经验到，它们不是直观上的所与——简言之，这是倒退到一种神秘的知识概念。对事物的直观不是认识，也不是认识的先决条件。认识的对象必须是可以无矛盾地加以思考的东西，也就是说，它们必须是可以通过概念一义地加以标示的东西；但它们无需是直观上可表象的。

这种直观上的可表象性仍然是具有实证主义倾向的思想家们经常要求的东西，这是一种奇怪的偏见。在心理上每一个思想都与直观的意识过程有密切联系，没有这些直观的过程，思想就不可能发生，这种情况很容易使人们把认识论意义上的概念的思维和直观的表象等同起来。在我们已经多次援引过的彼得楚尔特的书中，这种把思想和表象，把单纯的标示和直观的描绘普遍地加以混淆的情况表现得特别突出。在他的推论中的错误的最初的来源就是把思想看成是图画式的表象而不是概念性关联。他的这种基本的错误在《世界问题》的201页的一个句子里以最鲜明的形式表达出来："表现世界，或者(!)思考世界恰恰意味着用质来表现它或思
233 考它，而有关自在世界的问题则特别地忽略了一切感觉的质。"诚然，如果我们要能够把握概念，就必须以直观的方式来表现概念之间的相互关系；然而，我们可以用随便多少不同的方法来做到这一点，至于我们如何做到这一点在认识论上并没有什么关系。大部分成功的科学家都对直观的东西有一种强烈的倾向；在他的头脑里充满了许许多多非常清楚的形象作为对他所研究的概念性关系的图示。他发现这些形象是知识中的本质的因素，因而他很自然地把直观上可表象的东西作为知识的唯一对象。但是，就认识论问题来说，可感知的表象事实上或多或少是偶然的和次要的东西。只是对于心理学观点来说，它们才是本质性的。

因此，非所与的实在的不可表现性并不构成对这些实在存在的否定，也不是对它们的可知性的否定。

B. 对实在的知识

27. 本质和"现象"

从上面的考察中，我们得到一种见识，那就是不应当把实在的领域等同于"所与"的领域。实在的领域肯定扩展到极为远大的范围。我们对于想要建立这种等同的企图所作的批评并不是只有否定的性质。反对这种企图的每一论证同时也证明了非所与的、超越意识的实在的存在。

我们要再一次强调，我们据此回答了早先提出的问题，那就是

哲学是否有理由抛弃或修改可以从日常生活和科学的方法中吸取的实在性标准，即时间性标准。结果表明，没有这样的理由，只是由于种种独断的推想才使得许多哲学家觉得只有把实在的范围一直缩小为所与似乎才能如愿。结果证明这些推想是没有根据的。时间性标准重新获得了自己的地位，因而，我们关于实在的第一个问题——对实在的设定问题——在原则上可以算是得到了解决。当然，把一般的原则运用于个别的情况仍然是一个需要特别研究 234
的题目。这种运用经验的手段进行的特殊研究必须弄清，在这种特殊的情况下，实在性标准是不是真的得到了满足，也就是说，现有的材料是不是不但有可能而且也需要使所研究的对象具有时间上的次序（对于自然科学对象来说，是空间－时间的次序）。一旦以这种方式确定下来，哲学就必须接受它；对哲学来说，这个问题也就得到了解决。

现在我们来讨论有关实在性的第二个问题，它包含哲学的最基本的问题：确定实在的本质的问题，对实在的认知问题。

在这里首先必须做的还是根除某些教条从而为可靠的耕耘清理土地，这些教条要在所与的实在和非所与的实在之间划出一道界限从而使人们不可能弄清它们之间的相互关系。

实在的概念最终植根于经验，因为所与的实在只是我们直接体验到的实在。但是，甚至在形成这个概念的时候，实在概念的有效性已经扩展到经验以外的存在。哲学——正如这种发展中通常发生的情况那样——直接地宣称，离这种源泉最远的概念性领域才是最优越和最重要的。就我们来说，这就意味着意识以外的实在应当被宣布为更高层次的实在、更加真实的存在，与这种实在相比，意识的世界只是一种模糊和短暂的反映。

我们知道，正是柏拉图把这一奇怪的观点推到极端并把它发挥得淋漓尽致。在他看来，超越可感东西的理念世界在任何意义上（包括**价值**的次序上）都是最高的，他本人——或者说他和麦加人一道——是最先把这种价值次序和概念普遍性的逻辑次序合而为一的。因而，他也使所有“唯心主义”带上比较可敬的面貌从而在世界观的问题上造成混乱达2000多年之久。然而，正是在同样的领域，也树立起唯物主义的概念，它在推崇物理对象的坚固的实在性时，简直忘记了还存在着实在的意识世界，或者相信意识世界可以作为**无足轻重的**量来对待。虽然认识论方向上的哲学都没有
235 走得那么远，但人们甚至可以在那些自觉地把原初的直接所与的实在作为出发点并力求给以充分估价的那些体系中发现一种支持超越而贬低经验实在性的倾向。

这一点特别适用于康德。这种独特的倾向非常强烈地在他的实践哲学中表现出来。但是，即使在他的认识论中，非所与的存在——自在之物也以鲜明的方式与所与的存在相对峙。大家知道，他把后者称之为**现象**。这样，就把事物和现象之间的区别引入哲学，自从康德以来，这种区分无论是对他的学说的反对者还是支持者，都同样起很大的作用。

对于康德来说，自在之物是不可知的。“那么我们还知道什么呢？”他对这个问题回答说：“只知道现象！”在这里不可知性意指我们称之为“不可能直接体验到的”（Unkennbarkeit），就这点说来，康德的说法当然是对的。但是他除了意指这一点以外，还有更多的含义。当他说不允许用我们的一般概念来标示自在之物，不允许把自在之物的概念置于我们的知性“范畴”之中时，他也要否定**我们所说的意义上**的自在之物的可知性。我们在后面还要谈到康

德的这些观念以及他为这些观念所提供的根据。现在在这里我们关心的是，他认为，超验事物只是存在着，在这个假定中便把超验事物性质的肯定性规定全都表示出来了。然而，对这些超验事物的存在康德是以人们可能指望的全部的明确性来加以维护的——虽然有一些解释康德学说的人否定这一点。（尽管在康德著作中证明这一点的只有唯一的一段话，即《未来形而上学导论》的第十三节的第二个注，但这样说也是正确的。）因而他采用了在今天人们一般地称之为"现象主义"①的观点：承认超验的实在是存在的，但又否定它的可知性。

按照这种现象主义的理论，我们了解的、知道的不是自在之物的性质或本质，而只是自在之物的现象。因为现象恰恰就是事物的表现。当然，按照康德的观点，现象是实在的，而且他还一再强调指出，不能把现象和假象或假装混淆起来。而且，可感的物体的世界具有每一个人在日常生活和自然科学中都同样碰到的充分的实在性和客观性。但是康德把可感世界的实在性的经验性质和自在之物的存在区别开来。事实上按照康德的看法，实在性是一个范畴，它本身只能用来称谓现象，而不能称谓自在之物。（康德也承认不是范畴的一种存在也是有效的，这一点在他的《纯粹理性批判》第二版［基尔巴赫版，第 696 页以后］中对纯理性的谬误的说明中可以看到。）由此可见，不可避免地要把自在之物的实在性判定为某种更真实更基本的东西，而自然事物的世界"只是"现象。现象的概念要以有所显现的某种东西为前提，因而这种有所显现的

236

① 这里的"现象主义"一词当然是在完全不同于英美哲学中该词所具有的意义上来使用的。——英译者注

东西不是现象，而是——但人们又很难用别的方式来表达——**多于**现象。因此，人们常常产生一种想法，认为自在之物具有“更高的”实在性。

由于康德认为所有意识的材料都有现象的性质，因而每一材料都表明或暗示出它是某种存在的现象。因此这就要求我们假设非所与的实在的存在，即使当我们按照其他根据，例如按照经验研究的规则，没有导致这个假设，但我们也需要这样一个假设。我们自己的感觉以及其他主观经验都要被看作我们没有体验到的一种存在的现象。这就是康德主义的内在感觉理论——缺乏任何一种事实的支持而只是由于把本质或本性与现象分开而产生的理论。

正是通过这个内在感觉的理论我们才能很好地确定我们现在要提出的论断的正确性：这种论断认为物—现象这一对概念总的来说是一套非常贫乏的概念构造，而且这个现象概念应当从哲学中取消。因为，如果说被经验到的心理的实在不是像它们实际上的那样，而是说我们所体验到的只是它们的现象，这种说法到底是什么意思呢？因而我们从中引出全部存在概念的意识的实在，就被宣布为第二级的存在，因为据说它只是某种别的东西的现象，而
237 不是某种自足的东西，不是纯粹存在。这就等于将存在概念从它赖以生长的土壤上取消。在前面我们就发现，必须反对建构特殊的心理的实在并把它同单纯的所与区别开来的一切努力（见前面，第二部分，第 20 节）。在那里提出的反对内感知和内在感觉的论证也证明了在精神的实在中本质和现象的二重化是不可能的。

但是，我们也必须同样反对那种把意识的某种材料特别是“对物体的知觉”称之为超验事物的现象的观点。因为即使这种观点不会影响我们去把一个更高的、更真切的存在归于自在之物而不

归于意识中的现象，但它仍然会误导我们把两种实在对立起来，因而使这两种实在之间的相互关系产生许多不可解决的也是不必要的问题。特别是，当我们说某种意识内容例如一个知觉的意象是一个事物的**现象**时，我们应当描述的到底是一种什么样的关系呢？它是不是意指该事物的一部分——扩展到或者流到意识中来的一部分呢？这当然不能成立；因为如果真的有这样的部分进入意识（如古代的知觉理论所设想的那样），那么事物就完全不是超验的了。或者，是不是应当把现象看作显现着的对象的一种征兆、一种模仿或一种图像呢？不用说，没有人想要再去维护这种观点，尤其是现象主义者。这样一种表达只能被看作一种比喻。

我们所讨论的这种关系只有通过来自经验世界的形象才能得以澄清。正如假象与实在之间的对立在经验世界中能找到有意义的运用，本质和现象之间的对立也同样如此。例如，我们可以把几何学上定义的一个物体的图形看作是属于该物体的本质或本性的，而把不同的投影图看作是它的现象的一部分。或许事物和现象的关系是不是也同样属于这种关系呢？显然不是，因为，按照康德的看法，整个物体本身只是现象。但是现象的存在必须在某种方式上以事物的存在为转移。的确，康德（《未来形而上学导论》，第13节，注2）是把现象定义为“它们（事物）影响我们的感官而产生的表象”。因而现象就被说成自在之物对意识所产生的效果。正是在这一点上使康德的理论长期以来受到尖锐的批评，因为按照这种观点，原因概念只是对现象具有有效性，而在这里，原因概 238
念被用于自在之物。如果这种批评是正确的，那么，事物和现象之间的关系就成了某种奇特的无法说明的东西。只有必须接受而不能进一步弄清了。尽管如此，康德无论如何还是假定——如同一

切形式的现象主义所做的那样——在事物和现象之间有某种对应或相关。因此,因果关系仍然是经验实在的领域中最好的形象。事实上,在日常生活中我们经常说到结果仿佛是一种原因的现象:发烧是疾病的现象,温度计上温度的上升是温暖的现象,闪电是电暴的现象,如此等等。但是,原因的概念是含糊不清的(因为归根到底一切过程都依赖于无数条件),同样这样设想的现象概念也是缺乏任何固定的所指的。例如,一个知觉意象是被感知物体的直接现象吗?难道不是也可以把它设想为感官受到刺激时神经过程的一种现象或者甚至把它设想为与我的知觉意象平行进行的大脑过程的一种现象吗?

我们看到,当我们试图使用经验作为出发点来达到现象概念时,这个概念是多么的不确定,它会引起什么样的困难。事实是,只有当我们已经预先假设意识世界和超验世界之间在实在性上的区别,我们才能获得这种现象概念。事实上,这个概念不过是表达了这两个世界的割裂罢了。

许多哲学家甚至以更清晰的用语说,他们真的在这里觉察到实在性上的区别。因此,库柏只是用"实际的"(wirklich)这个词来表示直接的所与,而用"实在的"(real)这个词只表示超越意识的世界。但是,按照他的看法,在实际的(=wirklich)的对象与实在的(=real)对象之间存在着"密切的联系"(《论实在性》,1912年,第13、14页)。当然这些区别应从纯粹术语上的区别着手,但术语本身并不涉及正确与错误的问题。对于只是把直接的所与称之为实际的(=wirklich),而与之相区别把超验的存在称之为实在的(=real),我们都无所谓。但是我们必须要求术语的规定应当是合适的,只有当它们恰当地符合于事实的基础,才是合适的。就现在的情况而言，在我看来，并没有满足这个要求。的确，存在着许多实在事物，其中有一些是所与，有一些不是所与，这一事实的确 239
可以向我们表明区分两类实在事物是有道理的，但并不能证明设定两种不同类型的实在或者两种不同层次的实在是合理的。同样，库柏的术语容许假定一种无意识的心理的实在，看起来似乎比事实上的证明更为自然，因为它允许我们谈论一些感觉是实在的，但并不同时也是实际的（＝wirklich）。

但从纯粹形式的观点来看，我们同样也可以像康德一样，把任何是所与的实在事物称之为现象而把所有不是所与的东西归于自在之物的领域。但是，这种标示方式所犯的错误同样在于它包含了不同层次或不同等级的实在。因为“现象”这个词总是暗示在该现象之外存在某种东西，没有这种东西也就不会有这个现象。另一方面，自在之物完全可以没有显现而存在。因而，与现象不同，它是某种自在的存在，某种独立的存在。在事物和现象之间有一种片面的依存关系，它使现象失去了作为真正实在概念不可分割部分的那种独立性。

这种看法认为有两种不可归约的实在，一种完全独立自在，另一种则依赖于前者，二者互相对立，对于这种看法，并没有一套事实能够要么迫使我们承认，要么向我们证明其合理性。这样的事实并不存在。相反，如果我们承认一切对象无区别地都具有同样的实在性，因而它们在同样意义上依赖于自身同时也在同样意义上互相依赖，那么我们就得到一种更简单得多因而更令人满意的世界图景。这就意味着，在我意识中发生的东西，不仅受到超验世界的影响，而且反过来又对超验世界施加影响。这两个领域的相互关系恰恰与其中一个领域内发生的种种过程之间的关系是同一种关系。无论如何,没有任何理由设定其他种类的依存关系;因此,只要事实没有迫使我们放弃这个简单的假设,我们坚持认为这些关系原则上是相同的关系这样的观点。

因此,我们尽量采用这样一个假设——或者,如果你愿意,尽
量贯彻这样一个主张——即支配着直接所与的诸要素之间相互依
存关系的似法则的律则性,在原则上不仅支配着超验世界中的过
240 程,而且还支配着超验世界和我的意识内容之间的关系。我不可
能把我意识中发生的这个或那个事件称之为我的意识之外的现
象,同样也不可能把我的意识中的这个或那个内容看成这同一个
意识的另外某个内容的“现象”。主要之点就是要以严格的一贯性
来贯彻这样一个观点,即实在的**一切**部分不论它们可能具有何种
联系,都只是互相关联着的;它们中没有任何一个部分比其他部分
更能代表世界的“本质”。精神之外的对象和意识材料之间的对应
只是一种关联,和我们能够影响的意识材料本身之间那些关联在
原则上并没有什么不同。按照这种观点,精神之外的对象的假设
并不表示一种“不必要的二重化”(彼得楚尔特,《世界问题》,第
190 页)。在后面,我们还要提出许多新的理由来证明我们的这个
观点并不是行不通的。

总之,我们对内在论观点进行考察所取得的一个肯定的成果就是:从这些观点中,我们可以知道,应当承认意识的直接材料是自立的存在,是完全够格的实在。与这些看法相一致,我们反对康德主义的现象概念。我们的知觉、观念和感觉不是某种第二性的东西,不是单纯的现象;它们和任何超验的“事物”在同样的意义上都是独立实在的。只有**一种**实在;它总是**本质**,不能把它分解成本质和现象。诚然,有不同种类的实际上是无限多的实在对象,但是

只有一种实在。它应当同等地属于一切对象。

只有按照这样的看法，我们才仍然忠实于实在概念的原来意义。它的来源是绝对真实的直接所与。我们在前面各节对问题的全部阐述都旨在确定我们是否还要把这个**同样的**实在归于其他对象。任何人如果把这些其他对象的实在描述为不同的或新的一种存在，他就使这一问题失去了任何意义并且发明了一个在实际经验中没有任何基础的实在概念。我们自己的概念和这种实在概念毫无共同之处。

现象主义因“现象”概念而得名，它声称我们只能知道事物的现象而不能知道事物的本质或本性。[①] 这是一种完全站不住脚的 241
理论，我们可以严格地证明它的观点是自相矛盾的。

我们一再强调指出，如果我们像康德一样相信，为了知道一个事物，就必须对它进行直接的直观，那么自在之物当然就必须被看作不可知的东西。我们在每个这样的场合都表明过，这是我们所不能接受的。因为认识不能这样来定义，从根本上说，认识与直观没有什么关系。通过对现象主义的仔细的考察就可以进一步得到确认。我们马上就会清楚地看出，那种认为我们对于自在之物除了说它们存在着就不可能说出任何东西的看法，是不可能成立的。超验对象应当被认为是现象的根据或基础；因而对于现象中的每一个区别，也必须在对象中有与之相对应的区别。[②] 因为，如果情

① 人们并不总是在相同意义上使用“现象主义”这个词。例如，汉斯·克莱因佩特（在他的著作《现象主义》中）就是用这个词来标示我们在本书 25 节和 26 节刚刚批评的那些哲学思潮的。

② 这一点同样得到许多现代批评家的承认，例如，见 R. 霍尼瓦尔德的《认识论和方法论导论》（1906 年出版），第 115 页以后。彼得楚尔特（《世界问题》，第 190 页）在他对上面的这段话的批评中，似乎忽略了一个事实，那就是我所描述的不是我自己的观点，而是现象主义的观点。

况不是这样，那么现象的性质最终就只能仅仅依赖于主体了。我们就会达到一种纯粹唯心主义的世界观，例如像费希特所发挥的那种观点，他认为这是能够使康德的体系得到首尾一贯的阐述的唯一途径。按照费希特的理论，自我创造性地从自身产生现象，而无须从超验的对象中获得任何帮助。

除非我们拒斥现象主义预设的前提并且设定，依据现象之间的种种关系，就可以说出超验事物相互关系的一些肯定的东西，否则，便毫无疑问会导致上述这种纯粹唯心主义的结果。这样一些陈述构成对事物的**知识**；这种陈述所包含的东西要比单纯地断定超验事物存在着要多得多。例如，我若能够感知到在我左边的窗户和右边的门，在门窗作为其现象的事物中必须有某种支持它的基础。也就是说，如果这个基础仅仅在于主体，那么门窗这两个对

242 象就必定完全是主观的。否则，把门放在窗户的右边而不是相反把窗户放在门的右边，根据就只在于某种客观的超验事物之中；可是按照上面的预先设定的前提，根据却不可能在那里。因而超验对象存在的假设就会失去全部意义和目的；我们就正好置身于主观唯心主义的行列并且消除了现象主义而告终。

因此，比如说即使空间只是现象形式的一种个别的规定，而不是自在之物的形式，由此也仍然不能得出自在之物的世界中没有什么与感觉世界的空间次序相对应的东西的结论。在那里仍然有某种次序，只不过不是空间性的次序。康德对这一点是十分清楚的——这一点仍然常常被人们所忽视。里尔说（《哲学批评》，I，第二次印刷，1908 年，第 476 页）："即使康德本人没有明确地这样说，根据康德的理论也可以得出：在显现着的对象中必定有能够说明空间的和时间的每一个特殊的经验规定的理由。"康德本人宣称

（在里尔所引用的一段话中）：“我完全承认空间和时间既有主观的又有客观的根据。”当然，康德怎样才能把这种见解和他关于杂多和关系的范畴不能适用于自在之物的理论调和起来，那是难以得知的。

简言之，必须假定，在自在之物中有某种东西与“现象”的每一个个别规定相对应或者一义地相关。这就足以使我们不只是知道自在的世界，而且在和知道感觉世界同样的范围和同等的程度上知道自在世界。认识所要求的只是一义性相关的可能性。的确，我们必须宣称——以前我们已经说过这一点——一般说来，对感觉事物的**每一**认识，同时也是对超验实在的认识；我们的概念是表示感觉事物的记号也是表示超验实在的记号。

如果我们把事物的“本质”理解为某种完全可知的东西，那么经验科学的确给我们提供关于对象本质或本性的知识。例如，在物理学中，麦克斯韦方程向我们揭示电的“本质”，爱因斯坦方程向我们揭示了引力的本质。借助于它们，我们在原则上就能够回答有关这些自然对象可能产生的所有问题。如果承认这一点，那 243
么，依据上述理由，我们也同样具有对自在之物的知识。只有那些坚持把实在事物的本质仅仅理解为直接所与的东西或直接经验到的质而没有任何别的内容的人才不可能承认这一点。但是直接的所与或直接经验到的质（我们只需要再一次指出我们在本书第一部分第 12 节的说明）并不是可知的，而是某种只能加以体验的东西。

我们还可以从另一个角度来看一看现象主义的立场何以不能成立。每一个实在事物的独特特征就在于它必须表现为有时间上的次序，由于这个事实，现象主义者的主张等于是说：我们知道有许多事物在特定的时间中存在，但是除此而外我们不知道关于它的任何东西。但是认识的本质恰好是绝对排斥以这种方式来限制知识的可能性。因为能够把事件或事物纳入时间次序中的经验规则已经先行假定，为了运用这些规则，我们已经对事件或事物与其他事件或事物之间的关系有了多种多样的了解。归根到底，如我们所解释的（见 24 节接近末尾处），要把一个对象固定在时间之中，总要把它和当下时刻相联系；为了达到这个目的所需要的材料就是构成对象知识的全部根据。因此，如果没有更多的对象的知识，时间的确定就是不可能的。时间次序确定的根据常常也是对象纳入其他关系系列的根据，因而也是知识的根据。单纯的时间系列是空洞的，没有根基的。对我们来说，要能够把一个规定性赋予一个对象，就必须有表明时间记号应当恰好与这一对象相配列的某种指征；但是由这些指征所提供的种种侧面可以断定为对象的属性或关系。例如对于冰川时代，如果我们不能同时对它的性质作出多方面的肯定的陈述，我们怎么能够断言必定曾经有过冰川时代呢？除非我们能够作出这些陈述，否则我们就根本不知道冰川时代是什么意思！只有当我们知道一个对象是何种对象，只有当我们至少这样或那样地了解它的性质，我们才能断定该对象存在。如果我们对于它是**何种**事物，对于它的本质毫无所知，那么我们就不可能说出有关这个东西的事实，有关它的存在的任何情况。这两方面是不可分开的。同样，这种看法也适用于假定“构成”冰川时代这种“现象”的基础的自在之物。只有通过必要的规
244 定使之的确与现象唯一地相对应，才成其为自在之物，由于现象的大量关系交织在一起成为相互关系之网——正是由于这个原因，这些自在之物也就得以被**认知**。

让我们来总结一下。只有**一个**实在。任何实在范围之内的东西，它的存在以及它的本质，原则上都同样可以进入我们的认识。这种实在只有一小部分是对我们的所与。而其余部分则不是所与。但是由此产生的主观的和客观的之间的区分只有偶然的性质。它不是像本质和现象之间那样被设想的根本的区分——我们已认识到，这样的分开是不可能的。[①]

28. 时间的主观性

由于时间性是实在性的标准，而实在性必须属于超验的世界，因而看来应得出，超验世界与直接所与的意识世界在同样意义上都是时间性的。这一点似乎也适合于空间性，因为就自然对象来说，空间和时间的规定性是紧密相联的。因此，看来似乎不可避免的结论就是，超验对象的领域在时间上并且一般地也在空间上是扩展的，因而，自从康德以来得到广泛承认的关于空间和时间的主观性的理论是和我们的结论不相容的。因为按照这种理论，空间和时间二者都只是我们的直观形式，不能适用于自在之物。

但是这个结论下得过早了，我们的发现并没有提供可以支持这一结论的任何前提。

为了了解我们的结论与康德的空间和时间的理论有什么样的关系——它们对于康德理论的正确的与不正确的方面包含什么意义——首先我们必须非常清楚地了解康德的这个理论的意义。这就需要紧紧地把握我们在直观的和概念的之间划出一条固定的、 245

① 关于这一节中讨论的问题，参见我的论文《现象和本质》，见《康德研究》，1918年。

不可逾越的界限时所力求阐明的这种明确的区别。

我们必须把时间连续的主观经验和时间的客观规定完全分开。前者是某种直接所与的或直观的东西，后者是纯粹的概念性次序。这种不可定义、不可描述的前后相继和绵延不断的经验，这种质的和不断变化的方面，对于事件系列中的时间间隔并没有提供任何客观的规定。这种经验构成了“时间知觉”的心理学研究的主题，它可以为我们提供估计时间的一种手段，但决不能提供测度时间的手段。我们知道，我们测量时间的方法是选择某些简单的周期性过程（一颗行星通过子午线的行程，时针与钟面上的特定位置的重合等等），用它们作为我们经验连续过程中的固定的参照点，并且通过数字来标示它们。这样，我们就把各种事件与一维数簇这种纯粹概念性的结构相配列，在这个一维数簇中，在选择了一个起始点和一个参照系之后，我们对每一事件都给定一个数字上确定的位置（日、时、秒等等）。这种连续的系列可以而且必须超出所与的实在并以同样的方式运用于非所与的实在。的确，这样一种序列之所以能够首先用来作为实在性标准，理由就在于此。在意识领域中有一种对时间意识的质的方面的差别与这个一维数簇中的每两个数之间的间隔相对应（也许就是“立即”、“很快”、“很久以前”之类不可描述的经验）。但是对于超验的实在当然经验不到这样一种方面，因为超验的实在不是所与的。

就时间（同样还有空间）来说，康德并没有清楚地把直观的经验和概念性的次序区别开来。他把这两者令人失望地重合和混淆起来。但是任何一个想要正确地把它们区分开来的人都必定会问：时间的主观性理论所否认的超验世界的时间性是什么呢？它是绵延的经验，是早一点或晚一点的经验的内容吗？是一种不能用任何别的办法加以描述的经验吗？或者它只是我们为了精确地描述（编年、数学物理学）而用来标示时间系列的一维连续统形式的次序吗？时间的主观性也很可能在一种情况下被肯定而在另一 246
种情况下被否定。如果我们要作出决定，就必须对不同的可能性有一个清楚的图像。

就我们的实在性标准来说，一开始就要确定，时间自然不应当从直观的存在这个意义上来理解，而只能作为概念性次序来理解。如果经验的关联使一个对象必须是在与所经验的系列相联系的一维连续统上给出一个十分确定的位置，那么这个对象就是实在的。因此，实在性标准显然是与被经验的时间的主观性是相容的。

一维连续统是一种次序的类型，它不一定只是用于标示实在的时间次序。也可以以不可胜数的其他方式把它用于安排直观上所与的材料的次序：音调的高度、感觉的强度，甚至也许还有快感的程度。正如我们标示直观的“时间”一样，我们可以用数字系列来标示这些东西中的任何一种，当然同所与领域中这些一维序列的其他例子比较起来，时间系列在一切经验的似法则的相互依存关系中是某种独特的东西，起着非常特别的普遍作用。毫无疑问，时间性是一种与所有经验相联系的统一的属性。

因此，像马赫那样（《感觉的分析》，XII）谈论时间感觉是完全错误的。因为只有与一个特定的感觉器官相联系，才谈得上一种感觉。休谟的说法是十分正确的，他说（《人性论》，卷Ⅰ，第二部分，第三节）：“在长笛上演奏出的五种音调使我们产生时间的印象和观念，但时间本身并不是表现于听或任何其他感官的第六种印象。它也不是心灵通过思考发现的第六种印象。”然而，在我看来，在马赫的讨论中弄清了时间性是我们的直接直观到的经验的一部分，就这一点来说，基本上还是正确的；我们唯一不赞成的是他到处不恰当地把这种经验称之为感觉。当我听到一种声调时，这种知觉并不是由声调加上绵延的感觉组成的。绵延与音调的知觉不可分地联系在一起，正如音调的高度和强度是不可分地联系在一起一样。

绵延不仅仅是感觉的一种属性，而且如我们说过的那样，是所有经验的属性。并不存在一种感到时间的感官；而是整个自我经
247 验到时间。如果我们回想一下时间性对意识的统一（必须把它看作个体自我的最重要的特征）所起的特殊的作用（见本书第二部分，第 17 节），我们就不会对此感到惊奇了。构成意识统一的记忆系统是一个时间性系统；在意识中通过现在把过去和未来联结起来的这种特殊的联系，似乎同样构成了时间性和意识统一性的基础。关于这种相互联系我们是否能够说出更详尽具体的东西来，这肯定还是一个悬而未决的事。

如果我们现在要问，在第二种意义上的"时间"——作为概念性的次序，作为某种客观的东西的时间——是不是对于精神以外的实在也成立还是只有一种主观的含义，对于这个问题的回答是毫无疑问的。因为时间的次序毫无疑问地与超验事物相联系，同样也与意识内容相联系。这一点之所以可能，是由于时间次序的性质是一种纯粹的概念性记号。自在之物也可以按照数字系列的一维图式来安排次序，这一点并非特别重要。相反，这是非常明显的。它并不是构成时间系列的客观有效性的东西。而是说，这种有效性是基于这样一个事实，即实行这种次序的某种方式不同于所有其他方式，我们构造标示这个世界各种事实的整个概念系统所依据的那些原则，直接引导我们去采取这种次序。在下面的几

节，我们将简短地谈谈这些原则；由于所涉及的概念的性质很特殊，所以对这些原则的详细论述就放到自然哲学中进行了。

时间，作为一种单纯的次序图式，当然具有超主体的意义。但这丝毫没有解决有关时间绵延和时间连续的直观经验是不是仅仅是主观的经验的问题。我们用来从时间上整理经验材料的那些概念，当然也适用于超验的世界。但这并不是说，在对它们进行超验的使用中，它们也必须具有直观的内容，这种直观的内容在其内在的使用中构成意识过程的时间性，它只能体验而不能描述。我们也可以很恰当地说到意识之外的对象是“一个接着一个的”。但这并不是赋予这些对象特别直观的方面，例如把时间中点的次序与一条线上的空间点的次序区别开来的直观的方面。前一种次序的 248
确是“一个接着一个的”，但这是在非常不同的意义上，它也是只能被经验但不能在概念上加以划分的。绵延和相继真的像在我们的意识中被体验到那样存在于自在之物的领域中吗？或者，时间连续的超验的关联是否只是一种非直观的次序，它只能借助于我们的概念被认知，但不能等同于也一定不应混同于直接体验到的经验的次序呢？

这个问题必须非常小心地加以表述。因为如果对它的回答首先就假设体验到超验的次序，即体验到我们在原则上决不可能**体验到**的东西，那是毫无意义的。

但是有些哲学家指出，正是由于这个原因，我们才能说关于直观时间的**客观性**论题在任何情况下都是不可能证明的（比如说可参见洛采在他的《形而上学》以及斯托林在他的《认识论》[1920年，第185页以后]中的论述）。然而，除此之外，关于直观的时间的纯粹的主观性可以作如下的论断：

具有“客观上”相等的延续的过程仍然可以与不同的时间性经验相联系。一个小时可能过得很慢，也可能飞快地过去，这取决于填满这一小时的是百无聊赖的还是妙趣横生的内容。从理论上说，由于其不同的时间直观，一种意识可能在主观上赋予事件进程的速度上的变化是没有限制的。自然科学家 K. E. 冯·贝尔(《对生活性质的何种解释是正确的?》，1862 年)特别生动地描绘了对一个人表现出来的世界图景的多样性，这取决于在我们会觉得是很短的一段时间内，他是经历了大量的经验呢，还是相反，在我们会觉得是“漫长的”一段时间内，过着一种经验贫乏的生活。他的论述常被许多哲学家所引用，如李普曼、海曼斯和斯托林等。假如我们的整个一生压缩为半小时而在主观上没有觉得缩短了，那么植物在我们看来似乎就像现在的大山那样毫无变化。一年的进程长得似乎可以与我们最遥远的地质学时期相比，任何一个经历了日落的人只有从那些描述被遗忘了的久远的过去的历史书籍中才
249 能得知太阳曾经升起过。

这样一来，如果本身相同的时间能够以如此繁多的不同方式被体验到，那么它们当中哪一种才算是超验地实在的时间呢？是我们的时间直观呢，还是一只鸟的直观呢，这只鸟的脉搏跳动要比人的脉搏快得非常之多；或者是短命的蜉蝣的直观呢？还是一种“千年只为一日”的生物的直观？这些东西中没有一个优于任何其他一个，因而时间的直观经验除了主观的意义之外，不可能有任何别的意义。事件的客观进程既不可能快也不可能慢；在这里，这些相对的概念失去了全部意义。根据同样理由，事件的进程不可能是直观意义上的时间性事件的进程。占有一定位置的超验的次序

是不可能以直观方式表现的。

对于被体验到的时间来说，所谓真的就是在某一给定时刻，其中能够区别于所有其他瞬间的一个瞬间：就是当下的“现在”瞬间。我们习惯于只是把现在经验到的瞬间叫做实在的；过去不再是实在的，未来还不是实在的。我们必须承认，给时间上的一个点这样一种优于所有其他点的特选的对待对于超验的世界来说是没有意义的。在这种超验世界中，过去的实在和未来的实在都可以和现在同样要求用**实在的**这个称谓。或者更确切地说，这些时间上的区别不是绝对的，不是客观上**在那儿存在着的**。我们必须依据从相对论中吸取的看法承认这个假设。这些看法告诉我们，同时性的概念是相对的。这就是说，对于发生在不同地方的两个事件是不是同时的，这种规定性取决于观察者的运动状态的不同而非常地不同。因此，如果我们把世界上的所有的“现在”因而同时的事件都结合成一个无所不包的“现在时间”，这种统一取决于承担这一集合所相关的物理系统。要把整个世界状态以明确的方式固定为“现时的实在”是不可能的；因为没有根据在精神以外的世界中挑出一个与过去和未来相对立的现在的瞬间。这只有对于直接经验的世界才有意义。因此，就这一点来说，认为时间是主观的看法是正确的。

如果有必要，还可以从相对论中获得被经验的时间的主观性的进一步的证据。从纯粹形式的观点看，时间的测量在对世界的描述上起着和空间的测量十分相同的作用。因而我们可以通过类 250
比推论出，对于实在性问题，空间和时间具有同样的地位。因而直观空间材料的主观性（对这一点在下节就会清楚）也可以作为支持有关直观的时间材料的论据。

还有另外一个论证路线也适合于在我们所解释的意义上澄清时间的主观性。这种论证路线在 P. 蒙格瑞的《宇宙选择中的混乱》(莱比锡,1898 年)和弗兰茨·西利提的《纯粹经验的真正事实,对时间的批评》(《哲学和哲学批评期刊》,第 152 卷,1913 年)中论述得最具独创性。

让我们想象一下,我们的意识内容之流被分解成前后相继的片段,这些片段以一种随机的方式彼此互换,以至于我们的经验系列被全部打乱。那么,我们要问,就我们的经验而言,这种重新安排会造成什么样的区别呢?回答必定会是:根本没有区别!我们不可能注意任何变化因而我们会相信,我们的经验仍然保持以前的系列。假定我们抽取某个瞬时的意识状态,那么我们怎么会知道某些经验在它之前而另外某些经验将会随之而来呢?我们只能从这样一个事实中知道这一点,这事实就是,每一个意识状态都包含着某种称之为"对过去事件的记忆"的成分,以及另外一些被称之为"对未来事件的预见"的成分。因此,一旦出现一个特殊的意识状态,我们也必定会相信我们已经历了过去作为"记忆"保留在那个状态中,也相信在我们前面还有未来作为"期待"保持在那个状态中,完全不依赖于什么样的经验"真正"在先或在后。由于上述情况对于任何任意的意识状态都同样成立,所以显然我们决不会去注意这样一种想像出来的重新安排。但是,在经验之流中一种从未经验过的变化只是一种虚构,只是一种称呼上的变化,而不是实在的变化。当然,只有当我们能够把意识之流设想为被分解成严格分离的片段时,所有这一切才是正确的。但是,如果这种设想是可以容许的,那么我们刚刚描述的这种考虑便表明了,真正的直观的前后相继的系列甚至在意识本身中也经验不到,时间不是

直观上给予的次序。更确切地说，我们所发现的只是意识内容 251
（“记忆”成分之类）之间的质的区别。正是这些区别为纯粹逻辑过程对所与进行一维排序提供了基础，正如声音的某些质的属性为音乐的定调的一维排序提供基础一样。如果情况是这样的，那么就可得知，一方面，不可能说什么直观时间的客观存在，另一方面，一维的概念性的连续统和客观世界之间的配列的性质和可能性便更加清楚而且似乎更为可信了，因为，这种配列的纯粹逻辑的性质已经在对所与的排序中揭示出来了。

总起来说：时间作为一种直观的质必须被看作纯粹主观的东西。但是作为一维连续统的时间次序就其与自在之物相配列来说，与通过概念来标示的任何其他的事例同样都具有客观的意义。

29. 空间的主观性

我们所谈到的关于时间的许多东西，如作适当变动也适用于空间。在这里，也必须把作为直观上可表象的广延的空间和作为通过纯粹概念获得的排列自然对象的系统的空间区分开来。这个次序系统可以与时间系列中排列对象完全类似的方式实现，唯一的区别就在于现在所涉及的不是一维的连续统而是三维的连续统。我们在前面已经指出（第一部分，第 67 节），从认识论上看，现代数学的最重要的成就之一就是确立了两种几何学之间的区别，一种是作为纯粹的判断和概念系统，其中只涉及相互的逻辑关系的几何学，另一种是作为直观的空间结构及其相互关系的系统的几何学（这些概念和判断与该系统相配列）。当然，第一种系统在每一方面都与第二种系统相对应。但**不需要**以任何方式把第一种系统设想为对支配着直观几何结构的那些法则的描述，因而第一

种系统是完全独立于第二种系统的。我们看到，这一点可从下面这个事实得到证明，这就是相同几何命题可以有非常不同的直观
252 的内容。由此可以非常严格地推论出，所有这些内容并非本质上属于这些命题使这些命题仅仅意指那个内容而不能意指别的内容。在我们看来，这个结论当然是非常自然的，因为我们已经认识到，概念从一开始就只是对象的记号；因而属于一个记号的意义并不是它所固有的某种本质的东西，而只是通过标示活动赋予记号的。

因此，恰如时间的情况一样，当我们把一个对象引入这个三维的参照系中时，我们并不是因此把一种直观意义上的空间属性赋予这个对象。是不是必须这样做还是一个完全未解决的问题。也许像康德所希望的那样，这种空间性应当只是属于我们可感觉的表象，它构成所与的实在性的一部分，而不是超验实在或非所与的实在的一种属性。

然而对实在（所与的实在和非所与的实在）的次序可以通过相同的三维数字系统来表达（虽然——不像时间的情况中那样——有例外），在这个限度内，它是同一个次序。但是，首先，只有在这种次序成为被经验到的实在的一部分时，才能够把它叫做空间的次序。如果这种存在是指某种直观的东西，我们就不能将这种存在归于自在之物；超验的世界并不是我们通过直观知道的世界。

如果我们力图以一种否定的方式来澄清这些看法，也许它们的令人信服之处就会更清楚地表现出来。假定我们不想在这里划出直观的关系和概念的次序之间的区别，而坚持相信直观的关系总是与概念的次序一道给出的，并且构成概念次序的重要的内容。那样一来，我们就必然得出一个结论，即超验世界的确存在于空间

之中。因为除非我们想要在主观唯心主义中寻求庇护，否则我们必须像我们在前面刚刚说过的那样，把某种次序归于超验世界。这种次序显然必须与空间次序在概念上是确切一致的，如果这种次序能够满足这个要求，仅当这种次序本身具有空间性的特征时，自在之物也才必然具有空间上的次序。

有一位哲学家没有作出这种区别，因而他对于空间并没有作出一种概念性次序和一种直观上可表象的东西之间的划分，他就是爱德华·冯·哈特曼。他由此得出一个结论，认为空间是超验上实在的。也就是说，他获得一种见解(像我们获得的那样)，认为
事物的超验的次序必定与作为经验对象的空间次序同样的概念系 253
统相联系，他把这一点当作“对超验系统关系的空间性在逻辑上令人信服的证明”(《认识论的基本问题》，第110页)。哈特曼说，在这里所涉及的是定量的、三维的，在基本测量中是可代换的连续的参照系(同上书，第109页)，他相信，有一个而且只有一个对象能够适合这个定义，即我们的直观的空间。但是，我们从前面的论述中知道，这是完全错误的，例如，我们发现，所有三个一组的数的集合都属于这一特殊的概念，但是它本身并不具有空间性的特征。因为什么东西会强迫我们比如说把一个数设想为直观上可表象的坐标之间的间隔呢？其余的反驳意见可以从数学家的立场上详细地表示出来；但已经陈述出来的看法就足以驳斥了。

根据我们在第一部分已经达到的立场，我们可以补充一个一般的和决定性的意见，即在原则上绝对不可能以纯粹概念性的方式(也就是，通过蕴涵定义，见第7节)来定义空间。正如我们不可能仅仅通过定义使一个天生的盲人获得黄色或红色的观念，同样我们也不可能通过概念使一个没有可感觉的空间经验的人弄清楚

空间是什么。当然，我们可以这样定义直观空间所属范围的概念。但是由于它的直观的特性不可能受到定义的影响，因而我们总是可以设想任何数量的其他对象，它们之间的区别只在于它们的直观特性由别的属性所代替，但它们都可以归入这些概念。换言之，我们绝不可能从一个对象符合某个形式的定义这一事实就推论出它的直观的特性。因此，即使超验的事物的次序像我们的知觉表象的空间次序一样属于相同类型的数簇，由此也并不能推论出，我们必须也把直观意义上的空间性赋予超验的事物。

也许这些空间的规定性除了表示属于上面所描述的概念系统的一部分之外，并不表示任何别的东西。也许这些空间的规定性并不是旨在断定，直观的广延——例如，一个物体的知觉表象的独特特征——在完全相同的方式上也是超验对象的一种属性，只有

254 数量上的区别。事实上，只有在我们还没有知道要在直观的广延和概念的系统之间作出区分时，后一种情况才是必须被接受的。因为，在那种情况下，我们只能用空间的规定性把空间和时间的质的属性理解为我们通过感官知觉所体验到的属性。我们知道，波义尔和洛克都把这种质作为“第一性的质”，同作为“第二性的质”的感觉性质对立起来，因为第一性的质被认为是属于意识自身之外的实在对象的。

争端发生在洛克和康德之间。我们要问：特殊空间属性，也就是使三维连续统首先成为一个空间的这种直观内容，也属于超验的对象吗？换句话说，这些对象是在我们的直观的知觉空间之中吗？直观的空间关系也不依赖于它们被直观而存在吗？

要找到对这个问题的答案并且确定它，这要比人们乍看起来所设想的要容易得多。自在之物的次序与我们所感觉的直观的空

间次序不仅仅是在数量上不同，而且在本质上不同；超验的对象不可能置于直观的空间之中。因为事物的这种客观的次序是**唯一**的，而知觉的空间却有许多，其中没有一个是本身具有表明其为客观次序唯一承担者的那种属性。

如果我们稍稍注意一下心理学上的空间表象或空间观念的特殊性，那么我们就能够很容易地理解这一事实及其意义。

空间性直观是一个感官知觉的问题。对于空间观念的起源问题，不管是较多倾向于朴素的观点还是较多倾向于经验主义的观点，不管人们是认为感觉的空间次序是某种事先就与之相联系的东西，还是某种仅仅由于一种联想过程才与之相伴随的东西，有一点仍然是确定的，这就是空间性是一种特殊的、直观的感觉次序。但是由于我们具有多种不同种类的感觉器官，因而就具有各种各样的不同种类的感觉。在每一种感觉中都有或多或少清晰的空间次序。然而，这种次序对于每一种感觉领域都是独特的，其直观性质与其他感觉领域的次序并不相同。例如，有视觉空间、触觉空间、运动感觉空间。它们并没有呈现出共同的直观特征。当我在视觉上直观我的铅笔的形状时，我们具有的经验甚至无法与我触 255
摸到“同样”形状时所具有的经验相比较。并不存在两者所共有的性质可以从它们当中分离出来作为真正的空间性质。

上述结论可以用生就目盲而后来被施以手术的人的经验来确证。对于这种人来说，同触觉或运动感觉的那些空间的质相比较，视觉的空间的质是完全新的东西。他们在后者之中找不到任何在前者中已为他们所熟悉的东西。能够在触觉空间和动觉空间上来把握自己的方位的患者，却丝毫不知道如何在视觉空间中靠视觉来把握方位。因而我们可以严格地推出里尔所表述的如下结论

(《哲学批判》,Ⅱ,第 139 页):“空间构成中的各种基本要素——运动、形象、大小、方向——对于两种感觉来说是不同的,因而,从这两种感觉产生的表象之间除了**经验**产生的联系之外没有任何别的联系。”

不同的感觉领域之间的联系之所以发生,只是由于在某些情况下某些空间性材料,在经验中总是与某些其他感官材料相对应,这是一个事实。例如,当我**看到**在我面前一定距离的台灯时,我的胳膊中产生某些运动感觉(我伸出手)之后,就在我的手指上产生某些**接触**的感觉(我摸到这盏灯);当我通过视觉感知到具有铅笔形状的物体,通过适当的措施我总能够产生与我触摸到铅笔时所经验到的同样的触感觉。这样,不同感觉领域的空间经验就能唯一地彼此相配列,所有这些经验之所以能够纳入一个唯一的次序系统,原因就在于此,正是由于这一事实这个次序系统也成为超验事物的次序的表征。

当然,还是有些人维护洛克所阐述的观点,认为视觉和触觉具有共同的成分,比如共同的空间感觉。我们看到斯图姆夫就坚持认为在几个感觉领域中可以经验到恰好相同的空间广延性(见前
256 面 20 节);马赫也支持这种观点(《感觉的分析》,第 111 页,注 2)。这两位作者都援引尚德森的例子作为证明。马赫宣称,“如果洛克是错误的,那么盲人尚德森怎么竟能够写出为明目能见的人可理解的几何学呢?”但是这种说法忽略了“广延”一词的直观的意义与纯粹的概念性意义之间的区别。后一种意义是通过关系的系统来定义的,正是几何学才负有建立这种系统的任务。因此,几何学从而尚德森的教科书与直观上的所与(这种所与在感觉上称之为“广延”)毫无关系。几何学的定理,如我们在前面(第 7 节)所解释的

那样，是完全独立于广延的。各种感觉之所以与同一个空间相联系，只是由于经验造成了它们之间的联系，通过这种联系它们形成了同一个次序。甚至马赫也正确地说（就在上面引述的那段话之前）："所有空间感觉的系统，不管它们可能是多么地不同，都通过一个共同的联系纽带，即它们所指导的运动联系起来。"

如果现在我们还再问直观空间的质是否属于超验对象，按照我们刚才所讨论的看法，这个问题就要被看作是和问是否能够断定感觉的质属于自在之物差不多是一样的问题。如果有许多不同的质都同样可以被归于一个事物，那么这就表明它们当中任何一种都不属于该事物。在这里情况也与此类似。我们对于空间性的质具有许多不同经验，我们不知道到底应当把哪一种经验归入这种客观的次序。所有这些经验都有同等权利，这就表明，它们当中任何一个都不可能被选中，因而没有任何根据来区分出其中一个比其他的更适合。不同的知觉不仅在不同的感觉领域中而且也在同一个感觉领域中与同一个"空间"相对应。例如一个给定的物体形状由于位置和距离的不同而呈现出不同的视觉侧面，这样一个物体由于它所接触的皮肤的部位不同而给触觉提供了根本不同的材料。洛克从不同的感官向我们提供关于事物空间属性的相同断言这个事实中，发现了证明空间的超验实在性的重要论据。现在，我们认为，这根本不适用于直观的空间性；相反，在这方面的论断是彼此各不相同的。如果情况是这样，那么就我们的问题而言洛克的论点就不能成立了。

然而，人们也许可能还试图从别的途径坚持直观意义上的空 257
间的超验实在性。

首先，人们可能希望驳斥那种认为每一种感觉都必定定位于特定的空间这种论点。人们可能争辩说，那种认为存在着视觉空间、触觉空间等的看法是完全不正确的，我们称之为空间的，一方面是不同感觉领域的材料融合的产物，另一方面是同一感觉领域的各种不同材料融合的产物。在这个基础上，"这个"空间表象就正是这种直观的融合产物，本身就是一；因此它的质的属性就必须被断定为是属于自在之物的。由于在这里不同的质之间的冲突会消失，每一个质都保持自身的地位，因而它们能够得到肯定。

但是这种看法在心理学上是不可能的。作为根本不同的感觉领域的一种心理融合的产物，这种东西是不存在的。一种观念或表象既不是视觉的，又不是动觉的，也不是触觉的，但本身却有某种来自所有这些感觉的东西，这样的观念或表象是没有的。空间的视觉表象与相应的触觉的和动觉的表象紧密地联系着，它们共同形成赫尔巴特和冯特所说的"综合"(Komplikationen)。但它们并不是彼此融合而成为一个统一体，正如一个词的表象不是由声音、字体、说和写的运作融合起来的表象构成的一样。它们当中每一个都是一个词的独立的表象，只是通过稳定的联想才得以与其他表象联系起来。同样，为了形成一种空间的直观，也并不需要从所有各不相同的感觉领域中产生种种表象的联想的交点。否则，例如一个盲人由于他完全没有必要的视觉要素，因而也就不可能有空间的直观了。然而，事实上，他所具有的触觉—动觉表象给他提供了就其性质来说是完全的空间直观，正如视觉要素本身以另一种方式提供的也是完全的空间直观。因此，并没有唯一代表所有空间的统一的、单一的心理结构。空间的表象是以几种完全不同的方式在直观上给予我们的；它因不同的感官和不同的相关环境而不同。正是这个事实表明了空间的主观性。

第二，也许可以通过选取某种感觉并且把它的材料转移到超 258
验世界上，从而把空间直观解释为客观实在的，同时承认其他感觉的主观性。当然我们不会毫无理由地这样做，而这种理由，如我们已经说过的那样，是欠缺的。但即使有某种根据来选取一种感觉而不选其他感觉，在这种感觉的领域中空间直观的各种各样的质也会发生诸多的冲突，表现出对环境的很大的相对性和依赖性，以至于不可能把它们当中的任何一个设想为事物的一部分客观规定。

为了相信这一点，让我们来考虑一个视觉空间的结构，首先考虑围绕其中心转动的单眼的视觉空间，而另一只眼处于休息状态。那么我们在概念上赋予事物的客观次序的属性是不是全都在这个空间中以直观的形式给予我们？换句话说，我们的视觉空间是不是同样也是物理空间？大家都知道，情况当然不是如此。我们常常把两个长度表示为客观上相等的，尽管它们在直观上是完全不同的——也就是说，其中一个比另一个距离我们更远。我们知道，在视觉空间中，所有的直线，如果适当地加以延长，都回到它们的出发点（例如，地平线）；所有直线透视地看都相交于视野中的一点。当我把目光转向房间的天花板时，天花板的每一个角似乎都大于直角，因而这个矩形的四个角之和就大于四个直角。同样，当我看着一个任意的平面三角形时，由于透视的变形，我就觉得三角之和总是大于两直角。三角形越大，偏差程度越大。简言之，我们所描述的视觉空间并**不是**我们通常以之安排物理对象的欧几里德空间。它是一种“球面”空间，适合于这种空间的是黎曼几何而不是普通的欧几里德几何。尽管视觉空间是一种球面空间，但我们关于它的经验材料则与物理对象具有欧几里德几何度量属性这一

假设相容。对这一点的解释我们所依据的事实就是，我们能够使球面空间各点与欧几里德空间各点相配列，从而使同一个概念性次序系统可以作为对这两种空间进行描述的基础。实际上，视觉
259 空间的结构甚至更加复杂。因为我们用双眼观看，而且随着头和身体的移动而使之自由地移动。结果就是直观空间的范围具有极大的可变性。因此，物理的一客观的空间根本不是与视觉空间相等同的；如果我们舍弃了视觉空间的直观性质，可以把物理的空间看作是建立在视觉空间基础上的一种概念构造。

也许可以假设客观的空间与**触觉空间**相等同。但是，甚至对后者作一点最表面的考察也能表明它们是不可能等同的。触觉空间是一种无定形的甚至比视觉空间更不确定的结构；关于它的似法则的律则性复杂得更加令人难以想象。由于触觉分布到全身皮肤，因而它能够随着感觉发生的部位不同而通过几乎是无穷系列的性质不同的印象来表现同一个物理空间的材料（如圆规的两点之间的距离）。例如，就触觉而言，客观上处处都有固定距离的分开的两条线可能相交（相互之间具有恒定间隔的两个圆规点沿着皮肤运动，在许多地方会产生两种印象，在另一些地方却产生一种印象）。因此，我们看到，触觉的连续性是和物理空间完全不同的东西，尽管它可以唯一地与物理空间相配列。触觉的质并不是对象的属性。甚至我们归于对象次序的三维性似乎也不大可能从触觉空间的材料中产生。

至于其他感觉材料，只有**运动**感觉（即肌肉和关节的感觉）可以看作是本质上与形成空间直观有关的。在这里，我们需要稍微谈谈这两种感觉，因为海曼斯（在谈到里尔的某些看法时）提出了一个假设，认为正是这类感觉才是我们必须寻找的空间表象的唯

一来源，而且这些感觉给我们提供的正是自然科学在其中安排一切对象的那种欧几里德物理空间。①

但是海曼斯企图据以推论物理学的欧几里德空间和运动感觉空间的等同性的前提是不能承认的。首先，他所采用的关于运动感觉的某些前提不可能得到心理学观察的确认。他没有注意到属 260
于这一感觉领域的各种材料之间存在着的无可置疑的区别，这些材料对于每一块肌肉和每一个关节来说都是非常不同的。他提出一个没有给出直接证实的假设，认为只有三对质上不同的运动感觉（里尔称之为方向感）与前后、左右、上下这三对概念相对应。显然，他提出这个假设是为了解释空间的三维性，但它没有任何客观的基础。

其次，里尔一海曼斯假设处理方向感的方式容易受到最严厉的责难。海曼斯说（同上书，第 201 页）：“我们把不可能进一步加以描述、被生就的盲人用来区分不同方向的那些材料称之为运动感的质，而把他用以测度他的路程的那些其他材料称之为运动感的量。”现在人们当然会引用这种术语。但是，在这样使用时，人们必须清楚地理解，在这里被称之为量的东西是作为质被体验到的，这一点从上面所引用的这句话中可以清楚地看出来。运动感觉如同所有其他心理的量值一样，不可能直接作为数学意义上的量来对待，也就是说，不可能作为可分的有广延的量值从而可以结合到新的感觉中去而保持其成分不变（例如，见我在《自然科学的和哲学的概念形成的界限》一文中第 5 节的论述，该文刊登在《科学哲学季刊》，1910 年第 34 卷上）。为了

① G. 海曼斯，《科学思想的法则和要素》，第二次印刷（1905 年），第 56 页。

使这种感觉能够易于进行定量的描述，必须用一个数字系统与不同质的要素构成的系统相配列。而进行这样配列的方式是任意选择的，就像与热感觉相配列的温度表刻度方式可以任凭我们选择一样。现在海曼斯对数字系统的选择的方式是这样的：他用来测度假设的运动感觉的数恰好就同通常的笛卡尔坐标上表示的数的情况一样。看来，海曼斯完全忽略了一个事实，即其他配列方式的任何数也对这些事实作同样合理的处置。他为几
261 何学公理在他的系统中的有效性提供了一个证明。但是这并没有什么值得令人惊奇的，因为他恰恰就是以这种情况来选择测度关系的。他的证明中所涉及的运算正是把他的前提中包含的东西加以展开。这种运算与运动感觉没有任何关系，没有告诉我们任何关于建立在这些运动感觉基础上的空间直观的结构的情况。

由此我们可以得出一个结论：动觉空间正如触觉或视觉空间一样并不等同于物理的客观的空间。它是一种直观的连续，其结构能够为我们在概念上构造事物的客观次序提供条件；当然运动感觉的材料唯一地与这种次序相对应，但这并没有使运动感觉比上面所讨论的另外两种感觉处于更有利的地位。

我认为我应当把这种观察加到海曼斯假设上，因为只有这样我们才能再一次清楚地阐明纯粹概念性次序和与之相配列的直观的结构之间的区别。仅仅从前者推出的结论不应当与后者的陈述混淆起来。

关于运动感觉与空间概念在认识论上的关系可能论及的任何其他内容，都已经由亨利·彭加勒再好不过地表达出来了(见《空间的相对性》，《科学与方法》，第Ⅱ卷，第1章)。

我们可以把我们考察的结果总结如下——现在听起来再也不会感到是悖理的了——物理空间从而物理对象的空间属性**决不是**在直观上可表象的。也就是说,表象内容的空间属性并不等于物理对象的属性。知觉,不管是属于何种感官的知觉,只能为物理空间的概念大厦提供据以树立的基础。

对我们来说极为重要的一点是要清楚地了解,物理空间同时也是形而上学的空间。物理空间表现自在之物的次序格式;我们既不可能也没有根据把物理学所研究的心外对象的次序和认识论所论述的自在之物的次序区分开来。这两种次序是绝对同一的。我们在后面还要指出,物理学家不可能以不同于哲学家定义自在之物的方法来定义科学对象。

例如,假定一个物质的骰子以种种不同的方式表现于知觉:视觉上,从一定的视点注视它;动觉上,把我们的手或身体的某个其他部位放在它的旁边;触觉上,使它与我们的皮肤在这个或那个点 262
上相接触。这些都可以以各种各样的不同方式发生,其结果是产生无限多的直观的材料。相对于这些材料来说,骰子的客观的构形可以说是一种格式,它把所有这些材料纳入了一个公式。这种格式不再包含任何属于直观材料的东西,因为这些直观材料集中地或个别地都依赖于骰子对外周感觉器官的相对位置。所有这些依存关系都可以完全从这种格式中消除掉——就视觉印象来说,可以通过投影规则对其进行消除,而对动觉的和触觉的印象来说,则通过某些规则(这种规则也许肯定是难于用公式来表达)来加以消除。空间直观的主观性消除了,所留下来的只是不再包含任何直观要素的客观的次序,因而应当不再被称之为空间性的。(我们要注意,从次序格式中消除主观要素并不是排斥一切相对性;那种

认为凡是“客观的”东西就必须也是“绝对的”的看法是不对的。客观的东西可能仍然包含着基于物体的相互关系的相对性，例如，测量仪器对被测物体和过程之间的相互关系。这里所产生的问题不属于一般的认识论而是属于自然科学的哲学。正是在后一种学科中，空间问题才能在整体上加以研究；我们所讨论的只是关于自在之物的世界是不是具有空间性这个有限的问题。关于这些问题，见海曼·冯·赫尔姆霍兹，《认识论文集》，该文集由波尔·赫兹和莫里兹·石里克编辑并作导言，此外，可参阅我所写的《现代物理学中的空间和时间》一书，1922 年，第 4 版。[①]）

直观的空间性或直观的广延性不属于自在之物。但是我们可以而且必须肯定，它们可以排成多维的复合体，我们可以用数学的方法来表示空间关系，这种结果也可以用斯托林在《认识论中的统
263 一性》（第 223 页）中所说的话来表达：“……空间就其能够通过数学分析加以定义来说，应当被认为是超验实在的。”如果愿意，我们也可以把“空间的”（räumlich）一词加到超验的次序上，或者也可以把作为直观的“空间性的”（das Räumliche）与作为概念性构造的空间（Räum）区分开来。如果认为空间是可以定义的，那么就必须采取后一种立场（似乎冯特在《逻辑学》第Ⅰ卷第 493 页以下就是这样做的，尽管他的定义肯定不可能使数学家们满意）。但是任何一个这样做的人必须清楚地知道，在使用“空间”一词时，他也是在指称一系列三个一组的数。当然，作为一个纯粹的术语问题，这种情况是可以容许的；但在我看来，这个词的原来意义在这里以一种非常不合适的方式被抛到一边了。只是由于对整个情况缺乏明

① 该书由 H. L. 布罗斯英译（牛津大学出版社，1920 年——本书英译者注）。

晰性才会产生关于空间实际上是直观还是概念这样毫无结果的争论。最好我们继续把可感觉的直观的次序仅仅称之为“空间性的”或“空间”。偶尔在我们必须用这些词来称呼超验事物的次序的地方，为了有更大的精确性，我们总要加上一个描述性的定语，从而就说*超验的*或*客观的*空间。同样，贝切尔（我基本上同意他的说法）也把超验世界中的关系称之为“在比喻意义上说是空间性的”。另一个合用的词语是很早就被包括莱布尼兹、赫尔巴特和洛采等在内的许多形而上学家使用过的概念——“可理解的空间”。

原来理解为空间的直观性质和由此而来的不可定义性，由齐恩作了特别清楚的阐述（《认识论》，第 63 页以后），他偶尔使用“场所”（locality）这个词来表示空间性。我们知道，康德用一种特别的论证方法企图证明（在“这一概念的形而上学的阐明”中）空间不是概念而是纯粹直观。但是，在我们看来，他的论证是没有意义的，因为这些论证是建立在与我们不同的前提之上的。我们的直观概念与康德所说的纯粹直观是完全不相同的。

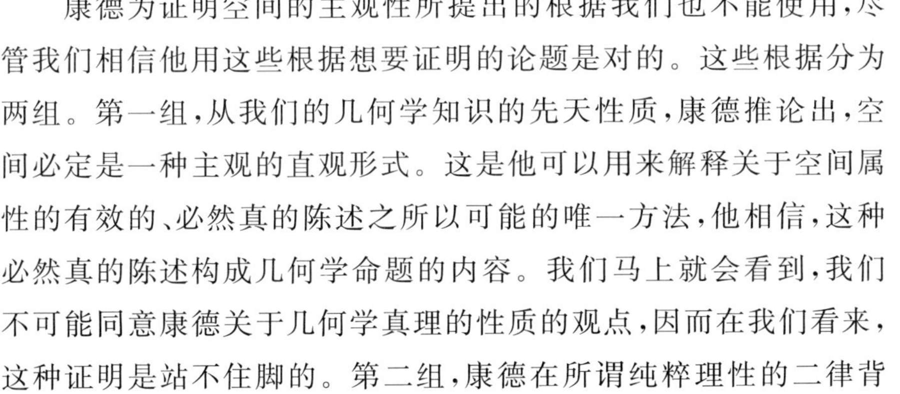

康德为证明空间的主观性所提出的根据我们也不能使用，尽管我们相信他用这些根据想要证明的论题是对的。这些根据分为两组。第一组，从我们的几何学知识的先天性质，康德推论出，空间必定是一种主观的直观形式。这是他可以用来解释关于空间属 264
性的有效的、必然真的陈述之所以可能的唯一方法，他相信，这种必然真的陈述构成几何学命题的内容。我们马上就会看到，我们不可能同意康德关于几何学真理的性质的观点，因而在我们看来，这种证明是站不住脚的。第二组，康德在所谓纯粹理性的二律背反中找到了证明空间（和时间）主观性的一些根据。他相信，由于我们错误地把空间和时间看作自在之物的规定，在考虑宇宙理性

时必然陷入矛盾。但是，这些矛盾——除了心理的谬误推理以外——决不是像康德所设想的那样是不可避免的。即使这些矛盾是不可避免的，我们也仍然必须反对这样一种论断（如洛采在他的《形而上学》一书第105、106节中所说），即认为康德所选择的出路实际上克服了这些困难。康德思想中的正确的成分将在后面加以讨论（见本书下面第三部分，第33节）。

因此，康德主义哲学的所有这些著名的论证对我们都不可能有什么用处，尽管我们希望这些论证对我们的观点有所帮助。当然，我们并不需要它们；我们前面建立在心理学知识基础上的论述在我看来本身就具有充分的决定性作用。

30. 感觉质的主观性

为了判定哪些属性可以、哪些属性不可以归于自在之物，我们就必须涉及前面使我们假设自在之物的确存在的那些论述。因为，按照前面第27节中所说的看法，证明这一假设的根据已经包含任何规定或定义这些东西的根据了。

我们对内在论观点的批评已经表明，我们必须假定超验事物的存在作为本身缺乏不间断的连续性的那些经验之间的实在的中介。这适用于同一个体意识的经验，也特别适用于分属于不同个体的经验。正是这些超验的实在构成了人们与同伴进行社会交往
265 时用词和概念来指称的（同一的）对象。我们很久以前就相信，这些同一的对象所起的作用是要素的复合即感觉的质所不能代替的，因为这些要素的复合对于不同的个体来说**决不**是相同的（见26节6）。这个由心理学和物理学所确立的事实表明了决不可能把感觉的质（红、温暖、声响等等）看作自在之物的属性。或者用我

们的用语来说，我们用来标示感觉的质的（心理学的）概念不能也用来标示超验的对象。“朴素的实在论”不假思索地正是这样做的，把这些质归于自在之物。这就导致了矛盾，因为朴素实在论不得不对同一个对象作出互不相容的规定。例如，它必须断定同一物体是红的，又不是红的，是冷的，又不是冷的。因此，应当承认朴素实在论是站不住脚的，它必须肯定感觉的质是“主观的”这种观点。

感觉的质是意识的要素，而不是超验的、非所与的实在的要素。它们属于主体，而不是属于对象。

我们知道，这种见解起源于古代。德谟克里特就非常清楚地提出来了。但是后来在很长时间内哲学丢掉了这种见解，在这期间，亚里士多德的朴素实在论流行起来，只是在现代才得以复活（伽利略、玻意耳、洛克）。直到最近它才再次受到重大的攻击，特别是受到前面 25 节和 26 节中所描述和驳斥的观念的攻击。这些观念正如其支持者有时喜欢强调的那样，事实上代表了对朴素实在论的一种重建。但是，我们已经充分地分析了这种理论。另外一些哲学家其中包括海尔曼·希瓦兹和亨利·柏格森，沿着不同的路线来反对感觉的质的主观性；[①]然而，这种理论似乎得到了确凿根据的充分保证，以至在这里不必要去讨论这些著作家所提出的论据。（非常生动地批评他们的论点的著作可以参见居鲁士·舒尔兹的《认识论的三个世界》，1907 年，第 41—51 页；弗瑞希森—柯勒对这个问题进行历史考察的文章发表在《科学哲学季刊》第

① 海尔曼·希瓦兹，《感觉问题》，1892 年以及《感觉假设问题简论》，1895 年；亨利·柏格森，《论记忆问题》，1896 年。

30卷第271页以后。)

266 必须强调指出，否认**感觉**的质属于超验对象的理论并不由此而断定这些超验对象可能**不**具有任何质。常常有些人作出类似这种看法的设想，他们误解了自然科学的某些基本的结论，以为这些结论会导致一种纯粹无质的量的世界观。但是根本没有任何根据证明这种看法。后面我们还要回过头来更详细地讨论这个问题。

感觉的质是主观的，这是毫无疑问的。同样，确认自在之物存在的那些理由也告诉我们，像**红**、**暖**、**甜**这样一些表示意识要素的概念，不能认为是属于自在之物的。它们不可能用来明确地、没有矛盾地标示对象。

关于感觉质的超验存在问题，我们的看法与对直观空间的超验实在性问题的看法恰好相同。

对于这两个问题，有许多相同的论据都不容许我们去假定直观的所与不仅在意识中存在而且在自在之物的领域中以同样方式再现。我们已经确认，自在之物的确存在，而且可以用概念来标示它们。但是我们也确定，在这些标示自在之物的概念中并不包括那些标示感觉质的概念。后一种概念对于一切知识所要求的毫无歧意的明确的标示是不适合的。它们依赖于感知主体的状态，如果没有这样的状态，那么它们就根本没有意义。一个超验的事物不可能是“黄的”或“暖的”；根据同样的理由，它也不可能是空间性的。因为直观的空间性同样也显示出范围广阔的依存关系，以及在各种感官之间和不同个体之间的极大的差异性。事实上，一个对象的知觉表象在直观上的空间性状况要比它的感觉的质表现出更多的和更显著的变化。甚至在位置的细微的变化对感觉质没有可感受到的影响的情况下，直观的空间性也会改变。物体的表面形状随着知觉的外部环境的不同而出现的变化，要比例如其颜色的变化容易得多。

值得指出的是，尽管空间性比感觉的质更少表现出恒定性，
但人们更早注意到的是感觉的质的主观性而不是空间性的主观 267
性。不过这种情况并不难解释。恰恰由于空间材料的无尽之流，我们甚至在童年时期和在科学观念形成之前，就习惯于和客观的次序格式而不是和直观的材料打交道。另一方面，对于可感的质，就我们的日常生活的需要而言，既不需要又不可能去注意客观的次序格式。心理学教科书一般作为空间**直观**的起源实际上所指的是形成概念次序的能力并且正确地运用这种能力的发展过程。对于任何概念，情况都是如此，次序格式的每一细节当然要通过一种直观的形象来表现。由于从一开始有空间经验时，直观的空间性与概念的次序总是互相替代，因而二者没有区别开来。这样，便把一种按理说只属于次序格式的固定的、客观的性质归于空间的直观。

但是一旦以适当的严格的方式把这种重要的、必要的区别划分出来，那么我们就不可避免地会发现，那种认为空间性的质的方面，例如属于视觉或运动感觉的质的方面，在没有任何人感知它们时也存在于对象本身之中的看法是十分荒谬的。“广延”的形象内容对每一个不同的感觉器官和每一种不同情况来说都是不同的。如同感觉的质一样，它只能被看作是一种主观表象的属性，而不能被看作客观事物的属性。

让我们确切地想一想，把超验的实在性归于一种意识内容意味着什么，它是不是意味着一种感觉的质或空间性？它只能意味着某种存在于自在之物的世界之中而在各方面又都像某种意识世

界的东西。因此，我们就会有一个具有两种或更多体现的对象，一个体现在意识中，另一个体现在超验的世界中。

但是，只有两种可能的情况使这一假设有意义。

第一种，就是假设意识和意识的内容可以很容易地分离开来，而不存在任何矛盾和不可思议之处。那样一来，一个对象在一个时刻是意识的内容而在另一个时刻则离开意识而存在于意识之外，于是这就成了世界上最自然不过的事情了。如果必须反对这种看法，那么仍然剩下的就只有**第二种**可能性了：一个对象不管它在何处出现，它总是意识的内容。

显然，只要依据经验的根据，无论如何必须预设意识的存在为268 前提，我们就要把第二种可能性看作是现实的。如果我和一个同伴仰望无云的天空，我很自然地会设想“蓝”这种内容也在我的同伴的意识中存在——即使不是与我的意识中的存在绝对相同，至少是非常类似。在一个音乐厅里，每一个声音感觉都被多次复制，在这个厅里有多少听众就被复制多少次。虽然由于明显的原因对于不同意识中相似的感觉的存在问题没有能够得到严格的证明，但在这个问题上，我们用不着花费更多的时间。实际上，甚至对于动物的意识，我们也会毫不犹豫地设想存在着类似于我们的意识内容，或至少存在着可以与我们的意识内容相类比的东西。因此，这不是争论的问题。问题在于，在我的意识中发现的任何材料，如果**不是**某个其他个体的意识内容，那么，它是不是能够在我的意识之外出现。

我们知道，对这个问题，许多哲学家特别是“客观唯心主义”的同道者都作了肯定的回答。所有唯心主义的基本论点是：“一切存在都是意识的存在。”（“jedes sein ist Bewuβtsein”）因此，唯心主义不得不立刻拒斥我们上面举出的两种可能性中的第一种而把全部实在描述为意识的内容，不管它是不是属于一个个体的意识，是不是像一个个体意识的内容。唯心主义者以这种方式使主体之外的外部世界成了“超个体的”或“超经验的”意识，一种“一般的意识”，一种“世界—心灵”，或者其他什么别的称谓。对于唯心主义者来说，“暖”、“蓝”或“广延的”这样一些质也可以存在于意识之外，这种可能性一开始就存在。至于感觉的质和空间是不是具有超验的实在性这个问题，他完全能够很好地理解。然而，从唯心主义者的立场出发，当然对这个问题必须作出否定的回答，因为我们在这里提出的证明感觉的质和空间的主观性的论据仍保持其充分的力量。因此，对于唯心主义者来说，超验的质按其性质来说虽然是一个无所不包的意识的内容，但仍然必须从根本上把它们与我们的感觉经验区分开来。

但是，我们当然没有理由采纳唯心主义的观点。相反，我们只 269 327
有在按照经验的根据必须预设超验世界中的意识的情况下，也就是，只有在观察显示出可能具有神经系统的活的有机体的地方（见下面，第 35 节），我们才可能作这样的预设。促使唯心主义者去构造其超经验的意识的不是由于任何特殊的观察，而只是根据他关于存在和意识是同一的这个论点。但是我们在前面第 26 节中提出的理由就已经驳斥了这个论点。因此，这里所描述的唯心主义观点对我们来说不再是一个需要讨论的问题了。

因此，对于意识的质的超主体的实在性问题是否有意义，我们否定了这一问题有意义的一种可能性。现在必须考察另一种可能性，即上面所列的第一种可能性。当我们断定说，作为所与的质是客观实在的，这样说是不是可能意味着这些质——例如蓝或冷——存在于**任何**意识之外，因而是绝对自在的，然而又等同于作为意识内容的一种蓝或冷呢？

当我们清楚地阐明了(第Ⅱ部分，第20节)把意识和它的内容区分开来是无意义的，实际上我们也就已经回答了这个问题。在这里所讨论的“意识”这个词，只是表示直接所与的一个一般的名称。它并不是指从外面把所与可能缺乏的某种性质加在所与上。因而，凡是没有这种性质的东西本质上就不同于所与或意识，它就是某种别的东西。如果我们从心理的内容中抽掉了意识，那么这个心理内容本身也就不复存在了。如果意识消失了，意识的内容也就消失了。我们不可能想象一种绿色，它不是被看到或意识到的绿色。我们也不可能想象一种不再被经验到但却继续**存在**的经验。如果我们要说，这种东西即使我们无法想象它，它也可能是那样，那么我们就忘记了这个问题是什么意思。因为在这里成为问题的正是假定对象的存在恰恰**像**我们所想象的那样存在着。一旦我们说这些对象以不可想象的形式存在于意识之外，那么我们就已经对这个问题作了否定的回答。我们可能提出一种理论——事实上这种理论已经提出来了——意象的形成和消失是由于这种或那种东西“上升到意识阈限以上”或下降到意识阈限以下的结果，这种东西也可以存在于意识之外(如某种无意识的东西)。高于或低于这种阈限的量值如果是在意识之外，仍然会有重要的区别；作
270 为我们意识不到的对象，它们就不再是直观的意象而是未知的假设的结构。而这种阈限理论远没有解释因而也没有解决这种根本的区别，它只是以自己的方式表示了这种区别——这是一种依靠没有真正解释价值的比喻提出的理论。

因此，每一个设想这种可能性的尝试都会陷入想象不可想象

的东西、直观不可直观的东西的矛盾。关于某种意识的质是否可能以本质上相同的方式也存在于意识之外的问题，因而就得到了否定的回答。预设这样一种质的存在的另一种可能性因此也被看作是没有意义的。一切直观的东西——感觉的质、空间性以及其他诸如此类的东西——都是主观的。探询它的客观性也就是接受对这个问题的一种无意义的说法。在意识之外的东西不可能原封不动地在意识中重现。“完备的知识”这一概念，在某些哲学家头脑中产生时，它所要求的正是这样一种重现，超验对象在意识中“漫游”。

读者将会注意到，这里提出的看法与唯心主义反对超验的论证（我们在第25节中拒斥了这种超验）有某种相似之处。事实上，这些见解可以看作是包含在唯心主义的那个反对超验的论证中的有用的内核。如果在这种论证中没有隐含着某种明显的真理，它是很难吸引如此众多的聪明的思想家的。唯心主义者企图证明，在意识之外的存在是完全不可能的，这种企图自然会归于失败，但是他在证明中的确有效的东西就是可以想象和表象的对象在心外的存在是不可能的。我们回想一下（在第25节6接近结尾处）唯心主义者当作论据的那种错误就是混淆了想象和思考，从而混淆了不可想象的东西和不可思考的或不可能的东西。如果我们仔细地把想象（＝直观上描绘）和思考（＝用概念标示）区分开来，那么这种错误就会得到纠正。一旦我们这样做了，那么贝克莱及其追随者的观念就不再是显得完全无意义的了。尽管这些观念中并不包含其作者归予它们的那种真理。而是说，这些观念表达了另一种不同的真理：超验事物不是可想象的，在超验事物的本质中没有什么如同意象或表象内容的东西，因此所有意识材料都是主观的。

271 这样的意识的材料不可能直接是超验事物的一种复写，超验的事物，如我们在前面所说的那样，可以被认知(erkennbar)，但不可能直接地被体验(kennbar)。

如果从这种观点来考察一下唯心主义的一个著名的论点，那是有益的。例如，我们来看一看居鲁士·贝格曼提供的论证(《客观唯心主义的体系》，第 91 页)："所有的知觉内容都是与它们被感知不可分开的，被感知完全是被感知的东西的性质的一部分，因而是每一个可感知的规定性的一部分，所以如果它不再被感知，那么它也就没有什么东西留下来了。但是我们包含在物体概念中的所有规定性都是可感知的。因而，作为一个感知主体的对象就是物体世界的性质。"对这段话通过少许简短的评述，就可以把其中正确的东西提取出来。贝格曼对于否定超验事物的存在并没有作出证明，因为决不需要把这种超验事物看作是可感知的，即直观上可表象的。因此小前提对这些超验事物并不适用。但我们在直观上借以表象事物的"物体"的形象(可感的质以及广延性)，正如小前提所提示的，事实上按其性质确实属于主体。凡是可想象的东西本身只能是意识的内容；它是主观的。

我想通过简短的术语上的考察来结束这个讨论。许多著作家常常谈到时间和空间的**理想性**，用这个名称意指我们在这里所说的主观性。对这个名称的用法要追溯到康德，许多著作家都像康德那样把仅仅属于意识的东西的实在性一般地称之为**理想的**存在。我们非常谨慎地避免了这种表达方式。因为"理想的"这个词被人们长期用作与"实在的"相对立；诚然，这些著作家也明确地把作为实在的超验的存在与意识内容的理想的存在对立起来(例如，

见本诺·爱尔德曼,《逻辑学》,第二版,第 138 页)。结果,在术语
上产生了两种不同的实在性。我们已经论述了我们不接受这种指
称方式的理由(第 27 节)。如果以这种方式来对待问题,就会产生
一种印象,似乎应当把低层次的实在性归于理想的存在,归于所与
的意识内容,而不是归于超验的实在性。尽管使用这种术语的那 272
些人心里没有这种看法,误解仍然会产生。超验事物的次序一点
也不比我们称之为空间和时间的意识内容的次序有更多的实在
性。我们之所以避免把后者称之为**理想的**,其原因就在这里。

31. 量的知识和质的知识

意识内容在空间和时间中的次序,同样也是我们借以学会确定意识之外事物的超验次序的手段。这种超验的次序是获得有关这些事物的知识的最重要步骤。因此,我们必须对如何实现这一步骤作出确切的说明。

在这里要考虑的主要之点已经在本书第Ⅰ部分第 9 节中提出来了。我们知道,所有知识就在于确立一种同一性,就外部事物来说,这就意味着把事物定位在同一个时间和空间的点上。外部世界中的一切事物(如我们在第 9 节的结尾处所说的那样)都在特定的时间处于特定的地点;在一个事物中发现另一事物归根到底就是对这两者规定相同时间的相同的地点。现在我们必须指明,如果我们使用“空间”和“时间”这两个词,我们是意指事物的超验次序,从而使上述定义更加精确。在早先的一节中,我们还不可能注意这些词的超验的意义和直观的意义之间的区别。但是我们的确曾简短地指明,对客观事物位置的规定并不是指视觉空间或触觉空间或其他任何直观的空间;而是指通过概念来进行的配

列。

现在重要的事情就是要弄清楚我们是怎样从直观的空间一时间的次序建构超验次序的。这种建构总是通过相同的方法即我们所说的重合法(method of coincidence)来进行的。这种方法在认识论上具有十分重大的意义。

如果我从不同的侧面来看我的铅笔,我所经验到的任何一个要素复合本身都不是这支铅笔(见前面第25节)。铅笔是一个不同于所有这些要素复合的对象,它一定是在我们所说的意义上的
273 自在之物。在我看来,所有这些依赖于照明、距离等的复合只是表现这个对象,也就是说,这些复合与这个对象相配列。只有把该对象的属性更仔细地弄清之后,也就是像我们在前面(第9节末尾)所解释的那样成功地用一般的概念来一义地标示它以后,物理学和生理学才能确定这些复合与该对象的关系的详细情况。如我们已经指出的那样,在这里那些规定对象在超验格式中位置的次序概念起着最重要的作用。

当我看着这支铅笔时,如果我用手指接触笔尖,一种特异性同时在我的视觉空间和触觉空间中出现:一种触觉突然在我的手指上出现,而对手指的视知觉和对铅笔的视知觉突然具有共同的空间材料——接触点。这两种完全不同的经验现在在超验空间的同一“点”上,即“手指”和“铅笔”这两个事物的接触点上互相关联了。这两种经验属于不同的感觉领域而且彼此决不相似。但是它们具有的共同的东西就是它们在其周围其他方面都是连续的知觉域中的特异性和不连续性。正是由于这种特征才使它们得以从这个知觉域中选取出来。这就是它们能够彼此联系又和同一个客观的空间中的点相配列的原因。

在哲学文献中经常引用的关于施以手术的天生的盲人的报告中，[①]可以找到关于认识这种超验次序的过程的一个明显的例子。照这些报告上说，有这样一个盲人，因为他感到长方形纸张显示出独特性和非连续性（即有四个角），而圆形纸张则不是如此，借助这个事实，他学会了在视觉上把一块圆的纸张与一块长方形的纸张区别开来。在此之前，他只是从触觉经验中体验到圆和长方形；碰到圆时，经验是连续的，但对于长方形来说，经验中则包含了四个有独特性的东西。正是由于这种共同的特征才使他能够正确地把 274
新的经验与所熟悉的触摸知觉联系起来，从而恰当地解释了新的经验。

不仅不同感觉领域的感觉能够以这种方式来确定超验次序格式，而且也可以用不同个人的感觉来确定这种次序。如果我想要引导很多听众注意黑板上图形的一个点，我就把我的手指尖放在这一点上。尽管在场的每一个人都会有或多或少不同的视知觉，但对于他们所有的人来说所看到的共同的东西就是指尖与黑板上一点的重合。由于我的动作，这两个以前不在一处的对象，现在占据着相同的位置。在这里我们看到了配列的唯一性，没有这种配列的唯一性，就不会有客观空间的超验次序。在视觉或触觉空间中彼此接触的两个感知对象（具有共同的位置信号）必定与客观的次序格式中共有“一点”的超验事物相对应。否则，知觉空间中一个位置就会与超验空间中的两个位置相配列，这就会与指称的唯一性相矛盾。

事物排序的整个过程都建立在这种有效的重合上。由于这两

① 杜弗尔，《物理学和自然科学档案》，第 58 卷，第 232 页。

个原是彼此分离的要素的位置被合在一起，因而两个对象得以彼此(作为一种规则，在视觉上)重合，这就产生了独特性。这样，在超验的空间一时间格式中，就规定了由不同位置或分散的场所构成的系统，这个系统可以在思想中任意扩大和延伸成为可以完全包括所有空间性对象的连续的多重结合体。

显然，在一个感觉领域中并非每一种重合的经验都可以解释为客观意义上的重合。当月亮运行到我们和一颗星球之间时，看起来这颗星球似乎恰好在月亮的边缘；但是我们非常清楚地知道，这颗星球实际上与月亮并不在相同的地方，而是有极其遥远的距离。就触觉来看，两个圆周点可能重合，尽管实际上它们是分离的。简言之，客观上的重合决不会被直接经验到，它们是从这样的经验中推论出来或构造出来的。进行这种推论或构造所遵循的规则在科学哲学中作了详细的研究。这些规则，虽然结构上很有趣，但都是非常简单的。它们并没有导致任何根本的困难。

275 空间和时间的规定性总是通过**测量**来产生的，而测量从最原始的到最先进的，都是建立在如上面所描述的那样的对时间一空间的重合的观察上。在有精确的科学规定的情况下，这种测量过程是很容易进行的。归根到底，每一个精确的测量总是而且只是在于将两个物体进行比较，也就是将一把量杆放在要测量对象的旁边从而使量杆上的某些记号(标尺上的刻度线)与对象上的特定的点相重合。一切测量仪器，不管构造如何，都是使用这种程序。裁缝的量尺一端挨着一端地沿着布匹量过去，这就是这种原则的一个例证；物理学家使用的温度计也是这样，在温度计上，汞柱的顶端达到标尺上的一个特定的刻度。对大多数仪器来说，我们所观察到的就是一个**指针**与某个位置或某个数相重合。一个熟悉的例子就是**时钟**。我们还附带地注意到一个对于空间和时间的理论来说最重要的事实，即时间本身只是通过观察空间的重合来测量的。

（我们注意到有一种情况，这里不去深入研究，这种情况对科学哲学来说极为重要，只有当我们预先假设，能够不依赖于一个物体所处的位置和环境而有意义地谈论该物体上两点之间的**间隔**——例如，一个量杆的长度——作为衡量这个物体大小的量值时，才能使两个物体之间的比较真正成为一种测量。因为只有这样，才可能用一个测量杆来比较不同的距离，使刻度表上的各部分彼此相等，并且确定有多少倍的某种距离［测量单位］包含在另一个距离中。如果这个测量杆在一处一处地移动时以一种未知的方式发生变化，那么说什么不同地方的相同的间隔就没有任何意义了。）

由于精确的测量总是在于建立重合，因而只有**距离**是直接可测量的，而不是所有这些重合都是直接可测量的。因为在实践上常常不可能用一个测量杆就足以接近需要测量的距离；例如，从地球到月球的距离只能间接地确定。但是我们可以借助于数学关系，从直接测得的量值来推出这种距离。几何知识的理论表明，我们能够通过纯粹**分析**的方法做到这一点（在这里我们没有必要来证明这一点）。除了上面指出的任何测量所要求的预设的前提条 276
件以外，基本上不需要任何新的假设。因此，对空间量值的间接测量并不存在新的问题。我是通过使用观测者之链直接地确定地球子午线的长度还是通过三角测量的方法来间接地确定这个长度，这在原则上——从而从认识论的观点来看——都是完全一样的。

不仅在精确科学中，而且也在精确科学以外，每一种空间一时间的次序在原则上都可以归结为相同的基础。因为在日常生活中,每当我们要确定一个位置时,我们就通过基于近似重合的材料,又使这种重合成为可能来做到这一点。这种方法同样也适用于所有的时间测量,无论是对个人的生命还是历史中的时间测量。如果我们对于通过年、月、日等来近似地确定时间感到满意,那么,我们必须懂得,所有这些归根到底只是通过天体的运行过程以及它们如何与一定位置(子午线、春分点等等)相重合来确定的概念。

把事物包括到超验的次序之中获得了什么成就呢?

知识上的巨大进步。认知就是一个事物在另一个事物中被再发现。在不同的个人(以及同一个人在不同环境下)的经验之间的各种各样的、形形色色的关系中,通过这种方法所发现的是一种共同的次序;在大量的、混杂的主观的材料中发现了一个客观的世界。又在对意识世界的要素极为多变的关系中发现了这一客观世界的同样的对象。因为用于超验对象的概念都是通过其与所与的关系或与所与的配列来定义的。与我的右手相接触的、与我的左手有一定距离,又与我们的双眼有一定距离的,如此等等,正是**同一**支铅笔。

在早先(第Ⅰ部分,第 9 节)我们就看到,每个判断都陈述了一种同一性,因为所认识的东西就等同于被认为所是的东西。我们知道,没有一种真正完全的认同就没有知识,这种完全的认同要成为可能,主要是在实在对象中,被断定为同一的两个对象中的一个
277 (或者两者),被定义为**关系**的一项。关于客观世界的次序就是这种情况。一个由那种次序所规定的对象与这个世界中所有其他对象处于各种各样的空间－时间关系中,并且作为同一个对象在所

有这些关系中出现；它又在每一个关系中作为这种关系的一项再被发现。因此，包括到超验次序格式中就成了在多种多样的关系中再发现同一对象。即使那些关系在质上完全不同因而决不能彼此归结，但这可能是知识上的一个巨大的进步。

然而，实际上，这些客观的关系恰恰在质上是相同种类的。它们之间的区别结果发现全都是纯粹量的差别，因而可以互相归结。

现在我们要说明这一事实意味着什么，它对于我们的知识具有何种巨大的意义。

每一个这样一种关系都是通过指出许多量值来规定的——例如一个点的方位是通过给出空间的三个坐标和时间的一个坐标来规定的。根据上面描述的测量方法，最终是通过确定一定距离的长度来实现的。但是距离的长度是它所包含的单位的数目，距离是广延性的量值。距离是可分的；它们是由相等的部分所构成的。在所有的长度中都能再找到一个同一单位的长度，唯一的不同在于单位的数目。因此，长度可以在量上相互归结，因而没有更完全的一种知识。在一个对象中再发现另一个对象，其最完全的形式是一个对象只是与之完全一样的另一个对象的总和。的确，总和的概念的一部分内容就是被加数完全地不变地进入其中，被加数在总和之中或在总和之外都仍然是相同的。每一个数都可以看作是若干个一的总和。所以，用于实在的每一个数都已经表达了知识，即知道在被测量的量中这个单位将会以这个数所要求的那么多的倍数再被发现。由此可见，量的知识的本质就在于它把已知的对象分解为不变的、完全相同的单位的总和，这些单位可以在对象中被再发现、再计数。

以这种方式，首先是全部空间的大小（距离，角度，体积），然后

278 是时间的间隔（借助于速度的概念）都由数来安排。客观的空间一时间次序关系归结为单纯对单位的计数，从而可以相互归结。当然，这并不适用于直观的空间一时间关系。就直观而言，各种各样的位置关系和时间关系一般说来在质上是完全不同的；例如一个水平的线段和一个垂直的线段，或者一个放在左边，另一个放在右边，作为一种规则在直观上完全不是同质的。另一方面，数的概念因而量的知识涉及的则完全是**超验的**次序。需要注意的极为重要的一点是，**客观的**世界正是量的知识涉及的主题。在自然科学中，数直接表示的并不是直接所与的要素之间的关系，而是超验的量值之间的关系，这些量值的客观“位置”是通过其与重合经验的配列关系来定义的。依靠这种方法，客观的次序系统中的每一个这种“位置”或“点”（用现代物理学的语言来说，每一个“世界一点”）都可以通过给出四个数来确定，而整个系统则可以看作全部四个一组的数的集合。这些四个一组的数本身无需表示距离；但是它们的值最终必须通过测量距离来确定。

这种重合方法把距离解析为单位，因此计算单位就构成我们所说的测量。这就是**数**从而量的概念进入知识的途径。如果我们由此能够通过数的系统把握事物的世界，那么，我们认为这完全要靠我们的**空间的**经验；因为正是在这些空间经验中才发生重合的经验。

我们在前面（第Ⅱ部分，第 18 节）看到，在不间断的意识过程之流中只有在连续中发现离散才能获得精确的思想。现在我们认识到，严格地说，这种说法对于所有精确的知识来说同样也是正确的，重合原则也是建立在从知觉的连续过程中选取离散的或不连续的东西的基础之上的。

因此，对于事物的空间次序来说，知识在原则上是以最完善的方法即量的方法获得的。但由此就产生了一个问题：这种空间—时间次序到底是什么？换句话说，用什么新增加的概念才能表示 279
次序图式中的对象呢？

首先，我们是怎样进行这种标示的呢？唯一可能的只有一种方法：我们必须利用定义这些对象的*关系*。因为这些关系并不是*直接体验*的对象；它们不是所与。我们在上面（第Ⅲ部分，A）解释过，我们只有通过确定某种关系，某种与所与的配列关系，才能把它们设定为实在。

这支铅笔不仅在视觉或触觉的直观空间中有一定的位置，而且在视觉的直观空间中还有一种特殊的颜色。我们能不能把这种颜色本身看作是在超验次序的格式中必定处在“铅笔”这一客观事物所占据的“位置”上的某种东西呢？我们已经说过，这是不可能的。颜色作为一种感觉的质是主观的；它们属于视觉的直观空间，而不属于事物的客观的空间。因此，客观上存在的铅笔不可能归于“黄”这个概念之下。然而，为了能够实现唯一的标示，我们的确需要这样那样的一个概念。首先，似乎唯一可能的就是假设有某种不能直接体验到的质存在于铅笔表面所占据的地方。我把这种质称之为铅笔的“属性”，是与我的意识内容中的黄色相配列的属性，正如我使某种超验的位置与视觉直观的黄的位置相对应。然后我必须把这种*相同*的质与所有其他个人在他们对铅笔的感知中经验到的颜色相配列。他们的颜色经验是不是与我的颜色经验相同，这并没有什么关系，而且这个问题也永远无法解决。重要的只是要唯一地实现这种配列；如果我们考虑到每一个感知着的个人都处于对铅笔的不同的关系之中这个事实，那么这种唯一的配列

总是可能的。因而，个人陈述中的差别就可以用他们对铅笔的不同关系来解释。当然，这些关系是由个人所处的方位以及他们的神经系统的性质所决定的。

现在我们可以把下面的情况看作是一般来说是能够成立的。假定我在拿起第一支铅笔以后紧接着拿起第二支——做得与第一支铅笔恰好一样的铅笔，因而它对我具有相同的颜色。所有其他观察者都同样会作出这样的判断：“这两支铅笔的颜色是相同的。”
280 而且，任何一个曾经把这种颜色称之为“黄色”的人都会在相同的情况下总是使用同样的指称；在完全的黑暗之中，所有的观察者都会说，这支铅笔没有通过任何颜色经验给予他们，等等。他们的一致的看法甚至进一步扩展到比对直观的空间关系的判断（见第30节）更大的范围，然而除了这种一致性以外，在某些情况下，例如，在色盲、戴着有色眼镜等诸如此类的情况下，也会有分歧。但无论怎样，这种未知的质或“属性”都是通过它与相应的颜色经验的关系来定义的：它在对那些不同的心理要素的不同关系中总是同一个质。

在这个认识水平上，超验对象中的一个单独的质必须与我能够在视觉的直观对象中（假定相同的感知条件下）感知到的颜色的无限多的细微差别中的每一个相对应。每一个这样的质就都是某种自在的东西；每一个质都是独立未知的而与所有其他的质并存，并且不能归结为其他的质。

显然，科学必须做出一切努力来超越这个非常不能令人满意的阶段。的确，我们知道，今天科学在这方面已经取得了辉煌的成功。物理学用波的状态代替了这种未知的质并且把客观的波的不同频率与主观的不同颜色相配列。现在这些频率不再是互相不可归约的。作为时间性的量，可以定量地认识这些频率。可以通过计算单位来测量它们；因而，按照我们上面所说的，它们完全可以通过一个来认知另一个。当然借助于重合方法可以确定频率（或波长），如我们在测量干扰频带之间的间隔，确定标尺上谱线的位置等等时，就借助重合方法。

但是，我们一定不要以为，由于这些成果，科学便消除了一切质。情况当然不是这样。我们知道，与颜色相对应的光波本质上是电磁波，也就是说，它们是物理学称之为电场和磁场强度的那些质的周期性变化。然而，它们本身仍然保持其质的特性，虽然它们同时也是广延的因而是可分的量值，可以被认为是单位的总和因而适用于数的概念。

让我们通过一个更有启示的例子来说明知识从质的层次到量 281
的层次的这种进步，因为它与我们的研究有着更密切的联系。

当一个对象与我的皮肤接触时，我就有一种温热感觉，这种感觉的质取决于发生接触的部位以及先前与那一部分皮肤接触的是何种物体。同样的水体是会显得冷还是显得暖，取决于浸入水中的这只手先前接触了较暖的水还是较冷的水。物理学家把我在不同的条件下接触一个物体所具有不同的温热感与**一个**同一的质相配列：把它叫做“温度”。然而，物理学家利用某种仪器对温度进行数学的处理。他把不同的数与不同的温度相配列，这样运用热感觉的质和某种物体的体积（例如温度计中汞柱的体积）之间的近似一致。这种体积是一种广延的量值，可以通过重合方法来测量；但是，在知识的这个阶段上，这还不适合于温度本身。温度不可分解成许多加成的部分；它们不能互相归结。说 20 度的温度等于 10

度的温度的两倍那是说不通的，是没有意义的。数目 10 和 20 与一定的温度相配列只是由于一种任意的规定，那就是，由于采用了这种或那种测温物质与一个刻度表联在一起。这里所运用的见解只是温度可以在一维系列中排序。我们也可以按照某种任意的约定，把数与光谱上单纯的颜色或者与音调的高度相配列而无需知道与它们相对应的物理结构的波的任何性质。像这样一种次序当然对于与这些数相配列的东西的性质，没有提供任何知识。在这个被称为纯粹的热动力学的阶段，测量温度是与比如说测量波的长度是根本不同的事情；因为它并没有与被测量的量值的知识联系起来。

282 下一个更高的阶段即所谓热力学理论阶段就不是这样了。这种理论把热等同于分子运动（当然这是有广延的量值）的平均动能。按照定义，这种量值总是可以被设想为由许多部分加成地组成，正是以这种方式把它从空间的和时间的量（即速度）中构造出来。现在温度的差别对于物理学家来说不再是质的差别了。把温度作为一种特殊的质这种看法完全从物理的世界观中取消了。它完全归结为质量、空间、时间这样一些力学的概念；因而已经成为严格意义上的可测量的了，它的性质被完全认知了。

对这些关系的考察可以清楚地得出以下结论：仅当我们能够成功地把各种质在量上互相归结时，质才是完全被认知的——也就是说，通过已经获得的概念联系完全地、唯一地把它标示出来。就它们作为特殊的质这种特性来说，完全从我们的世界图景中取消了。

因此，量的规定的可能性不仅是对需要更精确形式的知识是一个有益的补充。而且它是任何完全知识的不可缺少的条件。只有能够对各种量值彼此进行量的——因而最终是加成的——归结才能在一个中充分地、不变地再发现另一个，也就是，作为整体的部分，作为总和中的被加数，在一个中发现另一个。

这种消除质的过程是解释性科学中知识的一切进步的核心。关于客观存在的质这种最古老的哲学假定自然是从感觉材料直接引申出来的。例如，由皮肤（和肌肉）组成的感觉器官所提供的感觉显然构成了把实在描述为由“四种元素”所组成的根据：水是湿的东西，火是暖的东西，土是重和硬的东西，气是轻的和流动的东西。在教科书中仍然习惯于把物理学分为力学、声学、光学和热学。这种划分是完全建立在感觉领域的区分上的：力学对应于触觉和肌肉感觉，声学对应于耳朵，光学对应于眼睛，热学对应于温度感。当然在物理理论中，这些划分早已被抛弃了。随着时间的推移，逐渐消除的首先是可感的质，然后是代替可感觉的质的客观 283 343
的质，直到最后还剩下来的是很少量的不可能进一步归结的质（例如，上面指出的电场和磁场的强度）。从这些少量的质，物理学建构整个客观的世界，而且所有在这个世界图景中出现的量值都表现为这些基本的质的空间或时间上的联系。我们可以方便地把这种联系称之为“应力”。

常常有人说，在对实在的量的描述中，质只是被忽视、被舍弃或被忽略了，由于量化的世界图景只是提供了部分的说明因而它必然是比较贫乏的。然而，这种看法是完全错误的。科学研究并不只是简单地把质弃之不顾。相反，它坚持去揭示与质的区别相对应的量的区别。这种量的区别总能被发现，这的确是一个值得注意的经验事实。例如，只要是我经验到不同声音的地方，我也就能够测量出不同的频率。质的区别并不单纯就是在量的区别**之外**、附加于量的区别上的；而是后者完全与前者相并存的。正是由于这个事实才使世界的量化的图景本身是**完全的**。质的添加并不是丰富或补充这个图景；它只是对世界的另一种描述。

显然，科学对世界的说明不可能没有质。不能把自然界看作是一场纯粹的量的游戏。谈论什么无质的原子之类的东西是没有意义的，因为量是某种东西的量，量是以某种东西的存在为前提的一种抽象。任何东西都不可能不以某种方式而存在；存在和作为一种质是一回事。（这一点被 E. 贝切尔所特别强调，所以他在《精确自然科学的哲学前提》（第 87 页）中说："一切存在的东西皆为质……"），即使是客观的空间一时间多样性也必须理解为某种质的东西，这并不妨碍其具有广延性质。因为这种多样性必须以某种方式可以与其他四维的多样性即在量上恰好相同的多样性区别开来。

此外，一旦最终发现了单个量值之间的相互依存关系，那么把特殊的应力表示为所有其他应力都可归结的基本应力就有一定的
284 任意性。由于存在着广泛的相互依存关系，因而我总是能够把迄今所接受的作为基本的质，通过其余的某个质来表达从而选择后者作为所有其他的质都应归结的质。举例来说，在构造牛顿力学时，我可以不必像习惯上那样把质量、时间和距离作为基本概念。我也可以使用体积、速度和能量作为把力学中出现的所有其他量值归结的基础。我到底选择哪一种可能性，这只是一个在实践上方便的问题。

因此，认为在外部世界中除了"应力"以外并不存在质，应力的量的变化构成物理宇宙的建筑石料，这种说法是对科学的世界观的一种可疑的形而上学的说明。因为物理学的世界图景是一种概念体系，一定不能与世界本身混淆起来。我们可以借助于由少量的基本成分结合形成的复合概念来一义地标示实在世界。但是这些实在本身也总是可以看成“简单的”。如果我们记住上面提到的在对建构世界图景的最终材料选择上的任意性成分，那么掌握这一点就是再容易不过的了。因此，必须把“宇宙本身”描述为由互相交织、互相依存、可以用自然科学的量的概念系统来表达的无限多的不同质的集合。这些概念系统是用来再现这些质产生和消失的似法则的律则性。（“产生”和“消失”这两个词当然要在形而上学的意义上使用，因为它不是指这里所涉及的直观的时间的变化，而是在客观次序中的位置变化。）外部世界的每一个质都可以配列于把其他质的概念联系起来而形成的一个概念。相互联系的整体的似法则的律则性正是以这种方式表达出来的；因为只有这种律则性才使这样的配列成为可能。发现这种律则性就是认识外部世界——在个别中再发现最一般的东西从而认识个别。

外部世界的对象即自在之物正是以这种方式被规定为质的有规则的联系。（对这种认识过程的详细情况的研究必须留待科学哲学去探讨，对此我打算在另外的地方提出报告。）因此，应当把一个原子或一个电子看作按照一定的法则结合在一起的质的统一 285
体，而不应当把它看作一种实体性的物，似乎承载着它的质作为属性并能够把它作为这些质的承担者而同这些质区分开来。休谟对**这种**实体概念的批评仍然是正确的。如果像马赫的实证主义（见前面第 25 节开头和第 26 节 A2）那样，用“自在之物”这个词语来标示这个意义上的实体，那么反对自在之物的斗争就成了完全合理的而且是极为必要的了。可是，这种认为有一个核心独立于其

属性并且只是这些属性的承担者的观念是不正确的，因为核心本身由此就成了某种无属性的东西了。我们不必进一步讨论这一观念。在我们的分析中决不会使用这个观念，而且不使用这个观念也可以使获得自然的知识的过程成为可理解的。这就表明这种实体观念是可以抛弃的。我在另一个地方(《自然哲学》，柏林，1925年)已经指出，在许多特殊的情况下，许多经验性的实验事实都使自然科学不得不放弃陈旧的实体概念。归根到底，一切知识都是种种关系和相互依存的问题，而不是物或实体的问题。

这个或那个质的真正本质是什么？对这个问题的回答就是要把那个质纳入量的概念性系统从而把它归结为选作基础的基本的应力。一旦完全找到这个基础，那么这个答案实质上就是确定的了。如果有谁认为质的“真正本质”并没有得到充分的规定因而要求我们能够直接地体验这些质，如同体验快乐、痛苦、黄等意识的质那样获得直接的经验，那么这个人就又一次地陷入了混淆经验和认知的错误，对这种错误我们多次认识到它是造成混乱的原因(见第Ⅰ部分，第12节)。就宇宙的质来说，凡是知识能够提供的东西，都会由自然科学以上述方式充分地提供出来。这些质将被完全**认知**。诚然，我们永远不会**直接地体验**它们。但是我们要进行认知就没有理由去追求这样的体验；因为它对认知毫无助益。

恰恰与此相反的情况倒适合于构成我们的意识内容的那些质。对于这些质我们是能够直接体验到的，但是对于这些质的**认知**，情况又怎么样呢？与对外部世界的质的知识比较起来，对意识
286 内容的认知显然情况相当不好。因为心理学的研究内容，包括对我们主观上体验到的那些质的研究，就它的发现所达到的程度和

认识价值来说，确实不能与自然科学相比。显然这二者之间甚至存在着原则上的差别。事实上，内省心理学决不可能超出质的知识的阶段。对于这种心理学来说，心理的质的无限多样性显然是不可归约的；每一个质相对于每一个其他的质来说都是新的，都没有表现出广延的属性。例如，每一种感觉就其性质而言，都是简单、不可分的。一个较强的黄色感觉和一个较弱的黄色感觉之间的关系并不是一份较弱的感觉加上第二份较弱的感觉就等于较强的感觉。相反，较强的感觉是作为质上不同于较弱的感觉的东西被经验到的，而且同样是简单和不可分的。任何人都无法否认康德的那句名言的正确性："数学不适用于内在感觉的现象及其法则。"

通过内省方法发现的所有心理的律则性（例如联想的法则，注意的法则，意志活动的法则等），充其量不过是肯定了某些材料的出现是某些其他材料出现的条件。这些律则性的确给我们提供了因果性的知识，但是这些因果地联系着的各项本身并不因此就以任何方式像量的因果知识那样成为我们所知的东西。相反，每个项都继续保持自身的个别性。要完全地描述经验的多样性，那就要用无限多的概念。因为这些经验是不可归约的，所以我们就得为它们中的每一个经验都提供属于其自身的概念。

那么是不是就没有办法使心理学也能够达到量的知识的水平——即知识追求的目标得以完全实现的那种水平呢？

我们刚刚知道自然科学借以掌握质的方法——形成量的概念的方法。我们必须提出的问题是，这种方法是不是也能够适用于主观的意识的质。按照我们前面所说，为了使这种方法能够加以运用，必须有与这些质充分确定地、唯一地联系着的空间变化。如果情况真的如此，那么这个问题就可以通过空间一时间的重合方

法来解决，因而**测量**便是可能的。但是，这种重合的方法本质上就
287 是进行物理的观察，而就内省法来说，却不存在物理的观察这种事情。由此立刻就可以得出结论：心理学沿着内省的途径决不可能达到知识的理想。因此，它必须尽量使用物理的观察方法来达到它的目的。但这是不是可能的呢？是不是有依存于意识的质的空间变化，就像例如在光学中干涉带的宽度依存于颜色，在电学中磁铁的偏转度依存于磁场的强度那样呢？

现在我们知道，事实上应当承认在主观的质和推断出来的客观世界之间有一种确切规定的、一义的配列关系。大量的经验材料告诉我们，我们可以发现，至少必须假设与所有经验唯一地联系着的“物理的”过程的存在。没有什么意识的质不可能受到作用于身体的力的影响。的确，我们甚至能够用一种简单的物理方法，例如吸进一种气体，就把意识全都消除掉。我们的行动与我们的意志经验相联系，幻觉与身体的疲惫相联系，抑郁症的发作与消化的紊乱相联系。为了研究这类相互联系，心的理论必须抛弃纯粹内省的方法而成为**生理的**心理学。只有这个学科才能在理论上达到对心理的东西的完全的知识。借助于这样一种心理学，我们就可以用概念和所与的主观的质相配列，正如我们能够用概念与推论出来的客观的质相配列一样。这样，主观的质就像客观的质一样成为可知的了。

我们很早就指出，客观世界中最直接地与自我的主观的质相联系的部分就是由大脑的概念，特别是大脑皮层的概念所表示的那一部分。因而在科学知识的精确的世界图景中，可用数值描述的概念代替的主观质的，只是某些大脑过程。相互依存的分析不可避免要引向这些大脑过程。虽然我们还远没有确切地知道所涉

及的是何种个别的过程，但至少指出了一条途径：必须以大脑过程来代替主观的质。这就是我们能够充分认识主观的质所具有的唯一的希望。

对质的知识（不管这些质是客观的还是主观的），都是以同样的方法获得的：那就是用自然科学概念的记号系统来代替这些质，从而从精确科学的世界图景中消掉这些质。当然，这并不是说它 288
们从世界中消除了。相反，只有这些质才是实在的，而科学的世界图景只是一种由概念性记号构成的大厦。

总之，一种确定的对质的知识只有通过量的方法才是可能的。因而如果我们能够成功地把内省的心理学转变为生理的、自然科学的心理学——最终转变为大脑过程的物理学，那么意识生活就是完全可知的。

可以推想，心理的量值也是可以毋需对神经过程进行精确研究而以一种不怎么直接的方式来测量，从而在量上加以掌握。例如，费希纳的心理物理学似乎至少能够通过测量刺激强度来用数量方法处理感觉，这种方法并不要求探索中枢神经过程的本质。

但是，即使我们承认费希纳的心理一物理学方法能够避免一切不完善之处并且能够运用于感觉以外的某种东西（这实际上看来是不可能的），我们仍然不能对心理的东西获得完全意义上的知识。诚然，可以按照某种任意的尺度使一些数与心理的量值相配列。但是这些量值并没有就归结为某种别的东西，因而彼此仍然是互不联系的。所以，我们不能说就知道了某种东西的性质或本质。这种情况与我们上面谈到的物理学上的例子完全相同。如果我们对“温度”本身的测量仅仅依据任意的标尺来对数进行配列，那么我们仍然没有知道“温度”的性质。但是热力学理论引入分子的平均运动能量来代替温度，同时也就为排除任何任意因素的量的处理方法提供了自然的原则。只有当量的关系不是单纯地反映一种任意的约定，而是从事物的本性中产生并且从事物本性中觉察到的时候，这种关系才真的是代表了一种**本质**的知识。[①] 正像
289 温度在这里归结为力学的规定性，同样，意识的材料如果要真正地被认知，一般也必须依据自然的原则归结为物理的规定性。就温度的情况来说（也就是热的客观的质），只有通过物质的分子结构的假设才可能把它归结为力学的规定；同样，对主观的心理的质的知识需要有深入研究大脑过程本质的生理学假设。遗憾的是，这种研究的现状还不容许我们以实现心理学最终目标所需要的精确性来构述这种假设。

32. 物理的和心理的

上面举出的这些思考直接引出一个问题，这个问题大约从笛卡尔以来就一直占据全部形而上学的中心位置。这就是心理的和物理的，心灵和身体的关系问题。在我看来，这是一个由于错误的提法才存在的问题。事实上，从我们现在所获得的观点来看，在我们面前展现的世界图景并没有什么隐藏着一些特殊困难的阴暗角落，在心物问题的名义下使人望而生畏。从我们的观点来看，这个问题甚至早在它能够产生之前就已经解决了。现在我们就来证明

---

① 关于真正科学意义上的测量和仅仅依照某种人为的原则所作的数的配列这种意义上的测量二者之间的区别，见 J. 冯·克瑞斯，《对强度大小的测量与所谓心理物理学法则》，《科学哲学季刊》(1882 年)，第 6 期，第 257 页，也可参见我的论文《自然科学和哲学的概念形成之间的区别》，第 5 节，同上刊，(1910 年)第 34 期，第 132 页。（在我写这篇论文时，还不知道冯·克瑞斯的上述著作。）

这一点。然而，为了使我们了解这个问题已经完全解决而使心中释然，我们还必须揭示出造成这个如此令人大伤脑筋的身心问题错误的根源。

我们在前面已经定义了心理的概念(例如第 20 节)。在那里我们说，这个概念标示等同于“意识内容”的“直接的所与”。的确，我们也无需对这些话的意思再作进一步的解释。但是，对“物理的”这个概念直到现在我们还没有必要也没有机会来给它下定义。现在我们必须弥补这一点。事实上，我们马上就要指出，要完全澄 290
清这个所谓的问题，所需要的无非是把构成物体概念的那些特征明晰地指出来而已。

宇宙向我们呈现的是无限多样的质。其中那些属于意识范围的，我们称之为主观的质。它们是所与的，是我们直接体验的。与此相对的是客观的质；这些质不是所与的，也不是可以直接体验的。前者当然就是我们称之为“**心理的**”，而且我们已经对它使用了这个名称。那么，我们现在是不是应当把这第二组质即客观的质称之为“物理的”呢？看起来似乎完全可以这样说。但是，只有当这样规定的概念所标示的恰好就是我们日常语言中用“物理的”这个词所表达的东西时，我们才可以这样说。但仔细考察一下，情况并非如此。

的确，我们通常把“物理的”(尽管它可以是事物、过程或属性)理解为不属于有意识存在的内在世界的东西，也就是说，它既不属于自身的自我的范围，也不属于他人意识的范围。无论如何，如果我们把那些认为必须为“无意识的心”保留地盘的思想家的学说丢在一边的话，我们的客观的质似乎就应当归入物理的概念。可是在日常生活中，正如在科学中一样，每个人都把一些其他特征包括到物理的概念中去，而这些特征正是被当作本质的东西的。然而这些特征并没有得到充分的澄清，还是放在完全错误的位置上，而且必定被认为会导致“心理一物理”的问题的产生。这些就是**空间性**特征。

物体的和广延的不仅一向被认为是不可分地归在一起的，而且还常常被认为是绝对等同的（例如，笛卡尔就是这样看的）。空间的广延总是定义物理物体的内容。康德正是因此而把“所有物体都是有广延的”这个句子作为分析判断的例子。空间性成了通常意义上所有物理的东西独具的本质特征。这种习惯的意义忽略了我们认为最重要的区别——即作为直观材料的空间性和作为客观世界的次序格式的“空间”（见前面，第 29 节）。后面这种“空间”，由于缺乏更好的表达，我们就把它称为“超验的空间”（见本书第 29 节近结尾处）。同时，我们还强调指出，在使用这种表达时，

291 我们对“空间”一词赋予一种比喻性的意义。必须小心地把它同总是指某种**直观的东西**的这种原来的意义区别开来。如我们在前面

的论述中指出的，这种直观的空间性，不能归属于心外的东西，不能归属于客观的质。

我们知道，可表象或可想象的广延性恰恰是主观的质的一种属性。因而这个意义上的空间性并不是客观的存在所具有的，相反，是心理的或主观的存在所具有的。普通的物体概念把许多实际上并不相容的特征合并在一起：一个物体被认为是自在之物（即某种不是意识内容的东西），但它同时又具有直观的、可感知的广延属性。由于这两者是不相容的，因而这种普通的物理的（物体的、物质的）概念必定会引起矛盾。正是这些矛盾造成了心理一物理问题。

的确，一切重大的哲学问题都是基于一些令人苦恼的、使人备受折磨的矛盾。这些问题表面上表现在某种概念性的对立之中。

正是调和这种对立意味着哲学问题的解决。这些成对的概念性对立的一些例子有：自由一必然，利己主义一利他主义，本质一现象（见本书，第27节）。另一个例子就是我们自己正讨论的一对概念：物理的一心理的，身一心，物质一精神或者我们可以选择的随便什么别的称呼。

我们已经看到，传统的物理的概念是有缺陷的或者是错误地形成的。我们是不是应当像表面上看起来必须做的那样，完全拒绝使用这个词并且说根本就没有物理的物体呢？这样做当然是不对的。物理的这个词必定在某个地方有其合法使用的领域。否则，这种表达就不会获得它在事实上拥有的那样显著的方法论的和实践的意义。必须用某种方法来说明和界定“物理学”的对象。如果我们简单地接受“物理的”这个词，把它作为对一切**非心理的质**的指称，那么我们现在至少已经以否定的方式确定了没有达到这个目的。但是，我们以前讨论的结果使我们也有办法从肯定的方面来解决这个问题。

在我看来，只有**一种**方法能够确定“物理的”这个词的真正意思。寻求一个词的真正意义只能是寻求该词实际上具有的意义，特 292
别是在以物理的东西作为其特定对象的科学即物理学中所具有的意义。如果对问题的解决就是构造一个特殊的物理的概念，并且特别使之不致与心理的产生冲突，那么这样的解决是不能令人满意的。物理的概念必须从专门的科学中吸取，这种专门科学在前科学的思想中就发现了这一概念的粗糙形式，从而将它加以雕琢，使之清晰。①

① 由于这个理由，我认为罗伯特·莱尼格尔的《心物问题》一书（维也纳，1916年出版）并没有解决真正的问题，在这本书里，他创造了一个特殊的哲学上的物理的概念。

但是，作为开头，指出下面这一点是重要的：如果我们坚持前面几章的研究所达到的观点，那么我们就不再有身心问题，也不再需要害怕物体与精神之间的矛盾对立了。

世界是由许多相互联系的质构成的一个色彩斑斓的多种多样的结构。其中有些质是我的（或别人的）意识的所与，我把这些质叫做主观的或心理的质；另一些质不是直接给予任何意识的，我把这些质称之为客观的或心外的质。在这里，“物理的”概念根本没有出现。我们在前面不得不着重反对的那种错误观点认为，必须把两种不同种类的实在或不同程度的实在分别归于这两组质，其中一组质被描述为只是另一组质的现象。与这种看法相反，我们认为这两组质可以说都是等价的；一组质同另一组质一样属于宇宙的普遍的联系。我们不能说它们在这个世界中所起的作用是根本不同的。一般地说，在宇宙中每一事物都依赖于每一其他事物，每一事件都是每一其他事件的一个函项，不管所涉及的质是主观的还是客观的。我现在是在看见红色还是体验到快乐，这既要取决于我以前的经验（取决于心理的质），同样也要取决于某种心外的质的存在，这些心外的质可以通过我在前面几节描述的方法来认识。反过来说，心外的质将依赖于心理的质的变化。例如，心外的质当然是我的“意志”经验的函项，因为客观的事件无疑会受到我的行为的影响。当我体验到开枪的感觉并听到枪响时，显然同
293 时在心外的世界里发生了某种事情。毫无疑问，在宇宙的各种不同的质之间，因而在属于我的意识的那些质同心外的、用“我的身体之外的物体”这种物理概念标示的那些质之间存在着普遍的依存关系或“交互作用”。

所有这一切都非常自然、非常容易、毫无困难地适合于我们获

得的世界图景。这里没有产生任何问题。我们没有理由接受任何其他假定去问，存在的东西是否可能不是普遍的、无所不包的实在的东西之间的相互联系，而是意识和“外部世界”之间的“先定和谐”。只有从完全错误的观点出发，才会产生这样的问题。

也许，在身心问题上我们似乎必须支持那些主张心理一物理的交互作用的思想家。其实并非如此。首先从明显的东西入手，那只能是必须假定意识经验和心外过程之间、“内在世界”和“外部世间”之间的交互作用。但是在我们对物理的概念还没有取得一致看法之前，我们还不能决定是否把这种交互作用称之为心理一物理的交互作用。无论如何，我们至此还没有任何理由把**真正**心外的东西称之为“物理的”。我们还必须记住，那些提出身心问题并企图解决这个问题的人们所理解的“物理的”东西，并**不是**我们说的心外的质。他们依据的是直观的、空间上广延的物体这种日常的观念。但这种概念，正如我们刚才指出的，是自相矛盾的。我们现在必须知道，我们怎样才能**毫无矛盾**地把传统的物理的概念中真正的意思表达出来。然后，我们同样也就确定了我们将来必须与“物理的”这个词相联系的特殊的意义。

为此，我们只需要回顾一下前面几节所发挥的思想。在前面，我们知道，自然科学是怎样成功地构造了它的纯粹量的世界图景的。在这个图景中，由于消除了第二性的质，便产生了无质而有广延的材料这种物理学的物质概念，这个自德谟克里特时代到笛卡尔时代，直到康德以后一直在自然哲学中处于支配地位的概念。

现代物理学的发展从根本上改变了这种世界图景并使之精致 294
化了。今天处于物理学中心地位的已不再是有广延的“实体”概念，而是更为一般的空间一时间过程的概念。然而，在这种发展的每一阶段，我们都可以找出同样清晰和确定的物理的概念。只有用自然科学的空间一时间的量的概念系统来标示实在，实在才叫做“物理的”。我们在前面说过，自然科学的世界图景只是与质以及质的复合（它们的相互联系的总体便构成宇宙）相配列的记号的系统。而且，“世界图景”这个词语并不是最合用的词语，最好是用“世界概念”，而不说“世界图景”。因为在哲学上“图景”一词以限于表示直观上可表象的东西为好，而对世界的物理的表达，虽然是概念性的，却完全是非直观的。因此，我们曾经说过，物理学的空间决不是（直观上）可表象的；它完全是一种抽象的结构，一种纯粹的次序格式。当然世界的物理概念，如所有概念一样，其组成成分，在我们的思维过程中都是通过直观形象来表示的。显然，当我们解释客观的空间关系时，我们首先要利用那些属于直观空间的形象，例如视觉空间的形象。（视觉空间决不是唯一的可能性，正如时间的客观次序在思维中不仅可以通过直观的时间经验来表现，而且也可以——像坐标图那样——用视觉的空间形象来表现。）

在认识论上还没有澄清的思想不仅容易使概念同它所标示的实在相混淆，而且也容易使概念同用来代表意识中的概念的那些直观表象或直观形象相混淆。当我们想到一个特殊物体的科学概念时，我们便通过具有直观的广延特征的表象如视觉形象来表示。但是，另一方面，严格的物体概念并不包含这些东西；它只包含表示物体的“量度”或“构型”的某些数值。而且，正如上面详细解释的，这并不表示在实际对象中客观存在着直观的、空间的属性；这些属性只属于知觉和意象而不属于心外的任何东西。这种物体的概念所表示的是世界的客观的质所在的非直观的、不可表象次序。

因此，心理一物理问题的产生是由于混淆了和抹煞了三个方面的区别，因此，我们必须把它们区分开来。这三个方面就是：1）实在本身（质的复合，自在之物）；2）与实在相配列的自然科学的量化概念，它们的总和构成了物理学的世界概念；3）第二个方面所列的多重量值借以在意识中表现出来的直观的意象。在这里，第三个方面当然是第一个方面的一部分。也就是说，是我们称之为意识的那一部分实在的一个从属部分。 295

那么，在这三个方面中，我们应当到哪一个当中去寻求物理的东西呢？在我看来，答案很容易找到而且也非常清楚。没有人会否认，当我们说到“物理的”东西时，我们总是在心中想到某种**实在的**东西。因此，“物理的”这个词无疑是同上述**第一个**方面中的对象联系着的。但这种联系不是直接的和无条件的。而是说，与“物理的”东西相联系的实在对象只是与上述**第二个**方面的概念相配列或能够与之相配列的那些实在对象。这是我们首先能够说到的。是不是上述第一个方面的**所有**对象都可以由自然科学的概念系统来标示，还是只有**一部分**实在可以这样来标示，这个问题至今还是一个完全悬而未决的问题。因此，是不是可以把**整个**世界都看作是物理的东西，还是一个悬而未决的问题。上述第三个方面和一般所谓心理的东西（它是第一个方面的一个从属部分）根本没有包含在物理的概念规定之中。特别是对于心理的东西是否可以用自然科学的概念来标示这个问题，我们没有丝毫的理由赋予心理的东西以某种特殊的地位。因而，没有理由设想，物理的东西（即可以用空间一时间概念来描述的实在）的界限（如果有这种界限的话）同经验到的实在和未被经验到的实在之间的界限即心理的质和心外的质之间的界限是完全重合的。

但是，有一个最简单的假设，即我们将要加以简略陈述的经验结果所认可的假设，那就是假设不存在这样的界限。相反，时间和空间的概念可以用来描述**任何任意**的实在，毫无例外也包括意识的实在。我们也通过所谓“心理的”概念来描述意识的实在，这个事实并不会引起任何哲学上的困难，并没有造成任何物理的和心理的东西之间的对立。

296 因此，“物理的”并不表示一种特殊的实在，而是表示实在的一种特殊方式，也就是为了获得对实在的知识所要求的自然科学概念形成的方式。“物理的”这个词不应当误解为指称一种属于一部分实在而不属于另一部分实在的属性。相反，它指称一种概念的构造；正如“地理的”或“数学的”这些词并不指称实在事物的某种特性，而只是通过概念来表示实在事物的一种方式。物理学是我们的知识将其配列于**全部**实在的精确概念的系统。我们之所以说**全部**实在，是因为按照我们的假设，**全部世界**在原则上都可以用这种概念系统来标示。自然就是一切；一切实在的东西都是自然的。心灵、意识生活并不是自然的对立面，而是整个自然的一部分。

如果我们批判地考察一下其他企图寻找免遭责难的物理的东西的定义的尝试，那么就会更加清楚地看出，我们的这种观点是切中目标的。

研究这个问题的现代思想家大部分都力图把身心之间的区别归结为不同研究方式之间的区别。像马赫和冯特这两位具有不同倾向的哲学家都一致认为物理学和心理学归根到底都是研究相同对象的，只是它们对待这些对象的方式不同罢了。所以马赫说，如果我们直接注意一个特殊的“要素”对于构成我身体的那些要素的依存关系，那么这个要素就是一个心理的对象，是一种感觉。另一方面，如果我研究这同一个要素与其他“要素”的依存关系，那么我们就是在研究物理学，该要素就是一个物理的对象。“在这两个领域中不是**研究的对象**不同，而是**研究的方向**不同”(《感觉的分析》，第5版，第14页)。但是在本书的第25节和第26节，我们证明了这种说法对物理学研究的本质并没有作出正确的描述。直接所与的要素本身决没有成为物理学理论的内容。物理学理论中总是排除所与的要素而只有取代这些要素的东西才叫做“物理的”。但这些代替者就是取代所与的质的量的概念。这些所与的质本身，无论怎样看待它们，都仍然是“**心理的**”。向日葵的黄色，某个响铃发出的悦耳的声音都是心理的东西，“黄色”和“声音”都是心理学的概念。物理学的似法则的律则性并不涉及这些要素，而只涉及频率、振幅以及诸如此类的要素，这些东西决不是由主观的质所构成 297
的。

冯特把自然科学的立场表述为间接经验的立场，而把心理学的立场表述为直接经验的立场。他强调说，“外在经验”和“内在经验”这两个用语并不是指称不同的对象，而是我们对统一的经验本身科学地进行概念表示和对待时所采取的不同的观点(《心理学基础》，第7版，第3页)。但是，间接经验的概念对于定义物理的东西也是不适合的。冯特说，物理的概念是把包含在每个实在经验中的主观因素抽象掉而形成的；自然科学是在把经验**对象**看作独立于主体时来考察它们的。按照这种观点，“物理的”就等同于“客观的”了，这个结论已经被我们作为一种不适合的无用的观点必须加以拒斥，只有当我们假定这种不同不仅是视点的不同，而且还是**对象**的不同，才能经过更仔细的考察，使这种结论成为有意义的结论。

看来，在对物理的东西进行定义时，我们不是注重直接经验到的实在（与心理的相反），这种想法可能更有希望些。我们只有通过心理的东西，才能成功地提出对物理的定义，对于“间接的”和“直接的”这两个用语，正是应当在这个意义上加以理解。但是，我们必须考虑到，心理的质也可以是间接经验的对象，也就是说，也可以是属于他人意识的那些对象。因为，我们知道，对于他人意识的对象，我们只有通过类比论证才能确定它们的存在。显然，确当的看法就是，物理的东西就是**原则上**只能通过间接经验了解的实在。这实际上就是缪斯特贝格的“心理的”定义所要达到的目标，他的定义认为，“心理的”是指只能由单个主体所经验到的东西，“物理的”是指可以被几个主体共同经验到的东西（《心理学原理》，第Ⅰ卷，1900年，第72页）。米塞尔支持缪斯特贝格的观点（《认识论导论》，1901年出版，第121页）。但是，只有在“可被经验到的”这个用语在这两种情况下都具有相同的意义时，只有在存在着某种经验能够使这两个领域都是对我们的所与时，这个定义才算令人满意。然而，事实并非如此；因为心理的质是直接的所与，而
298 且总是直接给予一个经验到它的主体。反之，对于心外的对象，说它可以通过经验被了解同说它能够被经验到，这两种说法的意义并**不**相同。心外对象同我们的关系是一种间接的关系，它能够同时与许多主体有这样的关系。但是，这种说法同样也适用于他人的心理生活：任何数目的主体都能够对他人的心理生活具有间接经验。这当然是一种完全不同种类的经验。这种区别恰恰是主要之点，如果定义没有把握这点，我们就不能把物体的和心理的区分开来。因此，缪斯特贝格的说法并没有使我们前进一步。

恩斯特·马赫也提出了一个定义(《认识与谬误》,第三版,第6页):对**每一个人**都直接呈现的东西的总和可称之为物理的,而只是对**一个人**的直接所与则可称之为心理的。但是,按照这个定义,就绝对没有什么与物理的定义相符合的东西;因为我们在前面(本书26节B)知道,完全同一个要素决不可能是对不同个体的所与。

此外,把“内在的”和“外在的”两种经验区分开来也是不必要的。相反,按照我们在前面(第二部分,第20节)批评“内在知觉”的观点时所说的同样的理由,这种区分也是非常错误的。而且,如果把感官知觉算作“外在的”知觉的一部分(这是十分经常的现象),那么感性的质本身就应当归于物理的领域,对于这一点,我们已经认识到那是不可容许的。

假定我用所与的实在和非所与的实在这个无可指责的二分法来代替这两种感知和经验(用以划分物理的和心理的)从而纠正这几种不同定义的尝试,那么我们仍然不可能获得有用的物理的概念。因为我们之所以不能把非所与的实在的质直接称之为物理的那些理由仍然存在。正如我们在前面已经指出的,这些超验的质缺乏所有那些对自然科学的物理的概念以及普通的概念来说都是重要的属性。

我们已经多次指出,有大量非常确定的经验表明“物理的”这个概念也可以用来标示直接经验到的实在,因而可用来表示心理的实在。在前面几节,我们已经证明,对心理的东西获得**完全的**知 299
识的唯一可能性,就在于用自然科学的量的概念来标示心理的质及其相互联系。许多经验的材料清楚地指出,这种运用必须以何种方式发生：必须使某些“大脑过程”的概念复合与意识世界相配列。我们知道，只有在我们的大脑的某些部分保持不受损害，我们的意识过程才会正常进行而不受干扰。枕骨叶片如受到损害，就会丧失看的能力，太阳穴叶片如受到损害，就会丧失说话的能力，如此等等。这些发现，就目前的情况来看，只是证明在物理的对象“大脑”同被经验到的实在“意识内容”之间存在着一种内在联系。如果我们现在想要把这种关系仅仅看作相互依存关系因而作为一种因果的关系（如二元论的身心交互作用论那样），那么意识或自我就会成为不同于“大脑过程”的一种特殊的对象，而且是一种原则上不可能用物理的概念标示的对象。因为按照这种假定，大脑过程的概念就会被看作标示别的某种东西的概念。由于确实没有包含头脑以外的过程的概念，所以任何物理的概念都不可能与意识内容相配列。而且，我们甚至因此而不可能对大脑过程作物理学的解释，就是说，不可能依据物理的原因来解释它们。因为它们的原因有一部分必须在心理过程中去寻找，而这些心理过程是不可能用物理的概念来标示的；物理的因果关系就会有缺口，这就会对自然法则的概念和对自然法则的表述造成颠覆性的影响。

但是，在世界图景中，所有这些复杂性都是完全不必要的。如果我们引进更简单的假设即自然科学的概念适合于标示全部实在，包括直接经验到的实在，以此来代替二元论的假定，那么这些复杂性就可以很容易避免。这样一来，直接经验到的实在同物理的大脑过程之间的关系就不再是因果的依存关系，而是简单的同一性关系了。我们只有同一个实在，不是“从两个不同方面来看”或者“以两种不同的形式显示自身”，而是用两种不同的概念系统，即心理学的和物理学的概念系统来标示的同一个实在。

在这里谈到大脑和大脑过程时，我们必须清楚地记住以下三种区别，“大脑”和“大脑过程”这两个用语可以指称：1)实在，自在存在着的实在，这只是被经验到的大脑过程本身；2)标示这种实在的物理的概念(神经中枢细胞的概念、神经刺激的概念，等)；或者3)作为我们用来代表这些物理的概念的直观观念或知觉，因而是指我们在打开某个人的头颅时看到的他的大脑或者通过显微镜观察一个中枢细胞时我们所具有的知觉。在如何看待心物问题上人们可能会犯的最严重的错误——非常奇怪，这种错误竟一再出现——就是由于不注意而把本应看作与心理过程等同的对大脑过程的知觉或意象来代替这种大脑过程本身。这些知觉是被经验到的实在；它们本身是心理的过程。但这些知觉是正在观察某个人头脑的另一个人的知觉。因而，这些知觉当然决不等同于被观察的那个人的经验；也不是与这个人的经验“相平行”。相反，它们是处于一种因果性的依存关系之中；因为我对一个人的大脑所感知到的东西，从理论上讲，要取决于这个人意识中所进行的过程。 300

究竟哪一种特殊的大脑过程应当与特定的经验相配列，在我们的现阶段的知识状况下是不可能说明的。对大脑功能的研究目前尚处于幼稚阶段。但是，我们必须肯定普遍配列的可能性，如果心理的东西终究是可知的话，也就是说，可以通过能够彼此互相适应的概念来标示，那么这种要求就一定会得到满足。我们不可能把所有大脑的过程都看作意识的信号；就我们所知，在睡眠或无意识的状态下，是没有大脑的心理生活的。但是，我们甚至并不知道心理材料(即意识范围中的出现的质)与之相对应的物理过程是如何不同于作为客观的质(不属于意识的质)的信号的那些物理过程的。关于这一点，我们将在下一节作更多的论述。

这样我们基于纯粹认识论的理由得出了心理一物理的平行论观点。但是，我们应当非常清楚地了解这种平行论的性质。它不是一种形而上学的平行论；它不是（像盖林克斯那样）指关于两种
301 存在（being）的平行论，也不是关于一种实体有两种属性（像斯宾诺莎那样）的平行论，也不是关于同一种“本质”的两种形式的现象的平行论（像康德那样）。而是两种概念系统（即一方面是心理的概念系统，另一方面是物理的概念系统）之间的认识论的平行论。“物理的世界”**正是**用自然科学的量的概念系统来标示的世界。

33. 再论心一物问题

为了使我们对身心问题完全安心，我们就必须清楚地了解，“物理的”这个倒霉的概念是怎样引起这个大问题上的种种矛盾的。这个问题的研究对哲学史来说也是很有益的。

我们已经认识到引起身心问题及其一切毛病的根本错误所在。这个错误就是把“物理的”看成某种具有直观的空间广延的实在的东西。只是在比较晚近的时候，这个错误的根源才被揭示出来。在此之前人们以为，只要指出心理的和物理的之间的区别是根本**不同种类**之间的区别，就会充分地认识到种种困难的原因。肉体和心灵这两种如此不同的东西竟然能够相互作用，看来这是完全不可思议的。因而就有两个实在领域，谁也不知道怎样把它们联系起来，但谁也不想认定它们是作为两个绝对分离互不相干的世界存在着的。

但是，即使物理的和心理的真的是两个不同的实在领域，这种种类上的区别，不管有多大，也不可能对它们之间存在因果关系构成障碍。因为我们知道，没有任何法则认为必须是同一类事物才

能相互作用。相反，经验处处都表明，彼此非常不同的事物处于相互依存的关系中因而相互作用。即使经验没有表明这一点，在相互作用的概念中也确实没有任何东西限制它只能应用于同类事物。的确，结果为什么就不能同原因有任何不同呢？不，除了单纯 302
的区别这个事实以外，一定还有什么别的东西。当人们想要否认相互作用的可能性时，一定还有其他非常特殊的理由添加进去。

在这里，我们就开始看到，**空间性**是导致这个问题产生的因素。但是，起初人们还没有确切地把握住真正的相互联系。在笛卡尔用思想和广延的对立来表示心理的和物理的之间的区别之后，康德还作了如下的论述(《纯粹理性批判》，第二版，凯尔巴赫版，第699页)："我们知道，困难……在于假定内在感官(灵魂)的对象与外在感官的对象是种类不同的对象，因为内在感官只是以时间作为直观的形式条件，而外在感官还以空间作为直观的形式条件。"这里，康德还没有揭示出问题的真正根源(然而这并不妨碍他沿着解决这一问题的正确道路前进)，这问题就是，空间的和非空间的为什么不能相互作用？实际上，他没有给出任何理由。事实上，现代的思想家(如斯图姆夫、库柏、贝切尔、德瑞希等)经常强调，没有任何已知的法则会排除这种相互作用，因而，这种相互作用应当被认为是完全可能的。这样，我们就需要通过进一步的研究来揭示心一物矛盾的根源，事实上这种根源就隐藏在心理领域和物理领域之间的**空间性**关系中。

上述那些说法的错误在我看来是非常明显的。把心理的简单地称之为"非空间的"，那是错误的。相反，我们早就知道，我们对于空间的全部表象都是从种种**感觉**的空间规定中吸取来的，直观意义上的广延只是心理的量或量值的一种属性，而**不是**物理事物的属性。只要这个事实仍旧被掩盖，而且对于直观的空间性和事物的客观的次序不作任何区分，那么我们就会直接陷入矛盾之中。因为那样一来，物理的和心理的似乎就会为占据空间而相互斗争；它们提出不可能同时都满足的互相冲突的要求。

因为，正如我们的想象力所描绘的那样，“物理的”世界不仅是空间性的，而且包括**所有**具有空间性的事物。它唯一地占据着全部空间而不容许在它之外还有别的东西。在这个世界图景中，感觉的质是没有任何地盘的；如我们已经指出的那样，“第二性的质”必然地而且是正确地从这个世界图景中被消除。这些质并不出现在支配物理世界依存关系的那些法则中。在物理世界中所发生的
303 一切都是唯一地由物理的量值所决定的。

这一原则（根据这一原则，物理世界要求占有全部空间）通常被称之为“自然中的完整的因果原则”。自然科学提出这一原则并不是出自狂妄自大或权力欲望。相反，它的有效性据以确立的事实是，自然科学必须把感觉的质从其完整的概念构成中排除出去，因而在自然科学的世界图景中不可能使那些属于直接所与领域的量值有任何地盘。

一个自然科学家也许会暂时满足于这种状况。但是，一个心理学家或一个哲学家必然会提出这样的问题：如果感觉的质不属于客观的世界，如果它们不是客观事物的属性，那么感觉的质究竟是什么呢？我们得到的回答是：它们是意识的状态。我们可以让这种回答应付过去，但是，一旦我们进一步问这些意识状态究竟存在于**什么地方**，我们便立即面临构成心物问题的巨大矛盾。

最容易的办法似乎就是把这个问题作为提法完全错误的问题加以拒绝从而回避它。心灵是非空间性的，因而无须给意识规定

地盘。无疑，这正是提出心理的东西非空间性的理论的根据。然而，遗憾的是，正如我们所知道的，这种解决办法是行不通的。的确，有许多心理的东西是没有场所的；悲哀、愤怒、快乐并不存在于任何**地方**。但是，至少对于感觉来说，这样说就不正确了。只要有这些感觉存在。它们绝大部分就有一定的位置和一定的广延。但是，可感的质——例如我面前的这张纸的白色——的位置在哪里呢？自然科学明确地告诉我们，“白”并不在物理对象“纸”的位置上。科学在那里所发现的只是具有一定物理状态的物理的东西（物质、电子或我们所称呼的其他东西）。前面（第30节）我们清楚地表明，企图给物理对象中的白确定方位会导致矛盾。唯一可以考虑的另一个地方就是大脑。但是感觉的质也不是存在于大脑里。如果有人能够在我看着这张白纸时研究我的大脑，那么他也决不会在那里看到纸的白色；因为在物理对象大脑里除了物理的 304
大脑过程以外，不可能发现任何别的东西。

所以，感觉的质不可能处于物理空间的这个或那个地方。它们必须要求的位置已经为物理的事物所占据，而物理事物是排除这些感觉的质的存在的。这倒不是因为不同的质不能同时占据同一位置——那就完全是独断论的假定——而是由于我们上面所说的理由排除了那种认为心理的质可以占有物理事物的位置的看法。物理学家的世界本身是完整的；心理学家的世界则不可能放到物理学家的世界中去。它们二者都为争取占据空间而斗争。一个说：“白色就在这个地方。”另一个说：“白色不在那个地方。”正是这种矛盾的定位而不是别的东西造成了真正的心—物问题。

矛盾的确存在着。但只是由于一种含糊不清的表述才使得人们以为问题就在于难以想象“大脑过程怎么会成为一种感觉”或者

“空间性的东西怎么会作用于非空间性的东西”或者感觉的质“怎么会从心灵中投射到空间中”。这些问题可能一向被认为是难以解释的，也就是说不可能进一步把事物归结为可以直接接受的东西。但是，身心问题总是某种更大的、更沉重的问题，是某种使人感到包含着互不相容的东西的问题，正因为这样，它才在现代形而上学体系中获得现在所占据的中心地位。

当然，在我们看来，这些特殊的矛盾并不存在。因为我们知道，对“位置”这个词可以有完全不同的理解，这取决于我们是把它用来表示直接所与的心理的东西还是用来表示客观的世界。在前一种场合，它表示直观的材料；在后一种场合，则表示在非直观的次序中的位置。这样，就我们来说，这不可能产生冲突。但只有当我们知道要作出这种区分时，才可能避免这种冲突。然而哲学的反思特别容易忽视这种区分而滑入一种立场似乎这种重要的区分已被超越。因而设定位置的矛盾变得不可克服，心一物问题变得无法解决。

在试图给心理的东西设定方位时，如果我们同自然科学一样，专注于使一切感觉得以产生的空间条件，那么我们便立刻滑到一
305 个错误的出发点上。于是，我们便看到，在知觉的物质对象和感觉器官之间以及在感觉器官和大脑皮层之间建立起物理过程的联系。由弹琴弦引起的机械性振动进入我的耳朵，刺激就从这里沿着神经末梢传到大脑的听觉中心。结果就是我们把对大脑的刺激看作是“感觉”经验的直接条件，而这种看法反过来又误导我们把这种经验定位于大脑从而定位于人体内部的空间性。如果我们——或许不是明确地——把感觉的质本身定位于大脑皮层，那么我们虽然对具体细节不很清楚，但通常总是进而假设心理的东

西就住在我的同伴的头脑的某个地方，认为意识就在这个身体之内。

如果我们持有这种看法，那么就犯了阿芬那留斯极力提醒人们警惕的那种严重的错误，他把这种错误称之为“嵌入”。一旦犯了这种错误，那么解决心一物问题的道路就被堵死了。可感的质就被定位在错误的地方，上面所描述的那些矛盾就决不可能得到克服。

阿芬那留斯对于这种根本性错误作了最清晰的描述并给以最有力的驳斥。在他看来，如果我们在自己的思考中回到反思的出发点，那么，嵌入就可以消除。心理的质是某种直接所与的东西，直接经验到的东西；因而反思不可能是决定心理的质恰好存在于什么地方的先决条件。摆在我面前的这张纸的白色决不是存在于我的头脑之中。任何想要把这种白色定位于我看到这张纸的地方以外的别的什么地方的企图都一定会失败。它在那儿，就应当在那儿被发现；这是一个直接经验到的事实，意识的事实是不可能搪塞过去的。主张白色实际上是首先在大脑里被经验到然后“投射出来”这样的看法，甚至比那种认为牙疼实际上首先是作为头疼被感觉到然后被投射于牙齿的看法更为荒谬。

显然，在阿芬那留斯那里，可感的质在争取拥有空间的斗争中取得了胜利。在阿芬那留斯以及马赫看来，正是我们熟悉的那些“要素”以其多姿多彩的多样性充满了空间并且聚合成物体和“自我一复合”（见第25节）。显然，在要素中为意识寻求位置是毫无意义的，因为要素本身全部属于意识（虽然阿芬那留斯尽可能地避 306
免使用这个词）。由于可感的质对空间具有首先的、直接所与的和无可争辩的权利，因而结果也必定正是如此。另一方面，物理对

象、原子等等并不是具有同样直接性的事物。我们只有通过推理或思维的构造才能认识它们,这种推理或思维的构造可以作种种修改和调整从而使它们的要求不致与“要素”的绝对不可否定的要求相冲突。的确,马赫一阿芬那留斯哲学在证明要素的强制性质时表现得敏锐而有力,面对物理对象的要求所作的考察则没有这样的敏锐和有力。因此,正如我们在上面(第25节)所指出的那样,这种哲学不可能把情况阐述清楚。阿芬那留斯之所以能避免把直观空间与事物的客观次序相混淆,是由于完全否定事物的客观次序的存在,但是在他之前,有一位伟大的思想家——康德就已经了解如何避免嵌入说的错误而不必想出这样一条极端的道路。

通过更加仔细的考察我们就会看到,康德恰好以阿芬那留斯所用的同样的方法来规定意识对空间的关系。正像阿芬那留斯那样,康德在争夺空间的斗争中是支持心理的质的。他是通过他的空间主观性(或“观念性”)学说(我们也赞同这个学说)来做到这一点的。根据这种学说,空间——我们知道,这里的空间是指直观的空间性——并不是存在于意识之外的东西;而是某种与我们的直观的表象相联系的东西。空间上规定的对象并不是自在之物,而是我的意识的表象,或者,很遗憾,像康德那样称之为“现象”。因此,从康德的观点来看,为心灵寻求一个空间的位置也是毫无意义的。心理的东西并不是处于人的头脑之中;相反,头脑本身只是意识中的一种表象。这样,实际上就克服了嵌入说。康德反对嵌入说所特有的那种区别,即心灵之外的被感知的直观的物体和心灵之内的知觉表象之间的区别。在他看来,这种区分是站不住脚的。他和阿芬那留斯一样,认为这两者是一回事。

鉴于各种哲学体系都以极大的热情强调彼此之间的不同,因而在我看来非常重要的是强调这些体系之间可能有一致性，特别是在涉及像批判哲学同马赫和阿芬那留斯的实证主义这两种具有如此特殊的历史意义的观点时，更应当如此。这两个体系的倾向 307
以及它们使用的术语当然很不一样，因而首先必须脱去它们的外衣，我们才能认清它们在所讨论问题上完全的、内在的一致性。

按照康德的观点，直观世界的对象是“现象”、表象、意识内容。阿芬那留斯则完全拒绝这些名称。他像我们一样不用“现象”这个概念，因而不需要引进空间观念性的概念。他明确地反对用“唯心主义的”观点作为出发点，这种唯心主义观点认为凡是所与的东西一开始就属于一个主体从而作为主观的东西被感知(例如见《人的世界概念》,第2版，第Ⅸ页)。他小心谨慎地描述所与从而避免嵌入说。反之，康德则通过相应地修改已受科学思想影响的世界观来消除嵌入说，因此，康德作出某些不同的表述。然而，从根本上看，当这两位思想家一个说到环境要素是意识中的意象，另一个说现象是意识中的表象时，他们所意指的确实不是不同的东西。当然他们给予这些东西在整个世界图景中的作用是不同的，但意义是相同的，所以在这里我们看到的只是一种术语上的差别。当我们由于经验到纸的白色而把它称之为心理的或意识的内容时，阿芬那留斯不可能反对。他最多只能说这里所用的术语不适当，因为有些观念很容易与它联系起来。但是如果恰当地使用这种术语，那就不是不恰当的，而是有其自身的来由的。因此，在这里，我们便把“直接的所与”、“心理的”和“意识内容”这些词也作为意思完全相同的词来使用。

因此，我们可以说：康德使空间进入意识，阿芬那留斯则以意识包容了空间。

这两者只是以不同的表达方式表达了恰恰相同的思想——感觉上的意识范围与直观空间相重合。在这两位哲学家那里，空间的同意识的关系是完全相同的。

阿芬那留斯用与康德完全不同的目光来看世界，也许他没有觉察到在这里他正走着与康德有部分相同的道路。尽管他们的自然倾向有所不同，但都沿着相同的道路前进，除非他们所走的是通
308 向符合真相的道路，否则这一点就很难得到解释。而且情况也确实如此。规定空间和意识之间关系的唯一方法就是彻底了解嵌入说是站不住脚的；因为在这种情况下，嵌入说就等同于空间的主观性理论，或者更确切地说，等同于直观的空间理论。

实证主义者喜欢强调他们的观点与康德的观点的对立，通常并不注意他们之间重要的一致性。因此，尤其值得强调的是在彼得楚尔特那里我们发现有一个正确的见解，即认为康德的空间理论同经验批判主义消除嵌入的理论具有同一性的见解。此外，彼得楚尔特还特别谈到康德说：“然而，他清除了这样一种野蛮的代替物，即允许心理的感觉随着生理的刺激一起进入大脑——当然这种感觉然后又必须转移到大脑之外。”①

排除或避免嵌入，是解决心一物问题的必要条件。但是，正如我们在批评阿芬那留斯的世界图景时已经指出的，这还不是达到普遍满意的观点的**充分**条件。进一步分析康德的体系表明，即使我们已经认识到不能把意识定位于空间之中，而是相反，空间应当定位于意识之中，但心一物问题仍然会产生新的矛盾。

① 《从实证主义观点看世界问题》，1906 年，第一版，第 163 页。

的确，康德自己认为他的观点基本上提供了完全的澄清。所以康德在《纯粹理性批判》第一版里（凯尔巴赫版，第 329 页，A391）说：“……关于思维的本性与物质相联系的所有种种困难全都起源于不知不觉地持有的二元论观点，这种观点认为，物质本身不是现象，即不是心的一种纯然的意象……而是自在的对象本身，它存在于我们之外并且独立于一切可感性。”在康德那里，是不可能谈到空间的对象和意识的相互作用的。我们只需要考虑物体“不是存在于我们之外的东西，而是在我们之内的纯然的表象；所以并不是物质的运动在我们心中产生表象，而是物质本身仅仅是表象”（同上，第 326 页，A387）。自然的物体，例如我的身体、我的 309
神经系统和大脑，都是彼此相互作用的；但是这种因果链便就此结束了。这些物体并不作用于我的意识，因为它们全都只是“现象”，也就是说，都是意识本身的规定。因此，感觉的质并不是由于物体的作用而在意识中产生，然后再由意识把它们投射到那些物体上去的。这些质一开始就属于这些物体；它们在哪里被感知或被经验，它们就恰恰在哪里。因而，它们都属于意识，因为凡是空间性的东西，作为表象，都属于意识。

至此，一切似乎都顺理成章。我们似乎避免了围绕这个问题的那些可怕的矛盾。“第二性的质”处于感知它们的意识的直观空间之中。但是按照康德的理论，对应于被感知的物体的自在之物是非空间性的。康德毫无疑义地认定，自在之物的客观次序恰好对应于“现象”的主观的空间次序（见 27 节）。因而，他把直观的空间性同超验的次序非常清楚地区分开来。但是他没有把各种不同感官的直观空间彼此区分开来，反而经常谈到“一般”空间，然后他又把这种一般空间宣称为直观的形式。然而，当我们从感觉空间过渡到各种物体的唯一空间的建构时，这唯一的空间就不再是什么直观的东西了。它只是概念，是标示实在的超验的次序的概念。因此，康德主义的唯一的直观空间的概念是不可能的。至此得以幸免的那些矛盾又通过这个错误的概念的后门溜到这个体系中来了。在这个基础上，不可能对物理的东西作出令人满意的定义。正如上面所引用的那段话所表示的，他把物质称之为现象，因而只是表象，因为它具有空间属性，而空间性是直观或表象的属性。但是，真正说来，物理对象——物理学所研究的对象——是非直观的东西；它们被去掉了所有第二性的质和空间性。因为这些东西是随观察者而变化的，是随着观察者的视角、位置以及光线的情况而
310 变化的。而物理对象则是不依赖于所有这些变化而自身同一的对象，这些不同的知觉是与之相关联的。物理对象并不具有直观的空间性。它不是表象，而是用非直观的概念标示的事物。由于按照康德的看法，物理对象的领域又必须在直观的空间中找到它的位置，因而前面提到的矛盾便又会出现。使这个问题得到明确解决的道路就被堵死了。因为现在感觉的质又进入了属于物质、物体的空间。如我们所知道的，“物理的”要求和“心理的”要求是绝对彼此不相容的，所以在康德那里，我们也仍然看到那个对物理的自相矛盾的定义，那个产生身心问题的定义。所以，物理的物体确实不是直观空间中的实在。

因此，从各个方面我们都发现自己又回到已经获得的结果：必须把“物理的”不是理解为一个特殊种类的实在，而是理解为标示实在的一种特殊的方式。

但是，如果这种标示方式可以运用于一切实在的东西，那么它也就可以运用于心理的东西。因此，如果有一种知识所必需的配

列关系，那么它就必定表现为一种平行论。在这种情况下，谈论什么身心交互作用是毫无意义的，虽然心理事件也当然依赖于我们称之为物理的事件，反之亦然。但我们同样也有理由把心理的事件称之为物理的，因而这种交互作用就成了一种物理的相互作用，如同任何其他物理的相互作用一样。所以给它一个特殊的名称是没有根据的，也是容易引起误解的。反之，“心一物平行论”这个用语倒是完全适合于刻画我们关于既可以用心理学的概念又可用物理学的概念来标示的同一个实在(即直接经验到的实在)的观点。

所以，几乎所有那些经过认识论的思考加以澄清的体系都本能地拒绝交互作用的概念，虽然当时它们对于交互作用为什么不可能还缺乏正确的理解。在斯宾诺莎和莱布尼兹那里，平行论仍然是形而上学的，对康德来说，也是如此。在康德那里，心理的结构只是一种“现象”，即“内在感官”的现象；与他的体系相一致，我们必须假定，同一个自在之物既可以“表现”于外在感官，又可以“表现”于内在感官，也就是说，既可以“表现”为物理的，又可以“表现”为心理的。

这里考察一下马赫对平行论问题的立场是有益的。马赫认为，“要素”既可以看作物理的又可以看作心理的，这取决于人们研究该要素时所处的条件。使一个要素属于一个“物体”的受法则支 311
配的依存关系，完全不同于使一个要素属于某个“自我”所依据的依存关系。应当设想在这两个系列的依存关系之间有一种精确的对应：与构成我的经验过程的受法则支配的要素系列相对应的，据说是某个可以详尽地感知我的大脑的观察者看到的组成我的大脑的一定要素的系列。就是在这个意义上马赫谈到“心理的和物理的完全的平行论”的原则“几乎是不言而喻的”(《感觉的分析》，第

5 版，第 51 页）。但是从我们前面的观点来看，我们认为这种对应关系在性质上不是平行的，而是因果性的关系（见本书第 32 节结尾处）。因为一个观察者在研究我的大脑过程时所具有的知觉正如我在这种研究过程中所经验到的我自己的内在生活一样，是实在的心理的量值。这两种系列的实在过程之间无疑存在着我们称之为因果性的依存关系。想象中的大脑观察者的知觉是由我自己的经验所决定的。它们是我的这些经验的**结果**，正如某个人脸上被挨了一耳光后脸颊上产生的疼痛感觉是欺侮他的人心中愤怒的情绪的一种**结果**。当然在这两个实例中，结果都是间接的；也就是说，它们是以介入的实在的量值（客观的质）为中介的。

为了使我们的观点避免任何存留的含糊不清或误解（经验表明这是很容易产生的），我们要再次使用解释性的实例来说明整个一系列的关系，这是有用的办法。想象有一个个体 A，比如说在注视着一朵红花，这样在他的意识中就有“红”的经验。与此同时有第二个个体 B，他通过打开 A 的头颅来观察 A 的大脑。假定 B 有足够的知识和充分精确的观察工具供其支配，因而当且仅当 A 注视这朵红花时，B 能够最细微、最精确详尽地观察 A 的大脑中所发生的那些过程。

这里涉及如下几种实在和概念：

312 首先，有一个叫做“花”的自在之物，我们决不能直接地体验到它，但我们却能够很容易地认知它并且可以用自然科学的概念来标示它——用植物学的概念来描述客观空间中花的结构和形式，通过物理学概念用无数分子、电子等所组成的系统的概念与“花”这个东西相配列。

第二个实在是 A 的经验，我们用心理学的概念“红”来标示它而且与我们说“花”这个超验对象是实在的同样的意义上说这种经验本身是实在的。所以，这第二种实在可以像花那样用物理学概念来描述，这就是通过B的观察所发生的事情。根据B的经验，结果就是A用“红”来表示的东西同样可以用“A的大脑过程”这个物理学概念来标示。

于是便出现了第三种实在，我们便有了B的视觉经验，即当B比如说用显微镜来观察A的大脑时在他的视野中出现的那些颜色和形状。对这个被经验到的实在的各个不同的部位，B就加上诸如“灰色的”、“圆的”、“暗的”等这样一些心理学的名称。然而，他同时也知道，他也同样有理由把某些物理学的概念系统运用到这些部位上，例如运用构成我称之为“我的大脑”的分子复合中发生的过程来表示。

这里所描述的三种实在之间的相互关系以及与它们相配列的概念之间的关系似乎是完全清楚的。这样一种关系竟然会引起疑问，产生“心一物问题”，真是近乎不可理解。产生这种情况的原因在于某种奇怪的混淆，从而把概念所标示的实在同概念本身混淆起来，又把概念同它的直观表象相混淆，因而同其他实在相混淆。首先，人们混淆了“A的大脑中发生的过程”这个物理概念同这个概念所标示的实在本身，因而就混淆了两种实在而不是一种实在；也就是说，除了A的意识中红的经验以外，还有A的大脑中发生的物理过程。因此，我们便得出结论说，这两种实在必定要么是“平行”的，要么是相互作用的。但是，事实是只存在着一个实在，这个实在在一个时候直接用“红的经验”这个用语来标示，而在另一个时候则借助于物理概念间接地表示。

但这还不是事情的全部。人们还进而把这些相同的物理概念

313 与完全不同的实在，即观察着 A 的大脑的 B 的实在的经验混淆起来。当我们对自己说“B 真的在看 A 的大脑”时，我们把 B 的意识中的直观形象看作似乎它们本身就是“A 的大脑”这个物理对象，似乎在这些形象中直接“把握了”“A 的大脑”这个超验事物的属性。但是真实的情况是，B 的经验，即作为他的意识内容的那些形象，只是在他自己的意识中代替“A 的大脑”这个物理物体的抽象概念的直观表象。这些经验成了这种抽象概念的表象（替代表象），因为它们就其全体来说实际上就是形成这个概念的根据。它们之间没有比这更密切的关系了。对我们来说，把 B 的视觉经验称之为“A 的大脑”这个东西的“现象”是说不通的。同样，把 A 的经验说成是这朵花的“现象”也是会令人误解的。相反，倒是应该说，这朵花，A 的意识内容（称之为“对这朵花的知觉”）以及 B 的意识内容（称之为“对 A 的大脑的知觉”）都是同一层次的实在。在它们之间存在着一种间接的因果关系，也就是以联系链为中介的因果关系。因为“花”这一对象中的过程的确必须看作是产生 A 的红的经验的相关原因，而这个经验又成为个体 B 的意识内容的一个原因，因为 B 对 A 的大脑所作的观察依赖于 A 的意识所呈现的那些内容。如果我们用物理概念来标示在这整个过程中起作用的所有实在，那么我们便得到一个连续不断的因果链：从花产生的作用（光线）达到 A 的眼睛，然后从他的视网膜通过神经传至 A 的大脑。然后从这个大脑又产生作用（还是光线）传至 B 的眼睛，又从 B 的眼睛很快传到 B 的大脑。这种因果链在原则上是完全可以为认识所掌握的；但是**直接体验到**的只是这个因果链的个别环节，在个体 A 方面直接体验到的是这条因果链中间的个别环节，而在个体 B 方面来说，直接体验到的则是这条因果链的末尾几项。对于通过体验而了解的环节，则存在着标示方式上的平行论：它们可以与心理学概念相配列，也可以与物理学的概念相配列。但在这些环节本身之间（在世界的这些实在过程之间）所存在的关系却不是平行的关系，而是因果关系。

我们不打算再把这些看法同一些杰出思想家的论述相比较从而进一步阐明和证实这些看法。现在已经很清楚，我们自己所走的道路已经使我们获得了一个基本上简单的、在各方面都靠得住 314
的观点。还需要多少加强维护的只有一个方面，我们将在下一节来讨论它。

34. 对平行论的责难

我们知道，在现代哲学中平行论的理论一直受到来自许多方面的反对。由于许多主张交互作用理论的重要思想家的影响，平行论被迫失去了长期占据的统治地位。现在我们知道，只要我们赞成物理的概念的正确性，所有交互作用当然就会被排除。但是，如果我们想要把“物理的”理解为某种不同的东西，那么，我们当然也就可能尽量保持交互作用的观点。事实上，交互作用这一观念的支持者们正是这样做的，但他们常常没有把他们以之为根据的物理的概念表达清楚。因此，考察一下他们的论据是必要的，这样，就可以更容易地揭示出他们的前提。如果我们能够由此而指出他们的这些假设是没有得到证明的，那么他们对平行论的攻击就会遭到挫败从而使平行论的理论变得较为安全。

在讨论反对平行论的种种论据时，我们并不涉及针对其形而上学形式的那些论据（这些平行论的形而上学形式认为身和心是同一个自在之物的两种不同“现象的样式”，或者认为存在着两个独立的实在领域，但在它们之间存在着先定的和谐）。然而，交互作用的拥护者们所提出的论点中有些是说量的概念和心理的质之间绝对不可能全面地配列。这些论据所要排除的恰恰是我们认为对意识过程的精确认识所**必要的**东西。

有人反对把心理学归结为脑生理学——这确实是我们的平行论所要达到的要求——因而论证说，任何生理学理论就连对最简单的心理的似法则的律则性都不可能作出令人满意的说明。（按照这种思路，最锐利的论点是由 E. 贝切尔提出的，特别是他 1911
315 年出版的《大脑和心灵》这本书。冯·克瑞斯在 1901 年出版的《论意识现象的物质基础》中也表达了某种类似的忧虑。然而他并不认为这些责难是不可克服的，而且他还为克服这些责难做出了努力。）

所有生理学假设的出发点一般都把感官知觉作为心理生活的最重要的源泉。在感知时，神经刺激从感官（例如眼睛的视网膜）传导到一个中枢器官（比如说大脑皮层的视觉区）。这些神经刺激逐渐消失以后，还留下某些痕迹、残留物或趋向，这些东西被人们用来解释记忆意象和联想。各种残留物由许多“联想线”把它们彼此联系起来；如果有一个残留物受到刺激，那么，在一定条件下，这种刺激便通过联想线扩散到其他残留物，从而传达给它们，在对这后一种物理过程做出反应时，在意识中就有一种与大脑中这些痕迹相对应的表象产生。例如，当我看到一位朋友的相片时，我的视觉中心的某些细胞就会活跃起来。于是便产生了与其他中心如听觉中心的联系，在那里便出现了与这个朋友的名字的声音形象相一致的残留物。

但是，即使是看起来如此简单的一种过程，我们一旦要构造一个与经验事实相适合的关于这一过程的确切图画，便立刻碰到许多巨大的困难。让我们举出其中的几个来看一看。首先，我们甚至很难想象这些残留物的性质和位置。当我从远处看到一个朋友时，我眼睛上的视网膜形象很小，并且就从那里产生对我大脑某一部分的刺激。如果我在较近的范围内看到他，那么我的大脑的其他更大的部分就会活跃起来。因为神经纤维也从视网膜的其他点通到视觉机制的其他中枢细胞。这样，在这种情况下的记忆痕迹就会是不同的。但是，对于任何一个好朋友来说，我不仅会在两个不同的时刻看到他，而且会在千百种不同的情况下并在各种各样的不同距离上看到他。我的视网膜上没有任何一个最微小的部分没有被投射过他的形象。因而，全部视觉区域都参与形成视觉记号的残留，而且每一个细胞都要以上千种不同的方式与大量使它活跃起来的知觉相对应。显然，我们不能设想把记忆痕迹定位在感觉领域中限制得非常狭窄的某个地方（更不能像在几十年前人们所设想的那样把它定位于某个单独的细胞了）。如果我们想一想——就视觉的记忆形象来说——正是同样这些细胞参与所有其 316
他的视知觉因而形成所有其他的视觉残留，那么，我们立刻便知道，上面粗略描述的这种生物学假设完全不适合于传达心理的似法则的律则性知识。这种假设以为存在着由“平滑的”通道联系起来而在空间上又彼此分开的种种残留。然而，我们无法理解这样一种分离是怎样实现的。我们前面的论述已经表明，这些残留必然是互相交织的。它们必定是互相融合又互相分解，因为它们要为争取大脑中的相应区域中的位置而相互竞争。

如果我们要说明这些单个残留以完全不同于它们形成时的次序而被激发是如何可能的，如果我们要更仔细地考察知觉和想象

的生理学机制，那么就会面临更为严重的困难。（其中一例就是所谓**格式塔**质所起的作用问题。）至于对那些更高级的心理机能如抽象、逻辑思维、幻想等要作出说明所涉及的困难就更不必说了。

因此，通常所说的生理学假设是不可能对心理事件提供解释的。于是有些思想家便得出结论说，在生理学无能为力之处，必须用心理主义理论来代替生理学理论。换言之，要我们必须退回到那种认为心理的东西、心灵是一种**特殊性质**的实在的假设。这种实在不能用自然科学的、空间的一量的概念来描述，因而具有其自身独特的似法则的律则性，这就是我们从经验中所知道的“心理的”实在。

按照这种看法，物理的和心理的之间的对立所标示的是一种本质上**实在**的东西之间的区别。“物理的”就是可以通过量的概念来描述其性质的那种实在。“心理的”就是不可能通过量的概念来描述的实在。因此，在这里，对这两种概念都要在另外的意义上来了解。这种新的定义**可能**与我们在前面所作的客观的质和主观的质之间的区别（也可以表达为心外的和心理的之间的区别）相一致。但是，如果像这些思想家中大多数人所设想的那样有**无意识**
317 **的**心理存在这种东西，那么情况就不是这样了。因为属于意识的属性是我们在前面称之为主观的和心理的实在的独特的必然的特征。在我们看来，任何无意识的东西本身都是心外的或客观的东西，而不能称之为主观的或心理的东西；但是无意识的心理的存在是与这里所讨论的看法完全可以相容的，它与作为这种看法一部分的心理的定义并不矛盾。按照对这个概念的新的定义，心身之间的交互作用不仅是有意义的，而且甚至应断定为必然的。这就是这种概念的代表者们所持的立场，他们这样做倒是完全融贯一

致的。人们可以毫无矛盾地谈论心理—“物理的”交互作用，但是要注意，在这里“物理的”这个词的意义是与日常话语中的意义完全不同的。因为它所指的不是有形体的、直观上广延的，而是一种自在之物，一种超验的质。我们在对这种理论作出判断时，必须经常记住，如果我们不想陷入心身问题的矛盾，那么现代的交互作用理论对“物理的”这个词就必须在这种独特的、完全不同的意义上来使用。

从前面的论述，已经可以清楚地看出，关于存在着两种实在交互作用的理论为什么还是必定不能令人满意的。这种理论认为这两种实在之间的区别仅仅在于其中一种实在能够遵循量的即物理学的规则。但是，我们发现，如果要使完全的知识成为可能，那么，可以运用物理学概念就是一个必须满足的先决条件。因此，这种交互作用理论排除了把心理学法则归结为其他自然法则的可能性从而为知识预设了某种不可逾越的界限。

这种交互作用理论的另一个缺陷就是它没有产生任何有用的操作假设。由于它不是建立在对心灵性质的特殊假设的基础上，依据这种假设能够明确地推论心理生活的事实。相反它只是满足于断言，构成心理的东西的特殊性质的恰恰在于心理过程正是以我们体验这些过程的方式发生而不可能以任何别的方式发生。我们不得不把所有那些必要的属性都归于心灵而不能对它们的相互关系作出确切的说明：心灵具有产生和拥有知觉的能力，保持残留的能力以及把这些残留联系起来并在表象中再现的能力；但是我 318
们却没有任何假设能够把这些多种多样的东西统一起来。如果我们愿意并且能够建立这样一种假设，那么谁能保证我们不会因此而碰到像在上述生理学理论中所碰到的同样大的甚至更大的困难

呢？

整个交互作用理论成立与否，取决于是不是能够证明，意识中所与的质与非所与的、“物理的”质的区别，实际上就在于没有任何可能的方法把它们与一个量的概念系统一义地相配列。但是，有没有这种证明呢？是不是能够证明有某种存在不能由物理的来定义而这种交互作用理论又内在地以之为据呢？或者是不是全部存在仍然可能毫无例外地用物理的概念来描述呢？

我相信，这样一种可能性事实上是存在的。我们所考察的这些反对意见并没有一般地和原则上证明每一种生理学的意识理论都是荒谬的。

当然，心理主义的假设也必须承认大脑在心理过程发生中所起的作用。因为，某些心理障碍是由大脑中特殊的障碍所引起的，这是一个经验的事实。按照交互作用理论，心灵必定作用于大脑的某些部分，反过来，大脑的某些部分也作用于心灵。这些影响起作用的地方必定在这些部分的某个地方；到底确切地在什么地方，这仍然是生理学理论研究的问题。因此，无论如何，我们的确需要一种生理学理论；如果我们不是尽量依靠这种生理学理论，反而在心理主义假设没有最终证明生理学假设为不可能的情况下宣称心理主义假设是必要的，这在方法论上是错误的。但是并不存在这种证明。因为我们上面所讨论的那些反对意见仅仅表明，至今所做的构述生理学假设的努力还是不充分的，但这些反对意见并不能证明一种生理学的——归根到底是物理学的——解释在原则上是不可能的。并不存在任何可据以证明这种不可能性的一般原则。相反，看来完全可以设想，我们可以借助于“物理的”系统产生与上面谈到的意识过程完全类似的结果。我们可以想象一种留声机或动画机，通过大量复杂的构造使之做得非常完善以至于能够像记忆行为那样再现所接受的印象，它们适应活物质的可塑性的 319
能力并不比适应我们通常用来制造物理仪器的物质的刚性差。

显然，那种认为我们并不知道与这种装置外在相似的任何大脑中的结构的责难是没有根据的。因为在这里问题在于基本原则——把时间上的前后相继变成空间位置并列的原则——可以在一种情况下使用也可以在另一种情况下使用。正是这一基本原则特别被 R. 西蒙认为是心一物理论的基础并把它称之为“历时性定位”原则(principle of “chronogenic localization”)(见他的《记忆：作为机体发生和记忆感觉变化的持续性原则》)。如果我们对于中枢神经系统的神经细胞中发生的过程还没有以精确知识的形式表现出来的可靠基础，那么企图构造任何特殊的假设看来在方法论上都是不明智的。同我们的认识论研究有关的不是某个特殊的理论是不是正确，而是一种理论究竟是不是**可能**。

我们可以满有把握地断言，对心理过程的一种生理学理论是可能的，因为我们已经能够给出某些确凿的迹象，表明通向这种理论的途径。在前面(第 4 节)我们已经指出，真正成为知觉或表象的特征的，成为记忆残留的内容的，不是表象的某个部分或细节，而首先是它的“**格式塔**一质”。例如，通常能回想起来的不是单个的音调，而是这些音调所组成的乐曲，它是单个音调组成的整体的特殊属性。因此，为了找到能够正确说明心理过程特殊性质的关于心理过程的生理学理论，我们就必须研究是不是“物理的”大脑过程也具有**格式塔**一特性；必须在这些特性中去寻找表象和其他心理过程的生理的相关物。这就是沃尔夫·柯勒(见他所著《物理的格式塔》，1912 年)所采用的方法，他的观点可望也在具体运用

中获得成果。我要特别高兴地说，他关于心一物问题的观点似乎
320 同我们这里所阐述的观点没有什么不同(见 W. 柯勒的《论身心问题》，载《德国医学周刊》，1924 年，第 38 期)。

至此，所讨论的反对平行论的论点都受到批驳，因为这些论点都没有深入研究基本原则。因此，我们必须更加注意另外两个首先涉及原则问题的论点。

这两个论点都把心理实在的多样性同物理的概念系统的多样性相比较，发现这两个领域是不可通约的。

第一种驳难强调许多经验的**简单性**并且把它同相关的物理过程的复杂性质相对照。当我听到一个简单的音调时，这是一个绝对统一的不可能进一步分解的感觉。在这种感觉中不可能区分任何部分或者显示出或许可能是组成这声音的任何基本的经验。这是一种最终的、不可分的心理生活的**要素**。另一方面，它的生理学相关物——用我们的术语来说，即与之相配列的科学概念——显然是极为复杂的。物理过程以及这些过程在其中发生的物质都是非常复杂的。当一种感觉发生时，构成大脑的无数细胞中有相当多的细胞参与活动。我们知道，它们中每一个细胞的活物质都包含有几百万个分子，而每一个蛋白质分子包含着几百个原子，而原子又可分解为更小的微粒——电子。所有这些微粒无疑都是**实在的**，也就是说，原子或电子的概念都标示实在质的一种复合。在大脑过程中有如此多的复合参与，而现在却把大脑过程的概念看作标示一个单独的质，即标示这个简单的声音！这难道不是一个真正的不可解决的矛盾吗？这就是一个似乎无法回避的非常基本的驳难。

然而，我相信，出路是能够找到而且能够非常自然地找到的。所需要的只是要记住，对于所讨论的过程我们实际上知道的是什么，有多大余地来进行生理学的假设。我们清楚地知道，在任何一个感觉过程中，都有无数中枢神经细胞(其中每一个细胞都是由无数分子所组成)在起作用。但是我们不知道作为其物理的相关物与一个简单的感觉相联系的是**哪一种**过程。当然这种相关物不是全部大脑过程，而只是其中的某一部分。当然我们也不可能说出 321
是哪一部分。因为我们并没有充分地认识到这个过程的总体。也许这个物理的相关物可能是一个非常微小的单独过程，一种极为简单的过程。从上述驳难中所能推断的充其量只是，这个过程的确**必定**是一个非常简单的过程。只有这样一种过程，而不是扩展到大脑的相当大部分的过程，才能用来作为表示声音感觉简单质的记号。我们必须设想，为了能够以恰好是正确的方式并且在正确的关系中产生那种简单的质，就必须有大脑中整个的复杂过程；但这个质本身则可能像人们所希望的那样是基本的和不可分的。

在我看来，上述这种驳难就因此而失去了任何力量。但是，我们可以使前面几节所提供的一个更加重要的武器发挥作用，用同样基本的论据来驳斥这个基本的论点。我们在前面知道(第 31 节)，科学知识的本质就是一个相关联的概念系统，借助于这种系统可以使世界上的多种多样的质彼此互相归约。但我们明确地指出了，对于用来作为这种概念系统的建筑材料的终结要素的选择原则上是任意的，因而“简单的”和“复合的”这些概念完全是相对的。可以通过任意多的不同的概念系统来一义地标示世界，在一个系统中作为终极要素出现的东西可能在另一个系统中用复杂的概念来描述。在这里，简单的心理的质的数量是无限的，而在我们的知识系统中简单概念的数量则是很少的，因为知识的本质要求简单概念的数量必须保持在最低限度。一旦选定了表示一定质和质的复合的基本概念，那么其余的质就必须通过复合概念来标示。这种做法决不会导致任何矛盾。

人们往往争辩说，既然大脑过程是原子和电子的再组合，那么它就是由恒常或不变的量值所构成的运动（E. 贝切尔，《哲学和哲学批评杂志》，第 161 卷，第 65 页以后）。因此，按照平行论的基本原则，心理经验也只能是相对持久的对象中的暂时过程。因为大脑微粒中的过程不是可以同大脑微粒本身分开的**实在者**。**一个原子的运动**同**运动中的一个原子**只有在抽象中才能彼此分开；它们

322 不是不同的东西，而是统一体。正如一种声音和这种声音的强度是统一体一样。因此设想与心理的存在相对应的是一种运动而不是运动着的东西，那是不可能的，也是无意义的；相反，倒是必须把“微粒的运动”解释为表示统一的心理实在的概念性记号。如果内在生命是大脑事件的概念与之相配列的实在，那么它同时也是大脑实体的概念所标示的实在。但是，这就完全与经验相矛盾。意识不可能是大脑微粒的本质属性，因为大脑微粒在没有意识的情况下（如在睡眠或死亡的情况下）可能继续存在。意识生命本身并不符合上述要求：心理的质并不是作为一个恒定的心理存在的暂时性变化而被体验到的。一种感觉本身并不是作为某种持久的东西的变化状态存在于意识之中的；相反，它相对独立地产生和消失。

然而，这种论点并不能影响我们的观念。它预先假定了一个实体概念，我们必须认为这种概念的形成是错误的，因而在我们的观念中没有任何地位。什么是大脑实体呢？什么是物质微粒呢？

我们用这些概念所标示的实在——如我们在前面(第 31 节)所确定的——是许多变化着的质的相互关系,是一种统一体,而不是恒久不变的质的总和。如果我们记住这一点,那么下面这点就很清楚了:我们没有任何权利推断说,如果一个原子中的过程被用来作为某种心理的东西的记号,那么原子本身也必定是心理的东西。这个原子中的过程的确可能与某种心理的质相对应,但我们并不认为与这个心理的质相联系并属于相同复合的大量其他的质也是心理的。在这里,我们必须防止那种附加在熟悉的图像或形象上的狭隘的成见。所需要的只是无歧义的配列关系。此外,心理实在中结合在一起的东西可能在物理的记号系统中是分开的;反过来也是一样,在质的世界中结合在一起的东西可能在概念性的表现中是完全分开的。构成自我一复合的心理要素可能属于完全不同的物理的复合。通过一个物理的记号使之结合成复合的许多要素并不需要都处于意识的某种相互关系之中:如果其中一个要素是心理的,并不需要其他要素因此也是心理的。

但是,我们没有必要去进一步思考这种可能性,也没有必要去 323
更详尽地描述任何特殊的假设。只要我们对上述过程除了知道当前研究状况中可能的东西以外并不知道其他更多的东西,那么我们就仍然缺乏对它们进行判断的任何经验的根据。这里所需要的而且能够指出的只是,上述对平行论的驳难肯定不能证明心理生活的生理学理论以及平行论是不可能的。对物理的概念来说,我们所涉及的是记号而且仅仅是记号,只有当我们忽略了这一点,这些驳难才似乎可能成立。如果我们仔细地注意防止把这些记号同它们所标示的实在作任何错误的比较,那么明显的困难就会消失,反对的证据的证明力量就会化为乌有。

德瑞希就作了这样一种颇有吸引力而且直率的比较，他认为这是对平行论完全决定性的驳斥。① 像我们前面讨论过的那些论点一样，德瑞希的比较也是把心理世界的多样性与物理世界的多样性相对照。我们上面所讨论的那些论点都建立在那种认为物理的概念太复杂而不能与简单的心理经验相配列的观念上，与此相反，德瑞希则提出，心理事件如同万花筒般地多样，绝不可能被狭窄的物理过程的概念世界所穷尽。他认为，一般自然科学支配的概念并不足以对所有心理量值提供清晰无歧义的配列。在物理学中，只用少数几个基本要素就使整个自然据以构造出来。按照德瑞希的看法，这些基本要素包括正、负电子和“以太原子”。所有实体都是由这些要素所组成，归根结底，所有事件都是这三种根本的东西的运动，即这三种要素的空间一时间上的变换。然而，在心理方面，就不是只有三个或四个基本要素，而是有无限多个不同质的基本结构。我们无法相信，这种无限的多样性竟能与物理方面的无限多样的空间一时间的联系相对等。因为物理方面的空间一时间联系只是为标示直观上相继和并列的经验提供充分概念性材料。我们的表象的空间一时间次序对应于事物的客观的次序，因
324 而不可能还对应于这些表象的质的结构。所以，我们以物理概念来面对心理世界的无限丰富的多样性是完全无能为力的。

然而，这种表面上看来似乎是无可置疑的论点却是不正确的。这种论点是建立在两个无限集合的比较上的，任何一个对这个问题有深切了解的人都知道，在这里是多么容易产生谬误推理。任何一个熟悉集合论的人都不会受上述证明的欺骗。我们将不考虑

① 汉斯·德瑞希，《心灵与肉体》，莱比锡，1916年出版。

人们可能作出的反对德瑞希推论中的泛机械论立场的意见。(现代物理学不再承认那种把发生的一切都看作是单纯的运动，看作是电子和以太的运动的观点。)相反，我们将认定，这种新观念应当适用的事实性条件原则上是实际存在的，然后我们将要问一问，是不是真的应当得出这位杰出的哲学家感到必须得出的结论。

事实上并不能得出这些结论。如果我们首先想一想，对我们的并列的和前后相继的经验的多样性只要加以更仔细的考察就可看出，与物理事物可能的排列和运动的多样性相比，我们的经验的多样性在范围上要狭窄得多，而且也差得多。我们容易夸大想象的力量而忘记空间知觉阈限给经验多样性规定的狭窄范围。实际上，我们很难在直观上表现 1000 个对象，而形成这个概念却很容易，不仅很容易形成 1000 个对象的概念，而且很容易形成 1000^{1000}(一千的一千次方)的概念。在直观上不可能表现非常小的空间和时间的间隔，也不可能表现非常大的空间和时间间隔。也不可能在直观上表现非常快或非常慢的运动。然而概念的形成就可以在这些方面想要进行得多远就进行得多远。因而，就此看来，它比表象次序的直接经验要丰富得多，所以它可以更好地适合于作为标示心理的质的材料源泉。但我们不打算进一步讨论这些思想，因为还有在性质上更加基本的、就自身来说完全是决定性的第二个反论据。

那么，第二，不可能像德瑞希那样把心理的质和物理的概念这两个方面的集合进行比较，从而证明这两者不可能彼此相配列，也不可能像数学家那样说，这两者没有相同的权重。德瑞希的证明是建立在表明一个集合恰好包含在另一个集中之中。具体地说，

325 他论证物理领域所构成的集合包含在心理的东西之中，因为前一个集合的全部只对应于后一个集合的一个适当的部分，即空间一时间的经验。但是，正如每一个数学家都知道的，在无限集合的情况下，这种论据证明不了任何东西。如果我截取一条线段的一小部分，那么这个部分当然包含在整个线段的全体之中。但可以严格证明，在这个部分线段上的各点同整个线段上的各点之间可以建立起一种对应关系，使得整个线段上无限多的点中每一个点都恰好对应于部分线段上的一个点，反之亦然。

也许有人会说，物理结构的集合与心理量值的集合之间的关系并不是像一个较小线段和一个较长线段之间那样的关系，而是一个较少维度的结构同一个较大数量维度的结构之间的关系。但是，这也无济于事；因为集合论也指出，这并不构成对一一对应的障碍。可以得到严格证明的一个无限性“悖论”就是，一个平面（例如一个正方形平面）的一部分可以“映射”成一个线段，虽然这条线（我们可以把它看作是画在这个正方形内的一条线）只包含这个正方形上一个无限小部分的点——因为我当然可以在这个正方形内画无限多的其他的线，而与这条给定的线没有任何一点是共同的。这个线段上的每一点都可以与平面上的一点相对应，尽管这两者是具有不同维度的结构。相互对应可以非常明确无歧义地实现。（的确，在这里这种对应不可能同时是连续的，或者，更确切地说，如果这种映射是连续的，那么它就不可能同时是无歧义的。但是，我们在反对前一个驳难的论述中已经提到，相互配列并不涉及连续性。并不需要相关的物理结构的连续变换与心理质的连续变换相对应，反之亦然。）所以，像所有其他驳难一样，证明平行论为不可能的最后一个企图也失败了。

35. 一元论、二元论和多元论

我们所达到的结果对于形成一个统一的、真正令人满意的世界观来说，应当是重要的。因为，由交互作用论的支持者提出的二元论的世界图景必然带来否定对世界的完全的认识。按照这种二元论观点，宇宙分为两个领域。只有对其中的一个即“物理的”领 326
域才能形成精确的、量的概念；另一个领域，即心理的世界，决不可能达到这样的概念表示。各种心理量值的概念必定总是相互并列的；它们不可能互相推导。因为，如我们在上面所证实的，这种推导只有通过自然科学的量的方法才能实现。

我们发现，所有用来支持这种两个世界划分的理由以及支持心理的质的特殊地位的理由都是站不住脚的。

量的概念系统给我们提供了一个认识世界的独特的、唯一的方法，因为这种方法不是在**直接体验**中给予我们的。没有任何理由认为，这种概念系统一定无法适用于通过体验所知的所与的质的世界。相反，我们相信，把这种系统加以普遍应用是可能的，因为还没有任何严格的证明表明我们的这种信念是错误的。在科学中，匆忙地放弃这样的信念决不表明是一种明智之举。没有什么东西比宣称**无知**更容易损害科学的探究了，所以我们必须防止过早地宣布一种无知的信念。

因此，我们完全相信，宇宙中所有的质——一切存在——就它们都能通过量的概念而成为知识来说，都属同一种存在。在这个意义上说，我们欢迎一元论。只有**一种**实在，也就是说，我们在原则上**只**需要**一种**概念系统来认知宇宙中一切事物。并不存在不适合这一系统的其他种类的任何事物。

在我看来，这样一种一元论具有理性的统一性需要所要求的广泛性和深远影响。同时，这是认识论上精确思想所能达到的唯一的一种一元论。这种一元论具有使19世纪唯物论在公众中获得如此巨大成功的一切有用的特征，这些公众由于摆脱了认识论上的疑虑，在唯物论的追求统一的、紧密的世界图景的强大冲动中获得满足。最近，有一种重新活跃起来的唯物论用了一元论这个比较一般的名称，同样受到了广大公众出于同样理由的欢迎。这些观点之所以受到欢迎，是因为它们相信可以不加限制地运用物理学使用的量的思想方式来获得物理世界的知识。这是一个合理
327 的特征，它能够而且必须在一个甚至受到严厉批评的世界观中得到充分保留。当然，用“一切存在着的东西都是物质”这个命题来表达这种信念是幼稚的、不合适的，在哲学上是错误的。由于这种错误包含接受一种完全非批判的物质概念，结果使唯物论不可能看到，更谈不上解决最简单的哲学问题。而且，这种唯物论还预先假定了已被自然科学本身在此期间所抛弃的对世界的机械论的解释。

然而在这里有一种健康的倾向，面对批评者来说所必须做的只是把不健康的部分去掉从而使唯物论走上正确的轨道。新康德主义学派的一个重大的贡献便是承担了这一特殊的任务；我特别要指出弗里德里希·阿尔伯特·朗格和他的杰出的著作《唯物论史》。在海尔曼·柯亨和保罗·那托尔普领导下的所谓新康德主义的马堡学派至少在这一点上也持有正确的观点。让我引用那托尔普的《普通心理学》(1912年出版)中的一段话，这段话表明他与我们在前面一节所讨论的问题上的看法是一致的。他在该书第12页写道：“那么心理学的情况怎样呢？……就所涉及的是所谓

心理事件的因果律来说，心理学成了只是对感觉的生理学和大脑的生理学的仔细的、方法论上的一种科学研究，一种没有掺杂任何形而上学成见的研究。”

只有在前面提到的限定的意义上才可以把我们的观点称之为一元论的。然而，作为一种形而上学观点，众所周知的无论哪一种形式的一元论都不可能经得起批评。在这方面，与唯物论对立的唯灵论或心理一元论处境也不可能更好些。唯物论主张一切存在的都是物质，而心理一元论则断言一切事物都具有精神的或心理的性质，它相信这种断言是正确的。

从前一节所作的论述中一定可以清楚地看出，这种观点是站不住脚的。在前面几部分的探讨中我们的发现似乎显得既可与唯灵论相协调，又可同心理一元论的看法相一致。我们一再地注意到这样一个事实，即在世界的这些质之间不可能设定有任何不同种类的根本区别；相反，在所与和非所与之间，主观的和客观的东西之间的划分只具有偶然的和暂时的性质。如果说由于我们直接体验到的质是心理的，由于这些质同我们没有直接体验到的质并非根本不同，所以这些没有被直接体验到的质也是心理的！那么 328
还有什么能比这种说法更似有理呢？在这种情况下，世界上的一切事物本身在性质上就都是心理的了。现在我自己的意识向我提供了直接体验如其自身所是的质的唯一的可能性，而在这里我发现它们是心理的量值。但是这样一来，我似乎必须得出结论说，如果我能以同样方式体验到其他的质，那么我就会知道它们也是心理的。这样，我们就可以认定它们本身同样也是心理的，与我的感觉和情感一样是同一种心理的东西，也许在色调和深浅上有所区别，但仍然具有心理存在的独特性质。

这种从类比而来的论证显得似乎非常有道理，以至于它们所导致的形而上学总有许许多多的拥护者，甚至在当代的杰出思想家中也有其维护者。例如，叔本华就是同样用这种论据力图证明一切存在着的东西的真正本质就是**意志**；他相信在一切直接所与的事物中他都能发现作为心理的东西的独特特征的意志经验。

但是心理一元论的世界观有很大的缺陷。上述的论据很容易受到最严重的驳斥。一旦我们试图弄清一切实在的东西其性质都是心理的这种论断**意味着**什么，这些驳斥就会变得非常明显。

我们用了“心理的”这个词来标示一切直接所与的东西，也就是一切与统一的意识相联系的东西。那么唯灵论或心理一元论的论点是不是也是在相同的意义上理解这个词的呢？它是不是想要断言世界上没有不与任何意识相联系的质呢？显然，它既不想这样断言，也不能这样断言；因为，如果这样做了，那么它的立场就会同内在论的立场一样。我们还记得，内在论的理论是建立在与此完全不同的基础上的（见前面，第25、26节）。因为它否认任何超验的存在。相反，唯灵论则要求这样一种超验的存在并且力求去解释它。而且，我们知道，并不是一切实在的东西都是意识的内容。在前面几节，我们知道了我们之所以不能认为通过自然科学概念标示的所有存在都是心理的理由所在。例如，一个人**整个**大脑的本质性实在不可能就是他的心理生活；他的心理生活只能建立在大脑中某种有限的、局部过程的基础上。事实上，我们在上面
329 讨论过的贝切尔的论点就是明确地反对采取唯灵论形式的平行论理论的。

对于心理一元论来说，摆脱困难的唯一出路就是假设特别的

意识的存在，并不是经验事实所要求的另外的意识的存在。例如，由于一个无意识的个体的大脑过程不可能表示这个人的意识的存在，这样便产生了一个问题：这些过程所标示的实在属于谁的意识呢？在这里，唯灵论的形而上学当然会求助于“超个体的”意识的观念并且断言这种等级上的意识属于某个更高的存在的意识，例如上帝的意识。它也可能给每一个活细胞或物质微粒赋予一种精神或自身的心灵从而把它们放到各种个体以下意识的等级中去。但这样一来，显然就会陷入不可能以任何方式加以证明的无穷的假设之流中。一个诚实的研究者只能在有十分确定的显著迹象的地方，特别是具有被我们当作生命标记的地方才能推断意识的存在。甚至如我们刚才举的例子所表明的那样，仅仅有这些迹象还是不够的。

心理一元论的全部理论是建立在一种类比论证上的。但是，如果我们想要使用这种论证，那么我们就必须真正符合这种类比：只有在我们通过经验发现那些类似于同我们的意识密切联系着的条件存在的地方，我们才可以断定另一种意识的存在。如果我们看到，当以某种方式使这个神经系统受到刺激或受到损害时，我们的意识就会完全消失，那么我们怎么能够证明，在没有这种神经系统的地方还存在着心理生活这样的假设是合理的呢？我们怎么能够把一颗行星或一块石头或一个电子看作意识的存在呢？如果没有同我们的感官类似的器官存在，那么，我们就连最简单的感觉也不能假定其存在。诚然，费希纳曾以诗人的杰出才智非常动人地描绘了有机的与无机的自然形式和过程之间的相似性，这种描绘几乎提供了使人可以大胆地推论原子和天体都存在着心灵的根据。但是，如果仔细地加以观察，那么这种类似就完全消失了，在我们面前看到的并不是真正的类似，而是对科学毫无用处的隐喻和直喻。虽然它们作为诗歌是令人愉快的，但并不能帮助我们获得新的知识。

330 唯灵论者相信一切都具有心理的性质，如果把“心理的”等同于“意识的”，那么这种信念就会变成站不住脚的东西了。在这里，心理一元论者的另一种选择就是抛弃这种等同性。于是，他便可以宣称，发现并非所有实在都是意识的内容，这并不能驳倒他们的论点；因为任何非意识的东西都是无意识的，所以并不因此而不再是心理的。

但是对于任何一个采取这种立场的人来说，如果要求他回答：你在这里赋予“心理的”这个词的是什么意思呢？那么他就会陷入最大的困难之中。说一个质虽然性质上是无意识的，但它仍属心理的性质，这种说法是什么意思呢？一个心理一元论者在这种语境中谈论无意识的心理的东西，虽然在他心中所想的就是认为这样表示的实在在某种意义上就如同意识的实在一样。我们曾经一再地反对认为意识世界和超验世界之间存在根本区别的假设，就此说来，我们自己就在不断地强调上述这种思想。但是，如果我们说超验的存在也是心理的东西，那么这种说法是不是对我们的上述看法的恰当表述？我不认为是这样。因为这样的表述预先就设定了赋予意识之外的实在以一种非常特别的属性，它一方面是意识之外实在与心理层次的东西共同具有的属性，但同时也是心理层次的东西独具的特征。这种共同的特征就构成了“心理的”这个词的意思，可是如果我们不能确定这种特征，那么“心理的”这个词也就没有任何确定的意思。而事实上我们不可能以任何肯定的方式确定所与的意识的存在与非所与的、意识之外的存在之间的质

的相似性或相互性，不可能从意识的概念中分出同样属于意识之外的东西的独特的特征。因为如果我们从意识内容中抽掉了意识，那么也就抽掉了全部内容；因而就没有留下任何特征；更没有可以用来描述心理的存在的任何特征。如果我们像心理一元论者那样使用“心理的”这个词，那么我们所知道的只是这个词应当毫无例外地表示属于一切实在的某种属性。但是我们不可能比较确切地确定这个属性。这样一来，“实在的”和“心理的”就形成了可以互换的概念；如果我们用后者代替前者，并不能得到任何东西，也不能表达任何新的知识。

一般说来，任何形而上学一元论中存在的很大危险，就是它很容易变成只是看起来似乎背后隐藏着哲学真理的字眼。当我宣称一切存在本为一时，我的这种陈述就具有一种意味深长的 331
味道。当我宣称这个世界尽管显得多姿多样，但根本上只是一，那么这种说法就如同爱利亚学派的本元一样似乎深奥莫测。但是这样一种一般的宣告就其本身来看，是完全无意义的；如果把一个概念所指称的范围绝对地扩大到一切事物，它也就失去了一切意义。[①]

我曾说过，唯灵论的神奇魅力其性质更多的是属于诗歌性的而不是科学的。因为得以构成这种理论的实际上并不是知识而是直观（见前面，第 12 节）。归根到底，这种想要如同直接体验意识世界那样体验（kennen）意识之外的实在的想法，就是认为这个实在的性质是心理的看法产生的原因。我们假定，如果意识之外的

① 彼得楚尔特在他的《世界问题》中类似地多次运用了这个原则，认为如果一个概念的外延过分地扩大就会变成空洞的和无意义的。

一种质能够直接地进入我们的经验，也就是直接的所与，那么，我们就会具有大体上犹如一种感觉或情感在我的意识出现时的相同的经验。这样一来，这个质就会是某种心理的东西。我们已经多次强调指出，这种要求直接体验的想法不是来自**认知**的意愿，而是来自要**看到**、**经验到**的意愿。因而，它就与科学和哲学毫无关系。而且，由于这种愿望是自相矛盾的，所以它当然是不可能满足的。想要知道意识之外的东西是如何在意识中被体验到，就如同问一种颜色若没有任何人看到它，它看起来像什么样，或者问一种音调若没有任何人听到它，它发出什么样的声响一样没有意义。把某种不属于任何有意识存在的心灵的东西称之为“心理的”是毫无意义的。

所以，无论是唯物论形式的还是唯灵论形式的一元论形而上学都同样是站不住脚的。比较有意义的是我们提出的用下面这个原则所表达的认识论的一元论：“凡是实在的东西都可以用量的概念来标示。”**这个**对一切存在都作了断定的共同性不是空洞的词句；它有确定可靠的意义并且表示真正的**知识**。但是对于经验来说，这种共同性并没有发生什么影响。为了知识的目的应当通过
332 什么样的概念来标示一种经验，这对于该经验的种类和价值来说都无关紧要。因此，这种认识论的一元论，对于唯物论方面进行得如此热烈的有关价值问题的争论，并没有提供任何机缘。

当然，就一个方面来说，二元论似乎仍然没有被驳倒。心理的质作为意识的相互联系具有那样一种特别的关系，总是那么经常地困扰着我们。它们以这种方式区别于没有进入这种关系纽带的所有其他的质。这不就是一方面在心理的关系上另一方面在非心理的关系上表现出一种二元论吗？这不就是基本上等于一种存在

的二元论吗？当然，涉及这样一种相互联系只是心理实在的一部分“本质”。单个的心理的质的确不可能同这种相互联系分开，否则，它们便不再是这些心理的质，在这种相互联系之外这种心理的质并不存在（见前面，第 17 节）。

这种相互联系的确是某种非常特殊的东西。这些心理层次的东西在生理学上的对应物至今还没有一个完全已知的实例，科学至今还没有用来标示意识中的这些心理的东西相互联系的量的概念。但是，一旦找到了这些概念，人们就会承认意识的统一性只是许多相互联系中的一种，并把它归结为这些相互联系。这样，意识问题就会得到解决。然而，直到那时我们都要始终记住，意识的统一性只是由于它与自我相重合因而对我们才是唯一的，所以这种特殊的相互联系与所有其他相互联系之间的区别就等于主体和客体之间、自我与非我之间的对立。我们直接体验的只是属于自我的这种相互联系；如果要问，我们若是直接体验到意识之外的各种质之间的相互联系，那么它是否会变成与意识的相互系联系相同的相互联系，这又是毫无意义的问题。因为如果情况果真如此，我们就可以直接经验到它；那样一来，它就成了一种意识的相互联系，而不是意识之外的质的相互联系了。这种想要直接体验意识之外的质的想法又一次表达了对直观的形而上学的需要；这种需要与知识毫无关系，满足这种需要对知识并无帮助。认知并不是把外部世界变成内部世界。

意识与外部世界之间的对立当然既不能混淆也不能消除。但是承认这种对立并不是在存在于意识之中的这类相互联系与存在于意识之外的一类相互联系之间建立起一种二元论，而是要把意 333
识的相互联系从世界以其全部丰富性表现出来的多种多样的其他

相互联系中区分开来并选取出来。因此，人们如果愿意的话，顶多只能说是一种多元论。

然而，在这个意义上，每一种合理的、哲学上诚实的世界观都必定是多元论的。因为宇宙正是绚丽多姿和丰富多样的，是由许许多多的质相互交织的结构，其中没有两个质是恰好完全相同的。形式的形而上学一元论以及它所主张的一切存在本为一的原则并没有作出恰当的说明，必须用某种多元论的原则对它加以补充。必须为下面这些真理留下一定位置：存在着无限多样的各种各样的质；因为世界并不是冷峻单调而是丰富多样并且永远变化着的。如果有如此众多的人离开唯物论的灰暗的世界图景，那是由于他们在这种世界图景中失去了多元的要素，唯物论似乎剥夺了世界的无限多的质的多样性，正是这种多样性构成了世界最大的无可辩驳的实在性。

无论是多元论还是一元论，都以各自的方式包含着部分真理。只有二元论没有什么好的东西可以从中吸取。那种把世界分成物理的和心理的、本质和现象、自然的领域和心灵的领域或可能采取的其他任何形式的对立，都不可能在科学的基础上加以维护和证明。存在的多样性不是两重的，而是无限的。这就是多元论中所包含的真理。但是，在一元论中也包含某种真理：在另一种意义上说，一切事物都是统一的和共同的。多样性的实在到处都由相同的法则所支配。否则，它就不可能用相同的概念来标示：它就不可能被认识。认知就是由此识彼，在一种事物中发现另一种事物，就是在异中求同。世界在多大程度上是可知的，它也就在多大程度上是统一的。世界的统一性只能通过它是可知的这一事实显示出来。除此以外它没有别的意义。

C. 实在知识的有效性

知识的有效性通常被看作是知识学科的特性问题，本书就是致力于此。这个问题本应放在我们研究的开头，那么为什么在本书最后一章的标题上才首次对它给予适当的承认呢？是不是此前 334
的论述都仅仅是预备性的呢？

事实上，前面的论述本质上已经包含了对有效性问题的回答。“有效的”知识这种说法基本上是一种赘语。不是有效的知识就不是知识而是谬误。当我们成功地确定了知识的本质和获得知识的方法时，我们也就知道了什么是有效的和真的知识，在什么条件下形成这种知识。

我们已经探寻了科学中获得实在知识的过程，而且我们希望自己也由此而获得知识。我们这样做时所经历的地基有多么大的可靠性呢？假定这些过程遵循正常的途径，那么它们总是会导致绝对的真理吗？或者，对于实在最确实的判断是不是只能诉诸或然性呢？那么是多大的或然性呢？我们应当怎样理解或然性这个概念呢？对这一概念，我们还没有明确地加以论述，因而还没有研究它与真理的关系。我们的知识是具有绝对的有效性呢，还是由于它是人类智力活动的产物因而只具有相对于人类的有效性？

对这些问题的回答必定已经包含在我们已经进行过的研究之中了。因为我们在前面说过，每一个关于知识的命题同时也是关于知识有效性的命题。有效的也就是真的，所以，我们所确定的关于真的东西中就能够引出有关有效性的东西。因而，如果我们重新回顾这些发现，就可以通过最容易、最便捷的途径从前面的观点中使这些问题获得解决。

36. 思维与存在

我们可能以为，有效性问题只适合于一类判断，那就是分析判断。这些判断构成我们在本书第二部分论述的真正主题。因为分析判断对对象所断定的只是已包含在该对象定义中的东西，所以它使该对象与一个记号相配列，这个记号就是按照约定被确定为
335 表示该对象的记号。它提供了符合唯一性定义的一义的配列，因而是绝对真的判断。“分析判断是绝对有效的”这个命题本身就是一个分析判断。这种判断与实在的知识无关，因而可以与之完全分开。分析判断的领域是思维领域而不是存在领域。

分析判断不包含实在的知识，然而正是由于这个缘故，所以它们适用于实在。这种情况引起了一种误解，一种假问题，哲学常常就在这种问题上徒劳无益地耗费精力。有一种错误的说法就是关于“思维”和“存在”的关系问题。为了消除这种误解，我们必须再次谈到分析判断，尽管这些判断对我们来说已不再有任何疑问，不再产生任何问题。

分析判断无疑能够谈论关于实在事物的，而不是仅仅用来谈论关于概念的东西。康德主义命题说，分析命题涉及概念而综合命题才涉及概念的对象，这种说法意在说出某种正确的东西；但在这种说法中正确的东西可能遭到误解。如果按照康德的说法，我把广延的特性包含在物体的概念之中（如果我们回想一下本书第33节的内容就知道，这并不是一个没有危险的出发点），那么，“物体是有广延的”这个命题当然对所有实在的物体有效而且事实上适用于它们。与纯粹的逻辑判断如“概念的外延与其内涵成反比”

这样的判断不同，它已不仅仅只是作为该命题主词的一个概念。因此，我们便看到，存在着具有绝对有效性的关于实在的命题，因为这些命题是分析的。这种情况在怀疑论者中引起了不安，也引起许多形而上学家的种种推断，但没有一个是合理的。

形而上学家们希望推断思维和存在是等同的，或者认为存在具有一种非常特别的合理性使它按照思维的法则来运行，他们说，实在事物也遵守同一律和矛盾律这些根本法则（我们知道，分析推理的原则是可以用这两个法则来表述的），因而是服从逻辑、服从思想的。

另一方面，怀疑论者想要找到与这条论证路线相反的路径，正因为如此，他们便对全部情况都加以怀疑。他们想要得出结论说，把无条件的有效性归于分析判断是错误的。思维没有支配存在的权力，实在无须遵循矛盾律。矛盾律仅仅是思维的法则。 336
其他生物的思维可能遵循完全不同的法则。所以，那种认为分析判断对思想以外的事物也具有绝对的有效性的看法必定是错误的。即使不可能想象一条基本的逻辑法则会与实在相矛盾，也仍然没有使实在承担任何义务。实在无须符合我们的思维，不可想象并不等于客观上不可能。正如有非欧几里德几何那样，也可能有非亚里士多德逻辑，在这种逻辑中，矛盾律并没有有效性。按照这样一种逻辑来思维的生物也会像我们现在必须借助于人类的推理能力来维护分析判断的有效性那样，同样有权否定分析判断的有效性。

我们在希尔伯特·斯宾塞的《心理学原理》中可以找到与这些形而上学家的观点相一致的说法：“当我们感到否定这种信念是不可设想的时候，我们就有一切可能的理由断定它的存在的不可变

更性……而我们对于意识、感觉以及对人的存在的实在性则没有任何别的保证。”约翰·斯图亚特·穆勒对斯宾塞的这段话提出了怀疑论的反驳，他说：不可设想并不是判定不可能的标准（《逻辑学》，Ⅱ，第Ⅻ章，第3节）。

穆勒的反驳当然是根据一种正确的观念提出的。他在这里对作为**自明性理论**（我们在前面第19节中对它作了批评）代表的斯宾塞开展了战斗。但正是由于混淆了自明性问题同分析判断的有效性问题才产生了这种麻烦。在这个问题上，无论是形而上学家还是怀疑论者，无论是斯宾塞还是穆勒，都不是正确的；他们都没有看到提出这个问题的正确方法。如果我们考虑一下下面这个例子就会很好地解开这个纽结。“做过的事情不可能是未做的事情”（facta infecta fieri non possunt）这个命题的确是一个分析判断，因而是绝对有效的。它断定一切做过的事情不可能是未做的事情，只要根据矛盾律便可推出这个命题。怀疑论者怀疑这条法则的正确是有意义的吗？或者，对神学家来说，如果说，万能的上帝能够把已发生的事改变为未发生的事，这是不是可能的？这种问法是有意义的吗？它的确**没有**意义。这种提问题的方式把“做过的事情不可能是未做的事情”这个判断错误地当作知识，当作某种
337 与“facta sunt”（事实存在）这个判断不同的判断来对待，问是不是第一个判断可能是错的而第二个判断是正确的，但这个问题的真理性就在于这两个判断所陈述的恰好是同样的东西；它们意思相同只是形式不同。只要分析一下“做过了的”这个短语，就可以把一个判断变成另一个判断。当我从第二个判断转到第一个判断时，我并没有获得某种本体论的真理，某种对实在的新的知识；我只是澄清了归于“做过了的”这个短语的意义。正如我要问：我所

感到的痛是不是可能同时又不是痛？我所看到的蓝色是不是可能同时又不是蓝色？在这些例子中，情况要比上面那个例子更容易掌握，因为在前面的例子中，“做过了的”这个概念的复杂意义把情况掩盖了。当然我也可以随便把蓝色称为非蓝的，但那样一来，要么“蓝色的”这个词有了与前面不同的意思，要么“不”这个连结词是在脱离通常的否定的意义上使用的。同样，任何人如果把“做过”（或“发生过”）同“未做过”（或“未发生过”）这两个词只用于同一事件，那么就改变了这些词的意思。（但是如果一个神学家问，上帝是不是能够使世界上的事情变得好像过去的事件没有发生过一样，则是一个完全不同的问题；这个问题是有意义的，对这个问题的回答将是一个综合判断。）人们如果愿意的话，可以把“A 发生过”和“A 没有发生过”这两个判断都叫做真的判断；那样一来，他对真的理解就是与指称的唯一性不同的东西了。

同一性原则、矛盾和排中原则并没有对实在的情形有所述及，这些原则只是对我们如何标示实在加以规整。它们是指涉概念与实在的相配列的法则，正由于这个原因，它们必然适用于实在。我们在前面（第 10 节）指出过，矛盾原则只是规定在标示实在的（当然还有非实在的）东西时对“不”、“没有”之类的词的使用规则。换言之，它是对否定加以规定的原则。任何违反这一原则的都称之为不可设想的。而不可设想的也就是不可能的。但这并不构成思维对实在的干预，因为在这种情况下的不可能并不涉及任何存在的情形。相反，它所涉及的是通过概念和判断对存在的标示，因而，如果人们愿意那样称呼的话，就说它所涉及的是思维与存在的关系。

如果像穆勒和斯宾塞那样认为对思想来说是不可能的东西但

对实在来说或许是可能的，那么这种说法就混淆了“不可思想”和
338 “不可想象”的，因为事实上“不可思议”具有这两种意义。想象是直观的心理形象之流，它是一种实在过程；可想像性和实在性并不重合。但是思维是概念与实在的或其他对象的配列。不可想是表示不可能实行某种配列因而只是取决于所确定的配列规则。想象的法则是我们从经验中了解的事实，而我们得到概念与实在相配列的规则却不是通过经验，而是通过约定。

我们不可能声称意识、感觉或人的存在是非实在的(斯宾塞把这种不可能性看得非常重要)。因为我们首先只有从这些存在才能引出关于实在存在的概念。这一概念旨在表示它们并不是依据知识，而是依据我们赋予实在这个词的意义。把这样一种存在命题看成知识，那是陈旧的笛卡尔主义的错误(见前面，第12节)。实际上，它们是分析判断的最简单的形式，即伪装的定义。

我想，现在已经清楚地了解，为什么分析判断以及纯粹的逻辑原则必定会以无可辩驳的确实性适用于实在事物。这一点，并没有什么特别值得注意的，也没有什么在哲学上重要的东西。任何使这种看法显得有疑问的说法都应当加以拒斥。因此，我认为，如果说非亚里士多德逻辑同我们的普通的、演绎推理的逻辑之间关系就如同非欧几里德几何与欧氏几何之间的关系是一样的，这种说法是错误的，会引起误解的。这样一种新的逻辑系统与我们的亚里士多德逻辑系统之间的区别只是表面现象上的区别，只是语词表达上的区别。我当然可以想象建立一个逻辑公理系统，其中比如说没有矛盾原则、排中原则的地位。在这种新的逻辑中就会有同时非真亦非假的判断以及同时既真又假的判断。但是对这些看起来似乎非常奇怪的原则加以仔细的考察，就会发现这种新逻

辑产生和表示的只是熟悉的逻辑词语的意义的改变。在这种逻辑中,“真”、“假”、“非”、“全部”、“没有”等语词就不再具有它们原来的意义。但是,还是可以发现同原有词项具有相同意义的语词的联结。假如我们再引入这样一些词的联结,那么我们就会又回到原来的逻辑,于是我们就会承认,新逻辑无非是穿上另一种“外衣”的亚里士多德逻辑。这样说的理由就是,如果我们撇开这种新逻辑的语词的、形象的和思想活动上的偶然的外衣,那么只包含适合 339
于唯一地标示对象的东西——或者,如果选择另外一种表达,只包含适合于对象的**规定**。因为各种各样的逻辑系统,尽管看起来似乎彼此各不相同,但仍然总是具有相同的意义,而且除了规定和相互配列的关系以外也不可能提供任何别的东西,实际上它们是彼此相同的,区别只在于它们的语言形式或心理的形式。

埃德加·泽塞尔是非亚里士多德逻辑这一概念的现代支持者,他在其著作《亚里士多德逻辑的应用问题》一书中(1916 年出版,第 150 页)写道:“合理的就是一切逻辑之上并且为一切逻辑共同具有的唯一的形式;这就是它们的内在的自洽性,它们的全部命题无论是有关其基础的还是有关它们得以从公理推导出来的方法都是被**决定**的;简言之,合理的东西就是确定性、确切性本身。”我要说,我完全同意这些说法,但与这位著作家不同的是,我相信,形式逻辑的规则已经以纯粹的形式提出了一切逻辑所共同的东西,如果我们不管它们穿了什么外衣,这些规则只是提供一般“决定”的规则。我之所以认为“逻辑”这个词不允许使用复数形式,其理由就在于此;因为使不同的“逻辑”区别开来的东西并不是逻辑的,而只是某种心理上的或语言上的东西。

因此,认为有多种多样的不同逻辑系统的怀疑论观点,并不能阻止我们认为逻辑系统（即分析的规则）具有对实在事物的绝对有效性。

我们研究的整个第二部分都是用来证明一切演绎性思想都是分析性的因而可以具有不受限制的有效性。善于思索的人往往对这样一个事实感到吃惊，那就是我们的思维能够以其复杂而广阔的演绎如此深入地洞察自然的运作以至于大胆而深远的推理竟能得到事实的精确的惊人的确证。试想，例如，超过若干世纪的天文学预见，竟能在数秒钟之内完成。至少在这里我们似乎证明了思维和存在之间的先定和谐的说法或者关于我们的悟性驾驭着自然法则的推断是有道理的。

340 但是，这种情况的惊人之处只是部分地得到保证。在这里需要作一种区分。当我说推理对于实在事物具有绝对有效性时，当然包含了一个限制性的条件，这就是推理的前提必须与实在相一致。因此，结论作为分析的结果的确也与事物的状态完全一致。我们是怎样才拥有一义地标示事实世界的前提的呢？这个问题的确值得重视，而且提出了必须给自己提出的问题，因为，我们是不是真的具有这种有效的前提，**事先**是有疑问的。但是，任何一个毫**不**怀疑这些前提的人都绝不应当对结论为真感到惊讶，不管这个中间的推理过程是多么长、多么复杂。结论并没有陈述任何新的、不是已经以不同方式包含在前提中的东西；它只是一种形式上的复述。例如，如果我们认为人们所熟悉的引力法则正确地描述了天体行为是确定的，那么依据这些法则所作的正确运算结果将会得到观察的确证，这对我们来说是明白无疑的。因为，需要加以观察的特例已经分析地包含在一般法则之中。一般法则只是对诸多特例的缩略的表达式。

这种情况常常受到人们不正确的理解。哲学上的惊异(thauma)似乎都集中在这种错误之点上。产生这种误解的原因就在于我们不能从推理的结论认出推出它的前提。推理是通过许多连接起来的判断形成的,而判断则是事实的标记,是对象之间关系的标记。这些表示关系的标记的独特的特征就是当它们连接起来时,结果总是比把这些标记放在一起的总体更为简单。因此,这种情况同作为对象和事物的记号的概念情况有所不同。这里的连接产生了更为复杂的结构,而且决不像所联结的要素本身那样简单。许许多多的字母并不能产生一个简单的词,许许多多同时出现的感觉也不可能就产生一种完全简单的知觉。而另一方面许多判断的联接由于消掉了共同的要素因而总是导致一种简单的结果。也就是说,只有那些包含着可以通过推理过程消掉的共同中项的那些判断才能够联接起来用于推理的目的。从几个前提可以推出一个**单独的**结论;复杂的运算可以推导出**一个**简单的公式。这种情 341
况可以在代数运算中最清楚地看出来,这种代数运算只是某些三段论式演绎过程的缩略符号(见前面,第 14 节)。全部数学分析基本上只是判断的联系——是一个消去共同部分从而使那些以蕴涵方式包含在原来前提中的新的结果显现出来的过程。但结果只是以蕴涵的方式包含在前提中。正是由于这个缘故,才可能产生一种错觉,以为在前提与结论之间需要有一种特殊的桥梁(也许是存在于思维中而不是存在于外部世界中的桥梁),似乎通过推理所获得的结果也许可能会与实际事实的世界不一致。

但是,假定被连接起来产生结论的一个一个的判断可以像写出来的一个词中包含的字母或一首乐曲中包含的单个音符那样清

楚地认出来，那么，这种情况就不会引起人们的惊异了，正像一首乐曲可以由一个有序的音符系列来表示，其中每一个音符都表示乐曲中一个单独的声音这一事实那样不会引起惊奇。这里提出的问题在我们看来非常明显，就像自然界中延长了三千分之一米的东西是不是延长了三毫米这个问题那样简单明了。通过思维活动我们得到了表示新的经验关系的**新的**简单标记。如果经验的确显示这些新的关系，比如说，**如果**恰当地考虑了事实和自然法则，日食的确像预计的那样发生——那么对这一点就根本没有什么好奇怪的。它正如其他分析判断的有效性一样地明显。

这里始终设定的先决条件是推理的前提为真。这个先决条件往往总是经常地得到满足，这的确正是令人产生惊奇的一个原因。我们是怎样才能严格一义地通过判断标示实在事实的呢？例如，我们是怎样知道我们对日食作出预测所依据的天体力学法则是如此普遍地有效以至于对过去几个世纪行星运行的轨迹描述得恰好像对今天的行星轨迹一样地精确呢？简言之，有关综合判断（即不仅适合于实在而且还表达了对实在的某种**知识**的那些判断）有效性的情况怎样呢？正是由于这些判断是综合的，因而它们的有效性显得很不明显。

342 37. 认知与存在

按照康德的看法，把不包含在对象的**概念**中的东西归于该对象的那些判断，称之为**综合**判断。在综合判断中，主项和谓项之间的关系并不是由定义给出的，而是由知识来确立的。这种判断的有效性只能根据对认识活动的性质的深刻了解来解决。因此，我们必须回顾一下我们在第一部分研究的结果。在那里，我们不仅找到了解决这个问题所需要的要素；而且也发现了已经几度出现的这个问题本身。在那里，尽管这个问题给我们带来很多困扰，但我们还是不得不推迟对它的回答。我们之所以感到困扰，是因为在那里似乎没有什么能够引导我们获得对实在的无可置疑的精确知识的道路。现在是能够系统地考察各种可能道路的时候了。也许有某种方法能够达到热心追求的绝对有效的真理的目标，但是至今我们的研究所经历的行程中似乎还看不到这种途径。

让我们沿着认知和存在之间的边界一步一步地前进从而确定是否有某种通道可以达到对实在的判断所需要的严格性。特别是我们要仔细地考察许多杰出的思想家相信他们可以找到这种通道的那些地方。

实在的东西包括我们的经验以及按照一定规则（我们在前面第三部分 A 已经探讨了这些规则）与这些经验相联系的东西。认知实在就是在一个实在对象中再发现另一个实在对象。这样的认知归根结底总是归结为一种再认识或者对直观的或非直观的意识内容彼此认同。由于经验具有迅速变化的性质，这种比较和发现相同东西的活动总是会有不确定性，这种不确定性尽管对于科学和日常事务的实际进行并没有危害也没有什么影响，但在理论上总是存在并妨碍我们获得绝对的确实性。我们决不会确实地知道，我们是不是错误地使一个概念与某个实在对象相配列。我们决不会知道这个对象的特征是不是事实上与构成选定的概念的那些特征有所不同。因此，我们发现，能够产生完全精确的概念的唯一方法就是使这些概念完全不受实在的东西的影响。我们通过蕴涵定义做到了这一点，这种蕴涵定义只是通过概念来定义概念而 343
不是通过直观的尺度，不是参照实在的东西来定义概念（见前面，

第 7 节）。

那么，我们是不是可能确实地从实在领域过渡到严格的概念领域呢？我们能不能建立起一座连接二者的桥梁呢？

即使能找到这样一种可靠的联系之链，对实在的知识来说，我们所得的好处也甚少。因为我们的经验过程是一种暂时的过程。假定我在某一给定时刻感知一个实在对象并且肯定该对象归于概念 A 而且也可以用概念 B 来标示。根据我的这种知觉，我便可以说出“A 是 B”这个判断。但就现在的情况来说，这个判断只是对于观察的这个时刻才是有效的；它是对该时刻才成立的命题。我不可能用它做更多的事情，它不能帮助我达到作出实在的判断所要达到的那些目的。因此，如果我又一次地碰到对象 A，我怎么知道它这一次是否可以归于概念 B 呢。换句话说，我怎么能够肯定由于我曾经有过一次发现 A 是 B 这个命题因而就能够断定这个命题在未来的推断中仍是一个有效的前提呢？

这颗彗星在我能够预知的时间内回到一个确定的点，我怎么知道它将仍旧一点不差地毫不间断地服从所有以前的观察表明支配过运行轨道的同样的运动法则呢？你为什么相信，在一个炎热的天气，经过长途跋涉后从一个山泉中取得的一杯水将会使你解渴呢？尽管水特有的所有其他属性都仍旧未变，难道它就不可能使你中毒吗？你的那条狗尽管每天都忠实地躺在你的脚边不让任何陌生的人走近你，难道它就绝对不可能突然向你发起攻击并企图把你撕成碎片吗？

这些例子清楚地表明，在我们生活的每时每刻，如果我们要能够进行活动，甚至要能够生存下去，那么都必须假定有无数判断是真的。那么，这些判断果真毫无疑问的吗？

事实上，它们并非绝对确实。一个综合判断将一种特殊的属性归于某一实在事物从而断定特性之间的真实的相互联系，这个综合判断决没有普遍有效的真理性质。现在毋需对这个命题作详细的证明，因为它已不再受到严重的驳斥了。不管哲学的发展过程是多么地不连续，多么地曲折，我们今天仍然可以把极端的理性主义看作是定遭拒斥的。任何哲学体系都再也不能妄称能够以绝对确实性（即仅仅通过理性）提供关于比如行星的数目或一种化学 344
元素的特殊属性的信息。哲学也绝不能回到那种导致这种理性主义产生的思维、认知和存在之间的混乱。仍然可以讨论的绝对确实的知识只有一种形式，那就是康德所发现的那种形式。

我们知道，康德通过提出如下见解力求为理性主义观念保留适当的地盘。

他正确地指出，如果知识要与实在相符合，那么它就不可能是绝对有效的。未来的经验总是可能与我所作出的陈述不一致。因为我的知识只能由我实际上已经具有的经验来支配，而不可能由在我作出这个陈述时一无所知的那些遥远的或未来的经验来支配。只有在实在以某种方式得以由知识来支配时，我们的真理才可能是普遍有效的，才可能符合那些尚未经验到的实在事物。如果这样的情况是可能的，那么，它就的确是拯救严格有效的实在知识的**唯一**途径（如我们在前面第 21 节接近末尾处所指出的）。所以我们只需要考察一下使我们的问题得到确定回答的特殊的途径。

康德不仅认为这条特殊的途径是可能的，而且他认为它是实际存在的。按照他的观点，经验对象所服从的法则同时也是经验本身作为认识过程发生而与之符合的法则。这就说明了我们之所以能够确实地作出必然被所有未来经验所确证的关于实在的判断的原因，这种判断就是**先天**综合判断。因为当经验中有某种东西给予我时，正是由于这个事实所以它服从经验的法则。在这里“经验”是指知觉中所依据的知识。康德发现，“经验”的这种意义在休谟那里就已经有了，休谟也在不同于单纯感知的意义上使用“经验”这个词。这种用法能最好地与我们日常谈话中所遇到的情况相符合。当我们说某人“经验着”时，不仅仅是因为他看到了许多东西，而且还由于他也知道如何评价他所感知到的东西。唯一的区别就在于康德所理解的知识只是精确的、绝对有效的知识。

康德从两个方面来展开他的基本思想。

345 **第一**，他企图借助于这一思想来克服直观的不确定性和模糊性这种对严格知识极为危险的东西。在他看来，我们的感性直观，尽管可能是迅速变动的，但却服从严格的法则。当我们把直观中所有类似感觉的要素抽掉时，这种符合法则的情况便显示出来，康德把它称之为**纯直观**。当我们排除了感觉内容时，仍旧剩下来的就是直观的**形式**，即空间和时间。这就是康德用来解释纯数学的可能性、数学判断的绝对有效性的关于**先天**直观形式的理论。例如，几何学只是一种关于空间的直观形式的科学。它的命题保持着绝对的严格性，因为我们当然不可能没有被我们的意识结构加诸其上的空间形式而在意识中具有空间的知觉和空间形象。

第二，康德还想把同样的原则不仅用于那些与空间和时间形式相联系的综合判断，而且更一般地用到与空间和时间中的实在相联系的综合判断上。这些判断中有些也具有绝对的有效性；这种判断之所以可能是由于把基本观念从直观转到思维。正如我们的直观是同某种形式相联系，同样某些根本的概念（范畴）被认为是我们意识的不可分割的特征，思维在其一切活动中都要受这些范畴支配。由于我们的意识除非通过这些范畴就不可能设想实在或想象实在，所以显示这些根本概念的判断必然符合于实在。实在性本身也是一个范畴；对我们来说实在就是必须按照这一范畴来思考的东西。因此，实在的——即我们经验到的实在的东西——与我们的思维相符合。我们可以先天地表达某些关于实在的命题（康德把这些命题称为“纯自然科学”的原则），它们的客观有效性可以上述方式得到理解。

这里所阐述的观点，联系到康德本人的一个说法，一向被认为可与哥白尼的功绩相提并论。正如哥白尼与感官的表面证据相反，认为地球是绕着太阳旋转一样，批判哲学家与流行的观点相反，认为对象是由知识所支配，而不是相反。如果我们要给康德对重大的知识问题所作的回答下判断，就必须对康德的基本观念所作的两种使用（即直观形式和思维范畴）分别地加以考察。在下面几节我们将这样做。但是我们首先必须弄清他所要解决的问题的某些重要方面。

显然，康德对问题的解决即使是正确的，也并不表示理性主义的重大胜利。因为他的理论给我们提供的先天知识无论对自然科 346
学研究还是日常生活的任何个别情况都没有具体的、实际的意义。按照康德的看法，命题只是表达我们的全部经验必须在其中表现出来的那些形式，因而是非常一般的。我们可以以绝对的确实性断定每一个单独的实在事件都有原因。但是我们决不可能先天地决定什么样的原因属于什么事件；我们决不可能确定我们是不是找到了恰当的原因。或者，我们可能完全清楚地知道，在自然界中一切变化必有某种经常不变的东西（实体）作为基础；但这并不能

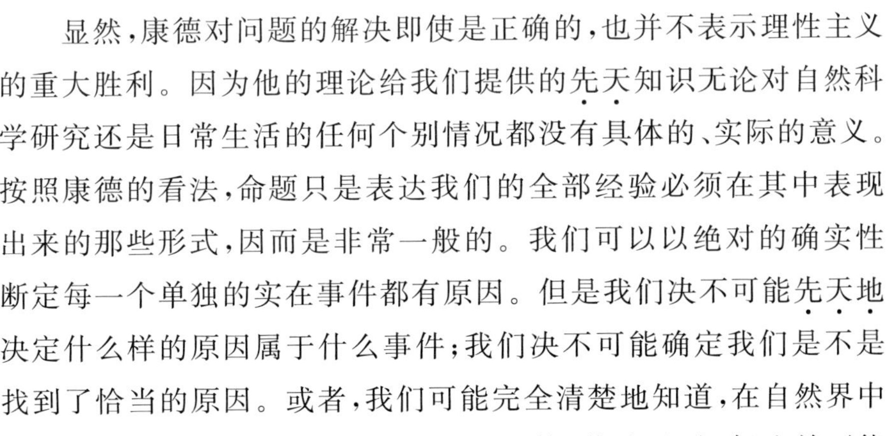

使我们相信，比如说，能量守恒或质量守恒的科学原则就已被提升到绝对有效的真理的行列。以后的经验很可能会证明，能量守恒或质量守恒原则是不正确的，但无须因此而拒斥康德主义。康德主义仍然会坚持认为，我们所观察到的种种变化归根到底应当被认为是某种绝对恒定的东西的变形，科学恰恰就是通过追求这种持久的或恒定的东西而得以前进的。因此，实体范畴的运用并不会受到阻碍，而只会被推延。如果质量或能量不能满足守恒的条件，那么就必须找一种满足这种不可避免的恒定性要求的新的实体，如此等等。

按照这种观点，最一般的自然法则就等同于支配自然知识的规则。这些规则只提供一种空泛的框架，个别科学进步便在其中发生并由科学的进步加以充实。这种框架本身并不参与科学的进步。因而，先天知识在这里所起的作用完全不同于它在笛卡尔或斯宾诺莎的理性主义体系中所起的作用。这种知识所提供的只是与意识的认识职能相联系的最一般的形式。对于信奉旧的形而上学的人来说，康德主义的批判哲学似乎是“把一切都磨成碎片”的形而上学，这是可以理解的。

先天综合命题只是对于“现象”、对于直观的和思维的形式加诸其上的表象世界才是有效的。这就是我们所体验到的世界，而自在之物的世界对我们来说是“不可知的”。对于自在之物的世
347 界，除了它与现象世界分开的界限以外，我们不可能知道或确定任何东西。康德之所以不得不对世界作这种划分，是为了拯救至少是对分开的两部分的一个部分普遍有效的知识。我相信（我在前面第 27 节已经指出），这种对世界划分的观点，应归咎于对知识的错误概念，而且这种观点已经成为哲学道路上的非常危险的障碍，

必须把现象概念作为一个错误地产生出来的概念加以完全消除从而排除这一障碍。如果这样做了,那么康德主义体系的一个关键性的支柱就去掉了,因而我们必须采取一种极为怀疑的和谨慎的态度对待它。对先天综合判断理论的考察将会具体地证实这种态度是正确的,并将更确切地描述我们对于康德所建立的先验哲学必须采取的立场。

我们已经多次谈到,对康德来说,实在的先天有效的知识的存在是一个不争的事实。在他看来,光是各种科学存在这个事实就毫无疑问地证明了存在着这种先天综合知识。人们常常争辩——我相信是没有根据的——说康德从没有真正作出过这种假设。但是康德自己表达这种看法的论述是非常多而又非常清楚的,而可能给出相反解释的论述却非常稀少并且非常模糊,因而在这一点上我不能同意现代康德主义者的看法,尽管许多最敏锐的研究康德哲学的学者坚持这样一种解释。(特别是阿洛斯·瑞尔,他是这种观点的最烈热的拥护者。)人们往往说,康德只是作为一种例子提到有效的先天综合判断的事实上的存在,他并没有用它来作任何进一步的推论。然而,与此相反的情况是,康德在大量论述中反对对最基本的原则进行经验性证明的企图,他的这种看法所依据的理由总是,如果对最基本的原则进行经验上的证明,那么就不可能说明这些原则是普遍有效的这个无可置疑的事实。因此,他在反驳洛克和休谟时说(《纯粹理性批判》,凯尔巴赫版,第111页):"但是这两位哲学家一致主张的这种经验性的起源,是不可能同我们实际具有的先天的科学知识,即纯数学与一般自然科学相容的,因此,这种不相容就足以推翻上述经验性起源论了。"但是,我们只有在对一个事实的存在毫无怀疑时才能用它来进行反驳。在这

里，如同在各种类似的证明中一样，康德承认我们具有先天有效的
348 判断。许多人总是说，康德首先**证明**了这种判断的有效性，因为设定这种有效性就会提供一种循环论证，我们不可能相信他会作出这种论证。但是，他所关心的只是要证明这种判断是可能的。他提出了下面这样的问题：在这里我们具有对经验对象先天有效的综合知识。那么，我们怎样来说明这种情况呢？如果要使这一事实成为可理解的，认知的意识必须怎样构成呢？因此，康德预先假定了科学存在着，他的目标只是从这个事实来推论科学创造者即人类悟性的性质。（康德经常说，在他看来，这只是一个**人类**的悟性问题，他没有声称提供一个构成一般悟性的基础。关于这一问题，见《纯粹理性批判》，凯尔赫版，第61、66、663页。在反对许多康德主义者的观点时，这一点必须加以强调。）他把“先验演绎”建立在**经验**概念基础上，这种先验演绎旨在解释这些判断的客观的有效性。但他在定义经验知识的概念时，甚至把先天综合判断也隐涵地包含在里面。在承认我们的确具有经验时，他也承认这种判断是有效的。

在这里我们不需要进一步探讨康德主义的各种观点之间的相互关系。而且，他的体系的秘密已经得到经常的考察。为了弄清康德为使自然界服从普遍有效的思维的支配所依据的预设，这样的考察是必要的。现在我们可以专注于考察这个预设。如果这个预设不能成立，那么我们就会知道，康德主义所做的努力已归于失败。他在**先验美学**和**先验分析**中所辉煌展示的敏锐思想也不能为**先天**知识保住最后的一小块地盘——尽管与以往的形而上学所要求的相比是非常小的地盘，但仍然是一块可观的安息之地。

38. 有纯直观吗?

康德和他的追随者们在断言有先天综合判断时,首先指向数学。但是,我们在早先的几个章节的考察中已经对数学的判断作了相当清楚的分析。毫无疑问,数学包含着严格有效的真理,因而 349
在这个限度内数学判断是先天的。但是,正如我们在本书第7节中所指出的,数学的绝对精确性,仅就它纯粹是一种概念性科学而言可以看作是得到保证的。例如在几何学中我们看到,通过蕴涵定义来定义数学概念而抽掉它们的全部直观内容,这是可能的。现代数学不仅承认以这种方式引入和规定概念是可能的,而且它自身也必须遵循这条道路,因为除此之外没有别的办法能够使它保证其命题的严格性。因此,考虑几何学概念必须撇开可能有的而且通常认为具有的直观内容。

这样看来,数学是由纯粹的概念性命题组成的。它并不产生任何实在的知识,因而,在这里,它无须涉及我们的问题。它的真理全都从一个公理系统以三段论的演绎方式推导出来,这种公理系统只有规定基本概念的意义。因此,组成这个公理系统的只是分析的真理,它们只是把定义所规定的基本概念之间的关系加以展开。在这个意义上说,几何学的判断是先天的,但它们根本不是综合的判断。

在这里,我们又面临早先就提出而推延至此才加以讨论的问题:数学命题是不是真的具有超出纯粹概念性范围以外的意义呢?如果我们把一种直观的内容赋予数学概念,那么数学命题是不是真的还保持着绝对的有效性呢?如果果真如此,那么诸如“直线”、“平面”之类的词语的意思就不再被看做仅仅由蕴涵定义来规定的了；它们就会被当作是表示我们惯于用这些表达式所表示的空间结构了。这样一来，上面这个问题就成了：几何学作为一种空间科学是否也是一种**先天的**科学？

如果回答是的，那么我们就得承认，认为空间结构所保持的正是由基本的几何学概念的蕴涵定义所规定的相互关系的观念是普遍有效的了。但是这样一来，这些相互关系就不再是定义而是综合命题了，因为这些词的意思已经改变了。公理就会涉及直观的东西而不是涉及概念了。

350 几何学的个别的定理当然像以前一样是纯粹分析地从公理推出的。它们与空间结构相一致这个事实也不会提出进一步的问题。对这一事实感到迷惑不解的人只能归咎于对问题作了错误的表述，即我们在前面 36 节中提醒人们加以防备的情况。康德的观点认为从公理中引出几何定理要借助于直观而且不可能没有直观而获得这些定理。这种观点必须加以纠正。如我们在第 7 节中所说的，现代几何学的一个重大发现就是证明绝不需要有直观；证明可以通过纯粹的逻辑演绎来进行。

尽管所有这些改正在方法论上都是极为重要的，但它们还是没有接触到要害之处。只要公理是先天综合判断，那么任何定理，即使是分析地从公理推出的定理，都必须被看作综合的。因为定理和公理所说的都是同样的东西：公理的内容分析地包含着定理的内容；定理预设了它所处理的对象恰好具有公理所规定的属性。

可是，按照康德的看法，作为空间科学的几何学的陈述的确具有绝对的有效性，因而是**先天**的。但它们也是关于实在的判断，因为空间本身虽然不是实在的事物，但要把它看作感性的实在总在其中给予我们的**形式**。它是我们的直观的形式，而且我们通过几何科学认识到这种作为**纯**直观的形式具有似法则的律则性。这种律则性自然必须是十分确定的，它可以通过十分确定的几何学系统如欧几里德几何系统来表达。因为只有当这种规则性作为感性意识的似法则形式彻底地固定下来，它才能够先天地规定经验世界的形式或形状。

许多世纪以来，欧几里德几何学都被认为是空间的几何学。欧几里德几何公理被当作绝对有效的，任何人都不会产生可能用欧几里德公理以外的公理来描述空间属性的想法。所有这一切似乎都在说明康德观点的正确性，同时也说明他认为存在的纯直观具有欧几里德几何的性质。事实上，这也就是如今的康德主义者们的看法。当然，他们也承认欧几里德几何学以外的几何学是可以设想的；但他们相信，只有欧几里德几何学才能在直观上表现出 351
来，因而物理对象必定在欧几里德空间里表现出来。即使有人会断言我们的直观与之相一致的法则是非欧几里德的，他也仍然可以保持康德主义其余部分的立场不受损害。然而，就我所知，还从来没有一个人提出过这样的论断。不过，也有人提出这样一种意见（V. 亨利，《认识论的空间问题》，柏林，1915 年），认为虽然一定有某种特别的几何学对于直观的空间是唯一有效的，但我们决不可能确定它是哪一种几何学；科学只能给我们提供日益接近的近似值，但决不可能确立绝对确实的公理的有效性。按照这种观点，几何学的先天综合判断对我们来说总是带有可疑的性质。显然这种观点是不能令人满意的。它一方面声称我们具有**先天**综合判断，但同时又否定我们能够确定这种**先天**综合判断。这样，几何学就其作为空间知识来说便失去了它的价值。

还有一个似乎可以说有利于康德主义者的无可争辩的事实，

那就是，感官经验决不可能迫使我们依据一种特殊的几何学来描述自然。经验决不能证明某种几何学是经验空间中唯一有效的几何学。原因不仅仅是由于知觉的模糊性，对欧几里德几何的微小偏离总是可能的，而且还由于我们总是能够使经验事实充分地与我们所希望的**任何**几何学相一致，只要我们以适当的表述方法来表达自然法则。特别是亨利·彭加勒注意到几何学以特殊的方式独立于经验(特别是在他的《科学与假设》和《科学与方法》中)。我在另一个地方(《现代物理学中的空间与时间》，第 4 版，柏林，1922 年)详细地讨论了这个问题，因而不需要在这里重复这些论点。如果经验本身不可能明确地决定必须采取何种几何学作为对我们的空间有效的几何学，那么这似乎有利于康德主义关于空间的性质是独立于经验而由我们的直观形式决定的观点。

经验的、感性的直观不可能为我们确定公理的有效性。的确，我们相信能够直接地看出，给定一条直线和不在该直线上的一点，通过这个点只能画出一条直线与给定直线相平行。假定画出第三
352 条直线与第二条直线形成百万分之一度的角，经验的直观决不可能确实地告诉我们，这条新的直线是否真的将会与第一条直线相交，原因很简单，就是因为那么微小的角度在直观上是表现不出来的。但是从欧几里德时代直至如今，大多数人都认为，他们能够直接了解欧几里德平行线公设的正确性。而要使这一点能够成为可理解的，看来只有我们的意识在事实上支配着一种“纯粹”的直观，它远远超过空间的感性直观的确实性，从而具有康德所赋予它的那种意义。

要驳斥康德主义的理论，如果仅仅指出，当今的大多数数学家(如果我们继续使用同样的例子)无论如何都发现不了平行线公设

是完全明显的，那是不够的。对于这样一种问题，求助于主观上的相信是毫无意义的。那只是诉诸信仰，因而会使我们陷入自明性理论的各种不当之见(见第19节)。

主张在经验直观之外或更准确地说在经验直观之中存在着“纯”直观，可能更容易从另一个方面引起疑问。常常有这样一种情况，某些假设的见解通过数学分析就可以证明它是**错误**的。对于这种理论来说自然是致命的。一种必然的直观形式是不可能出错的：实际上，全部要点就是要解释它的正确性，它的有效性。在我看来，下面的例子可作例证：

任何依靠直观的人都一定会断定说，对一条完全连续的曲线可以画出一条切线。但这种说法是错误的。有一些完全连续的曲线(维尔斯塔斯首先写出了这样一条曲线的方程)在任何点上都不具有一条切线。(因为这些点的方程任何地方都不是可微分的。)在这里，直观使我们陷入了困境。

在我看来，这样一种例子已经足以证明纯粹直观的理论在许多特例中是不能成立的。但是我们用不着在这些特例上花费时间或着力强调。我们还是要依据更一般的和极为根本的根据来驳斥康德的观点，对于这些根据，我们在早先的一些章节中已作了充分的阐述。

基本之点就是，几何命题的有效性不可能建立在纯粹直观的基础上，理由很简单，那就是，几何学空间并不是直观的空间。

直观的空间并非只有一种，而是有多少空间感觉，就有多少种 353
直观的空间。因而，就有一个视觉空间(实际上是有两个视觉空间，因为人是有两只眼睛的生物)、一个触觉空间、一个动觉空间。所有这些空间彼此都是根本不同的。然而，几何学空间只有**唯一**

的一个，而且它不等同于其他这些空间中任何一个。它具有与这些其他空间不同的属性（见前面，第29节）。它是一种概念性构造，借助于前面描述的重合方法从个体感官的空间材料中产生。这种重合方法使各种个别的主观空间要素彼此一义地互相配列，这又导致形成客观空间中“点”的概念。

客观空间（以及日常生活的空间）是在思维中加到知觉的直观空间材料上的东西。正如我们很容易给这些直观的空间材料加上欧几里德关系那样，也很容易加上非欧几里德关系。因为这里所涉及的只是加上用以解释直观材料的概念，而这些直观材料的结构当然是完全没有改变的。

康德还是继续谈论“唯一的”空间，宣称它是直观的空间，只是把它与自在之物的不知道的次序相对立。另一方面，我们则直接体验到几种直观空间并把这些直观空间同物理物体的次序（正是几何学空间的次序）相对立。几何学空间的非直观的性质是不容置疑的（见前面29节接近结尾处）。在直观空间中欧几里德公理并不是有效的。例如，我们早先说过，视觉空间是一种黎曼空间，而触觉和动觉空间当然不能先天地算作欧几里德空间（见前面，第29节）。这样，我们便回答了本节开头提出的问题，即如果我们给几何学概念赋予直观意义，那么几何学是否还保持它的有效性？回答是否定的。为空间直观所特有的某种几何学公理是决不可能的。因为我们并不具有几何学空间的直观。

几何学空间是使我们能够借以用尽可能简单的形式表达自然法则而建立起来的一种概念性结构。只有几何学空间才能决定对几何学公理的选择。但是要注意，我们并不需要等到物理科学已经发展起来之后才能以这种方式来确立和选择几何学公理。日常

生活的经验非常丰富地包含了对自然的似法则的律则性知识。如 354
果没有某种几何学概念，那么甚至连物体的概念也不可能形成。我们所提示的观点似乎在无意识地指导着人们；只有通过一系列的最富创造性的研究（像彭加勒那样的研究），我们才能够认识到**果真是**这种观点在指导着我们。

欧几里德几何已经成为日常生活的几何学，直到不久以前，它似乎还在为自然科学的全部目标提供合适的基础。然而，新物理学在其最勇敢和最美妙的一着中，从爱因斯坦的引力理论中作出结论：如果我们想要以最大的精确性和通过最简单的法则来描述自然，那么就不能用欧几里德的度量的规定性来解决。按照爱因斯坦的引力理论，在宇宙的每一个地方都必须运用一种不同的几何学，一种依赖于那个地方的物理状态（引力势）的几何学。根据爱因斯坦最近的著作，很可能作为整体的宇宙空间最好可以看作是具有近似于“球面的”性质（因而是有限的，但当然又是无界的）。

不能太多强调我们不**应当**按照这样一种理论来设想空间。如果我们要坚持欧几里德几何学不变，那么也没有什么经验能够阻止我们这样做。但那样一来，我们就得不到对自然法则的最简单的表达，因而物理学体系本身就变得不怎么令人满意。然而，任何一个认真研究了爱因斯坦理论这个如此精妙地简化了整个世界图景的理论并深入了解其内容的人，都会毫不怀疑地认为欧几里德几何在物理学中的独占地位已经结束。对自然界的物理学描述并不限于任何特殊的几何学，也没有什么直观要求我们必须依据欧几里德公理系统，把它作为唯一正确的公理系统，当然也没有什么直观要求我们必须依据任何非欧几里德系统来进行这样的描述。我们选择——起初是本能地，最近时期是谨慎地——那些能够导致最简单的物理法则的公理。但是，如果我们愿意付出更复杂地表达自然法则的代价，原则上我们也可以选择别的公理。因此，对公理的选择从根本上看是由我们自由决定的。

这就意味着这些公理是定义。

355 我们发现的就是，几何学，不仅作为纯粹概念性科学而且还作为空间科学的几何学并不是从先天综合命题产生的，而是从约定产生的（见第一部分，第 11 节）。它只是在这些蕴涵定义中进行推论，定理可以严格地从这些定义中推导出来，就这个意义上说，它的性质是纯粹分析性的，因而是绝对有效的。但是关于实在的空间关系的陈述则不属于这种纯粹的几何学，更准确地说，这些陈述是这种纯粹几何学对于经验材料的部分运用。它们是对量杆行为以及物体方位的判断。它们本身的属性是后天的、综合的判断；只有经验才能决定它们的有效性。爱因斯坦有一段话目前非常出名，这段话就表达了这样的见解："就几何学原理是有效的来说，它们并不涉及实在；就它们涉及实在来说，它们并不是严格有效的"（《几何学与经验》，第 3 页以后）。

几何学的空间是标示实在的次序的概念性工具，并不存在纯粹的空间直观这种东西，也不存在关于空间的先天命题。

只要我们弄清了几何学真理的有效性，那么了解算术对于我们所要考察的问题的意义就是一件容易的事情了。我们在算术命题中是不是或许会找到在几何学中徒劳寻找的这种先天综合判断呢？

康德由于受到他的体系结构的误导，认为时间直观对算术所起的作用类似于空间直观对几何学的作用。但是，好在他没有进一步发挥这一观点，因为这种观点当然是不能成立的。诚然，计数是要花时间的；但是如果想要从这一事实中推论出时间和数的概念之间更加密切的关系，那就严重地混淆了心理学观点和认识论观点。一切心理活动都在时间中发生；但是从这一点不可能推出在这些心理活动中我们所想的是什么。数和空间直观的联系也只是心理的而不是逻辑的联系。我们通过空间性对象（数黑板上的点或者数手上的指头）来表示算术关系，这个事实对算术命题的有效性来说当然是无关紧要的。

当然，在这里还不可能充分地弄清算术的认识论地位。只有 356
更深入地探讨数学哲学，才能有这样的澄清，我希望在另外的地方来作这种探讨。在这里，关于现在的情况，我只想再说几句话。

我们早先引述的（第 7 节）关于纯几何学是分析－演绎的、几何学的全部定理都可以从蕴涵定义中推导出来的证明，是由希尔伯特作出的，他所依据的前提是，算术是这样一种真理系统，该系统完全没有矛盾，因而仅仅是由关于以蕴涵方式定义的概念的分析判断所构成。最近，弗莱格、皮亚诺以及其他一些人的著作决定性地证明了，全部数学命题都可以从少数几条公理中推导出来。但是，只有在证明了算术是自洽的以后才能证明这些公理可以被看作基本的算术概念（特别是数）的蕴涵定义。因为互相矛盾的判断是什么也规定不了的，它们只是空洞的词语结构。在新近的一些卓越的研究中，希尔伯特以及他的合作者贝纳斯已经基本上成功地完成了这个证明，因而算术判断的纯粹分析的性质是确实无疑的。这种判断的有效性不是基于直观。诚然，希尔伯特的证明似乎也要借助于直观。但他并没有因此把任何综合的成分引进数学的判断，因为在他的证明中，直观不是作为有效性的根据，而只是作为一种理解的手段而出现的。在这里，直观的作用不是认识论的，而是心理学的。不过，现在我们不可能更详细地来谈这个问题。

就“几何学”这个词来说，我们必须对这个词是指纯粹的概念性科学还是指空间科学加以清楚地区分。我认为，就算术来说就没有与此类似的区分。的确，我们似乎不得不把纯粹形式的（希尔伯特的）数的概念（数的本质只在于满足某些公理）同“内涵性的”概念区分开来，按照内涵性概念，一个数被认为是一定量的对象（或者更好是用罗素的说法，是“类的类”）。这第二种数的概念的发展（按照罗素采取的途径）导致一种算术理论，尽管其性质是纯粹逻辑的，根据其出发点仍然可以把它称之为实在论的算术理论。

357 这种理论与希尔伯特理论的关系如同空间科学与纯形式的抽象几何学的关系一样。但是，我相信，这种区别只是表面上的，通过更仔细的分析（我必须承认，我还没有成功地完成这种分析），数的形式的和内涵的概念——希尔伯特的数的概念与罗素的数的概念——结果就会成为同一种概念。

康德把算术命题的有效性建立在直观的基础上，对这种理论，无论如何必须加以拒斥。即使在数的科学中有**先天**综合判断，它们的有效性也不是基于直观形式，至多不过是基于**思维**的形式。至于这种思维的形式到底可能意指什么，我们将在下一节加以研究。

但是，是不是或许还有其他一些判断要在时间的纯粹直观中寻找其基础呢？康德所列举的作为从时间直观中综合地而又先天地产生的很少几个基本命题（时间只有一维；不同的时间不是同时性的，而是前后相继的；不同的时间都是同一时间的各个部分），其内容都是极为贫乏的。康德所提出的关于时间的 28 条原则，按照叔本华的看法，只是表示一种装饰而已。事实上，对于时间直观所作的评述和所得出的结论也同样是对于空间直观的评述和结论。我们知道（见第 28 节），就时间来说，我们也必须把依据心理的研究作出经验判断所涉及的直观的时间同数学的或客观的时间加以区别。数学的或客观的时间像空间一样是一种概念性构造，形成这种构造又要受自然科学必须采取尽可能简单的理解形式这个原则所支配。这种对时间的观点在自然科学中最近已经得到相对论的确认，相对论表明，牛顿的“平直流动”的时间已不再能够坚持下去了，我们必须依照描述自然过程相关的参照系的运动状态使用不同的时间尺度。只有以这种方式我们才能通过最少量的概念成功地提供一种解释（见我的论文《相对论原理的哲学意义》，《哲学杂志》，第 159 卷）。

因此，作为物理学知识基础而出现的“时间科学”一如几何学那样，并不是直观的科学，不是实在的科学。它是一种概念性工具，它的基本原则是定义而不是综合判断。

在这样说的时候，我们便对康德主义的直观形式的理论作出 358
了判断。对本节开头提出的问题的回答是否定的；想要寻找一种纯粹直观用来作为给经验直观提供形式和规律性基础的做法是徒劳枉然的。空间和时间不是在使绝对的、普遍有效的综合判断成为可能这个意义上的**先天**直观形式。精确科学的基本的空间和时间的判断实际上并不具有康德所深信不疑的先天综合的性质。差不多在我们的研究一开始的时候就产生的怀疑现在又继续增长了：人并不具有这样一种判断因而根本没有对实在的绝对有效的知识。

39. 有纯思维形式吗?

现在我们要来考察一下仍然可为实在的先天知识提供某种希望的最后一种可能性。或许概念能够提供直观所不能提供的东西。康德说,我们的思维能够作出关于经验实在性的绝对有效的判断,因为思维本身参与构造经验的对象,因为没有范畴给予对象以形式,那么就没有任何东西能够成为我们的对象,或许他这样说是对的。

那么,是不是有这种意义上的范畴呢?概念能不能实现康德赋予知性的纯概念的功能呢?谈论思维的形式有没有意义呢?

只有我们又回到前面关于概念的本质属性的论述上来,才可能使这些问题得到解决。我们知道,概念只是一些标记,当它们与对象相配列时,才首先获得意义。如果我们把先天概念理解为独立于所有其他概念并且独立于经验对象就已经具有一种意义的那些概念,那么这显然是自相矛盾的。那种认为概念可以先天地寓于知性之中的主张似乎如同那种认为某些东西一定必须由语言中的某些词来标示的观点(这种观点实际上在希腊人的早期的语言
359 哲学中就可能找到)一样荒谬。事实上,它甚至更加荒谬;因为一个发音清晰的词至少具有某种具体的直观的内容,而一个概念在它没有标示某种东西之前是没有自身内容的,因而什么也不是。的确,康德根本不应当谈论先天的概念。即使按照康德本人的假设,先天的概念严格说来也只能应用于判断。“先天的概念”这种表达式只能被设想为用来表示先天判断中出现的概念的语词上的简化。的确,众所周知,正是由于这个原因,康德才通过 12 种可能的判断表得到 12 个范畴。

我们必须记住，由于概念和判断的这种相关性（这一点在本书第 7—11 节中可以十分清楚地看出），概念的逻辑意义和功能完全在于作为判断的连接点。判断用来标示一组事实；一组事实总是包含着一种关系。我们可以假定，就我们的知性的判断形式也许“预示”实在的关系来说，我们可以设想，有意义地谈论思维形式是可能的。但是，如果像我们所发现的那样，判断只是与事实相配列的标记，因而不可能以任何方式复制或摹写事实，那么这种可能性便消失了。因为标记的形式是完全不依赖于它所标示的东西的；所涉及的只是一义的相互配列，而事实和思维之间的这样一种配列，不管思维具有何种“形式”，也是可以建立起来的。我们决不能保证，由于思维具有某种形式，因而就先天地存在着一种一义的配列关系，正如有某种彩票上的数字决不能保证赢得彩票大奖一样。判断的真，正如彩票的获胜一样，产生于**两个**因素的出现，这两个因素并不相互决定彼此的内在结构，而只是彼此外在地碰到一起。认知的本质是标示，思维的本质是把单纯的记号联系起来，由此，必然会得出上述这个结论。

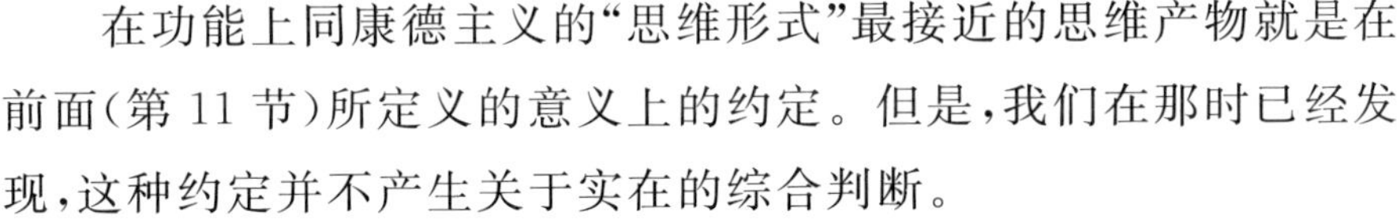

在功能上同康德主义的“思维形式”最接近的思维产物就是在前面（第 11 节）所定义的意义上的约定。但是，我们在那时已经发现，这种约定并不产生关于实在的综合判断。

因此，就我们所达到的理解来说，思维及其判断和概念并不具有可以加到实在上的形式。但是假定我们像康德一样承认这种可能性。假定我们相信在思维和存在之间有一种非常密切的关系，由于这种关系，实在的东西首先通过思维成为我的对象，然后自然 360
地由此而带上了思维的痕迹。在这种情况下，显然，我们必须把“概念”理解为某种别的东西，而**不仅仅**是单纯的记号。这样，我们就得承认一种观点，就是判断不单纯与事实相配列，而且在某种意义上说判断产生事实。这并不是说思维是产生实在的原因——这的确是荒谬的观点——而是说，只有通过思维，实在才首先对我成为一个“事实”。

这种看法大体说来实际上就是康德和他的弟子们的观点。按照康德的看法，概念似乎就是意识中的实在；概念和直观一起被他看作“表象”(vorstellungen)。因此，它们可以实现与单纯的记号完全不同的功能。康德相信，只有通过概念，才可能“知道某种东西是对象”；除非我们预先设定概念的存在，否则“就没有什么东西可以成为经验的对象”。在这里，康德依靠的知识概念完全不同于我们在本书第一部分的研究所获得的知识概念。康德的概念是怎样地与我们的概念不同，可以在瑞尔阐释康德观点的这段话中清楚地看出来(见《哲学的批判》，第二版，第一卷，第 367 页)：“存在着一种原初的判断，它与推出的判断不同，它并不将对象加以比较，而是首先为表现对象提供基础。”对象总是种种关系的复合体。按照康德的理论，这些关系并不是直接的所与，而是必须归于思想、判断和概念。按照这种批判哲学的观点，关系来源于判断，而按照我们的知识概念，判断只是与关系相配列，它存在于这种配列之外。

如果通过前面的努力，我们毫无疑问地确定了思想和认知的标示的或符号的性质，那么由此就消除了批判哲学的知识概念。所有包含在这个知识概念中的各种可能性，所有从这种知识概念中引出的结论必定要被看作是站不住脚的。因而，依据我们早先的明确无疑的发现，我们可以认为，全部问题的解决都是反对康德哲学的。

然而，为了防止人们产生某种抱怨，认为我们可能不知不觉地把自己的研究建立在靠不住的假设上，我们还需要再加上一些说明。康德主义者可能会说，我们的错误就在于从“给定的”事实和对象出发，把这些事实和对象设想为与思想相对置的完成了的东 361
西；因为实际上事实和对象决不会没有思维的加工而给予我们。

我们相信，我们已经表明了，对科学和科学的过程的分析只能得出我们在这里所阐明的知识概念而不会得出任何别的知识概念。然而，对康德主义学派所提出的知识概念进行重新考察将会是有益的。因此，我们将首先特别要了解这种知识概念是怎么可能被提出来的。我们不仅要发现一种错误，而且比发现错误更为重要的是发现产生错误的根源。只有这样，我们才能完全地放心。

从上面所说的来看，问题可以作如下形式的表达：认识论是不是可以假定，实际事实和对象在逻辑上讲是**先于**任何思想和判断因而是给定的呢？或者情况是不是或许是这样：必须当作实在的或事实的东西最初并不存在，而是作为知识追求的最终目标只能通过知识本身建立起来？

甚至连康德也承认，至少有某种材料是先于心灵的任何赋形活动而给予我们的。按照他的说法(《纯粹理性批判》，凯尔巴赫版，第 107 页)，“当然对象可以向我们显现而无须和知性的各种机能发生关系；因此，知性无须先天地含有这些对象显现的条件”，因为“现象当然能够不靠知性的机能而在直观中被给予”。在另一处他说：“在上面的证明中，只有一个部分我仍然不能抽掉——直观的杂多必须先于而且独立于知识的综合而被给予。”(同上书，第 688 页)这种综合，这种由判断所作的结合，是某种添加的东西；并不是它必须被添加，因为直观不一定成为知识。

如今，康德的某些追随者，联合成颇有影响的“马堡学派”，他们有一种倾向，就是承认纯粹思想在经验的发生中甚至具有更加根本的作用，而且力求克服思想和纯粹直观的对立。他们在康德关于思维在直观中发现一种先已存在的、不依赖于思维的内容的假设中察觉到一种矛盾，因而他们提出了一个代替这个假设的引人注目的公式：对象和事实不是“被给予的”，而是“被达到的”；达
362 到事实和对象是知识的永无止境的、永远不会最终解决的任务。

为了进行评价，让我援引这一学派的一本代表性著作，即保罗·那托尔普的《精确科学的逻辑基础》（莱比锡和柏林，1910年出版）中的几段话。这几段话反映了马堡学派这一运动的基本主题和基本观点。

“想要在科学知识中达到绝对事实的一切希望都破灭了，而且任何想要达到这种绝对事实的需要也消失了。因为实在决不是给定的；相反，它是一种永恒的问题或任务，在实际经验中只容许相对的解决”（第94页）。“在每种情况下，‘事实’只回答知识事先按照其特殊概念提出的问题”（同上）。“然而，绝对意义的事实是知识必须达到而实际上又永远不会达到的最终的东西；它是认识的永恒的X。这个最终的东西竟变成了最先的东西，这个X变成了已知的量，这个达不到的永远追求的东西变成了给定的东西。这种奇怪的假概念是从哪里来的呢？”（第96页）

这里提出的正确的观念就是，由于对象之间的关系无限丰富，因而永远不可能穷尽无遗地认识任何东西。没有任何历史的或自然的过程可以被概念完全彻底地掌握，从而能够回答完人们所能提出的关于它们的一切问题。每一实在对象都包含了无限多的细

节，都与其他对象处于无限多的关系之中。要绝对精确地标示它，我们就要有无限多的或无限复杂的概念。对于一个历史事件，我们可以首先确定它的一般的特征，然后确定它更加精确的细节，直至确定所涉及的人物的个别姿态和思想。但是要**完完全全地**确定这一事件及其原因仍然是一个只能不断接近而永远达不到的目标。我们可以以不断增大的原则上没有极限的精确性来确定行星的轨道。但是，不管精确到何种程度，这种精确度仍然是可以进一步改善的，因为决定行星轨道的情况是无限的。这种观念不仅适用于自然和历史中的个别事件，而且也适用于理论。当我们把物质分解为分子，把分子又分解为原子，把原子又分解为电子以后，仍然可以提出区分电子中的不同部分的问题，因而在这个方向上推进的认识过程永远不应当算做绝对完成了。“物质是怎样构成的？”这个问题永远只能得到暂时性的回答。

那么，谈论先于任何科学知识的绝对确实的事实，并且可以而 363

又必须承认这是一切思想和探究的基础，是不是这种说法由此而成了错误的和无意义的了呢？这样的结论肯定是不合理的。诚然，知识按其本质来说是一个永无止境的过程。但是这一过程不可能达到的目标不是绝对的事实而是对事实的绝对知识。虽然科学的大厦永远不会完成，但大厦并不是实在本身而是一种概念之网。这个网越结越密从而越来越密切地接近实在。但是它永远不可能达到对每一个最细微的情况完全适合而无所增减；它仍然只是一件披在实在上面的外衣。

从根本上看，新康德主义学派的哲学家们仍然犯了把概念性外衣当作实在本身的错误。按照他们的观点，世界本身是在科学知识中发现的，但实际上科学知识只是概念性的记号系统。毫无疑问，整个这个学派的思想都有一种强烈的(虽然是被掩盖着的)动机，那就是希望在知识中获得或“掌握”实在本身。至于科学系统只是与实在相配列的观点，是他们感到不满意的。所以他们自己相信概念之网本身就属于实在并构成实在结构的一部分。他们又陷入把直观作为知识的概念，按照这种概念，认知和被认知的对象之间的关系是一种比单纯的配列(见前面，第 12 节)更为密切的关系。这里我们看到的实际上就是直观知识理论特有的观点，即认为单纯的表象就等于知识。因此，那托尔普在谈到“表象”时说：“无论如何这些表象都是具有‘固定’内容的完全的要素，因而，构成初始的知识”(《精确科学的逻辑基础》，第 41 页)。当然，科学的概念系统与之相配列的世界不是“给予”我们的。我们通过历史和自然科学的概念所标示的事实和对象并不是被**体验到**的；我们不是**直接地体验**它们。相反，我们只是间接地指涉它们。我们无论会具有什么样的关于它们的知识，都只是我们在认知实在的过程中用以披在实在上面的概念之网。这种情况又为新康德主义的思维方式提供了进一步的动因：新康德主义像所有唯心论体系一样，
364 都要求实在的东西就是我们以某种方式**直接体验**的东西，因而把表示心外实在的概念性记号系统看作是实在本身的组成部分。[①]

① 在我看来，新康德主义者 A. 高兰德在其著作《论假设》(哥廷根，1911 年)中所作的说明，也有同样的动机在起作用。他认为，我们必须把自然科学的内容(归根到底由假设所构成——见下面第 41 节)要么看作实在，要么看作虚构。他是反对后一种看法的，他说：“……我相信，我们必须力求在假设中除去任何可能是虚构即捏造的嫌疑。因为我认为对一个科学家来说，以为他的著作是以某种方式建立在虚构的基础上是一种耻辱(第 38 页)。”因此，作者的结论是，假设“完全是**实在化**过程”(第 43 页)。正是以这种方式设想实在是通过思想所进行的创造。高兰德觉得，例如把“刚性的量杆”这个辅助性物理概念看作虚构是完全不可容忍的(第 38 页)。但是任何一个不是把科学的概念结构当作实在本身而是看作实在的记号的人都会和我们一样，认为刚性量尺是一种虚构并没有什么可指责的。

但是，对我们来说，并不存在对非所与的、不是通过体验认知的实在的恐惧，也根本不存在上述这种动机。我们明确地把科学的世界图景同世界本身区分开来，因而我们不会陷入把前者等同于后者的那种诱惑。

当然，认为这里所涉及的是一种混淆的看法就会遭到否定。我们可以严格地证明，因而应当肯定，我们可以把实在的事实仅仅理解为思想的规定，不能把事实设想为某种与思想相对立的独立的东西。“认为事实……似乎是某种先定的独立的东西，对力求表达这种事实内容的思想规定提供了特殊的联系，这种看法是不正确的。相反，正是思想规定的联系提供了(实际上也就是)事实。事实像这种思想规定的联系一样不是坚实牢固的”(第 95 页)。

不过，适用于这一论点的证明，同样也是那些用来建立唯心论体系的证明，并会受到同样的反驳。“思维只是假定某种东西存在着，至于这个东西是不是可能成为另一种样子还是一直如此，这是一个没有明确意义的问题(第 48 页)。”这个说法并不是一个十分恰当的说法(对这里所设定的“思维”的定义也许是应当拒斥的)。但是我们可以领会这段话中所体现出来的观念。因为我们自己在前面(第 22 节)也曾不得不断言，任何对存在性质问题的回答—— 365
当然它必须总是一个**判断**——只能代表存在的东西的一个新的**标示记号**。它决不能给出被标示的东西的本质。要求一种回答会提供这种本质，那当然是无意义的。但是逻辑的唯心论者却由此推断，思想决定存在。海因利希·李凯尔特(在《对象与认识》一书中)用另外的词语表达了同样的观点，他断言，要知道存在的东西，就必须已经**作出**它存在的**判断**。怎么会有别的办法知道它呢？因此，在任何情况下，总是先有思想。思想不可能由存在支配。相

反，何物存在总是由我必须加以判断的东西所决定。例如，我在注视着某种红的东西时，我除了判断它是红的以外不可能作任何别的判断，我体验到这种强制，这个事实决定了我在注视着的某种红色的东西的存在。判断的这种必然的性质，这种“先验的应当”决定存在，因为存在首先是由判断的这种必然性质来保证的。任何证明存在的其他根据都是不可能给出的。

这种推理是一种谬误推理。它是建立在“知道”(Wissen)一词的歧义之上的。[①] “知道”这个词既可以指知道某种东西，因而只是被感知，也可以指知道**关于**某种东西，因而表示认识。只有在第二种意义上，知道才预设判断，因而预设思想；但是在第一种意义上的知是一种绝对的意识材料，一种基于自身的绝对的事实。在直观的经验或直接的意识材料(例如纯粹的感觉)中我们找到独立于任何思想的纯粹事实——除非有人坚持把这种感觉过程本身**叫做**思想过程，在这种情况下，任何进一步讨论都是毫无用处的。我们还知道逻辑的唯心论者力图借以证明纯粹知觉是思想过程的论证中的错误所在。“把知觉同单纯的思想规定区别开来的东西是什么呢？肯定不是内容性的东西。因为可能被我们作为给定知觉的内容，作为陈述的内容来肯定的不论是什么东西，都必然是一种思想的规定……”(那托尔普，同上书，第 95 页)。但是在判断中
366 所肯定的东西并不是“包含在”判断中的东西，似乎知识抓住了实在并吸收了实在。实在只是与判断相配列。一个陈述就其本身而言，由于独立于它所标示的东西，因而并没有内容，只是一种单纯

① 对李凯尔特推论的详细批评，见我的论真理性质的论文，载于《科学哲学季刊》，第 34 卷，第 398 页以后。

的、空洞的声音。一种红的感觉只是一个给定的事实。但是说出“这是红的”这个判断当然要以认识活动为先决条件，因为被经验到的颜色然后必须被再认识到是属于“红”这个词所标示的颜色的类。因此，只有把更进一步的经验加到原初的事实即红的感觉上之后才会产生判断。

所以，把感觉源泉的任何部分归于思想都是根本不行的。新康德主义学派把感觉描述为某种先于思维、完全没有被规定的东西。那托尔普说：“一般地说思维就是作规定”（第 38 页），这个定义是很不令人满意的，因为“规定”是一个含糊的字眼。（在另一段话中，他说，“思维一般地说就是联系”，这个说法还比较使人容易倾向于接受。）但是无论如何我们都不可能从这个定义推论出，在思想之外和先于思想便没有任何规定性。在我们看来，事实甚至在没有被概念所掌握以前就固定下来。任何人如果假定规定必须通过概念来表示规定，那么他就假定了应当加以证明的东西，因而处于用一种情况来描述这种情况本身的境地。根本不可能证明，如果没有首先通过思想形成规定、形成事实、形成所与，就没有规定，没有事实、没有所与。对这一论点的一切表面上的证明都是循环论证。

因此，我们必然得出这样一个结论：并不存在新康德主义的逻辑唯心论所说的一般实在的形式这个意义上的纯粹思维形式。

40. 关于范畴

思维形式，如果我们还可以谈论它们的话，只能有一种功能，那就是：给已有的、通过直观给予的但在某种意义上说仍是无形式的材料赋予形式，从而在这种材料中产生关系使对它的知识成为可能。我们已经说过，这正是康德本人所持的观点。他把这种材料称之为“**直观的杂多**”，在他看来，这些关系是由知性所建立，知
367 性实现了杂多中的“综合统一”，也就是把杂多结合起来成为意识的统一。有时，康德认为在直观和知性之间还插入“想象”。想象应当创造这种杂多的综合，但并不产生任何知识。知识首先通过知性而产生，它通过纯粹的知性概念使综合具有统一性。

我们在这里用不着去评论这种想象理论。只需要问：是不是真的已经在直观上给予的材料中发现知识所赖以建立的这些关系？或者这些关系是不是首先由判断、由意识所特有的某些思维功能所产生？因此，这里的问题就是，是不是存在着康德主义意义上的范畴。

在这里，为了使问题得到澄清，我们必须回到在此之前只是匆匆涉及(第 8 节、第 9 节)的“关系”这个概念。在前面我们曾把关系看作像其他对象一样的对象，能够用概念来标示(概念与判断不同，判断的功能是标示**存在**，一种关系的存在)。我们相信一种关系甚至在概念之外也可能存在因而不仅仅是包含在**概念之中**，难道这是错误的吗？

究竟是我们的意识创造了关系，还是仅仅感知到关系，这个问题无论以哪一种方式解决，对它稍加思索都足以产生疑问。正确的办法倒是，对两种不同的关系加以区分。假定我在写作。我看到我的右手的拇指在食指的左边。这两个手指的空间关系和我手上皮肤的颜色都以同样的方式和在同样意义上是在这种感知中被给予并包含在这种感知中。颜色和直观的空间性两者都是质的材料并且都由感觉所给予因而都处于同一层次。例如，颜色要素不仅在明暗度上而且在空间关系上都与这些感觉不可分离地联系

着。这些空间关系正像这些颜色要素一样被感知；一种“格式塔—质”的经验便产生了，在这个基础上我们就能够直接地使概念与这些关系相配列。

因此，空间关系正像感觉的质一样肯定是先于思想的。对空间关系的判断标示我们所遇到的某种事情。判断所标示的种种事实至少包含着某些并非由判断首先产生而是在逻辑上独立于这些判断的特征。关于空间关系的这些看法同样也恰好适用于**时间**关 368
系。意识要素的延续、同时发生和前后相继的质的经验都是和这些要素本身一样可以在那里发现的直观的材料。要被判断为同时发生或前后相继的，就必须先行感知时间关系。因此，判断无论在逻辑上还是在心理上都是随后而来的。一切过程的时间性都是某种直接地在直观上给予的东西，然后才能用概念标示并为任何时间关系的知识提供经验的基础。对于经验来说，四刻钟时间和三刻钟时间之间存在着直接的差别，这种差别同样可以设想为格式塔—质的差别。

与空间性不同，时间性具有的独特的特征就是它不是与一个特殊的感觉领域相联系。因此，时间性并不是对触觉是一回事，而对视知觉或对于情感又是另一回事。相反，它是在**一切**经验中都以同样方式表现出来的一个侧面或一个方面，无论是在感官知觉中还是在各种非直观的活动中或在情感中都是一样的。虽然我们在谈论空间关系时仍旧可以说它们是直接“被感知”的，而且可以指出使这种感知得以发生的感觉器官，但我们却不可能这样来谈论时间关系，特别是由于我们已经坚决地把“内在知觉”作为不适用的概念加以拒绝（见前面，第20节）。不存在产生时间知觉的器官；这种时间知觉不需要中介活动。时间性是一切意识内容的一般属性，因而直接地被经验到。

但是，我们还必须承认第二种关系的存在。[①] 这些关系也像时间关系那样，我们不可能说它们是通过任何感官被感知的，而对颜色或声音的感知则必须依靠特定的感官。但它们与空间关系和时间关系的不同在于它们似乎并不是在与空间、时间关系同样的意义上被直接领悟。当我说我房间里的地毯的图案与一位朋友房间里的挂毯的图案是相似的，或者说一种颜色和一种声音是不同的，我表达的是关系。但是这些关系看来只有通过判断并在判断
369 中才有实际上的存在。显然，两种感觉之间的区别与两种图案之间的相似，并不像对图案本身的感知中的个别的颜色或者几种颜色在空间上的并列那样在同样的意义上真实地现存。我们不会把恺撒和拿破仑这两位将军之间的相似设想为超越空间和时间的实在关系。而是说，这样的关系首先是通过判断着的意识才得以产生的。

这种奇怪的情况在古代柏拉图所阐发的心理学中已经认识到了。他认为关系不是通过感官知觉所掌握的，而是通过灵魂本身形成的（见恩斯特·卡西尔，《客体概念和功能概念》，第 434 页以后）。对柏拉图的观点是不是要以康德那样的方式来理解，这个问题我们不需要在这里决定。

无论如何，我们在这里谈论的差别概念是可以包括在康德的范畴表里的。因为这一概念相当于康德的范畴中的否定概念（见本书，第 10 节）。另一方面，在他的范畴表中却找不到相似或同一

① 我们也可以在莱布尼兹的论著《人类理智新论》中找到区分两种关系的观点。他把第一种关系称之为并存关系，第二种关系叫做比较关系。

的概念。还有,那些确实属于上述第二类关系的其他关系概念,则正确地出现在他的范畴表中。如果在一种情况下我把房子当作一个单独的对象来看待(例如在契约中),而在另一种情况下却把它当作由许多砖块构成的东西(例如在平面图上),那么我就把同一个东西最初与统一性概念相配列,然后又把它同多样性概念相配列。这两种方法同样都是正确的,而使用何种标示方式则取决于我的目的。这两种观念任何一个都不是直接呈现的,都不是由对象的本质所给予的。照此说来,我们可以相信,康德把统一性和多样性的概念看作他所说的意义上的思想形式是正确的。同样,在康德看来无疑表示最重要的范畴即因果性和实体性的那些概念,似乎也是正确的。因为我决不会直接感知一个事件是另一事件的原因;最多我只是感知到一事件总是经常地出现在另一事件之前。同样,实体和偶性之间的关系或事物及其属性之间的关系也决不是我们所直接见到的东西,我们所经验到的最多只是许多特征在空间和时间上的契合(见本书,第10节)。只有当我们在思想中以一定方式把这些特征结合在一起时,我们才得到可以用事物或实体概念来标示的“属性”的复合。要把单纯的前后相继的过程变为因果的依存性,同样需要思想给加上某种东西,即最初似乎由判断 370
创造出来的特殊的联系。

现在,我们且不去讨论康德的其他范畴,因为是否穷尽康德的范畴表本身或别的什么东西对于根本的问题来说并不重要。问题只在于,是不是存在康德所说的知性概念这样的东西。因此,我们马上要问:那些属于第二类的关系真的起着康德归于范畴的那种作用吗?这些关系真的是我们通过判断建立起来的联系(如果我们想要进行判断就**必须**建立的联系),通过这种联系,实在对我们来说才首先获得它的形式，然后才能以确实性和绝对的有效性来断定实在的形式吗？

让我们简略地考察一下康德对他的观点提供的证明中所包含的基本的想法。

在康德看来，“联系”或“连接”只有通过**知性**才能发生。杂多可以通过感觉给出，但杂多在思维没有掌握它之前，必定仍旧是没有联系的(《纯粹理性批判》，第2版，第15节，B129—131)。联系意味着把杂多结合到一起(综合)形成**统一**。这样的综合之所以可能，是因为所与的直观的要素是对同一个自我的所与。这就是把这些直观的要素结合起来的**意识的统一性**，“统觉的综合统一”(同上书，第16节)。康德把**对象**称之为“在其概念中使所与的直观的杂多统一起来的东西”。因此，为了使某种东西成为我的对象，它就必须服从意识统一性的法则。在康德看来，知识就在于“所与的表象与对象的确定的关系”。因此，意识的统一性使对象的知识成为可能，知识的有效性正是由于这种统一性(同上书，第17节)。“但是使所与的表象的……杂多被统摄于一种统觉(即包容在意识的统一性中)的那种知性的活动，就是判断的逻辑功能。”判断的这些逻辑功能就是各种范畴，“所以，所与的直观中的杂多必然受到范畴的支配”(同上书，第20节)。这样，康德关于实在性的先天综合判断得以可能的预设前提就得到了满足。

这种证明的核心就是求助于意识的统一这一事实。

371 在前面，我们自己就不得不指出意识统一性这个特殊的事实并且用它来保证某些判断的严格的有效性。但是这些判断是**分析的**判断(见本书，第17节)。如果这一类判断受到彻底的怀疑论的威胁，我们就可以指出意识的统一性并利用这一事实的充分的影响来避免怀疑论的攻击。但是如果涉及要为实在的综合判断提供绝对的保证这样一个无比艰巨的任务，我们是不是还能指望从意识的统一性得到同样的帮助呢？看来，这的确是它所无能为力的，已经超出了前一种情况的界限。

实际上，如果康德必须据以进行推论的其他假设都不能成立的话，那么意识的统一这个事实对于我们的问题来说，也证明不了任何东西。这些假设也的确情况不妙。

首先，关于意识中的一切联系和统一都是通过知性特有的非常确定的逻辑的运作来实现的，这一主张已经以隐蔽的形式包含我们的确具有先天综合判断这个预设的前提了。这一点在康德后来给出的、被他作为先天综合判断的那些单个的基本原则的推论中，也是很明显的。但我们用不着进一步去讨论它。因为我们已经反复强调过，康德正是作出了这一预设，而且他的全部推论都旨在使先天综合知识的可能性成为可理解的，也就是说，通过这个科学的经验事实来确立这种可能性。但这对我们来说毫无用处，而且什么也证明不了。

其次，全部论证的出发点怎么样呢？也就是认为只有通过知性才有联系产生，或者像我们所表达的那样，认为除了思维所创造的那些关系以外，没有别的任何关系，这样的看法又怎么样呢？对于这种看法，康德所能提供的唯一根据就是，联系“是表象机能的一种自发活动”(《纯粹理性批判》，第2版，第5节)。这种看法当然什么作用也起不了。它似乎是一种非常武断的看法。我们怎么会知道这里所涉及的是知性的一种自发性活动呢？

在这里引入自发性和接受性(用现代用语来说是能动性和受动性)之间的对立是完全不适当的。这种对立最初只是在其实践

的重要性上把它用于生命的意志过程才有直接可理解的意义。如
372 果用它来对我们在这里所讨论的根本的认识论的立场给予说明，那是不适当的。（亦可参见贝绍德·凯恩于1911年所著《世界观和世界认识》中关于主动性和受动性的那一章。）在讨论这些基本问题时，对于认识论研究者来说正如对物理学家一样，所与的世界是一种连续不断的流，其中被动接受的和主动增添的之间的区别起初并无意义。只有在完全不同的思考层面上，通过特别的说明，才能作出这种区分。只有当我们像康德那样，把知性和感性看作原初的“机能”，才能把这种区别看作根本的。但是根据我们现今的心理学的知识来看，这是根本不行的。

只要我们相信，康德哲学的思考无助于我们获得对问题的解决，我们就会不受批判哲学家的疑虑所干扰，沿着一条直接的途径去寻求解决方法。

我们对两种关系的考察表明，在什么意义上说知性（思维和判断）使意识之流中的关系得以发生似乎仍然是可能的。因为我们知道，第二类关系——同一、相似等——与那些在感觉上感知到的关系以及与之伴随的空间－时间关系不同，不是在**实际上**接触得到的东西。因而，这第二类关系一定会显得好像是由某种判断活动创造出来的，而不能在任何意义上说是“接触得到的”。然而，更仔细的考察表明，情况并非如此。

我们发现的这两类关系之间的区别可以十分恰当地表述如下：第二类（范畴种类）关系不应当理解为恰好像空间－时间关系那样**客观地**存在着的东西。于是，就会提出一个（形而上学）问题，那就是，前一种关系是存在于意识之外，还是纯粹主观的。但这并

不是这里的关键所在。我们要问的是某种别的问题，我们探讨的是必定在主观的范围内已经显示出来的区别问题。这两个问题很容易被混同而且常常被混淆，因为，如果关系真的具有像外部世界中的物体一样的客观性，那么它们大概就会像物体那样产生直接 373
的知觉经验。

但是，不管是什么东西适合于关系的客观性——即使它们没有客观性——有关第二类关系的判断肯定能够标示那些直接碰到的事实。区别在于这些事实是主观的；它们是意识的状态，大部分是像比较活动这样的心理过程的结果，客观事实是不是总是与这些判断相一致，可能还是不确定的。恺撒和拿破仑之间的相似性比起这两个人本身或他们在时间中的先后来，他们之间的相似性是某种更缺少独立性、更模糊不清的东西。我此刻听到的一首乐曲同几年以前听到的乐曲之间的区别，并不是像刚刚演奏的乐曲的音调本身那样客观存在着的东西。但是使这种相似或区别得以确立的**经验**无疑是在意识中实际存在着的。相似性的经验的发生是一个事实：这个事实正像其他事实一样可以被接触到，然后可以用判断来标示。因此，判断是随后而来的；所以，这个判断无论在时间上还是在逻辑上都决不可能先于那种经验，或者包含那种经验。

诚然，这种关系的经验必定与其他的意识内容相联系，否则它决不会发生。它们不是像比如说一种声音感觉那样，突然地毫无准备地出现。用流行的用语来说，它们是“被建立”(“fundierte”)的经验；一种关系要能成立的确要预设使之得以成立的关系项。但是，一旦有了这些关系的经验，那么它们就会直接被接触到；它们的存在并不是由于我们所说的那种意义上的任何“思想”。这种看法是正确的，斯图姆夫在下面这段常为人们所引用的话(出自他关于现象和心理机能的论文）中就表达了这种看法（虽然他用的术语与我们的多有不同）："现象之间的关系是在任何两个现象中并随着这种现象而给予我们的；这种关系并不是我们塞进来的，而是在现象中并同现象一起被感知的。关系属于理智机能的材料；它们本身既不是机能，也不是这些机能的产物。"

因此，我们对关系所进行的考察不会迫使我们放弃我们一直坚持的"思维"概念。我们会继续把它看作仅仅是判断与事实的配
374 列。思维既不创造事实，也不是把形式赋予无形式的材料。无论如何，判断所标示的关系都是在意识中被给予的，尽管大多数都是作为特殊的心理过程的结果。这些心理过程不能用我们所说的意义上的"思维"来标示，而是更接近于联想过程。

如果任何两个意识材料被给定，那么在它们之间建立关系的过程或者以如此这般的方式发生，或者完全不发生，这取决于偶然的情况。因为这些过程是自然世界的一部分，因而它们的进程依赖于整个一系列的经验因素。但是，如果事情本来如此，那么意识的联系或过程就决不可能为综合判断提供**先天**有效性的基础。因为这些过程是变化着的自然过程，它们并不必然地属于意识的本质，并不构成意识的统一性。因此，它们不属于认识论的范围；关于这些过程的数量和种类的知识是由心理学的分析提供的。（阿尔弗雷德·布伦斯维希在他的《比较和关系知识》中就是以举例的方式进行这种分析的。）

如果我们再次把注意力转到批判哲学中被认为起着使知识据以形成的范畴作用的关系概念，那么我们的发现就会得到确认。

我们把许多给定对象的复合看作是统一性的，还是多样性的，

还是总体性的(这三者都是康德范畴表中最先的三个范畴)，这当
然要取决于偶然的心理条件。但是一旦把单位确定下来，实在的
对象因而成为可数的，那么这些对象就要服从数的概念；数的法
则——作为整体的算术——对这些对象必须是有效的。于是就可
能想到，多样性概念就是这些数的法则的根源。但是我们知道，这
些法则纯粹是分析的判断。因而，算术的判断只要前提符合实在，
其有效性便不会产生任何问题(见本书见面第 36 节的论述)。这
些前提只是通过对一个个实在的单位进行计数而形成，因而，根据
刚才所说的，依赖于经验的目的和环境所决定的那些规定。它们
的有效性是**约定**的有效性，因而完全是建立在诸如测量系统之类
的任意的规定。它们决不会产生新的知识。因此，统一性、多样 375
性、总体性以及一般的数，都不是上述意义上的“范畴”。

同样的结论也适用于纯粹知性的概念表中的以下三项：实在性、否定性、限制性。至于**实在性**，它又以“存在性”的名称再次出现在这个表中。不难看出，把实在性这一概念算作这些范畴中的一个是很难同康德体系的前提相容的；而且，根据我们在前面的论述(第三部分 A 和 39 节)，把存在性或实在性刻画为能够产生先天综合判断的思维形式，那是完全不可能的。

对于否定性和限制性概念来说，也同样如此。这两个概念决不会导致综合命题，产生新的知识，让这两个概念出现在这个范畴表里也是不对的。被康德看作是来自这个范畴表的先验原则——所谓知觉的预测——一部分是一些定义(例如，对强度之类的概念的定义)，一部分是一些有效性非常可疑的命题。康德把感觉的强度同感觉的质分开(他总是把这种分离作为“知觉的预测”中所预

设的前提)，然而，这并不是在全部感觉领域中都可以顺利实现的事情。

现在我们来讨论最重要的两个范畴;实体性和因果性范畴。(这一组范畴中的第三个即交互性范畴，就不必单独进行讨论了。)

实体概念无论在日常生活中还是在科学思想中都起着重大作用。我们说到物质及其种种状态，能量及其变化着的形式，物体及其多种属性。这里说的每种实例中基本的概念都是某种恒定的东西中进行着变化而它本身却保持不变这种观念。一切变化中总有一种持久恒常的东西，这个原则当然是一个综合判断;在康德看来，把实体性范畴用于所与便**先天地**得到这一原则。那么，这是不是这个原则的真正来源呢?

前面我们就说过，绝不会感知到实体。我们至多只感知到各种质或特征的重合、属性的复合或我们可能称呼的无论什么东西的重合。那些在一起的材料的复合必须再加上某种东西才能用实
376 体概念来称呼它。毫无疑问，加上去的就是我们的意识中对个别特征的联想性的联系，由于这种联系，这些特征对我们的经验来说便是结合在一起的;如果给定了某个特征，那么与之相联系，就也会给出其他特征的期待。假定我在注视着一块蜡;也就是说，假定有某种黄色的视知觉发生，那么，借助以前形成的联想，我便期待着这些感觉会以一定方式随着外部环境(场所、光线以及诸如此类的东西)的变化而发生变化。如果我伸出手来，我便期待着某种触觉(某种光滑东西的感觉)。如果我使这块蜡靠近火焰，我就期待着发生某种形态变化，在这种变化中，代替原来的固态物体的是某种流动的东西的出现。每一次我的期待都得到满足。但我可以把

所有这些复合都用同一个概念和同一个名称——“蜡”来表示，因为它们的空间一时间的联系总是连续地保持着。这样，我们所见到的一切都使我们能够像日常生活中使用的那样来使用实体概念。的确，要形成物理对象的观念，并不需要更多的东西，不需要新的思维活动或知性活动。

诚然，形而上学的实体概念还包含着更多的东西，那就是不同于那些变化着的属性并且担负着那些变化着的属性的承担者的观念。但是这种观念正是我们很久以前就认识到的错误观念（见本书，第 26 节 A2 的结尾）。它决不是一个可以构成对象并为知识提供基础的范畴。

科学的物质概念用似法则的质的联系代替了联想式的属性的联系，从而改进并发展了粗俗的形而上学的实体观念。但是这种科学的概念也没有为确立关于实体永恒的先天综合命题提供任何可能性。康德用下面这段话来表达这种命题：“在世界上的一切变化之中，实体常住不变，只有偶性变化着”（《纯粹理性批判》，凯尔巴赫版，第 176 页以后，A184）。他相信，这个命题不仅为一切时代的哲学家而且为一切时代的普通人所采用，他们总是把它作为无可置疑的东西来接受。如果上述最后这种情况是正确的，那么对它可以作出心理学的解释；但这种情况确实没有达到普遍的程度。甚至在普通人的心目中，也不是必然地去设想世界上发生的一切都是某种恒常的东西的改变和变更。人们也相信存在着一种 377
绝对的生成或消逝，这种信念也已存在，而且仍然是得到承认的。康德断言，一种绝对的生成或消逝决不能成为可能经验的对象，这种论断是不能令人信服的。

在现代科学中，实体概念的确已经失去了一切优势。心理学率先提出，不再把意识材料看作是一个实体性灵魂的偶性；如今，心理学只是把灵魂理解为有生有灭的心理的质的复合。现在的自然科学也按照一定的经验材料把它的实体、物质看作按照似法则的律则性变化着的质的结合（见本书作者所著《自然哲学》，柏林，1925年）。就连质量守恒的原则，也按照经验的根据被抛弃了。按照“唯能论”的自然观，守恒的能量应当代替以前由古老的实体概念所承担的角色，因而，世界上发生的一切都应被看作只是能量形式的变化。但这种理论应当看作只是对自然的一种可能的而不是必然的描述。在科学家中追随这种观点进行的讨论的决没有哲学和通俗文献中可能出现得那么频繁。而且，任何一个富有思想的科学家都不愿意宣称，将来的经验就绝不可能证明甚至能量守恒的原理也只是在某种近似的程度上是有效的。

科学所力求保持（的确，如果科学终究要获得任何知识的话，它就必须保持）唯一不可改变的东西就是**法则**。在差异中再发现同一，这便构成科学的知识，归根到底，这种再发现就成了对相同**法则**的再发现。实体的不可改变性消解为关系的似法则的律则性的恒定性。

因此，并不存在关于实体的先天综合判断，而实体概念也不是先验哲学意义上的范畴。

这样，我们便回到作为最后的坚固地基（terra firma）的法则概念。这个发现可能会产生一种希望，以为在这里我们终于有了所希望的“范畴”，世界的这种似法则的律则性是对世界可以先天地加以断定的。于是，我们就有了**因果性**范畴，因为这显然就是法
378 则观念所要达到的东西。因果性原则的论断——每一事件都必然

有产生它的原因——等于似法则的律则性支配发生的一切事件这个论断。当我说某个特殊的过程 A 必定先于另一个过程 B，我便设定了有一种规则规定了什么样的 B 与特殊的 A 相联系。如果没有这种规则，那么 B 就根本得不到确定。这种规则就叫做自然法则，因此，因果法则只是表示一切发生的事件都由法则所支配。

研究因果性论断的性质就等于对"宇宙中一切过程都按法则发生"这一命题的有效性进行检验。所以这种研究必定像在一切类似的情况下那样回答下面这个问题：这个命题是一个先天综合判断还是一个约定或者是一个基于经验提出的假设？对这一问题进行透彻论述的自然是科学哲学，在这里我们不可能对它进行讨论（读者可暂且参考本书作者的论文《对因果性原则的自然哲学研究》，《自然科学》，第 8 卷，第 461 页，1920 年）。我们对某些批评性方面加以关注就够了。

如果在科学和日常生活中对因果性原则的无限制的普遍有效性有任何合理的怀疑的话，那么，上面提到的关于因果性原则的三种可能性中的前两种——即因果性原则要么是先天综合判断，要么是一种约定——就会立即被排除。因为，这样一来，因果性原则就不再具有先天的有效性了。如今，在现代物理学中，事实上确有许多实验材料对原子内部过程是否仍然保持因果性走向的假设向科学家们提出了严峻的问题。当然这并不是说，在最微小的自然领域中因果性失效、法则缺失无论如何已经成为可能的了。我也并不认为，情况就是这样。但是，某些实验引起我们思考这种可能性，光是这一事实就已经表明，应当把因果性原则看作是一个经验性命题。诚然，这种对当前物理学状况的参考只能看作是一种有益的信号而不是一个绝对的、决定性的因素。哲学家可能总是以

为，物理学家只是由于错误和误解才产生了怀疑。然而，思想史的
379 确告诉我们，哲学由于忽视科学研究传来的声音而缺乏明智。

认为因果性原则是一种约定的理论的先驱者恰恰就是一些具有自然科学倾向的思想家（如菲力普·弗兰克、胡果·丁格尔）。然而，现在已经十分清楚，这种看法是站不住脚的。当然可以以某种方式来定义因果性使这个原则实际上成为一种约定。但那样一来，所产生的问题就是，如此定义的概念是不是科学真正使用的概念，是不是可以用它来描述所发生的事件。的确，回答无疑是否定的。这种回答立即来自上面刚刚提到的现代物理学的情况，而且可以通过对因果性论断的内容进行彻底的分析加以确认。

对于康德的因果性理论来说，决定的因素就是知道了（由于休谟而变得十分突出）实际的因果性——一个过程**来自**另一个过程以及原因和结果之间的联系——像实体性一样不是知觉的对象。我们所经验到的只是时间上的前后相继。这就使康德能够作出断言：因果性是最初引入现象并由理性加到现象上的根本概念。但是，如果对因果观念及其在科学思想中的作用进行毫无偏见的分析，就会表明，原因和结果之间的“联系”的观念以及休谟徒劳寻找的基础的观念都不构成因果观念的不可缺少的部分。更确切地说，因果观念的内容可以在事件的某种有规则的系列这个概念中得到详尽的揭示（当然，在这里，系列的律则性的概念要求得到精确的刻画）。因此，康德主义把因果性看作一个范畴（在他的意义上）这样的动机是误入歧途的。

那种认为各种过程不仅一个接着另一个，而且一个通过另一个、一个来自另一个的观念，认为在各种过程之上或在它们之中有某种实在的强制力量把它们联结在一起，并使其中之一必然地成

为另一个所产生的结果的观念，都是不必要的。至于为什么在事实上会出现这种观念，我们只能去寻求心理学上的解释。在现代科学家看来，自然法则并不是某种实在的力量，而只是事物承续相继的规则。它并没有告诉我们事物必定如何运作；它只是对事物实际运作的方式的一种表达。

如果我们过去从未见到过状态 A 出现时没有另一个状态 B 380
相随，那么我们就不会先天地知道，在将来的任何一个时刻，当状态 A 重新出现时，是否会引起 B 随之出现。但是我们会期待它出现。换句话说，我们相信因果性原则，但它的有效性不是我们的思维先天地确立起来的。康德证明因果律的企图——他断言，如果因果律不是有效的，经验则不可能——包含着真理的颗粒。但是，如我们早先以预示的方式提出来的那样，这种断言对我们并没有什么用处。因为，对于在这里必须被设定为前提这个意义上的"经验"，我们并没有得到拥有这种经验的任何保证。对这个问题，我们将在下一节再来讨论。

我们在论述了不可能在因果性中找到所希望的意义上的"思维形式"以后，再回来讨论康德的最后三个范畴——存在性、可能性、必然性。其中第一个范畴，在前面的讨论中，就与我们有关的内容来说已经有所论述。剩下来的就是要联系我们的问题来考察可能性概念和必然性概念。

如果我们按照这两个概念在日常生活中的来源所赋予的意义来看待它们，那么便立刻可以看出，这两个概念只是作判断的人主观的意识状态的标记。归根到底，或然判断和必然判断所表达的是某种心理状态，而不是乍看起来判断似乎涉及的对象之间的关系。“S 可能是 P”这个或然判断表示作判断的人的一种不确定的状态；而“S 必定是 P”这个必然判断则表示作判断的人这方面的一种确定的状态。确定或不确定的感觉、知或不知的感觉，存在于意识之中并为运用这两个判断提供基础。

“必然性”这个词，如同与它相反的词“自由”一样，都表示一种彻底拟人化的概念并预设**强制**经验为前提。如果人的行为是以正常的方式从动机出发而没有受到当事人本性以外的障碍的阻挠，那么我们便把这种人的行为叫做“自由”的。反之，如果是监狱的高墙、锁链或威胁决定这种行为，那么我们便说，这种行为是“**被强制**”的。正是这种不可能做任何别的事情的感觉是必然性概念产生的根源。事实上，“必然性”这个词（如同“目的”一词一样）只有在用于有意志的生物的行为时才有直接的含义；除此之外，它不应

381 当出现在任何严肃的理论中。从客观上看，一个事件要么发生，要么不发生：加上“必然的”这个词实际上是没有意义的。这就好像我们想问月亮绕着地球转是容易的还是困难的一样是没有意义的。这些都是对只有在情感范围才有特定含义的概念的不可容许的转义。

“可能性”的情况与此也十分类似。正如存在与必然存在根本不可能区分开来，必然并不比单纯的实在具有更高程度的实在性，同样，从严格的意义上说，可能的也不能同实际的区别开来。凡不是实在的基本上就不是可能的。由于非实在的东西出现的条件在事实世界中得不到满足，因而非实在的东西在事实上就成了**不可能的**。只有当我们不知道导致一个非实在的事件产生的原因是不是在自然中存在，我们才可以把它称之为可能的。如果这种原因在自然中确实存在，那么它就是实在的；如果这些原因不存在，那

么它就不是实在的。没有第三种选择的余地。(在这里,我们没有把现在实在的同过去或将来实在的加以区分;如果有人想把后者称之为可能的,也不会遭到反对,但那样一来,可能的这个词就失去了它的特别的意义。)因此,“这个事件是可能的”这一陈述并不是对于客观事件的判断;更确切地说,它只是标示我们对决定这一事件的种种关系的知识处于不确定的状态。换句话说,“S 可能是 P”这个或然性判断等于“Q 是 R”这个直言判断,这里的 Q 和 R 这些概念都是表示作判断的人的某种心理状态。

“可能性”这个词除了这种原来的意义以外,我们当然可以出于特定目的通过定义来规定其他意义。要做到这一点,便把“可能的”重新定义为“与自然法则是相容的”。决定世界上发生的事情的不仅仅是这种支配着世界的法则,而且还有在其中存在的各种状态。(康德把前者称之为形式条件,把后者称之为质料条件,见本书,第 23 节接近结尾处。在理论物理学中,前者表现为微分方程,后者则作为初始条件和边界条件。)但是由于实际上存在着的东西是无限多样的,我们决不可能完全地知道它;最多只能知道支配着它的法则。因此,我们感到确定无疑的是,只要某一特定事件不符合自然法则,那么它便决不会发生。然而,如果它与自然法则可以相容,我们仍然不可能确切地知道使这一事件发生的实质条件是否会得到满足,这个事件到底是不是实在的。我们确实知道 382
的只是自然法则并不与它相排斥。但仍然存在着不确定性,因而,很容易看出人们是怎样从第一种可能性概念达到第二种可能性概念的。就第二种可能性概念来说,判断所标示的情况(如这场战争**可能**持续 100 年)不是主观的不确定状态,而是被判断的事件的概念与自然法则的概念并无冲突这个客观的事实。然而,我们可以

用一个直言判断与这一客观事实相配列。在这种情况下，或然判断也就还原为一个直言判断。

同样，“S必定是P”这个必然判断或者直接等同于“S是P”这个直言判断，或者标示对作判断的一种心理上的强制感，也就是对该判断正确性的一种主观的确信。显然，这样一组事实也可以只用一个新的直言判断来表达。

因此，无论是必然性还是可能性都不是思维的形式；它们只是一定状况的标记。

我们就此结束对创造知识的范畴所作的考察，这种考察只能使我们已经获得的发现得到进一步增强。人们做了种种努力企图增加范畴的总数并且增加种种复杂的概念。但是，只要我们认识到这些努力总的方向是错误的，那么我们就无须进行这种概念的扩展了。最终的结论总是：在判断中我们必须涉及的关系决不是由该判断产生的。不管它是何种判断，这种关系总是在逻辑上和心理上先于思维活动的。

因此，关系不是思维的形式，而是必须看作**所与的形式**。在这个方面，关系就像我们的直观的空间性和时间性。甚至就连康德主义思潮的追随者们有时也承认碰到的所与已经被赋予了形式。在F.缪赫于1913年出版的《经验与价值》一书第51页上我们看到：“当实证主义断言甚至在现象世界中也‘碰到’形式：空间、时间以及在相对恒定的共存这个意义上的实体、相对恒定的连续这个意义上的因果性，他们的这种断言是很正确的。但是，当实证主义
383 把这些‘配位形式’当作范畴，把逻辑上必须严格区分开来的这两种概念等同起来的时候，那就大错特错了。”我们赞成缪赫的这种

区分，但还要补充一句：根据同样理由，范畴是不必要的。思维并不是分解为各种各样的范畴性职能；相反，在我们看来，“思维”表示的只是一种职能——配列的职能。

事实上，意识的一个基本的活动就是把两个对象彼此相配列，使一个对象与另一个对象相关联，这是不可能归结为任何其他东西的意识的活动。这是只能被陈述的简单的终极的东西，是每一个认识论研究者最终必须坚持的一个极限、一个基础。这一点尤其得到理查德·戴德金这位数的概念的杰出研究者提供的范例所确认。他发现，他的研究使他认识到“心灵把事物与事物相关联，使一事物与另一事物相对应的能力——没有这种能力，思维就是根本不可能的”（《什么是数，数干什么?》，第3版，第Ⅷ页）。

在思维中，除了相互关联的关系以外，基本上没有别的关系。在哲学、科学和日常生活中所谈论的其他关系，就思维来说，都只是对象。这些关系，正如事物、属性或感觉一样，都属于给予思维的材料。

根据这个理由，我们也必须把那种认为在逻辑和认识论中要提出各类判断并加以排列的观点同样看作是错误的。从根本上看，一切判断就其本性来说都是直言判断。如果有的判断从外表上看不是穿着直言判断的外衣，也总是可以通过纯粹语言上的重新表述使之变成具有直言形式的判断。这一点对于或然判断和必然判断来说，已经得到证明，但对于其他判断来说，也是适用的。我们举个例子来进一步证实这一点。“如果A则B”这个假言判断可以很自然地、毫无困难地转变成直言判断“A是B的根据（或原因）”或“B是A的后承（或结果）”。由此可以明了，关系并不是判断的形式，而是判断活动的对象。由于在许多场合下陈述的内容可以很方便地用具有一定的语言形式的语句来表达，所以就会产生一种错误的信念以为这里所涉及的不是不同的思维内容，而是不同的思维形式。然而，实际上，把各个判断的种类彼此区分开来的东西不应当在判断本身中去寻找，而应当在被判断对象中去寻找。

384 所以，只有一种判断，即直言判断。只有一种思维关系，即关联或标示关系。

由此可见，不管从什么角度来探讨我们的问题，我们总是会得到相同的结果。思维并不创造实在的关系；思维也没有什么可以加诸实在的形式。实在无需任何加诸自身的形式，因为实在已经具有形式。而且，由于不存在为实在规定严格法则的纯粹直观（见本书，第38节），因而，我们可以得到如下结论：实在不是首先从意识获得形式或律则性；相反，意识只是从实在所截取的一个部分。那么，对实在的严格的普遍有效的知识的最终的和唯一的可能性就在于意识向自然界颁布自然法则。由于这种可能性已经消失，因而我们对实在的知识就失去了达到绝对确实性的任何希望。对实在的绝对真理超出了人类的认识能力因而是不可能达到的。并不存在任何先天综合判断。①

41. 关于归纳知识

在前面的论述中，对于实在知识的有效性问题找到了一个也

① 汉斯·莱欣巴赫在他的小书《相对论和先天知识》中表示了一种看法（他一定不再坚持这种看法），认为我关于认知过程中配列的一义性的理论基本上也是一种先天综合判断，因而我便不知不觉地接受了康德哲学的错误部分。这种看法当然是十分错误的，因为我通过配列概念对知识和真理所作的说明只是一种定义，因而当然是纯粹的分析判断。

许并非所愿而又不是出乎意料的答案。我们对人类认识的源泉愈加明了，就愈清楚地知道，一切综合判断在起源上和效用上都是**后天的**。

这些判断所依据的再发现活动都是个别的经验实例，因而，所获得的知识最初只是对这些个别实例有效。但是我们要生存，要进行活动，要从事科学研究，就需要一般命题，需要对实在普遍有效的前提，从中可以推论出对遥远的时间和空间中发生的事情也 385
成立的结论。如果我知道我所吃的面包总是对我有营养并且适合我的口味，但我并不知道明天将要吃的面包也具有同样的属性，也会对同我一起分享面包的人提供营养，那么我所知道的东西对我并没有什么用处。任何人都不会怀疑我假定这一点是合理的。对于在未来或遥远的地方发生的因而不可能直接了解的实在过程，我们会毫不犹豫地作出陈述，而我们的生活每时每刻都依赖于这些陈述的有效性。

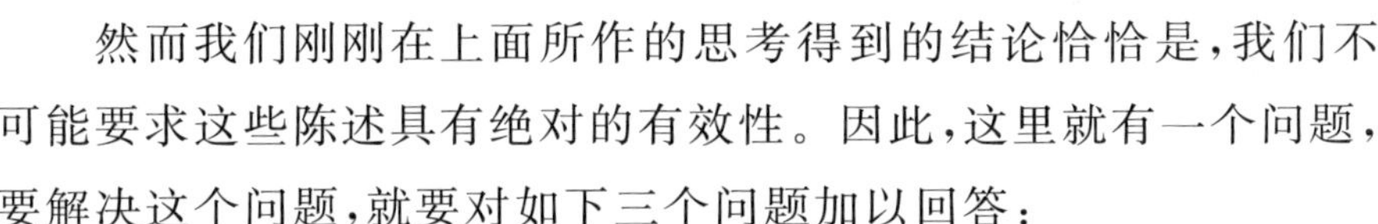

然而我们刚刚在上面所作的思考得到的结论恰恰是，我们不可能要求这些陈述具有绝对的有效性。因此，这里就有一个问题，要解决这个问题，就要对如下三个问题加以回答：

第一，我们是怎样从有关已感知到的事例的命题转到未被感知的事例上的呢？我们是怎样得以把适合于早先已被经验到的事件的命题运用到尚未被经验到的事件上呢？

第二，由于我们对这样一些命题不可能断言其绝对有效性，那么，对于这些命题，我们要求何种**有效性**呢？

第三，我们以什么样的**理由**来证明这种要求的**合理性**呢？

以上这三个问题构成了**归纳**问题。因为把一个命题从已知的事例推广到未知的事例，把一个真理从少数实例转到多数实例，或者像通常所描述的那样，从特殊推出一般，用一个名称来表示，就是归纳。

1.

我们必须弄清楚，根据我们现在的观点，对这些问题，能够获得什么样的回答。只有这样，我们才能把所思考的范围算作差不多是完全的。我们按照上面排列的次序依次讨论这些问题，首先来探讨从特殊的知识开始达到一般命题所经历的途径。

是什么样的力量将我们从对过去和现在事实的知识扩展到遥远的地方和未来的时刻的呢？从前面的论述中我们知道，这不是思维的力量、理性的力量。知性的推理按其本性来说是分析的；这种推理只是把包含在一般真理中的特殊真理推论出来。除此而

386 外，任何思维都不可能提供比这更多的东西。思维只是通过演绎推理使已经获得的知识具有秩序和联系（见本书，第 15 节）。它并不创造任何知识（见本书，第 39－40 节）。另一方面，归纳的确产生更高程度的知识。正是通过归纳我们才获得全部关于实在的科学内容。然而，归纳不可能由经验来说明，正如它不可能由思维加以说明一样。因为归纳把我们的知识扩展到我们尚无经验的事例，即在时间和空间上相当遥远的那些事例。

我相信，对于通过归纳获得的命题的真正来源问题，答案只有一种，而且哲学早已有了答案，这首先要归功于休谟。

这个问题正像它的表述所显示的那样，本质上是一个心理学问题。我们从某些事例获得知识并把它运用于其他事例的能力，必定在我们的心理生活中的某些事实性特征中有其根据。如果每一次研究某个对象 A 时都发现其中有对象 B，那么我们便期待，在任何可以使用概念 A 的地方，也可以使用概念 B 来标示相同的

对象，从而直接产生一义的配列。例如，我经常看到把纸丢到火上时它便燃烧起来。于是我便相信，如果把我手里拿着的这封信丢到火炉里去，便会立刻燃烧起来，尽管我今天才第一次看到这封信和这些干柴。我相信，除了特别的情况以外，“纸是可燃烧的”这个判断是普遍有效的。又比如，除非室外的温度非常低，否则我决不会看到我的窗户上结霜；因此，只要窗户的玻璃上结上美丽的晶体，我就一定会料想，在离开房间时会有一种寒冷的感觉。冰只有在寒冷中才能存在这个命题是我通过归纳得到的。

如果我们问，我们是靠人类的何种能力才获得这种知识的，那么，除了**习惯**以外，找不到任何别的心理的基础。而习惯又完全是建立在联想过程的基础上的。燃烧的形象牢固地同纸与火的观念的联系结合在一起，而寒冷的形象则与结霜的现象结合在一起。大自然赋予我联想的机制，假定我足够经常地经历两项事物的联接，这种联想机制就使我一旦出现第一项，便能毫不费力地预期第二项的出现。这是一种生物学的有益安排；人不能没有这种机制而生活，也就是说，因为那样一来，他就不可能有保存生命的行为 387
了。

这种看法常常会遭到反对，认为对普遍有效的命题的信念常常是从单个的观察所产生的，也就是说，这种信念是在没有机会建立牢固的联想并发展一种习惯的情况下产生的。当一个科学家描述他刚刚发现的一种人工合成的化合物的属性时，他会毫不怀疑，其他任何人在任何地方以同样方法产生的化合物将会具有恰好相同的属性，尽管最初他的判断所依据的只是唯一的一次检测。的确，在这个实例中，普遍有效的假设并不是建立在由单个实例所形成的联想上的。然而，这一假设归根到底还是建立在联想性的习惯之上的。也就是说，它是建立在该假设产生之前的大量**其他**各项知识之上的。有关这种化学化合物的功效，这些功效通常赖以产生以及与之无关的各种因素，已经积累了大量的经验。假如这种上千次的经验**没有**发生过，那么我们事实上就不可能作出那种归纳推理。我们就不知道这种物质的属性是不是取决于比如说存放这种物质的容器的形式，或者是不是取决于实验人的年龄或者这颗行星的位置，如此等等。简言之，归纳不是仅仅依据单独一次检测，而是预设大量附加的知识，而这些知识归根到底总是相似经验积累的结果，因而是联想的产物，习惯的产物。通过这种习惯，种种预期或规则组成的巨大复合就刻印在我们的意识上，这是贯穿于我们的全部生活和全部思维的复合。许多新的个别实例顺应于这种习惯的情境，不需要每一次都通过特殊的联想训练过程来提供新的基础。

如果我们适当地注意这些情况，我们就会很容易地拒绝所有反对归纳的联想基础的意见。如果在一个世界上从不发生类似经验一致的一次又一次的重复，没有形成习惯和训练的机会，那么归纳的知识就不会产生。事实上，认识过程是从最初具有生物性的好处的那些过程进化而来的（见本书，第 13 节）。认识过程预设对
388 周围环境的适应，只有在这种环境保持恒定从而使个体或种的习惯的形成成为可能时，这种适应才会发生。

显然，除了上述理由以外，想要找到任何其他理由来说明这种对综合判断普遍的有效性的朴素信念都是不可能的。自然，这种信念并非**洞见**；一种洞见的必要前提就是这种信念是**被证明为合理的**，而这种证明是否能够给出，怎样给出，这是我们马上就要加以简略讨论的非常困难的第三个问题。

在我们发现的对关于归纳的第一个问题的回答中，一个突出的东西就是这个回答使我们看到，它所涉及的正是与前一节中所认识到作为因果性观念的主观根源的同样的过程。这里就揭示了因果性问题和归纳问题之间的相互联系。事实上，这两个问题彼此分开是不可能解决的，它们是一个包含着另一个的。我们现在所讨论的一般的习惯联系——依据对它的假设，甚至一个单独的实例在一定情况下便足以建立起一个归纳命题——无非就是因果性联系，或者更确切地说，是因果性的主观的映像。因果原则（见本书，第40节）只是对许多个别的似法则的律则性的普遍存在的一种总括性的表达。因果性原则是从所观察到的法则的总体中通过归纳得到的，但是，它不能代替这些法则。因为，即使承认因果性原则是有效的，要确定哪些个别法则支配着自然界，因而哪些过程应作为原因和结果归在一起，这仍然是归纳要做的工作。

467

这种一般的习惯的联系为个别的归纳提供了背景而且消除了个别归纳的孤立、自依的状况，因而这种联系就成了因果性的联系。因果性联系所决定的我们的全部经验之网，也防止我们盲目地把**任何东西**以任何方式与任何别的东西相随都看作是因果地与别的某种东西联系着的。由此也直接消除了那种很早就提出并且经常提出的反对经验主义因果理论的理由——例如，日和夜有规则相继的系列仍然不会得出把一个说成另一个的原因。我们很快发现，原因和结果的概念只能应用于过程，而不能运用于物。例如，当我们说，一种化学化合物总有同样的属性（这是我们用来说
明基于一次检测的归纳的例子），我们的意思是说，通过物质实现 389
的化学的相互作用总有相同的过程系列作为其结果。然而，日和

夜则不是科学意义上的自然过程。

因此，相同的、同一的过程——联想——既为因果观念的形成，又对普遍有效的实在的命题的信念提供了主观的条件，对此我们从各方面都得到确认。

2.

归纳问题提出的第一个问题——我们是怎样在事实上得到普遍有效的综合判断的——通过这样考察心理和生物过程可以算是得到了回答。现在我们要转而讨论第二个也是更困难的问题：鉴于这样的判断并不是绝对毋庸置疑的有效这一事实，那么这种判断对我们来说具有何种有效性呢？

我们怎么居然能够谈论不同种类的有效性呢？一个判断要么唯一地标示某个事实，要么没有标示该事实，因而它要么是有效的，要么不是有效的。因此，如果区分出不同种类或不同程度的有效性，似乎显得是无意义的。

人们习惯于说，通过归纳得到的命题不具有确实的性质；它们只具有或然的有效性。但这种说法意味着什么呢？

当我说，“A 或然地是 B”（例如，化学力性质上或然地是电），我并不是由此就想把概念 A 和概念 B 确定地与同一个对象相配列，也就是说，不是要把对象 B 表示为总能在对象 A 中再发现到的对象。更确切些说，B 与实际对象的配列是尝试性的，是我所希望的一义性的配列。换言之，“A 是 B”这个命题代表一个假设。

严格地说，一切对实在的知识都是由假设构成的。任何科学的真理，不论是属于科学史的还是属于对自然的最精确的研究成果，都无例外地是假设。任何科学真理在原则上都不可能免除在某一时刻被拒斥而成为无效的危险。尽管有无数关于实在世界的真理，凡是了解它们的人都不会有所怀疑，但是这些真理的任何一个都仍然不能完全消除其假设的性质。

不过，这些东西都是人们所熟知的。现代哲学和科学早已习 390
惯于只要求实在知识的或然性。他们知道，在日常生活中——在这里利益攸关的是快乐与痛苦、生存与死亡——我们把那些比科学的判断或然性程度更低的判断作为行动的可靠的基础，便以此为满足。

换句话说，正如众所周知的那样，我们要把较高程度和较低程度的或然性加以区分。我们的判断可能或多或少是假设性的。从主观的观点来看，作为一种心理的事实，这种情况是不难理解的。如果把它同上一节类似的思考联系起来，就很容易得到说明。当我们断言某种东西具有很大确实性时，我们的意识趋向同我们只是说出一种模糊的猜想时是很不一样的。一个命题的有效性具有较大或较小的或然性，是我们以特定方式体验到的东西。这种确定的或怀疑的意识状态可以描述为一种感觉，或者以任何别的方式来描述。无论如何，它是每个人都体验得到的一种实在，是每个人想到实在时无数次亲身经历过的实在。它为判断的主体确定并衡量一个命题所具有的有效性的分量。如果断定一个判断有效性的某种或然性只是肯定主观的确定或不确定状态的存在，那么我们关于归纳的第二个问题就消除了。

但是，情况并非如此。毫无疑问，或然性陈述除了主观的意思之外还要求客观的意义。当我们说“A 或然地是 B”时，这个论断的意思不仅仅是我们希望肯定我们心中有某种感觉；我们的意图是要说出有关客观实在行为的某种东西。我们并不是直截了当地陈述概念 B 标示对象 A 便导致一义性，但也不是断言情况**不是**如此。我们也不是仅仅说对于这个还是那个正确什么也不知道。看来这里所涉及的是在互相矛盾的对立之间的中项，是在肯定和否定之外的第三项。无疑这种奇怪的情况要求或然性逻辑学家做出不断更新的努力。

391 把一种或然的有效性归于一个命题到底有什么客观的意义呢？在研究这个问题时，人们通常首先考虑到数学上的概率概念。这种概率概念的确是人们可能首先指望得到启示的地方，因为已经可以在这里找到一个严格的表达。但不要忘记，哲学问题不在于对或然性作出数学的定义，而只是在于把这一概念应用于实在。我们所关注的只是后者。

我们知道，用一个普通的骰子掷出六点的概率是六分之一。对于给定的一次投掷来说，骰子的六个面中任何一面都有掷出朝上的可能(即有六种可能的情况)，但六面中只有一面具有所希望的六点(即只有一种“有利的”情况)。在数学中，把一个事件的概率定义为有利事件的数目除以可能事件的数目。它假定所有事件是“等可能”的；但对这种说法应如何理解，它应当如何确定，都与概率运算本身没有关系。然而，这一点恰恰是对我们来说最重要的东西。因此，如果我们问：一事件的概率是六分之一是什么意思，光指出这概率就是有利事件除以可能事件的商是不能使我们满意的。我们所要知道的是这一概念能够运用于什么样的实在事实。

有时人们认为在这种情况下的数值概率只是对掷骰子的人期望六点朝上的信心的一种量度。但这种解释显然是不正确的。因为掷骰人对获胜的希望依赖于他的偶然的情绪，他的心境，他的情感以及他的知识。所以希望是变化的，而客观的概率仍然是六分之一。因此，这个分数不可能是对他的实际期待的一种量度，而至多只是对他的合理期待的量度。在一种游戏中他有什么权利期待某种特定的结果，这完全取决于客观的条件。毫无疑问，数值概率具有完全客观的意义。但这种客观的意义是什么呢？

我们一旦摈弃了这种主观期待理论，通常对我们所举例子的或然命题的解释是说它意味着在一个很长的掷骰子的系列中，掷的次数越多，6 点向上出现的次数就越接近于总数的六分之一。但是，这种说法并没有表达出这个命题的确切意义。因为这种陈述本身并不是严格有效的，而是只有一定的或然性，而这种或然性 392
是可以用数字来规定的。

在 n 次掷骰中如果 n 的数目越大，则 6 点出现的次数偏离六分之 n 的程度就越小，这一点对于有限数目的 n 来说是不可能确实地断定的。它只是或然的。它被说成对“大”数是有效的；但是由于“大”是一个相对的概念，因而这不是一个严格的陈述。例如，可能偶然地出现这种情况：在最初的 60 次投掷中，6 点朝上的次数恰好只有 10 次，但在此后的 1000 次投掷中，6 点朝上的次数非常稀少，因而 6 点出现的平均频率不是接近于六分之 n 这个分数，而是偏离了它。无论我们投掷的次数 n 多么大，在这些投掷中总是有 6 点不朝上的有限概率；这种概率是 $(5/6)^n$。不管人们多么煞费苦心，仍然不可能以这种方式来确定一个或然性陈述对实在的确切意义。人们不管选择什么样的表述方式，这种陈述只有或然的有效性。一个基于或然性因素的有关实在的论断仅当我们求助于无限多事件的极限时，它才具有严格的有效性；只有借助于一种极限过程我们才能确切地确定有关实在的或然性陈述的意义。但是由于实际上永远不可能给出无限多事件，因而这种求助于极限也无所助益。换言之，只要人们认为判断的问题和实质是“或然

性”判断所明确提到的一系列未知事实，那么或然性概念就不可能归结为真的概念。要把对未知的东西的陈述作得犹如它是已知的，那简直是不可能的。

因此，必须承认，在把或然性应用于实在世界方面，还存在着许多深深的谜团。在这些谜团获得解决之前，对于通过归纳得到的命题具有何种有效性的问题还是没有确定的把握。但是，由于**所有**关于实在的全称判断都是通过归纳获得的，所以，这个问题便显得具有根本的重要性。或然性概念也许是一个最终的、不可能进一步分析的概念——应当把它作为描述世界的某种基本的方法来接受。然而，哲学家显然只有在十分必要的情况下才决定提出一类特殊的、不可能进一步归结的或然性判断与直言判断相对立。

393 只有在所涉及的概念能够得到充分明确的澄清的领域，即自然科学的领域，才有可能精确地研究各种可供选择的解决办法，从而有可能解决归纳问题。必须以科学哲学的方法来进行这种研究。对此，我们不可能在这里作进一步讨论。

必须注意的只有一件事。不论或然性命题对实在的有效性可能怎样表述，无论如何它都必须像其他任何假设一样能够用经验来检验（又带有或然性）。计算概率的法则是否适用于自然的状况当然只能由观察来决定（带有或然性）。所以，无论如何或然性命题的有效性不是**先天的**。

3.

现在我们知道了归纳命题怎样形成，也知道我们对归纳命题要求何种有效性，但是对于这种要求是否合理，我们还是一无所知。归纳问题提出的第三个问题说的正是这个合理性问题（quaestio juris）。因而这个问题要求从一种完全不同的视角来进行新的思考。

有一种经常提出的看法认为，为了证明通过归纳获得的判断的有效性，所需要的只是因果性原则。也就是说，任何归纳推理都可以借助于因果原则而归结为如下的三段论式：观察表明，A 是 C 的前件，按照因果原则，相同的前件总是伴随着相同的后件，所以 C 也会在任何未来时刻和任何地方成为 A 的后件。由此，便表达出了 A 和 C 之间联系的普遍有效性，而且使得从已知到未知的过渡能够以逻辑上无可辩驳的形式得以实现。

如果恰好相同的过程总是作为前件重新出现，那么这种观点便是完全正确的。可是，严格说来，情况并非如此。再则，严格地说，每个原因，都是极为复杂的。在自然界中，绝不会有两个事件恰好在完全相同的情况下一点不差地发生；只有两个事件之间的类似，而决没有完全的等同（即使有完全的等同，也还是不可能得到确实的证明）。但是，如果用**相似**的结果跟随着**相似**的原因这种形式来表达，那么因果性原则当然并不总是成立的。我们知道，原
因上的非常微小的差别常常会伴随着结果上的极大差别。有些情 394
况与之有关，另一些情况则与之无关。归纳所做的工作正是要把有关的情况同无关的情况分开来并且找出哪些情况是决定性的，即原因。应当运用的这种归纳程序体现在（也许不是十分完备的）穆勒的著名的四种归纳方法中。只有通过某种这样的程序我们才能确定在上述推理中小前提“A 是 C 的前件”中应作为主项出现的 A。因此，这个小前提并不是标示比如说一个简单的观察事实。而且，严格的因果原则对于合乎逻辑地从这些观察中推出这个小前提并没有任何帮助。因为因果原则正是只对整个原因来说是适用的，而我们决不可能肯定我们已经找出了全部根本情况并已把

它们都结合在概念 A 中。可能作为原因考虑到的会有无限的情况，因为从理论上说，宇宙中每一过程都可能起一定作用。

因此，我们必须承认，即使我们能以某种方式保证因果性原则的有效性，但这也决不能证明各种个别的归纳是合理的。尽管因果性原则的有效性对确定归纳推理程序的确是一个必要条件，但它不是充分条件。

因果性原则以及归纳推理不可能通过推理的证明来确立，这一点人们很早就通过一种经验主义的论证方式清楚地感觉到了。然而，人们还是聊以自慰地以为**经验**可以保证这种推理的有效性和可靠性。但是，后来休谟指出，无论在什么情况下，经验都不可能推卸它所承担的责任。试想一下，一个人可能会怎样用经验证明因果性信念是合理的。如果观察表明，A 和 B 总是经常一起发生，那么我便预期将来也会发生同样的情况，虽然我在逻辑上没有权利作这样的预期。后来进一步的观察告诉我，在所有的实例中，A 决不会没有与 B 相联系而发生。因此，我的预期便得到了确证。知觉表明了，我对从先前实例推论出后来实例的有效性的怀疑是不必要的。据说，这就为我的预期、为我对因果原则的信念的合理性提供了证明。

正是休谟最清楚明白地表明了，这种论证是循环论证。如果观察确证了一个从归纳获得的命题，这的确证明我的预期是合理的，
395 证明我从早先实例推论后来的实例是正确的。但是它所证明的这种推理的有效性只是对于事实上已被确证的实例的有效性。我把先前对我的预期的实现看作是对将来会被确证的一种保证，这样，我已经预设了我希望加以证明的命题。观察的确告诉我，把一个适合于早先的已知实例的命题转变为适合后来的同样也成为

已知情况的命题，那是可以容许的；但对于尚未感知到的情况的有效性，这种观察没有告诉我任何东西。它不可能树立起从过去的观察通向未来的观察的桥梁，而这恰恰是归纳问题的全部要旨。整个这种论证并没有解决归纳问题；它只是推延了这个问题。

休谟提出的怀疑论责难的意义就在于此。这些责难最严格地证明了，经验不仅不能为因果性原则对未来事件的有效性提供决定性的证明，而且它根本没有提供证明。从经验中学习意味着利用知觉，而要推论什么东西将会发生，什么东西已经过去，这只有借助于因果原则才有可能。因此，因果原则总是被经验预先设定而不可能通过经验首先确立。

因而，既不能通过经验也不能通过理性来获得证明。休谟的责难是有说服力的，这一点无可置疑。所以，我们知道，康德既不是从理性也不是从经验，而是从“经验的可能性”中寻求一种推论。在前面两节中我们已经批评了这种努力，而且发现这种努力是完全不恰当的。但我们也说过，我们在康德的思想中发现了正确思想的内核。一些现代思想家建构一种基础的尝试，也是与康德采取相同的方向，尽管这些思想家从康德的错误中吸取了教训。本诺・艾尔德曼就力图证明，如果因果原则和归纳不具有效性，那么人的思想就根本不可能（《论因果律的内容和价值》，哈雷，1905年）。S. 贝切尔则把他的论断限于**科学**的思想（《对斯图亚特・穆勒因果理论的研究》，哈雷，1906 年）。

在寻求基础的这些努力以及类似的努力中（这里无须去考察如今在严肃的认识论探究中的其他努力），因果原则以及假设的、通过归纳获得的真理的严格有效性都是作为**公设**而出现的。它们 396
所证明的是，除非因果原则是有效的，否则就根本没有必要使实在成为思想的对象，因而追求知识、从事科学就成了毫无意义的事情了。但是任何探讨因果性、归纳之类问题的人都是在寻求实在的知识。因此，就要告诉他：要么根本放弃任何对事物的思考，放弃与我们进行任何讨论；要么就必须承认这些原则的有效性。如果没有这些原则，也就取消了任何研究和探索的可能。

这样说当然是对的，任何人都不可能声称能够证明比这更多的东西。但是我们必须弄清这些看法的意义并且说明提供基础的这种方式所具有的独特性质。这种方式不是逻辑的方式。“公设”是完全与思想无关的东西。科学必须只研究事实，而不涉及要求或愿望。因此，如果我们丝毫不能证明一个普遍原则的有效性而接受了这一原则，那么所涉及的就不是理论的要求而是实践的活动。就理论上提供基础来说，知道没有因果原则就不可能从经验中学习，也不可能进行任何思考，这对我无论是在日常生活中还是在科学中都没有什么用处。为什么会有人类的思维？为什么知识必须是可能的？显然，这类东西至今一直存在，但仅仅从这个事实不可能推论出任何东西。

人类对知识的追求最初具有生物学的根源（见本书，第13节）。人自身是实在的一部分，如果他从事于研究这个实在的科学，就会发现自己关注着的是把他和实在结合起来的真实的联系。归根到底这些联系本质上都是实践的联系。他只有通过他的感觉和欲求才能对外部世界的影响作出反应；否则，他决不会去追求知识。

为了生存，就必须从经验中学习。人为了生存而需要从经验中学习，如果不是为了科学，那么就是为了科学的可能性。人要能够在世界上生活，世界就必须可为人所知。人在日常生活中与实在的关系远比在科学中与实在的关系密切得多。从一般的生活观点来看，关于外部世界存在、关于主观与客观的界限以及诸如此类的哲学问题根本不存在。哲学最初极力加以分开然后又极力以某种方式再合到一起的东西，对于日常生活来说，本是一个分不开的统一体。在自我和外部世界之间、过去和未来之间并不存在哲学 397
家们发现然后又极力加以弥合的鸿沟。正是由于这个原因，生活也很容易掌握主观和客观的有效性和或然性之间的过渡，而逻辑思想对此却无能为力。意识与世界相适应；意识的主观的预期是由客观过程所产生，并且与这些客观过程恰好相吻合，因为它们就是如此相适应的。

因此，在实践上辨明因果原则——理论上辨明是不可能的——就表现在我们关于归纳的第一个和第三个问题是彼此融合的，不管在理论上它们是多么明确地截然分开。我们怎样会相信因果原则的，保证因果原则有效性的是什么，对这两个问题都有一个共同的答案。实践上对因果原则的信念的产生是通过联想，通过日常活动中每时每刻都贯穿于生命之中、支配着生命并保存着生命的一种本能。这种基本的生命机能所产生的结果是对生存有效的。就行动来说，其他种类的有效性是不存在的。科学的行为也是一种活动。由于世界是按照因果原则构成的，所以在这个世界上的一切生命都必须服从这种本能。

这是一种绝对的保证。因为相信一切发生的事物都有一个原因，这种信念已经绝对无例外地隐含地包含在一切意识活动中了。行动的概念、制定目标的概念都包含着因果地决定一切实际过程的概念。对因果性原则有效性的怀疑只是作为反思的结果而产生的（如果这一原则要能够清楚明确地提出，这种反思也是需要的）。

因而这种怀疑的性质是理论性的。这种情况类似于所谓意志自由问题涉及的情况。这个问题也只是一个理论的、哲学的问题，当然对于不搞哲学的人来说只要稍加思索也很容易产生。在任何情况下，生活的实际事务必须预设每一行动的彻底的因果决定为前提，这一事实的确首先是由哲学的思维所揭示的。

但另一方面，还是从实践上来说，对任何特殊的、通过归纳获得的真理的有效性的信念，也不是绝对的、不可避免的。而绝对的、不可避免的东西则是对这种真理的或然性的信念。换言之，对
398 于经验命题，我们毫无例外地以为这些命题的真值条件中有某一部分是得到满足的，这一部分的大小与或然性程度相一致。对于普遍的经验判断或然的有效性的绝对的实践的保证并不是在因果性原则的严格有效性之外或之上的某种特别的东西，相反，就日常生活来说，两者是完全一致的。

当然，我们的确证明了，因果原则对于建立归纳的有效性理论的逻辑的基础是不够的，相反，还要有其他必须满足的前提条件。要能够进行归纳推理，不仅要求宇宙中每一结果都由充足的原因所决定，而且这些原因还必须是可以被发现而且可以彼此分开的。为此，就必须：第一，自然界中有某种齐一性，即类似情况的重复出现；第二，有尽可能最大的多样性的物质条件（埃德加·泽塞尔在他的《应用问题》一书中称之为“普遍的差异性”）；第三，能够把重要的情况和不重要的情况分开，从而可以把原因凸显出来。对归纳的这些条件进行完全的分析并且找出可能缺失的条件是逻辑学的专门任务，在这里不可能实行。当然，要证明世界的结构满足这些先决条件也是完全不可能的。但是，在实践上完全保证这一点的事实就在于生命的日常活动。如果这些先决条件得不到满足，

那么首先使所有这些活动得以可能的本能或习惯就不会产生，也不会有世界和我们的活动之间的和谐。因此，就生命而言，凡是属于生命自身的基础的东西便具有对生命的有效性。这里我们只需要重复一下我们关于因果原则的实践有效性的论述就行了。因果原则本身总是只以隐含方式、采取特殊的经验命题的形式来发挥其在生活中的作用。只有这些经验命题对生活才具有直接意义，正是这些经验命题通过归纳的概括首先产生每一事件都是以因果的方式被决定的这个结论。在心理上，总是比较特殊的先于比较一般的，而在逻辑演绎中这种关系则相反，是较一般的先于较特殊的。

我们通过上述这些思考所得到的观点基本上就是休谟的观点。我相信，不可能从根本上超越休谟。因此，在我看来，有一个比重新尝试推翻休谟观点更为有益的任务。那就是应当尽可能地 399
调和休谟和那些反对休谟的人之间的观点分歧，而且清楚地理解，我们所达到的这种立场丝毫不意味着那种怀疑论的否定，那是无论如何也不可能满足我们的理论需要的。

当然，这种理解所要求的理论见解决不能用任何实践的前提（或保证）来代替。但是，生命**需要的**只是实践的前提，必须注意不要把生命的实践要求错当作逻辑的要求，当成认识的前提。如果没有经验判断的有效性，那么生活和科学就成了问题。但是，科学本身的可能性显然不会又转过来成为科学的要求；相反，科学的要求是一种实践的要求。知识就在于用最少的概念来一义地标示世界，而这之所以可能，就在于能够通过在此事物中发现彼事物而使实在事物彼此互相归约这个事实。知识要求概念彼此归约的范围尽可能地扩大。但是，**那种**认为这种归纳应当是可能的，世界在一切领域，在过去和未来都应当同样地可以成为我们的知识的**看法**是一种希望，对于理论科学来说这种希望实现或没有实现，只是某种可作记录的东西。然而，对于生活来说，它是生死攸关的事情。但生命存在着。康德的观点认为，普遍命题的有效性可以从经验的可能性得到证明，如果我们从实践活动的十分一般的意义上来理解经验的概念，而且把证明不是理解为逻辑的演绎，而是理解为实践的理由，那么康德的这种观点中的正确成分还是应当保留下来的。

如果不存在任何**相同性**，那么就不可能有知识。正因为有这些相同性，我们才能够在彼事物中又发现此事物，从而能够以很少的概念来描述丰富多样的世界。有人会问：怎么可能通过一个简单、明晰的、由很少要素建构起来的概念系统，而且可以说是一个公式，来标示整个有无限丰富形式的世界呢？我们可以毫不迟疑地回答：由于世界本身是统一的整体，由于世界上到处都可以发现异中之同。在这个意义上说，实在是完全合理的，也就是说，世界
400 在客观上就是这样构造得如此合理，因而用很少的概念就足以一义地标示它了。因此，不是我们的意识首先使世界成为可知的。我们通过把概念性记号归约到最低数量，便得以使我们与实在的真正本质和法则相一致。正是由于这个原因，这种归纳就是对世界的**知识**。

真正获得实在的知识，这是各种科学的任务。认识论需要考虑的只是研究解决这一任务的原则和条件。这是一种纯粹批判性的工作，同各门科学的成就相比，这种工作似乎用处不大。但是这种批判不是摧毁性的。因为它不可能废除、推翻或改变科学曾经

实际上看作是属于自己的任何东西。更确切地说，这种批判的目的只是在于正确地说明各门科学取得的成就，在于发现它们的最深刻的意义。这样一种说明的确是最终的、崇高的学术任务，并且将永远如此。

人 名 索 引

(中译文后的页码为原文页码，亦即本书的边码)

Aristotle 亚里士多德 11,30,102,181,265
Aster,E. von 阿斯特·E.冯 83
Avenanius,Richard 理查德·阿芬切那留斯 93,98,196,199f.,203,219,222ff.,228ff.,305ff.
Baer,K. E. von 贝尔,K. E.冯 248
Bain,Alexander 边恩,阿列克山大 134
Bavink,Bernard 贝文克,贝纳德 218
Becher,E. 贝切尔,E. 121,182,263,302,314,321,329
Becher,S. 贝切尔,S. 395
Beneke,Friedrich Eduard von 贝奈基,弗里德里希·爱德华·冯 179
Bergmann,Hugo 贝格曼,胡果 153
Bergmann,Julins 贝格曼,居鲁士 271
Bergson,Henri 柏格森,亨利 82,88,265
Benkeley,Bishop George 乔治·贝克莱主教 18,197,222,270
Bernays,Paul 贝纳斯,保尔 356
Boyle,Robert 玻意耳,罗伯特 254,265
Bradley,F. H. 布拉德雷,F. H. 112
Brentano,Franz 布伦坦诺,弗兰兹 42,44,86f.,138,152f.
Brose,H. L. 布罗斯,H. L. 262
Brunswig,Alreed 布伦斯维希,阿弗莱德 374
Cassirer,Ernst 卡西尔,恩斯特 369
Cohen,Hermann 柯亨,海尔曼 196,327
Cohn,Jonas 柯恩,乔纳斯 43,50
Comte,Auguste 孔德,奥古斯特 154
Copernicus 哥白尼 345
Cornelius,H. 科尼留斯,H. 123,127f.,153,157,215f.
Couturat,Louis 孔狄亚特,路易思 46
Dedekind,Richard 戴德金,理查德 383
Democritus 德谟克里特 265,293
Descartes,René 笛卡尔,日内 85,86,118f.,120,148f.,161,186,199,289,290,293,302,338,346
Dewey,John 杜威,约翰 165
Dilthey,Wilhelm 狄尔泰,维尔海姆 176
Dingler,Hugo 丁格尔,胡果 379
Driesch,Hans 德瑞希,汉斯 130,161,173,302,323f.
Dufaur 杜弗尔 273
Dürr,E. 杜尔,E. 76,114,127,158f.
Ehrenfels,christian 艾伦费斯,克里斯提安 68
Einstein,Albert 爱因斯坦,阿尔伯特 242,354
Erdmann,Benno 艾尔德曼,本诺 52,88,182,271,395
Faraday,Michael 法拉第,米切尔 96
Fechner,Gustav 费希纳,古斯塔夫 288f.,329
Fichte,Johann 费希特,约翰 241

Frank,Philipp 弗兰克,菲力普 379
Frege,Gottlob 弗莱格,哥特洛布 356
Fresnel,Augustin 弗里斯奈,奥古斯汀 9
Freytag,W. 弗瑞塔,W. 197f.,220
Frischeisen-Köhler 弗瑞希恩—柯勒 176,265
Galileo 伽利略 265
Gauss,Karl Friedrich 高斯,卡尔·弗里德里希 129
Geulincx,Arnold 高林克斯,阿纳德 199,300
Gorgias 高尔吉亚 30
Görland,A. 高兰德,A. 364
Hartmann,Eduard von 哈特曼,爱德华·冯 252f.
Hegel,Georg W. F. 黑格尔,乔治 W. F. 90
Helmholtz,Hermann von 赫尔姆霍兹,海尔曼·冯 3,215,262
Henry,V. 亨瑞,V. 351
Herbart,Johann F. 赫尔巴特,约翰. F. 52,90,183,198,257,263
Herbertz,R. 赫尔贝兹,R. 140,159
Hertz,Heinrich R. 赫兹,海因里希 R. 10
Hertz,Paul 赫兹,保尔 262
Heymans,G. 海曼斯,G. 248,259f.
Hilbert,David 希尔伯特,大卫 33f.,356f.
Hinneberg,P. 亨纳贝格,P. 84
Hobbes,Thomas 霍布斯,托马斯 133
Höfler,A. 霍夫勒,A. 149
Hölder,O. 霍尔德,O. 106
Hönigswald,Richard 霍尼瓦尔德,理查德 241
Hume,David 休谟,大卫 26,118,123,126f.,189,246,285,344,347,379,386,394f.,398f.
Husserl,Edmund 胡塞尔,埃德蒙 22f.,82,88,137f.,141,153
Huyghens,Christian 惠更斯,克里斯提安 9
James,William 詹姆斯,威廉 127,161,165
Jevons,William Stanley 耶方斯,威廉·斯坦利 91,141,146
Kant,Immanuel 康德,伊曼努尔 5,38,73f.,88,110,128f.,152,161,169,179,185,188f.,191f.,194,196,200,235ff.,241f.,244,252,254,263f.,271,286,290,293,301f.,306ff.,335,342,344ff.,348ff.,355ff.,358ff.,374ff.,378ff.,395,399
Kern,Berthold 凯恩,贝绍德 372
Kirchhoff,Gustav R. 基尔霍夫,古斯塔夫 R. 93
Kleinpeter,Hans 克莱因佩特,汉斯 241
Koffka,Kurt 科夫卡,库尔特 156
Köhler,Wolfgang 柯勒,沃尔夫冈 319
Kraft,Victor 克拉夫特,维克多 227
Kreibig,J. L. 克莱比,J. L. 63f.
Kries,J. von 克瑞斯,J. 冯 289,315
Külpe,Oswald 库柏,奥斯瓦尔德 23,154,159f.,175f.,196,238,307
Laas,Ernst 拉斯,恩斯特 219
Lange,Friedrich Albert 朗格,弗里德里希·阿尔伯特 327
Leibniz,Gottfried Wilhelm 莱布尼兹,哥特弗里德·威尔海姆 40,102,143,154,170,181,199,227,263,310,368
Lichtenberg,Georg Christof 里希腾贝格,乔治·克里斯托夫 161
Liebmann,Otto 李普曼,奥托 248
Linke,Paul L. 林克,保罗 L. 139f.

Locke,John 洛克,约翰 40,120,131f.,179,254ff.,265,347
Lotze,Rudolf Hermann 洛采,鲁道夫·海尔曼 50,50f.,90,182f.,214,248,263f.
Mach,Ernst 马赫,恩斯特 54,98f.,195,199f.,213,215f.,221,224f.,226f.,231,246,255f.,285,296,298,305,311
Maxwell,James Clerk 麦克斯威尔,詹姆斯·克利克 79,219,242
Meinong,Alexius 梅农,阿莱克塞 121
Messer,A. 米塞尔,A. 297
Mill,James 穆勒,詹姆斯 41
Mill,John Stuart 穆勒,约翰·斯图亚特 30,40,41f.,104,134,184f.,185,213,215,336,337,394
Mongré,P. 蒙格瑞,P. 250
Münch,F. 缪赫,F. 282
Münsterberg,Hugo 门斯特贝格,胡果 40,297f.
Natorp,Paul 那托尔普,保尔 137,196,327,362,363ff.
Nelson,Leonard 尼尔森,劳纳德 87,90
Newton,Isaac 牛顿,伊萨克 13,62,129,214,357
Oken,Lorenz 奥肯,劳伦兹 24
Ostwald,Wilhelm 奥斯特瓦尔德,微尔海姆 96
Pasch,Moriz 派希,莫里兹 33
Pasteur,Louis 帕斯特,路易斯 96
Paulsen,Friedrich 帕尔森,弗里德里希 84
Peano,Giuseppe 皮亚诺,古斯普 356
Peirce,Charles S. 皮尔士,查尔斯 S. 165
Perrin,Jean 皮林,约恩 218
Petzoldt,Joseph 彼得楚尔特,约塞夫 209ff.,216,220,227,232,240f.,308,331
Planck,Max 普朗克,马克斯 99
Plato 柏拉图 135f.,188,234,369
Poincaré,Henri 彭加勒,亨利 71,145f.,261,351,354
Raab,F 瑞布,F. 93,223
Regener 瑞根诺 218
Reichenbach,Hans 莱欣巴赫,汉斯 384
Reininger,Robert 莱尼格尔,罗伯特 292
Ribot,Théodule Armand 瑞波特,泰尔杜尔·阿尔芒德 126
Rickert,Heinrich 李凯尔特,海因里希 365
Riehl,Alois 里尔,阿洛斯 46,50,83,112,114,185,245,255,259f.,347,360
Russell,Bertrand 罗素,伯特兰 68,83,107,113,136,205ff.,211,227,356
Saunderson 尚德森 256
Schiller,F. C. S. 席勒,F. C. S. 165
Schopenhauer,Arthur 叔本华,阿塞尔 181,219,328,357
Schubert-Soldern 舒伯特一索尔登 196
Schultz,Julius 舒尔兹,居鲁士 95,265
Schumann,F. 舒曼,F. 127
Schuppe,Wilhelm 舒佩,维尔海姆 196f.,222f.
Schwarz,Herrmann 希瓦兹,海尔曼 265
Selety,Franz 西利提,弗兰茨 250
Semon,R. 西蒙,R. 319
Sidgwick,Henry 西季威克,亨利 90
Sigwart,Christoph 希格瓦特,克里斯托夫 40,43,105,110
Spencer,Herbert 斯宾塞,希尔伯特 98,336,337
Spinoza,Baruch 斯宾诺莎,巴鲁赫

148,227,301,310,346
Stern,Viktor 斯特恩,维克多 202,220
Störring 斯托林 112,121,197,220,248f.,262
Stumpf,Carl 斯图姆夫,卡尔 23,151,154f.,157,302,373
Svedberg,Theodor 斯维德贝格,泰多尔 218
Taine,Hippolyte 坦尼,希波利特 127
Thales 泰勒士 14,15
Townsend,E. J. 汤森德,E. J. 33
Twardowski,Kazimierz 特瓦多夫斯基,卡西米兹 136
Uphues,G. 额夫斯,G. 153
Vaihinger,Hans 魏辛格,汉斯 15,22,98,204,231
Volkelt,Johannes 沃凯尔特,约翰尼斯 121
Volta,Alessandro,G. 沃尔塔,阿列山德罗,G. 96
Weierstrass,Karl 维尔斯塔斯,卡尔 352
Wilson,C. T. R. 维尔森,C. T. R. 218
Wundt,Wilhelm 冯特,维尔海姆 40,97,108,125,134,161,177,257,263,296f.
Young,Thomas 杨,托玛斯 9
Ziehen,Theodor 齐恩,泰多尔 76,163,201
Zilsel,Edgar 泽塞尔,埃德加 339,398

主 题 索 引

（中译文后的页码为原文页码，亦即本书的边码）

Abstraction 抽象 25f.,135
Acts,non-intuitive 活动,非直观的 22
Analogy argument to other mind 对他人的心的类比论证 328f.
Analysis,skeptical view of 分析,对分析的怀疑论观点 116ff.
Antinomies 二律背反 264
A posteriori 后天的 74f.
Appearance 现象 89,233ff.,346
Apperception 统觉 88,159ff.
—,transcendental ——先验的 128,370
A priori 先天 74f.
Arithmetic 算术的 30,355f.
Association and induction 联想与归纳 385f.
Atoms,reality of 原子,原子的实在性 217ff.,284f.
Axiomatics 公理系统 32f.,149,356
Barbara 三段论第一格 105
Calculating machine 计算机 141f.
Categories 范畴 345,358f.,366ff.,383
Causality 因果性 93,178,179f.,220f.,310f.,346f.,369,377ff.,388ff.
—and functional relation ——因果性与函数关系 221
—and induction ——因果性与归纳 388,392ff.
—as category ——作为范畴的因果性 369,377ff.
—as convention ——作为约定的因果性 374
—as postulate ——作为公设的因果性 393f.
—in nature,closed character of ——自然界中的因果性,因果性的闭合性质 303
certainty See:Self-evidence 确实性 见:自明性
Classes 类 104
Cognition 认识 见:知识
Coincidences,method of 重合,重合法 272ff.
Compulsion (coercion) 强制 380f.
Concept 概念 20ff.,45f.,135ff.,358f.
—and intuition ——与直观 18ff.,26ff.,32f.,135ff.,351f.
—and reality ——与实在 37ff.,294f.,300,364
Concept-realism 概念实在论 22,24,135f.,215
Concepts,a priori 概念,先天的 358
—,discontinuity of ——概念的不连续性 140ff.
—,mathematical,application toreality ——数学的概念,应用于实在 70f.,272ff.,348f.,352ff.,391f.
—,mathematical,real existence of ——数学的概念,数学概念的实在存在 24,44

Conceptual function 概念性功能 22f.,138
—truths ——真理的概念性功能 165ff.
Conscientialism see: Immanence philosophy 内心论,见内在论哲学
Consciousness 意识 122ff.,160f.,289,292ff.,328f.,330
—,supra individual ——超越个体的意识 369
—,unity of ——意识的统一性 122f.,247,330f.,370
Consistency,Hilbert's proof of 融贯性,希尔伯特对融贯性的证明 356
Contradiction,principle of 矛盾,矛盾原则 64,75,335f.
Conventions 约定 69ff.,354ff.,374f.,378
Copy theory of knowledge 摹写认识论 61,88
Coordination or correspondence (Zuordnung) 配列或对应(Zuordnung) 23,59ff.,68,338,382f.
Criterion of reality 实在性标准 174f.,177ff.,184ff.,216f.,227f.,231
Criterion of truth 真理标准 61f.,147ff.,162ff.
Critical Philosophy 批判哲学 343ff.,348ff.,357ff.,366ff.
Criticist concept of knowledge 批判的知识概念 360ff.,370ff.,
Deduction 演绎 39,102ff.,107ff.,166,339
Definition 定义 20,27ff.,46,49,59,69ff.
—,concrete psychological ——具体的心理学定义 30,37,85
—,implicit ——蕴涵定义 33ff.,69f.,342,348,355
—,nominal ——名词实义 20
—,real ——实在定义 28,30,37
Description 描述 93
Designation See:Coordination 标示 见:配列
Determinism 决定论 303,378
Difference 差异 64,131f.,368
Diversity,general 多样性,普遍的 398
Dualism 二元论 299,325ff.,330f.
Dynamism 物力论 215
Economy,principle of 经济,经济原则 98f.
Ego 自我 84f.,121,161,219,332
Elements (Mach) 要素(马赫) 201
Empirical See: A posteriori; Experience 经验的 见:后天的;经验
Empirio-criticism 经验批判主义 199,222ff.,305ff.
End and means 目的和手段 96f.
Epistemology See:Knowledge,theory of 论识论,见:知识,认识论
—,meaning of ——认识论的意义 1ff.,5
—,possibility of ——认识论的可能性 88
—,subject matter of ——认识论的主题 1ff.
Esse=percipi 存在=被感知 219ff.
Essence and appearance ——本质与现象 233ff.
—and existence ——本质与存在 138,242
Evidence (Evidenz) See:Self-evidence 证据 见:自明性
Existence and essence 存在与本质 138,242
Existential propositions 存在命题 42
Experience 经验 69,74,344,348ff.
—,mediate and immediate ——直接的和间接的经验 297
Experience,outer and inner (external and internal) 经验,外在的和内在的 298f.
Explanation 解释 9,93

Extension See: Space; Spaces of the senses; Spatiality 广延 见:空间;感觉空间;空间性
External world See: Things-in-themselves; Transcendence problem 外部世界 见:自在之物;超验问题
Facts and judgments 事实与判断 40f.
Fiction 虚构 22,364n.
Force 力 215f.
"Founded" experiences "所依据的"经验 373
Freedom 自由 380,397
Function, conceptual 功能,概念性功能 22f.,138
Functional relation (Mach) 函数关系(马赫) 221
Functions, mental 机能,心理的机能 22f.,156,373
Generalizations, empirical, validity of 概括,经验的概括,概括的有效性 389f.
Geometry 几何学 32ff.,105f.,348f.
—and expereience ——几何学和经验 70,350ff.
—and imtuition ——和直观 32ff.,348ff.
—, Euclidean ——欧几里德几何学 350f.,353
—non-Euclidean ——非欧几里德几何学 351,354f.
Gestalt-qualities 格式塔一质 68,319f.,367f.
Gignomena (Ziehen) 成分(齐恩) 201
Given, the 所与 122,139f.,158ff.,179f.,201,289
Grasping and knowing 掌握与认知 84
Gravitation, Law of 引力,引力法则 13
—, theory of ——引力理论 354f.
Habituation and induction 习惯与归纳 385f.
Haecceitas 附性 26
Historical science 历史科学 78f.
Hypothesis 假设 12,71ff.,109,162f.,364,389f.
Idealism 唯心论 234
—, logical ——逻辑唯心论 360ff.
—, objective ——客观唯心论 268,361ff.
—, subjective See: Immanence Philosophy ——主观唯心论 见:内在论哲学
—, transcendental See: Critical Philosophy ——先验唯心论 见:批判哲学
Ideas, theory of 观念,理念,理念论 24f.,135f.
Ideation 理念化 25,137
Identity and sameness 同一性与相同性 10
—, principle of ——同一性原则 337
Ignorabimus 无知 326
Immanence Philosophy 内在论哲学 180,194ff.,200ff.
Impersonalia 无人称 44
Implicit definition 蕴涵定义 33ff.,69f.,342,348,355
Induction 归纳 110,115,168f.,384ff.
—and causality ——归纳与因果性 388f.,392ff.
—and probability ——归纳与或然性 389ff.
—, biological foundatios of ——归纳的生物学的基础 385f.
Inference 推理 104ff.,109ff.,340f.
Intensity 强度 284
Intentional experience 意向性经验 22,138
Interaction, psychophysical 交互作用,心物的交互作用 293,299,310f.,313
Introjection 嵌入,摄入 305ff.
Intuition See also: Concept; Representability: Representation 直观 亦见:概念;可表象性;表象
—and knowledge: ——直观与知识 79ff.,232ff.,270f.,294f.,348ff.

—,intellectual ——理智的直观 91
—,pure ——纯粹直观 74,105f.,345,348ff.
Judgment 判断 39ff.,48ff.,358
—,Judgments,analytic ——判断,分析的判断 74ff.,107ff.,115,165,344ff.
—,apodictic ——必然判断 380,382
—,categorical ——直言判断 381ff.
—,descriptive ——描述性判断 69f.
—,empirical ——经验判断 69ff.
—,historical ——历史的判断 70f.
—,hypothetical ——假言判断 383
—,negative ——否定判断 103f.
—,particular ——特称判断 103f.
—,problematic ——盖然判断 380ff.
—, synthetic ——综合判断 74ff.,342ff.
—,synthetic a posteriori ——后天综合判断 77,384ff.
—,synthetic a priori ——先天综合判断 74ff., 110, 168f., 344f., 348ff., 357ff.,366ff.,384
—,universal ——全称判断 102f.
Kantianism See:Critical Philosophy 康德主义 见:批判哲学
Knowability of the world 世界的可知性 70f.,234ff.,282,289f.,317f.,325ff.,332f.,395f.,399f.
Knowing (Erkennen) See: Knowledge (Erkenntnis),nature of 认知 见:知识,知识的性质
—and being ——认知和存在 342ff.
—and being-directly-acquainted-with (Kennen) ——认知和直接体验的存在 83ff.,173,213f.,271,285ff.
—,goal of ——认知的目标 13f.
knowledge,adequate 知识,完备的知识 81ff.,270
— and truth ——知识与真理 65f.
—,copy theory of ——摹写认识论 61,88
Knowledge-drive,development of 知识欲望,知识的发展 94f.
Knowledge,incompletability of 知识,知识的不可完成性 362
—,inductive,grounds for the validity of ——归纳的知识,知识有效性的根据 393ff.
—,inductive,origin of ——归纳的知识,知识的起源 386ff.
—,irrational ——非理性的知识 79ff.
—,Kant's concept of ——康德的知识概念 358ff.,369
—,mystical concept of ——神秘的知识概念 81f.,232
—, natural See: Knowledge, physical ——自然的知识 见:物理的知识
—of reality,validity of ——实在的知识,知识的有效性 335ff.
—of the real ——对实在的知识 233f.,244ff.,251ff.,264ff.,272ff.
—,physical ——物理的知识 9f.,14,272ff.
—,psychology of ——知识的心理学 3,8,91f.
—,qualitative and quantitative ——质的和量的知识 272ff.
—, theory of ——知识论,认识论 1ff.,5
—,theory of,possibility of ——知识论,知识的可能性 88
Language 语言 66f.
Law 法则,规律 10,215f.,377f.
Law-like regularity 似法则的律则性 376ff. See also:Causality 亦见:因果性
Life and knowledge 生命与知识 79ff.,94f.,232,396f.
Logic 逻辑学 24,29f.,63f.,102ff.,107ff.,135f.,337
Logic and psychology 逻辑学与心理学 135ff.
—and reality ——逻辑与实在 334ff.

—, fundamental principles of ——逻辑的基本原则 63f. ,102ff. ,336ff.
—, non-Aristotelian ——非亚里士多德逻辑 336,338
—, scholastic ——经院哲学的逻辑 103
—, symbolic ——符号逻辑 107
Marburg School 马堡学派 327,361
Materialism 唯物主义 234,326
Mathematics 数学 24,30,31ff. ,57,104f. ,166,251f. ,341f. ,348ff. ,355ff.
—and reality ——数学和实在 70f. ,272ff. ,348f. ,354ff. ,391f.
—, empiricist conception of ——对数学的经验主义观念 30
—, formalist conception of ——对数学的形式主义观念 33f. ,356
—, foundations of ——数学的基础 355f.
Matter 物质 284f. ,293,376f.
Means and end 手段与目的 96f.
Measurement 测量 275ff.
Memory, as presupposition of thinking 记忆,作为思维的先决条件 119,121,126,128
—physiological explanation of ——对记忆的生理学解释 314f.
—, trust in ——对记忆的信任 121f. ,126,128
Mental functions 心理机能 23,156,373
—, magnitudes, measurability of ——心理机能的量值,可量度性 286ff.
—the See: Consciousness; Given, the ——心理机能 见:意识;所与
—the, continuity of ——心理机能的连续性 143
—, the, localization of ——心理机能定位 302ff.
Metaphysics 形而上学 130,193f. ,199,227,328ff. ,335,346
Method of coincidences 重合法 272ff.
Mind ("soul") 心灵("灵魂") 123,134,160,289,330
—, actuality theory of ——心灵的现实性理论 134,161
Mind-body problem See: Psycho-physical problem 心身问题 见:心理物理问题
Monads, theory of 单子,单子论 227
Monism 一元论 325ff.
Multiplicity (category) 多样性(范畴) 369,374
Natural law See also: Causality 自然律,自然法则 亦见:因果性 381
Nature and mind See: Psycho-physical problem 自然与心灵 见:心理—物理问题
—, energeticist conception of ——对自然与心灵的唯能论观念 377f.
Necessity 必然性 343f. ,380ff.
Negation 否定 63,337f. ,369,375
Neo-Kantianism 新康德主义 361ff.
Number, concept of 数,数的概念 355f. ,374
Object 对象 20f.
Objects, extra-mental See: Thing-in-itself 对象,心外的对象 见:自在之物
Other minds 他人的心 268
Parallelism, psychophysical 平行论,心物平行论 300f. ,310f. ,313ff.
Perceivability as criterion of reality 可感知性,作为实在性的标准 177ff. ,182f. ,216f.
Perception 知觉 86f. ,151ff.
—, inner ——内在知觉 151ff.
Perceptual judgment 知觉判断 162f.
Phenomenalism 现象主义 235f. ,240f.
Phenomenology 现象学 24,85,139f.
Philosophy and the sciences 哲学与科学 3
Physical, the 物理的,物理的东西 289ff. ,293f.

—,the,spatiality of ——物理的东西的空间性 290,302ff.
Platonism 柏拉图主义 135f.
Pluralism 多元论 333
Positing of the real See: Tran-scendence problem 实在的设定 见:超越问题
Positivism,idealistic See: Immanence Philosophy 实证主义,唯心论的实证主义 见:内在论哲学
Possibility 可能性 185,380f.
Postulate of knowledge 知识的公设 395f.
Pragmatism 实用主义 165
Prediction 预见 343
Preestablished harmony 先定和谐 227,293,339
Present,the 现在,当下 192f.
Principium individuationis 个别化原则 26,53
Principles of identity,contradiction,excluded middle 同一性原则,矛盾原则,排中原则, 64f.,102ff.,335ff.
Probability 或然性,概率 389ff.
Proof 证明 104
Psychologism 心理主义 135f.
Psychology 心理学 286f.
Psychology,atomistic 心理学,原子论心理学 156
—,introspective ——内省心理学 286
—,physiological ——生理心理学 287,298f.,314ff.
Psychomonism 心理一元论 327ff.
Psychophysical interaction 心物交互作用 293,299,301f.,310f.,313ff.
—parallelism ——心物平行论 300f.,310f.,313ff.
—problem ——心理物理问题 199f.,286ff.,289ff.,301f.,313ff.,325ff.
Psychophysics 心理物理学 287f.
Pure concepts of the understanding See: Pure forms of thought; Categories 知性的纯概念 见:思维的纯形式;范畴
Pure forms of thought 思维的纯形式 345
—intuition ——直观 30,74,105f.,345,348ff.
—natural science ——自然科学 345
—reason ——理性 74
Qualities 质 265,282f.
—,elimination of ——质的消除 281ff.
—,objective ——客观的质 280ff.
—,primary and secondary ——第一性的质和第二性的质 254,283f.,309
—, subjective See: Consciousness; Given, the ——主观的质 见:意识;所与
Rationalism 理性主义,唯理论 343
Realism,critical 实在论,批判实在论 179f.
—,medieval ——中世纪的实在论 22,25
—,naïve ——朴素实在论 176ff.
Reality and concept 实在与概念 36ff.,293f.,300,363f.
—and possibility ——实在性与可能性 184,381
—criterion of ——实在性标准 174,178ff.,188ff.,216,229,233
—,definition of ——实在性的定义 173f.
—, knowledge of ——实在的知识 235f.,244f.,251f.,264f.,279ff.
—,of non-perceived objects ——未感知到的对象的实在性 178,204ff.,209ff.
—,positing of See: Transcendence problem ——实在性假设 见:超验问题
—,rationality of ——实在性的合理性 334f.,398f.
Realization See also: Transcendence problem; Knowledge of the real 实在化 174f. 亦见:超验问题;对实在的知识
Reason,pure 理性,纯粹理性 74
Receptivity and spontaneity 接受性和自

发性 371
Re-cognition 再认识 7ff.
Relations 关系 40,113,367ff.,382
—,objectivity of ——关系的客观性 367,372
—,transitive ——传递关系 113
Relativity,law of (psychology) 相对性,相对性法则(心理学) 134
—,theory of ——相对论 211,249f.,354,357
Representability (Vorstellbarkeit) 可表象性 21f.,34,87f.,232f.,244ff.,251ff.,261ff.,270f.,285,352f.
Representation (Vorstellung) 表象 15ff.,134ff.,353f.
—and concept ——表象与概念 18ff.,26ff.,32f.,134ff.,353f.
Representations,association of 表象,表象的联想 86,94f.,385
Sameness and difference in the given 所与中的同与异 131f.,368
—and identity ——相同性与同一性 11
—as category ——作为范畴的同一性和差异性 368,372
Science,descriptive 科学,描述性科学 78f.
—,value of ——科学的价值 94ff.
Self-evidence 自明性 38,86f.,118f.,141f.,147f.,162,167f.,336
Sensation 感觉 87,201
Sensations,projection of 感觉,感觉的投射 304f.,308f.
Sense,inner 感觉,内在感觉 236
—qualities ——感觉的质 264ff.
Signs 记号 20ff.,40f.
Similarity as category 作为范畴的相似性 368f.,372f.
Simplicity 简单性 93
Skepticism 怀疑论 1,116ff.,168f.,334f.,395
Solipsism 唯我论 219
Space 空间 53,188,242,251ff.,272ff.,290ff.,349ff.
—and time,ideality of ——空间和时间,空间的理想性 271f.
—,haptic ——触觉空间 257,353
—,intelligible ——概念的空间 263
—,kinesthetic ——动觉空间 259f.
—,objective ——客观的空间 263,272ff.
—,physical ——物理的空间 263,272ff.
—,psychological ——心理的空间 254ff.,352f.
—,pure intuition of ——空间的纯直观 354,348ff.
—,visual ——视觉空间 257f.,353
Spaces of the senses 感觉空间 254ff.,353f.
—of the senses,geometry of ——感觉空间,空间几何学 258ff.,353
—,psychological See:Spaces of the senses ——心理的空间 见:感觉空间
Spatiality 空间性 291,302ff.
Spiritualism 唯灵论 327ff.
Spontaneity and receptivity 自发性和接受性 371f.
Subjective world See:Consciousness;Given,the 主观世界 见:意识;所与
Subjectivity of sense qualities 感觉质的主观性 264ff.
—of space ——空间的主观性 251ff.,271,306f.,351f.
—of time ——时间的主观性 244ff.,271
Substance 实体 195,208,285,293f.,346,369,375ff.
—as category ——实体作为范畴 369,375ff.
Succession,regular 连续系列,有规则的 379
Syllogism 三段论 102ff.,107ff.,341

Synthetic judgments 综合判断 74ff., 342ff.
—judgments a posteriori ——后天综合判断 77,384ff.
—judgments a priori ——先天综合判断 74ff.,110,168f.,344ff.,348ff.,357ff., 366ff.,384
—unity of apperception ——统觉的综合统一 128f.,370
Temporality as criterion of the real 作为实在标准的时间性 188ff.,244
Time See also: Space and time, ideality of 时间 244ff.,355 亦见:空间和时间,时间的理想性
—,concept of ——时间的概念 245ff.
—,intuition of ——时间直观 244ff., 355
—,objective ——客观的时间 245ff.
—,physical ——物理的时间 245ff.
—,sensation of ——时间的感觉 245
Thing-in-itself 自在之物 88, 178, 195ff.,235ff.
Thinking See also: Concept; Judgment; Representation 思维 21f., 38f., 141f.,337f.,364f.,373 亦见:概念;判断
—and being ——思维与存在 334ff.
—and knowing ——思维与认知 48ff.,59
—and representing ——思维与表象 21f.,134f.,233f.,270f.,337
Thought, problems of 思想,思维,思维问题 102ff.
—,psychology of ——思维的心理学 2f.,22,39f.
—,pure forms of ——思维的纯形式 354,358ff.,366ff.,383f.
Transcendence problem 超验问题 175, 186f.,194ff.,203ff.,228ff.
Transcendental idealism 先验唯心主义 See: Critical Philosophy 见:批判哲学
Transcendent objects See: Thing-in-itself 超验对象 见:自在之物
Transsubjective world See: Thing-in-itself; 主体间世界 见:自在之物
Truth and correspondence 真理与符合 60f.
—,criterion of ——真理的标准 61f., 147ff.,162ff.
—,nature of ——真理的本质 59ff., 162f.
Unconscious mental, the 无意识心理 153f.,157,238f.,269f.,316f.,329f.
Understanding See: Knowing and being-acquainted-with 知性 见:认知和体验
—,pure concept of See: Categories ——知性的纯概念 见:范畴
Uniqueness of coordination 配列的一义性 59ff.
Unity as category 统一性,作为范畴 369,374
Unknowability of things-in-themselves 自在之物的不可知性 325ff.
Validity, universal 有效性,普遍的有效性 333ff.,343ff. See also: Induction; Judgments, synthetic a priori 亦见:归纳,判断,先天综合判断
Value 价值 80,94ff.,234
Verification 证实 162ff.
Verités de fait and verités éternelles 事实真理和永恒真理 110
Wesensschau 本质直观 92f.,139f.
Will, freedom of 意志,意志自由 380, 397
World, knowability of 世界,世界的可知性 70f., 234ff., 282, 298., 317f., 325ff.,332f.,395f.,399f.
—, objective See: Thing-in-itself ——客观的世界 见:自在之物
—picture and world concept ——世界图

景和世界概念　293f.
—picture, physical　——世界图景，物理的世界图景　283ff.,287
—picture, quantitative　——世界图景，量的世界图景　283ff.,287
—soul　——世界的灵魂　286,329

图书在版编目(CIP)数据

普通认识论/(德)M.石里克著;李步楼译.—北京:
商务印书馆,2017
(汉译世界学术名著丛书:120年纪念版:珍藏本)
ISBN 978-7-100-14630-2

Ⅰ.①普… Ⅱ.①M… ②李… Ⅲ.①认识论
Ⅳ.①B017

中国版本图书馆CIP数据核字(2017)第152222号

汉译世界学术名著丛书
(120年纪念版·珍藏本)
普通认识论
〔德〕M.石里克 著
李步楼 译

商务印书馆出版
(北京王府井大街36号 邮政编码100710)
商务印书馆发行
北京冠中印刷厂印刷
ISBN 978-7-100-14630-2

2017年12月第1版 开本 710×1000 1/16
2017年12月北京第1次印刷 印张 31¾
定价:160.00元